谢明良 著

贸易陶瓷与文化史

生活·讀書·新知 三联书店

Simplified Chinese Copyright © 2019 by SDX Joint Publishing Company.
All Rights Reserved.
本作品中文简体版权由生活·读书·新知三联书店所有。
未经许可，不得翻印。

本作品中文简体版由 © 石头出版股份有限公司授权出版

图书在版编目（CIP）数据

贸易陶瓷与文化史／谢明良著．—北京：生活·读书·新知三联书店，2019.1
ISBN 978-7-108-05682-5

Ⅰ．①贸…　Ⅱ．①谢…　Ⅲ．①陶瓷-文化史-中国　Ⅳ．① K876.34

中国版本图书馆 CIP 数据核字（2016）第 064035 号

责任编辑	张　荷
装帧设计	蔡立国
责任印制	卢　岳
出版发行	生活·讀書·新知 三联书店
	（北京市东城区美术馆东街 22 号 100010）
网　　址	www.sdxjpc.com
图　　字	01-2018-5886
经　　销	新华书店
印　　刷	北京图文天地制版印刷有限公司
版　　次	2019 年 1 月北京第 1 版
	2019 年 1 月北京第 1 次印刷
开　　本	720 毫米 × 1020 毫米 1/16 印张 27.25
字　　数	458 千字 图 669 幅
印　　数	0,001-4,000 册
定　　价	87.00 元

（印装查询：01064002715；邮购查询：01084010542）

唐三彩盖砚　奈良御坊山三号墓出土

邢窑白瓷碗　京都西寺遗迹出土

唐三彩枕　奈良大安寺出土

越窑青瓷碗　京都平安京遗迹出土

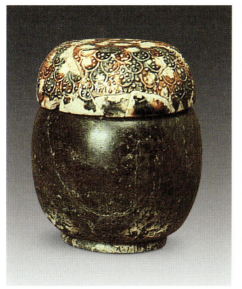

唐三彩印花杯和滑石罐
三重县绳生废寺出土

唐白瓷碗
京都中京区西之京北小路町出土

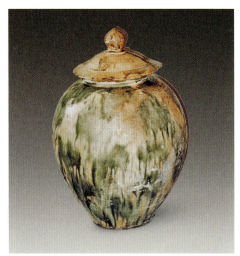

白釉绿彩盖罐 "黑石号"

白釉绿彩高足把壶 "黑石号"   白釉黄绿彩贴花龙纹碗 "黑石号"

青花瓷盘 "黑石号"   青花瓷盘 "黑石号"

邢窑白瓷托"黑石号"

越窑青瓷四花口钵"黑石号"

长沙窑"宝历二年"铭彩绘碗"黑石号"

长沙窑线刻花鸟纹碗"黑石号"

长沙窑青瓷卷发人物纹碗"黑石号"

长沙窑彩绘碗"黑石号"

清宫传世伊万里烧（17世纪末至18世纪前期） 同左 外底
台北故宫博物院藏

清宫传世刻有乾隆御制诗的泰国陶壶残片 澎湖采集的安平壶瓷片
台北故宫博物院藏 台湾大学艺术史研究所藏

各式安平壶 台湾私人藏

左营清代凤山县旧城聚落出土的"宣明"款肥前青花瓷

台湾海峡打捞上岸的怀安窑青瓷碗标本
台湾大学艺术史研究所藏

台湾海峡打捞上岸的越窑青瓷碗
台湾大学艺术史研究所藏

台湾海峡打捞上岸的越窑青瓷碗
台湾大学艺术史研究所藏

台湾海峡打捞上岸的越窑青瓷洗
台湾大学艺术史研究所藏

台湾海峡打捞上岸的婺州窑青瓷洗
台湾大学艺术史研究所藏

热兰遮城遗址出土的德国盐釉器
"中研院"历史语言研究所藏(图片由刘益昌教授提供)

热兰遮城遗址出土的荷兰 Majolica
"中研院"历史语言研究所藏(图片由刘益昌教授提供)

台湾总督府博物馆旧藏的荷兰 Majolica
台湾博物馆藏(图片由李子宁先生提供)

热兰遮城遗址出土的荷兰白陶烟斗
"中研院"历史语言研究所藏(图片由刘益昌教授提供)

热兰遮城遗址出土的泰国四系罐标本
"中研院"历史语言研究所藏(图片由刘益昌教授提供)

热兰遮城遗址出土的唐津三彩
"中研院"历史语言研究所藏(图片由刘益昌教授提供)

"白云"铭茶壶　柳营御物

"初花"铭茶入　大名物　德川宗家藏

"坤宁殿"刻款宋代建盏
Percival David Foundation 藏

以锔钉修复的南宋龙泉窑青瓷碗
东京国立博物馆藏

晚明仿官四方碟
日本九州地区出土

乾山作冰裂纹彩瓷碟
（1688–1704）

同左背面

《五国异人酒宴之图》所见碎器 日本浮世绘（1861）
MASPRO 电工美术馆藏

陈洪绶《索句》图局部所见碎器（约1651） 翁万戈藏

清雍正《深柳读书堂美人图》局部所见冰裂纹书签和碎器 故宫博物院藏

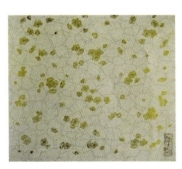

赫拉克勒斯青铜像 公元前四～前三世纪 Tajikistan 国立古代博物馆藏

头戴赫拉克勒斯狮帽的唐三彩俑 中国西安出土

清乾隆"梅花玉版笺"纸所见冰梅纹 故宫博物院藏

目 录

中国早期贸易瓷

日本出土唐三彩及其有关问题 3
    一、日本出土唐三彩概况 4
    二、日本出土唐三彩种类及所谓陶枕问题 8
    三、从日本出土例谈唐三彩的性质
        ——宗教仪物说的再探讨 14
    四、日本出土唐三彩输入年代的考察
        ——从太原金胜村三彩贴花长颈瓶谈起 19
    后记 26

日本出土唐宋时代陶瓷及其有关问题 35
    一、日本出土中国贸易瓷的起始年代及其问题点 36
    二、日本出土的晚唐五代至北宋前期陶瓷 45
    三、唐至北宋初期输日贸易瓷及日方的对应态度 51
    四、日本出土宋代陶瓷诸问题
        ——以选择购买和使用方式为中心 62
    后记 72

记"黑石号"（Batu Hitam）沉船中的中国陶瓷器 81
    一、沉船年代的厘定及其对晚唐陶瓷编年的启示 81
    二、白釉绿彩陶器和青花瓷器 89
    三、"黑石号"沉船的航路及其所反映的晚唐贸易瓷商圈 99
    四、结语 108

清宫旧藏日本和东南亚陶瓷

记台北故宫博物院所藏的伊万里瓷器 143
  一、故宫博物院的成立 144
  二、伊万里瓷器的出现和中日陶瓷贸易的消长 145
  三、从伊万里烧的变迁看故宫所藏伊万里瓷器 149
  四、清宫对日本陶瓷的态度及日瓷入藏途径的厘测 159
  五、结语
    ——兼谈台北故宫博物院所藏"中国伊万里" 166
  后记 170

乾隆和他收藏的一件泰国陶壶 178
  一、外观特征 178
  二、产地 179
  三、年代 180

中国台湾地区出土贸易陶瓷

安平壶刍议 193
  一、台湾地区的分布概况 194
  二、发现地的历史沿革和传说 196
  三、安平壶的种类 198
  四、大陆发现的安平壶 202
  五、其他地区安平壶资料 203
  后记 213

左营清代凤山县旧城聚落出土陶瓷补记 223
  一、安平壶的年代和产地 223
  二、关于"太平年兴"题记和"宣明"款青花瓷器的问题 228
  三、遗址出土"褐釉粗陶"的产地厘测 231
  四、小结 232
    附记 遗留在台湾民间的东南亚陶瓷 243

记热兰遮城遗址出土的十七世纪欧洲和日本陶瓷 247
  一、遗址出土的荷兰陶瓷 248
  二、遗址出土的德国陶瓷 251

三、遗址出土的日本陶瓷 254

　　四、小结 256

　　后记 260

对于嘉义县新港乡板头村遗址出土陶瓷年代的一点意见 269

　　一、紫砂器 270

　　二、青花瓷器 271

　　三、釉上彩瓷和单色釉瓷 275

台湾海域发现的越窑系青瓷及相关问题 287

　　一、台湾海域发现的越窑系青瓷 288

　　二、考古所见越窑细线划花装饰
　　　　——兼谈澎湖采集细线划花标本的定年问题 295

　　三、有关北宋越窑和"永"款越器的几个问题 302

记澎湖"将军一号"沉船中的陶瓷器 327

　　一、从"的惺号"沉船中的陶瓷谈起 327

　　二、"将军一号"沉船中的带把陶壶 329

陶瓷的文化史观察

十五至十六世纪日本的中国陶瓷鉴赏与收藏 339

　　一、日本出土的十五、十六世纪中国陶瓷 340

　　二、足利将军府的陶瓷收藏与鉴赏 344

　　三、从"唐物数奇"到"侘数奇" 346

　　四、中国和日本区域的瓷釉鉴赏 348

关于陶瓷修补术 364

　　一、清宫补修陶瓷举例 365

　　二、铜丝焊接和锔钉接合术 368

　　三、中日两国的陶瓷修补和鉴赏观 370

　　四、中东地区的陶瓷修补和改装 375

　　后记 377

晚明时期的宋官窑鉴赏与"碎器"的流行 386

　　一、《格古要论》中的宋官窑 387

　　二、晚明时期的宋官窑鉴赏 388

三、明末清初"碎器"之风与消费情况 ………………………………… 390

四、日本国的碎器鉴赏 ……………………………………………… 394

后记 …………………………………………………………………… 400

希腊美术的东渐
——从河北献县唐墓出土陶武士俑谈起 …………………… 409

一、中国所见戴兽帽武士 …………………………………………… 410

二、兜跋毗沙门天像所受希腊美术影响的启示 …………………… 412

三、英雄赫拉克勒斯和女妖戈耳工 ………………………………… 415

附记 …………………………………………………………………… 431

中国早期贸易瓷

日本出土唐三彩及其有关问题

所谓唐三彩的语源不明，但顾名思义，本应是泛指唐代的多彩铅釉陶器。就目前的考古资料来看，其约完成于唐高宗时期（650～683），[1] 流行于七世纪末至八世纪前半盛唐时期，安史之乱（755～763）后已明显趋向没落。[2] 后者安史之乱以后作品作风与盛唐三彩颇不相同，为了避免不必要的混淆及明确本文的论旨，以下所谓唐三彩将采行部分陶瓷史著述约定俗成的见解，[3] 将之界定于盛唐或之前的唐代多彩铅釉陶器；对于八世纪中期以后作品，则视其具体的相对年代，以中晚唐三彩或晚唐五代三彩称呼之。

唐三彩以其鲜艳夺目、淋漓尽致的施釉作风，不仅予人深刻的印象，也反映了唐代人们的审美趣味。作为唐代陶瓷中具有代表性的作品之一，也引起历来文物、考古或美术史学者进行许多专题探讨。学者们涉及的范围颇广，主要包括了唐三彩的渊源、出现或结束年代、兴衰原因、分布、分期、用途、产地、烧制技法、胎釉成分分析、外销及与其他国家生产的类似彩釉陶器的交流或影响等各个方面。其中，有关中国以外地区出土的唐三彩，除了考古发掘或调查报告之外，学者们亦曾发表若干研究论述，初步提供海外出土唐三彩的珍贵线索。然而由于各地发掘条件不一，研究者们对于盛唐之后，即中晚唐或五代三彩器的年代判断不尽相同，种种主客观因素使得我们目前仍难正确地掌握大多数中国以外出土唐三彩的具体情况，从而进行客观的讨论。就这点而言，日本出土的唐三彩数量较多，并且多数已有正

---

1 据正式公布的纪年资料，唐三彩最早见于陕西省富平县上元二年（675）李凤墓（富平县文化馆等：《唐李凤墓发掘简报》，《考古》1977年5期，页313-326）。麟德元年（664）奉诏陪葬昭陵的郑仁泰墓也出土了一件蓝彩盖钮，但该墓曾遭盗掘，原来是否存在唐三彩不明。报告见陕西省博物馆等：《唐郑仁泰墓发掘简报》，《文物》1972年7期，页33-34。

2 水野清一：《唐三彩》《陶器全集卷》25（东京：平凡社，1965），页10。

3 长谷部乐尔：《唐三彩の諸問題》，*Museum* 337号（1979），页32。

式发掘报告书公之于世，可提供理解唐三彩在日本出土情况的可靠依据。虽然过去日本方面的学者如矢部良明、龟井明德等人已经针对该专题进行综合的考察，[4] 笔者也曾做过类似的尝试，[5] 不过与中国一水之隔的日本出土唐三彩资料所隐含的课题颇多，有的可能还涉及唐三彩若干器类正确用途的重要线索，随着相关资料的增多，以下拟试着考察日本出土唐三彩及从中引申出来的几个问题。

一、日本出土唐三彩概况

自一九六八年福冈县宗像郡大岛村冲之岛首次出土唐三彩以来，截至目前，日本出土的包括中晚唐三彩在内的唐代三彩系作品遗址近三十处。依据发掘年顺序，分别是宗像郡冲之岛祭祀遗迹、[6] 奈良市大安寺町大安寺小学内、[7] 樱井市大寺阿倍安倍寺迹、[8] 奈良县高市郡明日香村、[9] 福冈县筑紫郡太宰府町观世音寺境内及藏司迹、[10] 京都市南边正东九条西山王町、[11] 静冈县浜名郡可美村城山遗迹、[12] 京都市

---

[4] 矢部良明：《唐三彩から奈良三彩へ》，《考古学ジャーナル》196号（1986）临时增刊号，页30–33；龟井明德：《唐三彩の道》，Museum Kyushu 6号（1982），页21–22。

[5] 谢明良：《唐三彩の諸問題》，《美学美術史論集》（成城大学）5辑（1985），页110–115。

[6] 小山富士夫《唐三彩の道》：《宗像大社冲津宫祭祀遗跡昭和45年度調査報告》（1970）；同氏《冲ノ島出土の唐三彩と奈良三彩》，《海の正倉院·冲ノ島》（東京：毎日新聞社，1972），后收入《小山富士夫著作集》卷中（東京：朝日新聞社，1978），页223–229。另，冈崎敬：《唐三彩长颈花瓶》，《宗像冲ノ島》I 本文篇（宗像大社復興期成会，1979），页371–383。

[7] 奈良国立文化财研究所建造研究室·历史研究室（八贺晋）：《大安寺发掘调查概报》，《奈良国立文化财研究所年报》（1967年度），页1–5；八贺晋：《奈良大安寺出土の陶枕》，《考古学ジャーナル》196号（1981）临时增刊号，页26–29。

[8] 《安倍寺迹环境整备事业报告——发掘调查报告》，《日本考古学年报》（1970）；矢部良明，同注（4），页31参照。

[9] 奈良国立文化财研究所：《坂田寺第2次の调查》，《飞鸟、藤原宫发掘调查概报》5（1975）；矢部良明，同注（4），页31参照。此外，土桥理子氏从同时出土的平瓦，或属七世纪前半的土师器、须惠器推测，同寺出土的三彩壶残片或可考虑是十世纪前作品［土桥：《奈良県出土の輸入陶磁について》，橿原考古学研究所纪要《考古学論考》7（1982），页50］。但证据仍嫌不足。

[10] 九州歴史資料館：《太宰府史跡昭和52年度发掘调查概报》（1978），《太宰府史跡昭和53年度发掘调查概报》（1979）。参见高仓洋彰等：《觀世音寺出土の唐三彩》，《考古学雜誌》64卷1期（1978），页70–82；横田贤次郎：《大宰府出土の唐三彩と绞胎陶》，《考古学ジャーナル》196号（1981）临时增刊号，页18–22。

[11] 田边昭三：《平安京出土の唐三彩ほか》，《考古学ジャーナル》196号（1981）临时增刊号，页23–25。

[12] 浜松市立乡土博物馆：《浜名郡可美村城山遗跡范围確認調査概報》（1978）；辰巳均：《城山遺跡と唐三彩》，《考古学ジャーナル》196号（1981），页13–17参照。

中京区西の京中御门西町[13]、三次市向江町备后寺町废寺[14]、福冈市十郎川遗迹[15]、千叶县大畑Ⅰ遗址西向台遗迹[16]、京都市下京区乌丸通六条北町[17]、群马县上植木废寺[18]、福冈市柏原M遗迹[19]、福冈市东区多多良込田遗迹[20]、滋贺县大理市穴太废寺[21]、奈良八条町[22]、三重县绳生废寺遗址[23]、奈良市二条大路南一丁目[24]、奈良市五条町[25]、奈良中京区壬生西大竹町[26]、福冈大宰府鸿胪馆[27]、福冈大宰府观世音寺东边中央部[28]、佐

13　财团法人京都市埋藏文化财研究所：《平安京右京二条三坊　京都市朱雀第八小学校营缮センター―建設に伴う発掘調査の概要》（1977）；田边昭三，同注（11），页23-25参照。

14　三次市教育委员会：《备后寺废寺》（1981）；同注（4），页32参照。

15　吉冈完佑编：《十郎川—福冈市早良平野石丸、古川遗迹》（1982）；山崎纯男：《福冈市柏原M遗迹出土の唐三彩》，《九州考古学》58号（1983），页1-14参照。

16　石田广美：《大畑Ⅰ遗迹—堆生郡衙推定地—の调查》，《日本历史》420号（1984），页88-97。

17　京都市埋藏文化财研究所：《京都市内遗迹试掘、立会调查概报　昭和56年度》，转引自《日本出土の贸易陶磁》西日本篇1（国立历史民俗博物馆资料调查报告书4，1993），页70。

18　村田喜久夫：《上植木废寺》，《佛教艺术》174号（1987），页54-63。

19　山崎纯男：《柏原遗迹唐三彩出土》，*Museum Kyushu* 10号（1983），页50；另同氏，同注（15），页1-14。

20　柳泽一郎编：《多多良込田遗迹Ⅱ—福冈市东区多の津所在遗迹群の调查》（1980）；转引自山崎纯男，同注（15），页13。

21　滋贺县立近江风土记の丘资料馆：《近江出土の中世陶磁—常滑と输入陶磁を中心として》（1985，10）。滋贺县立近江风土记の丘资料馆：《近江出土の中世陶磁—多彩釉、绿釉、灰釉、濑户美浓》，（1986，10）。此转引自橿原考古学研究所附属博物馆编：《贸易陶磁—奈良、平安と中国陶磁》（京都：临川书店，1993），页380-381参照。另可参见大桥信弥等：《滋贺県穴太废寺》，《月刊文化财》257（1985），页20-28。

22　奈良市教育委员会：《平城京左京七条二坊六坪（93次）の调查》，《奈良市埋藏文化财调查报告书昭和60年度》（1986，3）。冈崎敬：《中国の考古学・隋唐篇》（京都：同朋舍，1987），页370参照。

23　朝日町教育委员会：《朝日町文化财绳生废寺跡発掘调查报告》，朝日町文化财调查报告书第一册（1988，3）。小玉道明：《绳生废寺》，《佛教艺术》174号（1987），页64-68参照。

24　奈良国立文化财研究所：《左京三条二坊一、二、七、八坪の调查》，《昭和63年度平城宫迹発掘调查部発掘调查概报》（1989）；奈良国立文化财研究所等：《平城京展》（大阪：朝日新闻大阪本社，1989），页39图10。

25　奈良市教育委员会：《平城京右京五条一坊十五坪の调查　第127次》，《奈良市埋藏文化财调查概要报告书　昭和62年度》（1988，3）。奈良国立文化财研究所等，同注（24），图112；另橿原考古学研究所附属博物馆，同注（21），页376-377参照。

26　橿原考古学研究所附属博物馆，同注（21），页368-369参照。

27　福冈市教育委员会：《福冈　鸿胪馆Ⅰ発掘调查概报》，福冈市埋藏文化财调查报告书第270集（1991）。橿原考古学研究所附属博物馆，同注（21），页314参照。

28　九州历史资料馆：《大宰府史迹　平成元年度発掘概报》（1990）图版68a.b。据报告书称，第119次调查于SE3490出土经火烧过的三彩贴花残片，并于黑色烧土层中出土绿、黄褐、白三彩釉片（中一件贴花），其与第45次调查（SD1300）出土者酷似，故包括SE3490标本在内的三残片有可能与第45次调查者属同一个体。但SE3490标本曾经火烧，故仍有疑问。另SD1300报告参见本文注（10）。

久市小田井前田遗迹[29]、大阪府东大阪市若江南町[30]、福冈太宰府鸿胪馆[31]，以及奈良橿原市醍醐町藤原京遗址[32]等。此外，依据研究者论文中的间接引述或所载图版，奈良平安四条四坊[33]，或平城京奈良时期民宅水井遗址也曾出土唐代三彩铅釉陶[34]，但确实发掘年代不详。

　　就上述遗址出土的唐代三彩系作品而言，三次市备后寺町废寺及京都市中京区西之京中御门西町（原平安京右京二条三坊）出土的推测为壶或瓶的残片，日本的研究者如矢部良明、龟井明德均认为属晚唐至五代时期作品，而不是盛唐时期所谓的唐三彩。[35]笔者未见实物，无从置喙，但从图片观察，备后寺废寺的三彩壶残片，施以褐、绿色并饰白色斑纹的作风，与盛唐三彩器的施釉技法颇有共通之处，故笔者怀疑其年代有可能上溯盛唐，但这还有待日后进一步的资料来证实。其次，大宰府大字观世音寺境内出土的贴花三彩器残片（图1），报告者推定属三足罐（鍑）的口沿身部，从作品本身所饰模印贴花纹看来，似较一般常见的盛唐时期同类作品的图案显得呆滞且形式化，根据报告书的记载，该遗址上限很难上溯至八世纪后半，相对的其下限却可晚迄十二世纪前半，故报告推测该三彩三足罐残片的时代，可能为盛唐晚期或更晚。[36]从仅存的器形比较目前的唐代三彩釉作品，笔者同意应是所谓三足鍑的残片。依据目前中国方面的大量考古发掘资料，饰有模印贴花的三彩作品流行于盛唐时期，所谓的三彩鍑除了河北省景县大王庄[37]，或河南省三门峡市唐墓[38]作品可能为中晚唐时期，

　　29　佐久市教育委员会：《前田遺跡（第Ⅰ、Ⅱ、Ⅲ）次》，转引自《日本出土の貿易陶磁》東日本編2（国立歴史民俗博物館資料調査報告書5，1994），页224。

　　30　埋蔵文化財研究会：《第26回埋蔵文化財研究集会　古代の対外交渉－古坟時期－平安時代前半の舶載品をめぐって》（1989，8）。橿原考古学研究所附属博物館，同注（21），页316参照。

　　31　福冈市教育委员会，同注（27）；橿原考古学研究所附属博物館，同注（21），页316参照。

　　32　橿原市教育委员会：《藤原京右京二条三坊跡より三彩の俑片が出土》，《考古学ジャーナル》334号（1991），页44-45。

　　33　田边昭三：《古代史発現の旅》（东京：角川书店，1990）；转引自王维坤：《中国唐三彩与日本出土的唐三彩研究综述》，《考古》1992年12期，页1127。笔者在1994年7月有幸于京都市埋藏文化财研究所陈列室中亲见实物，据同研究所永田信一氏的解说，系出土于中京高仓通四条上る带屋町（左京四条四坊）。从实物观察，陈列的该遗址出土的唐三彩标本计四件，均为枕残片，分别属于两个不同的个体。

　　34　坂井隆夫：《遺品に基く貿易古陶磁史概要》（京都：京都书院，1989），页133。

　　35　矢部良明，同注（4），页32；龟井明德，同注（4），页21。

　　36　龟井明德：《日本貿易陶磁史の研究》（京都：同朋舍，1986），页17亦持同样看法。

　　37　河北省博物馆等：《河北省出土文物选集》（北京：文物出版社，1980），页61及图324。

　　38　李知宴：《唐三彩》《中国陶磁全集》（京都：上海人民美术出版社十美乃美，1984），图45。

其余作品亦均集中于盛唐时期。而上述河北、陕西出土的可推测属中晚唐时期的三彩镂，既与盛唐时期丰圆饱满的器形有别，并且不见贴花装饰。相对的，与大宰府大字观世音寺同式的三彩镂的最晚纪年实例，目前见于出土于辽宁的唐天宝三年（744）韩贞墓[39]。因此，观世音寺遗址的年代虽稍晚，但出土的三彩残片本身所呈现的时代作风仍是较接近于盛唐时期，故应考虑该件作品有曾经传世而后才废弃埋藏的可能性。

另一方面，日本出土的唐代三彩釉系作品当中，亦有部分已由发掘报告书指出其应为晚唐三彩，如福冈市柏原 M 出土的三彩盘残片，简报中虽称其为盛唐三彩，[40]但于正式报告中已更正应系晚唐三彩，[41]类似的三彩印花盘亦见于九世纪的著名伊拉克萨马拉（Samarra）遗址。[42]其次，福冈市十郎川遗址出土的白釉绿彩残片和福冈市东区多多良込田遗迹出土三彩器体残片及把手，因釉的呈色风格与前述柏原 M 遗迹出土的三彩印花盘极为类似，故推测应属晚唐时期作品；而福冈市多多良込田遗迹出土的作品是否确属多彩铅釉陶，近年来亦有不同的看法。[43]此外，前述日本出土唐代三彩器的遗址如平城京奈良期水井遗址出土的分别施罩白、褐、绿三色釉，另饰葡萄唐草纹的三彩作品、奈良橿原市藤原京遗址的三彩俑、滋贺县穴太废寺的三彩炉、福冈大宰府大字观世音寺东边中央部（SE3490）的三彩镂残片、大宰府鸿胪馆迹的三彩枕、京都市下京区三彩盘、佐久市前田遗址三彩枕，以及出土确实器形不明的奈良中京区壬生西大竹町、大宰府鸿胪馆迹（SB32）、大阪市若江南町等，除了佐久市前田遗址和鸿胪馆迹出土的枕可认为应属盛唐三彩，[44]其余因未见正式考古发掘报道而只见于简报或日方学者的间接引述，且未揭示图版，而无从判断。虽则就上述遗迹出土的作品器形而言，一九八八年调查的观世音寺东边中央部的镂残片，或一九九〇年鸿胪馆迹出土的

39　朝阳地区博物馆：《辽宁朝阳唐韩贞墓》，《考古》1973 年 6 期，图 12 之 2。
40　山崎纯男，同注（19），页 50。
41　山崎纯男，同注（15），页 13。
42　有关该类三彩印花盘的时代及研究回顾，可参见矢部良明：《晚唐五代の三彩》，《考古学雑誌》65 卷 3 期（1979），页 11–13。
43　如橿原考古学研究所附属博物馆，同注（21），页 312–313，则将该遗迹出土的所谓三彩水注等残器定名为"青瓷褐彩水注"。
44　据国立历史民俗博物馆，同注（29），页 224。前田遗迹出土枕被明定为唐三彩。其次，据广岛县立历史博物馆：《濑户内の中国陶磁》展览图录（广岛：1991）页 6 彩图 5 则揭载有鸿胪馆迹出土的三彩枕残片。故笔者判断上述二遗址三彩作品属盛唐时期。

枕，极有可能属唐三彩，但事实如何，还有待日后的资料来解决。因此，就笔者所能掌握的资料，估计日本出土的唐三彩至少有十七处之多（附表参照）。

就遗址性质而言，有一值得留意的现象。即可确认的十七处唐三彩出土地当中，宗像郡冲之岛为祭祀遗迹；静冈县城山遗迹和千叶县向台遗迹推测系郡衙遗留；平安京左京四条四坊、左京九条三坊、平城京左京三条三坊八坪、左京七条二坊、右京五条一坊十五坪是包括了长屋亲王邸宅在内的京城遗存，其余七处均为寺院遗址，包括了著名的大安寺和安倍寺、坂田寺、观世音寺、绳生废寺和上植木废寺等。此外，前述平安京左京九条三坊遗址据田边昭三氏的推测，可能亦与附近的东寺有关。[45] 出土分布集中于北部九州及奈良、京都畿内及其邻近地区，并且均非墓葬遗址，与中国唐三彩绝大多数出土于墓葬的情形形成鲜明的对比。特别是日本出土的唐三彩近半数与寺院或宗教祭祀遗迹有关，更是显得极为突出。

二、日本出土唐三彩种类及所谓陶枕问题

出土唐三彩的十七处遗址中，除了群马县上植木废寺所出残片尚待进一步比对复原之外，奈良县明日香坂田寺迹水井遗迹（SE110B）和平城京左京三条二坊长屋亲王邸宅出土了推测属瓶壶类的器体残片；福冈县大宰府鸿胪馆、佐久市小田井前田遗迹、平安京左京四条四坊、樱井市安倍寺迹回廊基坛和福冈观世音寺迹沟内（SD1300）分别出土了三足镬的兽足及颈身部分残片，三重县绳生废寺出土了破碎但可完全复原的印花杯（图2）。印花杯形器残标本于平城京八条町左京七条二坊遗迹中亦可见到（图3）。其次，著名的宗像郡冲之岛第5号、第7号祭祀遗迹则出土了推测属同一个体的残片（图4），经复原应是常见于国内外公私藏品的长颈贴花瓶（图5）。至于余下的奈良市大安寺迹讲堂前烧土层（图6～图8）、福冈县观世音寺字藏司整地层、福冈县大宰府鸿胪馆、佐久市小田井前田遗迹、平安京左京四条四坊、平安京左京九条三坊包含层（图9）、静冈县城山遗迹郡衙址整地层，以及千叶县向台遗迹推测为堆生郡衙陶器废弃场共八处遗址，均出土了所谓的陶枕。

45　田边昭三，同注（11），页24。

中国出土的唐三彩集中分布于西安、洛阳唐代两京地区，出土数量既多，种类也极为丰富，特别是以各种仪仗俑、动物、天王俑和镇墓兽等最为常见。然而，日本出土的唐代多彩铅釉陶，除了只见于简报详情尚未确认的奈良橿原市藤原京迹曾出土施罩绿、褐、黄三色釉，长宽约6厘米的人俑残件之外，其余均未出土任何俑类。这是观察日本出土唐三彩时，首先引人留意之处。其次，就日本出土的唐三彩器皿类而言，种类亦较中国出土作品显得贫乏。本来，作为进口国的日本所出土唐三彩种类要少于原产地的中国，毋宁是极为自然的事，然而在日本出土的有限品种当中，所谓陶枕却又占了极高的比例，计有八处遗迹都曾出土，并且只出陶枕，不见其他唐三彩作品。如果将年代稍晚的平安京右京二条三坊[46]、左京八条三坊[47]，或福冈县筑紫郡大宰府町大字通古贺市之上推测系奈良、平安时期西市遗址[48]等出土的黄釉绞胎枕，或前述确实年代不明的大宰府鸿胪馆迹出土的三彩枕计算在内的话，则其出土频率就更显突出。特别是奈良市大安寺出土的三彩枕标本近二百片，估计复原个体达三十件以上，数量极为惊人。反观中国本土出土情况，尽管已知的出土有唐三彩的墓葬或遗址数量极为庞大，但出土有唐三彩陶枕的极少见，目前只见于河南省洛阳安乐窝东岗墓[49]，和遗址性质不明的河南省孟津县[50]、陕西省韩森寨[51]、江苏省扬州等少数几例[52]。其中除了扬州地区出土的两片标本分别属于不同个体的三彩枕，[53]其余均只限一件。[54]这就透露出日本出土所谓三彩枕显然是经过有意识的挑选并为适用于某种目的，才会大量远渡重洋被携至日本的。而其在日本的使用方式，则有可能是解决目前仍暧昧不明的唐三彩同类作品真正用途的珍贵线索。

　　依据学者复原大安寺出土所谓陶枕，可大致区分为三区。I类三式，a式各面

46　田边昭三，同注（11），页24。
47　财团法人京都市埋藏文化财研究所：《平安京左京八条三坊》（1982），田边昭三，同注（11），参照页23。
48　高仓洋彰等，同注（10）页80及图版下；矢部良明，同注（42），页21。
49　洛阳市博物馆：《洛阳唐三彩》（北京：文物出版社，1980），页117。
50　洛阳市博物馆，同注（49），图118。
51　陕西省博物馆：《陕西博物馆》中国の博物馆I（东京：讲谈社，1981），图74。
52　蒋华：《江苏扬州出土的唐代陶瓷》，《文物》1984年3期，页67，图14、15。
53　此外，依据小山富士夫氏的亲自见闻，则南京博物院亦收藏有江苏扬州或新海出土的唐三彩枕。参见小山：《正仓院三彩と唐三彩》，《正仓院の陶器》（东京：日本经济新闻社，1971），页113。然详情不明。
54　此外，据王仁波：《陕西省唐墓出土三彩器综述》，《文物资料丛刊》6期（1982），页144–145附表一记录了神龙二年（706）懿德太子墓出土两件形制不明的三彩枕。然原报告（陕西省博物馆唐墓发掘组等：《唐懿德太子墓发掘简报》，《文物》1972年7期，页26–32）并未涉及。

平坦呈直方形构造；b 式上面内弧，侧面及底面平坦；c 式上面及长侧面均内弧。釉色有绿、白、褐（黄）、蓝等，复原推定尺寸长 11.6～12.5 厘米、宽 8.5～10.5 厘米、高 5～5.6 厘米。II 类为绞胎，亦可细分三式，a、b 式与 I 类的 a、b 式造型相同，是否存在 c 式不明，但较 I 类多出 d 式；后者各面平坦，但上面宽于底面，侧面外方倾斜，呈倒梯形。II 类尺寸与 I 类相近，一般以透明性强的白釉、黄釉为基釉，随处施加淡绿、褐或蓝釉。III 类仅见 a 式，尺寸略同前二类。从成形技法及荧光 X 线测定分析等得知，I、II 类为中国所产，III 类则属日本仿制的奈良三彩。[55] 如果一九八○年代初期由原发掘者八贺晋氏所归类比定的大安寺出土唐三彩资料无误，[56] 则目前所知大安寺出土的总数约五百片，合计个体数达五十件以上的陶枕中，有三分之一强作品属于日本国产品，是值得留意的现象。上述 I、II 类的形制，基本上已经涵盖包括中国出土品在内的世界各地收藏同类作品之所有样式，故可大致将所谓三彩枕区分为 a～d 四式，但 d 式极为少见。

事实上，除了少数研究者之外，历来均未对所谓唐三彩枕的造型区分给予应有的留意，而只是笼统地将之称为陶枕，例子甚多，本文不拟一一指出。不过若将焦点集中于研究者从日本出土的三彩器所引申出来的对于唐三彩同类作品的用途判断，则不难发现彼此的见解颇为分歧。总括起来，可以有下列几种见解：1. 未涉具体用途的陶枕说；[57] 2. 头枕说；[58] 3. a 式为腕枕或书枕，余为陶枕；[59] 4. 大安寺出土作品均为写经用的腕枕；[60] 5. 原系加装金属配件的箱模型，后镶装配件佚失；[61] 6. a 式为箱模型，b 式是明器陶枕；[62] 7. 有三种可能的用途，即用于写经或礼仪的腕枕，用于诊病的脉枕或携带用的袖枕。后者若因欲避免发髻与枕面接触而枕于颈部则可

55　泽田正昭等：《大安寺出土陶枕の制作技法と材質》，《古文化財の自然科学的研究》（京都：同朋舍，1984），页 242-249。

56　八贺晋，同注（7），页 26-29。

57　如冈崎敬：《近年出土の唐三彩について─唐、新羅と奈良時代の日本》，*Museum* 291 号（1975），页 12。

58　如爱宕松男：《唐三彩續考》，《小野勝年博士頌壽記念東方学論集》（龙谷大学东洋史研究会，1982），页 249-250。

59　如小山富士夫：《三彩》日本の美術卷 76（东京：至文堂，1976），页 62。

60　三上次男：《唐三彩鳳首パルメット文水注とその周辺─唐三彩の性格に関する一考察》，《国華》960 号（1973），页 5。

61　R. P. Dart: *Two Chinese Rectangular Pottery Blocks of the T'ang Dynasty*, *Far Eastern Ceramic bulletin*, vol. 1-4 (1949), p. 29.

62　藤冈了一：《大安寺出土の唐三彩》，《日本美術工芸》401 号（1972），页 60。

又称为颈枕;⁶³ 8. a式为器座,b式属唐枕明器;⁶⁴ 9. a~c式均为与宗教仪礼有关的器物,既可能是用以承载佛具的台座,也可能被作为压置经卷的文镇类。⁶⁵

出现上述各种不同看法的主要原因,恐怕是在于该类作品造型与枕或箱橱颇为类似,其次是研究者对于各式之间的差异及其与出土遗址伴随关系的关心程度彼此有异,甚至略而不谈。无论如何,多数学者并未针对自己提出的主张进行必要的验证。有关a式作品的用途有爱宕松男氏等的头枕说;小山富士夫、三上次男氏的腕枕说、书枕说、袖枕说;藤冈了一氏的箱模型说;吴同氏的器座说和笔者的宗教遗物说等看法。从大安寺出土情况看来,a~c式作品均出土于讲堂是值得留意的现象。就如吴同氏所指出,讲堂为传法重地,非寄存枕头之处,也非陈列写经腕枕之所。据《续日本纪》的记载,负责营造大安寺的僧人道慈,于大宝二年(702)随栗田真人等遣唐使入唐求法,养老二年(718)归国后于天平元年(729)仿长安西明寺迁造大安寺于平城京,天平十六年(744)仙逝。⁶⁶姑且不论大安寺的唐三彩是否为道慈携回,如果说在中国居住十余年对唐代文物应知之甚详的道慈等人,会允许将明器陶枕、日用头枕或明器模型供奉于庄严的讲堂,除非是有特殊的理由,否则与常理不合。另一方面,吴同氏的器座说则颇耐人寻味,不过同氏既将a式视为器座,又认为河南孟津县出土的b式三彩作品属明器陶枕,而两式均又同时出土于大安寺讲堂,故该说法亦颇有矛盾之处。所谓明器陶枕的说法,我们虽可从唐人杜佑《通典》引晋代贺循《葬经》所载葬仪器具包括有枕一事,⁶⁷间接推测唐代或亦存在明器枕,晚迄明人屠隆《考槃余事》也将枕区分为日用枕和明器枕二类,即"旧窑枕,长二尺五寸,阔六寸者可用。长一尺者,谓之尸枕,乃古墓中物,虽宋瓷白定,亦不可用"。⁶⁸从行文语气推敲,所

63　三上次男:《中国の陶枕—唐より元》,《杨永德收藏中国陶枕》(大阪:大阪市立东洋陶美术馆,1984),页11。

64　叶叶(吴同):《盛唐釉下彩印花器及其用途》,《大陆杂志》66卷2期(1983),页30;该文经作者略做修订后,日译载于《陶说》385号(1985),页25-36。

65　谢明良,同注(5),页36;另《日韩出土的唐三彩》,《故宫文物月刊》2卷3期(1984),页29。

66　藤冈了一:《大安寺出土の唐三彩》,《日本美术工艺》400号(1972),页78-79;冈崎敬,同注(6),页373。

67　唐·杜佑:《通典》卷86(台北:国泰文化事业有限公司出版),页749。

68　明·屠隆:《考槃余事》(中田勇次郎《文房清玩》卷二收,东京:二玄社,1961),参见页215。另外,明·高濂:《遵生八笺》《石枕》条(四川:巴蜀书社,1988),页287及文震亨《长物志》《枕》条亦有类似记载(笔记小说大观,二十篇六册),页3630。

指的旧窑枕似是宋代定窑一类的作品，虽则反映了明人以尺寸大小来区分明器枕与否，对于理解唐代枕制作用不大，而明器枕的说法也与大安寺讲堂的性质扞格不合。

至于现今较流行的腕枕或书枕的说法，从唐笔的构造或唐人的写字习惯看来亦难成立。[69] 笔者曾查阅《正仓院文书》中所记录的各写经所公文，文书中详列了写经时必要的纸、笔、墨、勺、桌、柜等用具，[70] 然而就是不见腕枕、书枕或可推测书枕一类的器具；晚至镰仓中期中村溪南的《稚儿文殊像》，以及约略同时期的许多绘卷所见挥毫场面，亦均未见使用腕枕或书枕，似乎可以推测当时挥毫并不存在载肘用的枕。[71] 此外，自一九七〇年代浙江省宁波出土一件报告者认为系医疗用所谓脉枕的唐代越窑青瓷绞胎枕以来，[72] 一九八〇年代另公布了同地区出土的与大安寺三彩枕造型略同的木枕及药碾等一批报告书所称的医药用具。[73] 或许是基于上述出土资料，从而又出现了唐三彩该类作品为脉枕的说法。[74] 事实上，宁波出土的枕、药碾等所谓医疗用具是分别出土于不同地点，故不存在伴随组合关系。不仅如此，出土的碾其实是与茶臼共出，从其形制比照同时自铭茶碾，可知其应属茶碾无疑。[75] 无论如何，大安寺讲堂也非看病诊疗处所，脉枕的说法并未提示任何足令人信服的依据。另外，《大安寺伽蓝缘起并流记资财帐》记载有"经台"等法物（《合大般若会调度条》），[76] 不过所谓经台到底是藏纳经典的橱柜，抑或承载经籍的台座桌几却不易判断，纵属后者也因其形制特征难以究明，其是否能与所谓唐三彩枕形器相提并论，颇有疑义。

笔者认为，要解决唐三彩该类作品的用途问题，首先有必要考察唐枕的具体造型或装饰特征。尽管已有许多唐枕出土的考古发掘报道，可惜绝大多数作品均属墓葬以外的个别出土物或窑址遗存标本，既不见自铭器物，又无从观察其与墓主遗骸位置之对应关系，缺乏可资判断其是否确实为枕的依据。所幸少数墓葬如西安南郊

69　吴同，同注（64），页30。

70　竹内理山编：《宁乐遗文》（东京堂：1968）四版，页540-563。

71　谢明良，同注（5），页33。

72　林士民：《浙江宁波市出土一批唐代瓷器》，《文物》1976年7期，页60-61。

73　林士民：《浙江宁波市出土的唐宋医药用具》，《文物》1982年8期，页91-93。

74　如三上次男，同注（63），页11。

75　孙机：《法门寺出土文物中的茶具》，《文物丛谈》（北京：文物出版社，1991），页106。

76　竹内理山编，同注（70），页376。

第五号唐墓，可从陈列位置判断伴出的木质头枕呈长方体，[77] 甘肃天水隋至初唐墓出土的蛇纹岩枕亦呈长方形，枕面内弧，[78] 提示了理解唐代枕制的珍贵资料，而其造型特征正与大安寺 b 式三彩作品有共通之处。然而若说包括大安寺在内的日本寺院遗址出土同形制唐三彩作品是陶枕，那么要如何解释其与遗址性质之间的矛盾？是日本改变了唐三彩的原有用途赋予新的使用方式，还是另有原因？关于这一点，近年来发掘的著名陕西省扶风法门寺地宫文物可提供若干线索。法门寺的沿革或地宫出土佛骨舍利等诸多稀世珍宝不在本文的讨论范围，与本文论旨有关的是地宫隧道通往前室处发现了唐咸通十五年（874）两通碑文，其中一通为监送真身使刻制的《应从重真寺随身供养道具及恩赐金银宝物函等并新恩赐到金银宝器衣物帐》。值得留意的是该衣物帐中记载有"水精枕一枚"、"影水精枕一枚"，影水精据说是水精内含规律线状结晶，虽载入衣物帐中但未能发现，不过确实出土了另一枚水晶枕（图 10）。[79] 出土文物既证实了衣物帐所记基本无误，更重要的是作为佛门重地的法门寺地宫出土枕类，明示了若干以珍贵材料制成的枕类是能供奉于寺院的，衣物帐中记载的"赭黄罗绮枕二枚"即为另一实例。法门寺水晶枕的时代虽略晚于唐三彩，然其形制仍大体与大安寺 II 类 d 式接近，说明了大安寺同式作品亦应为枕。结合《东大寺献物帐》中亦有"示练绫大枕一枚"的记载，[80] 不能排除日本的僧人或是在对唐代典章文物有所认知的基础之上，才会无忌讳将唐三彩供奉于寺院的。

当然，设置于塔下瘗埋舍利的地宫或石室之性质与寺院讲堂不尽相符，照目前的资料看来，似乎也难圆满地解决大安寺出土数量既大、造型也颇丰富的唐三彩枕的具体使用方式及各不同形式之间可能存在的区别，这就无可避免会造成笔者三彩枕说法的极大缺失。故有必要就唐代该类砖形枕制的形态变迁做一重点考察。从法门寺衣物帐的记载及地宫出土物的对照，得知前述"水晶枕"确属枕类无疑，[81] 可提供我们理解九世纪砖形枕类形制的依据。就法门寺水晶枕的造型特征

77　王育龙：《西安南郊唐韦君夫人等墓葬清理简报》，《考古与文物》1989 年 5 期，页 71，图 2 平面图参照。
78　天水市博物馆（张卉英）：《天水市发现隋唐屏风石棺床墓》，《考古》1992 年 1 期，页 52，图 10-2。
79　韩伟：《法门寺地宫唐代随真身衣物帐考》，《文物》1991 年 5 期，页 30。
80　安藤孝一：《古代の枕》，《月刊文物财》1979 年 3 期，页 19。
81　近来，宋伯胤氏在考察中国枕具时，一方面引用过去三上次男氏认为日本大安寺出土枕属于写经用具的看法，进而推演出法门寺水晶枕为书写佛经的腕枕；另一方面又将大安寺出土三彩枕视为头枕。该文立论矛盾且未出示任何论证依据。[参见《枕具——中国陶瓷枕研究专题之一》，《故宫学术季刊》11 卷 3 期（1994），页 24、31。]

而言,[82] 除枕面内弧之外,其余四侧面及底面平坦,与大安寺Ⅰ、Ⅱ类 b 式有共通之处,不过由于枕面宽于底面整体略呈倒梯形,故其形态仍较接近于Ⅱ类 d 式。不同的是,水晶枕的长和宽虽与大安寺三彩枕大体一致,但高 9.8 厘米,比经复原推定大安寺出土枕的 5~5.6 厘米高出许多。而与法门寺枕造型特征极为类似的作品,曾见于数十年前由滨田耕作氏为文介绍的京都大学考古学教室所藏的六朝石枕(图 11、12),[83] 从石枕上所刻饰的浮雕人面、龙、兽面等所呈现的时代特征,以及与法门寺水晶枕造型的比较,笔者认为该石枕的年代不能上溯至六朝,而应在中晚唐时期。值得留意的是,该石枕正面部位刻饰有形似所谓饕餮的兽面纹。香港徐氏艺术馆收藏的一件造型、尺寸特征均与日本寺院出土唐三彩枕一致的盛唐三彩枕枕面上,即装饰以形象特征几乎完全相同的兽面纹饰(图 13)。[84] 这样看来无论是从作品主要的造型特征还是装饰图纹,包括日本寺院出土品在内的所谓唐三彩枕形器,应与法门寺水晶枕或京都大学石枕属同类器,即均为枕类。其次,从前述水晶枕和兽面纹石枕造型特征结合其所属的相对年代,进而比较八世纪盛唐三彩同类作品,亦可看出唐代砖形陶瓷枕的形态变迁,亦即随着时代的推移,枕的高度有加高的趋势。就这点而言,近年来陕西唐代黄堡窑址出土的比八世纪盛唐Ⅰ类 b 式三彩枕高,但又低于九世纪长沙窑同式枕的耀州窑三彩枕的时代(图 14),[85] 极可能属中唐时期。然而,日本大安寺为何会将唐三彩枕陈置于庄严的讲堂,笔者以为其应又与唐三彩本身性质密切相关。

三、从日本出土例谈唐三彩的性质——宗教仪物说的再探讨

历来已有不少研究者撰文探讨唐三彩的性质或用途问题,考察的重点包括唐三彩的使用阶层、生产流通、与官方机构的可能关系,以及其是否均为丧葬用明器等几个方面。唐三彩是否均属明器,随着考古发掘或对于《唐会要》《通典》《大唐六典》《大唐开元礼》等相关文献记载的研究,可确知唐三彩当中多数俑类

---

82 法门寺原报告:《扶风法门寺塔唐代地宫发掘简报》,《文物》1988 年 10 期,页 1–26,未载该枕图版,此参见:法门寺考古队等《法门寺地宫珍宝》(西安:陕西人民美术出版社,1988),图 30。
83 滨田耕作:《六朝の石枕》,《考古学雑誌》21 卷 2 期(1931),页 85,图 1–2。
84 《徐氏艺术馆 陶瓷Ⅰ》(香港:徐氏艺术馆,1993),图 135。
85 陕西省考古研究所:《唐代黄堡窑址》卷下(北京:文物出版社,1992),彩版 14 之 3。

或模型类，无疑是专门用来陪殉入圹的明器。至于数量相对较少的器皿类，虽有不少学者从其胎质粗松、铅釉含毒等实用性的观点，主张其亦属非实用的明器，然而若就目前所累积的考古资料而言，已有部分非墓葬遗址出土了唐三彩器皿，使得自一九五〇年代由少数学者陆续提出的对于唐三彩器皿是否均属于明器的质疑，[86] 逐渐得到考古学界的支持。

中国本土之墓葬以外出土有唐三彩的遗址至少近二十处，遗址性质多样，涵盖了仓库、窖藏、水井、木桥、都城街市以及与寺院有关的遗迹。上述遗迹出土的唐三彩有一共通的特色，即一般只出土器皿类，尽管个别遗迹如扬州七八二工地木桥遗迹出土有小型马或人俑残件；[87] 扬州唐城曾出土所谓抱鹤女俑，但其造型特征或尺寸均与可确认属明器的三彩俑有别。[88] 换言之，非墓葬遗址出土的唐三彩中，未见可确认属陪葬用的明器。[89] 唐三彩器皿类于墓葬中亦经常可见，然而若仅是依据其曾出土于墓葬，即将之笼统地归入明器类，显然不足以令人信服，更无法针对多数出于墓葬，却被视为日用器皿的青瓷、白瓷、黑釉等其他色釉瓷一事自圆其说。非墓葬遗址出土有唐三彩以及出土作品的具体内容，使得我们相信具有日常生活器皿造型的唐三彩并非完全属于陪葬用的狭义明器，陕西长安西市遗址推测原为饮食业所在地出土有唐三彩，[90] 或许暗示了唐三彩曾被使用于日常生活。不过，就实用观点而言，不可否认唐三彩胎质一般较其他色釉瓷疏松易碎，其色彩缤纷的华丽釉色更给人特殊的印象，故其具体的用途和可能的属性仍须进一步的考察。就这点而言，日本出土的唐三彩可提供我们若干有益的线索，而唐三彩器皿类性质的初步厘清，则又与上一章节所预设的课题，即为何日本大安寺等遗址会出土唐三彩一事息息相关。

笔者过去亦曾考察唐三彩器皿类的性质，经由其造型、出土遗址性质以及日

---

86 如水野清一：《三彩、二彩、一彩、附绞胎陶》，《世界陶磁全集》卷9（东京：河出书房，1956），页203；爱宕松男：《唐三彩雑考》，《日本文化研究所研究报告》4集（东北大学，1968），页61–73等文。

87 扬州博物馆（徐良玉）：《扬州唐代木桥遗址清理简报》，《文物》1980年3期，页20，图8–9。

88 《中华人民共和国南京博物院展》（名古屋市博物馆等，1981），图84。此外，早已有学者认为尺寸极小的三彩俑类可能是玩具，近年来的简略概述可参考：刘建洲：《巩县黄冶"唐三彩"窑瓷玩具》，《考古与文物》1985年2期，页33–36；扬州出土的抱鹤俑造型虽较大，但目前仍缺乏其为陪葬俑的可靠证据。

89 不过，与陪葬陶俑造型一致的无釉唐代陶俑，曾出土于长安城西市推测属"凶肆"（贩卖明器的店铺遗址），然详情不明。参见宿白：《隋唐长安城与洛阳城》，《考古》1978年6期，页418。

90 中国科学院考古研究所西安唐城发掘队（庄锦清）：《唐长安西市遗址发掘》，《考古》1961年5期，页248–250。

本出土实例，推测部分作品有较大可能是与宗教仪礼有关的器具。[91] 随着出土实物的增多，有必要在此做进一步的补充和修正。如前所述，日本出土的唐三彩近半数属于寺院或祭祀遗迹，是值得留意的现象，其中又以奈良大安寺出土的唐三彩枕数量最多。有趣的是，推测属敷智郡衙迹的城山遗迹之三彩枕与大安寺出土枕极为类似，故又被认为其与大安寺有某种关联。[92] 其次，京都市南边东九条西山王町唐三彩出土地点相当于平安城左京九条三坊，与平氏渊源深厚的八条院和官人町的御仓町亦位于该一区域，东寺也建于西南不远处，故被推测或与八条院或东寺有关；[93] 引人注意的是唐三彩系与佛具伴随出土。[94] 至于推定为堆生郡衙址的向台遗迹，从遗迹整体而言，可能与邻近的龙角寺古坟有关。[95] 看来日本出土的唐三彩除了京都内部分居住遗址之外，几乎全都与寺院有直接或间接不同程度的关联。福冈县宗像郡冲之岛祭祀遗迹出土的唐三彩更是将之直接使用于海上祭祀的实例。当然，笔者不能不意识到当时日本寺院在中日文化交流中所扮演的积极角色，也无意忽视许多入唐求法的学问僧、请益僧归国后在政治舞台上的地位。换言之，唐三彩作为一种相对贵重的舶来品，出土于具有政治、经济实力的寺院等遗迹毋宁是极为自然的事。事实上，龟井明德氏在检讨日本出土的越窑青瓷遗址性质时已经指出，其出土地以官衙、寺院占多数；[96] 三上次男氏也曾推测爪哇中部和南苏门答腊出土的晚唐越窑、长沙窑或广东诸窑等作品，从遗址性质看来，似可能是与王宫或宗教仪礼有关的用器。[97]

如果说对中国文物应知之甚熟的日本僧人曾将唐三彩进行某种程度的变更使用，并非绝无可能。然而对于寺院讲堂等庄严处所的用器，纵非戒慎戒惧在其理解的基础之上小心地使用，按理不至于变更得太过离谱。从日本出土唐三彩的遗址虽不少、其种类却极有限，当中又存在着不同遗址却出土了同器种作品等情形来看，唐三彩应是被有意识地加以选择运用的。这一情形在朝鲜半岛的考古发掘中亦可略窥端倪。就笔者所掌握的资料，朝鲜半岛出土的唐三彩计有三例，其中

---

91 谢明良，同注（5），页 23-28。
92 辰巳均，同注（12），页 16。
93 田边昭三，同注（11），页 24。
94 田边昭三：《小黄治の窯跡》，《月报》11 号《中国陶磁全集》，1983 年 4 月，页 2。
95 石田广美，同注（16），页 97。
96 龟井明德：《日本出土の越州窯陶磁器の諸問題》，《九州歷史資料館研究論集》1 号（1975），页 95。
97 三上次男：《晚唐、五代時代における陶磁貿易》，《白水》11 号（1986），页 5-12。

庆州市朝阳洞山第二十番地出土的三彩三足钵，出土时器身内藏火葬骨，上覆盖有青铜制浅盘，置于花岗岩制的屋形石室中，[98] 其埋葬方式与日本旧大和街道附近发现的置于屋形石柜中，内藏火葬骨的奈良三彩壶葬式极为接近。[99] 就是因为三足钵内藏火葬骨，故应与陪葬用的象征明器有所区别，而是属于葬具，亦即较接近于宗教仪礼或祭祀性质的用器。其余二例分别出土于庆州皇龙寺迹和庆州味吞寺迹等两处寺院遗址，皇龙寺迹出土作品器形不明，但味吞寺迹则出土了唐三彩枕。[100] 朝鲜半岛唐三彩出土遗址既集中于寺院，可确认的器形又为三足钵和枕，枕和三足钵不仅是日本出土唐三彩频率最高的器种，并且集中于寺院遗迹。与中国仅一衣带水之隔的朝鲜半岛和日本出土唐三彩的上述共通现象，似乎暗示了唐三彩于中国原本就已具备的性质。唐三彩之外，日本福冈县筑紫郡水城村大字通古贺字立明寺农地也出土了唐代越窑系青瓷三足钵，[101] 上述青瓷钵于中国极少出土，却出土于与日本寺院有关的遗址，后者并被推测有可能是作为盛骨器来使用，[102] 这也是今后进一步考虑该类器形用途时应予留意的现象。

在考察唐三彩性质时，还有一值得重视的线索，那就是日本于奈良时期烧制的所谓奈良三彩。众所皆知，奈良三彩是受到唐三彩影响而生产的日本国产彩釉陶器，因此，奈良三彩的用途就某种意义而言，或可反映唐三彩的原有属性。截至近年，自日本国内宫城县以迄福冈县计有一百一十六处遗迹出土了奈良三彩，以遗迹性质而言，包括宫殿、官衙二处、寺院四十五处、祭祀遗迹十处、墓葬八处、居住聚落二十七处，明显是以寺院为主的佛事、祭仪相关的遗迹居多数，且依仪式的不同而使用相异的器种。[103] 楢崎彰一等日方学者早已指出，宫殿、官衙、寺院出土的奈良三彩是于各种祭仪中使用的。[104] 这从奈良、平安时代文献《造佛所作物帐》所记载的"造瓷"既与734年营建的兴福寺金堂有关；《西宫记》或《江家次第》等平安朝文献所载宫中正月举行的"御齿固式"乃是使用"尾张青

98　小山富士夫：《慶州出土の唐三彩鉢》，《東洋陶磁》卷 1（1973～1974），頁 6。
99　楢崎彰一：《三彩　緑釉》《日本陶磁全集》卷 5（東京：中央公論社，1977），頁 56。
100　鄭良謨：《韓国国立博物館の中国陶磁—青磁を中心に》，《東洋陶磁》卷 14（1984～1986），頁 75。
101　藤冈了一：《立明寺出土の越州窯鉢》，《陶磁》12：1（1940），頁 5 图 2。
102　龟井明德：同注（36），頁 123。
103　巽淳一郎：《陶磁》（原始·古代篇），日本の美術 235（東京：至文堂，1985），頁 46-47。
104　楢崎彰一：《彩釉陶器製作技術の傳幡》，《名古屋大学文学部研究論集》14 号（1967），收入《日本考古学論集》卷 5（東京：吉川弘文館，1986），頁 380 等。另楢崎彰一，同注 99，頁 58。

瓷"等事亦不难窥测得知。[105] 此外，又被称为正仓院三彩的彩釉陶，是因天平胜宝四年（752）东大寺所举行的大佛开眼会等一系列佛事而生产的；[106] 正仓院三彩作品中还存在器底墨书"戒圣院圣僧供养盘天平胜宝七岁七月十九日东大寺"的带铭大平钵，可知是圣武天皇生母于宫中斋会所使用的用器。[107] 因此，作为奈良彩釉陶器渊源之一的唐三彩器皿类，极有可能也具有宗教仪礼性质，从而才被携进庄严的讲堂。当然，这并非意味着所有唐三彩器皿类均与宗教仪器有关，而是说唐三彩该类作品经常被使用于与宗教仪礼相关的场合，这与奈良三彩既常被作为祭仪用器具，但亦曾出土于官衙、住居或墓葬等遗迹，甚至偶尔被当作盛骨葬具的情形大体相似。大安寺出土的釉陶枕当中，既有唐三彩，亦包括不少奈良三彩一事，亦可视为两者确实存在着共通属性的另一佐证。此外，推测亦与唐三彩有关的朝鲜半岛烧制的所谓新罗三彩，也被认为具有特殊的祭器性质。[108]

事实上，中国出土亦曾于寺院遗迹发现唐三彩，最著名的例子莫过于陕西临潼庆山寺舍利塔精室出土的作品。依据报告书的描述，出土时排列有序，上方舍利塔碑竖立于通道正中，甬道和主室之间加装线雕石门，一对唐三彩狮则置于石门两侧，石雕舍利宝帐安置于须弥座上，宝帐前一字排列三件唐三彩盘，中盘上置一只唐三彩南瓜（图15），其余两盘各摆置数件玻璃制供果。[109] 毫无疑问，出土的三彩盘和南瓜是被作为供物的，三彩狮则应属护法。此外，长安城内东南部新昌坊青龙寺殿堂遗迹也出土三彩佛残标本。[110] 从上述中日韩等地出土唐三彩遗迹性质结合与唐三彩密切相关的日本奈良三彩的用途以及中国出土实例，可以认为唐三彩器皿类曾被使用于与祭祀仪礼有关的场所。因此，奈良大安寺等寺院遗迹出土有唐三彩枕就非不可思议之事，其与法门寺地宫水晶枕均是当时高档的工艺品。不过，唐三彩器皿类的种类颇为丰富，日本寺院为何特别钟爱陶枕，其是否具有某种象征意涵，抑或曾被赋予新的使用方式？若属后者，则提示输入国对于外来文物的对应态度，是今后探讨异国文物交流所不容忽视的课题。

105　楢崎彰一，同注（99），页58。
106　小山富士夫：《正倉院三彩》，《座右宝》1-1（1946），《小山富士夫著作集》卷中收（东京：朝日新闻社，1978），页207。
107　楢崎彰一，同注（99），页51、58。
108　吉冈完佑：《高麗青磁の出現》，《朝鮮学報》119、120号（1986），页281–282。
109　临潼县博物馆（赵康民）：《临潼庆山寺舍利塔基精室清理记》，《文博》1985年5期，页13另图4之3,4。
110　中国科学院考古研究所西安工作队：《唐青龙寺遗址发掘简报》，《考古》1974年5期，图版十二之4。

四、日本出土唐三彩输入年代的考察——从太原金胜村三彩贴花长颈瓶谈起

截至目前,除了奈良盆地龙田川斑鸠町三号墓(御坊山三号墓)出土推测属七世纪后半期的早期三彩陶砚(图16),是否确属中国产品尚有争议之外,[111] 如前所述日本出土唐三彩遗址达十余处之多。其中一九八〇年代发掘的三重县绳生废寺塔基坛舍利穴出土了唐三彩印花碗(同图2),从上原真人氏对于废寺遗址出土的屋瓦编年等看来,绳生废寺约建于七世纪末至迟在八世纪初,故建塔前置入覆盖于舍利容器上的该三彩印花碗亦不应晚于这一时期。[112] 绳生废寺出土作品提示了唐三彩输入日本的年代或可早自七世纪末,使得以往学者认为日本出土唐三彩均属八世纪前半作品的说法有再次讨论的必要。日本出土三彩年代不仅涉及了若干唐三彩作品的定年问题,也与唐三彩经由何种具体途径携入日本一事有所关联。相对于前述上原氏是从日本出土遗址的伴随物等考察唐三彩的所属相对年代,笔者则拟从中国墓葬年代及其出土作品,尝试讨论日本出土唐三彩中是否还存在其他八世纪以前这一与唐三彩输入日本的可能起始年代有关的遗物。至于出土的多数八世纪前半作品因属常识,以下不予讨论。

---

111 有关御坊山三号墓出土三彩砚的产地历来有所争议,如冈崎敬氏认为其为盛唐三彩出现之前的初唐作品〔冈崎,同注(6),页372〕;三上次男氏同意是八世纪的唐三彩(三上:《从陶磁贸易看中日文化的友好交流》,《社会科学战线》1980:1,页220)。土桥理子氏亦从伴随出土的玻璃管饰与陕西西安隋代李静训墓所出者类似推测,其应属隋至初唐时期作品(土桥:《奈良县出土输入陶磁について》,《考古学论考》卷7,1982,页50)。不过楢崎彰一氏则主张其形态与朝鲜半岛百济作品相似,可说是属三彩的变种〔楢崎,同注(99),页47〕,矢部良明氏也倾向是朝鲜半岛输入的说法(矢部:《日本出土的唐宋时代的陶磁》,《日本出土の中国陶磁》,东京:日本美术,1978,页107)。此外,李知宴氏两度为文从该砚的胎釉、造型,特别是三叉支钉烧造技术等详细论证了其应为中国所生产(李:《日本出土的绿釉足砚》,《奈良、平安的中国陶磁——西日本出土品を中心として》,奈良:奈良县立橿原考古学研究所附属博物馆,1984,页89-92;《日本出土的绿釉滴足砚考——併せて唐代彩釉陶瓷の発展について考える》,橿原考古学研究所,同注21所收,页262-269);近年来龟井明德氏亦将之视为唐三彩,但所据不明〔龟井,同注(36),图版5之20〕。而吉田惠二氏在综合考察中国圆形砚的论文中也认为御坊山三号墓之三彩砚属中国产品〔吉田:《中国古代における円形砚の成立と展开》,《国学院大学纪要》30(1992),页172〕。就目前的资料看来,似乎不易从所谓三叉支钉窑具等来明确地区别该砚的产地,如熊海堂氏在其论著中已经指出八至十二世纪日本京畿三彩、绿釉、灰釉等施釉作品亦使用该类垫烧窑具〔熊:《中国古代窑具与装烧技术研究(前篇)》,《东南文化》1991年6期,页99〕。

112 上原真人:《绳生废寺の舍利容器》,《佛教芸术》188号(1990),页119-131。

众所皆知，一九五〇年代和一九六〇年代分别发现于宗像郡冲之岛第五号和七号岩荫遗迹的三彩残片，早由小山富士夫氏依据标本复合观察推定其为同一个体的长颈贴花瓶残片，[113]并为学界所同意。另一方面，与冲之岛贴花瓶造型、装饰基本一致的三彩作品，于一九五八年发掘山西省太原金胜村三号墓中亦可见到（同图5）。后者依据报告者边成修氏所言，其墓葬结构、形制和出土器物造型，均与同省调露元年（679）王深墓大致相同，故同氏推测墓葬年代亦约于初唐时期。[114]

由于经报道的中国出土唐三彩并带有明确纪年的墓葬均集中于八世纪前半，故探讨七世纪晚期唐三彩作品风格以及判断冲之岛出土同式瓶重要线索的金胜村三号墓的确实年代，理应要引起人们的注目。然而数十年来多数学者对此均略而不谈，少数学者如三上次男氏虽同意该墓年代应于初唐时期，可惜其依恃的理由则只是转引自报告书执笔者边成修氏的上述提言，[115]而边氏的年代厘测却又未出示任何具体的论证。因此，再次检验金胜村三号墓的年代，应有助于理解同墓伴出唐三彩贴花瓶的具体时代，从而提供冲之岛同式瓶年代判断的参考依据。

金胜村三号墓墓顶虽已坍塌，但随葬器物丰富，计出土开元通宝铜钱四枚另九十余件陶瓷。器形种类包括陶人俑、驼马、家畜、镇墓兽、明器模型和器皿类。后者除了灰陶瓶、罐、盘之外，尚有酱釉碗碟和施罩三彩铅釉的报告书所谓的小瓶、豆形炉、盖盒、长颈圆腹瓶等作品。墓由墓室、甬道和墓道所构成，室壁略外弧，平面呈方圆形，室壁采用二顺一丁条砖砌筑，原有彩绘壁画，现已剥蚀无存。墓室南接甬道，北部砌棺床，西壁另有砖筑长方小台，北接棺床，南连室壁。室顶为穹隆顶，甬道成卷顶。因此若就报告书的叙述看来，其墓葬构筑，除了室壁外弧、穹隆顶、墓门甬道券顶等方面确与报告书中用来作为年代比定的长治市王深夫妇墓（679）相似外，[116]其余建筑设施并不相同。即后者既无三号墓中所砌筑的棺床和长方台，但又于室北壁东端另设一圆券门似壁龛，入内则为一狭小后室。

---

113 小山富士夫，同注（6），页214。
114 山西省文物管理委员会（边成修）：《太原南郊金胜村3号唐墓》，《考古》1960年1期，页37-39。
115 三上次男：《中国陶磁とイスラム陶磁の関係に关する二、三α問題—初期イスラム多彩陶器の系譜》，《西南アジア研究》14号（1965），页4；《唐三彩とイスラム陶器》，《東洋学術研究》8卷4期，页64。上述二文经补笔修订后，分别收入同氏著作第2、6册中（东京：中央公论美术出版社，1988、1990），由于所述相同，此处不再重复征引。
116 山西省文物管理委员会（杨富斗）：《山西长治唐墓清理简报》，《考古通讯》1957年5期，页53-57。

从笔者所能掌握到的，经正式发表的三十余座山西唐墓资料看来，壁画墓虽集中于太原地区，不过绝大多数的太原、长治一带唐墓均是以室壁外弧、穹隆顶接券顶墓门或甬道的平面呈方圆形者为主要的构筑特征，可说是该一地区流行的墓葬形制。从纪年墓的时代看来，其早自长治市显庆五年（660）范澄夫妇墓[117]，晚迄景云元年（710）李度墓或贞元八年（792）宋嘉进墓，[118] 基本上都是属于这一类型。至于棺床的砌筑位置，则太原唐墓除个别合葬墓砌于东西二壁，其余多设于室北部；长治地区唐墓既有砌于室北者，也有砌筑于墓西侧，或于墓室两壁另砌对称的东西耳室，因此就经正式发表的笔者所能掌握的资料而言，实在很难从墓葬的大体形制给予明确的编年。不过，与金胜村三号墓同样既于室北砌棺床，又于西侧设小台，且室底亦采用条砖错缝平铺的山西唐墓，则见于金胜村五号墓壁画。[119] 后者虽伴随出土墓志，可惜志文漶佚，无法判读，故报告者遂依据墓葬形制和壁画作风，推测其应与同省董茹庄五号墓万岁登封元年（696）赵澄之墓的时代相近，属初唐时期墓葬。[120]

值得留意的是金胜村五号墓所出陶瓷，还与三号墓出土作品有若干雷同之处。即五号墓除了部分未刊载图版、只见于文字叙述的俑类外，另出土一件白瓷钵和四件陶器皿。后者包括所谓灯器、长颈瓶和造型相近的大小广口罐各一件。其中豆形灯器与三号墓的三彩作品造型特征一致。其次，三号墓出土的长颈瓶计三件，除一件施三彩釉，其余两件为无釉素陶器。后者陶长颈较三彩同式瓶低矮，侈口沿亦较窄，然而其造型特征则与五号墓所出长颈瓶基本一致。此外，三号墓与五号墓出土的广口罐造型亦大体相同。这样看来，金胜村三号与五号两座壁画墓，不仅所在位置相近，墓葬构筑雷同，两墓所出陶瓷种类乃至于作品本身造型特征也有共通之处，故其时代也应接近。从五号墓出土的豆形灯、钵造型均与同省长治市永昌元年（689）崔拏夫妇墓所出同类作品一致等情形推测，[121] 其相对年代应约在七世纪末期。

与前述金胜村三号、五号墓长颈陶瓶造型类似的作品，还可见于同省长治

117　长治市博物馆（侯艮枝等）:《长治县宋家庄唐代范澄夫妇墓》,《文物》1989 年 6 期, 页 58–65 转 72。
118　长治市博物馆（侯艮枝等）:《长治西郊唐代李度、宋嘉进墓》,《文物》1989 年 6 期, 页 44–50。
119　山西省文物管理委员会（代尊德）:《太原南郊金胜村唐墓》,《考古》1959 年 9 期, 页 473–476。
120　赵澄之墓报告参见（代尊德）:《在基本建设中太原市发现古遗址及唐宋墓葬》,《文物参考资料》1954 年 3 期, 页 116–117；另《文物参考资料》1954 年 11 期, 图版 22；《文物参考资料》1954 年 12 期, 封底。
121　长治市博物馆（王进先）:《山西长治市北郊唐崔拏墓》,《文物》1987 年 8 期, 页 47 图 16 之 3、4。

北石槽第四号文明元年（684）乐道仁墓，但后者作品颈部相对略显粗短，器身加大，重心上移，侈口沿略窄，[122] 而具有类似口沿造型的长颈瓶，则又见于湖北郧县嗣圣元年（684）李徽墓出土的三彩作品。[123] 比起金胜村三号墓的三彩长颈瓶，瓶颈部显得极为修长，球形器身内收较遽，但器身之下的外敞底足则较三号墓低矮。尽管如此，如果考虑到金胜村三号墓的灰陶长颈造型既与七世纪末乐道仁墓有共通之处，李徽墓作品又与金胜村三号墓的三彩长颈瓶作风相近，似乎可以推测金胜村三号墓的时代亦应在七世纪末，不晚于武周时期（684~704）。这从同墓出土的呈五体投地匍匐状的所谓伏听俑，以及造型奇特的所谓爬兽等作品曾见于同省天授二年（691）冯廓墓一事亦可间接推测得知。[124]

如果金胜村三号墓年代属七世纪末至八世纪初期的推测无误，那么冲之岛祭祀遗址所出与三号墓基本一致的三彩长颈贴花瓶的相对年代亦应相当于这一时期。过去日本学者认为奈良大安寺出土的唐三彩是道慈律师于日本养老二年（718）由中国归朝时所携回，[125] 冈崎敬氏更从唐三彩的流行时代结合日本遣唐使节的派遣时期，主张日本的唐三彩是由遣唐使带回，即唐三彩的生产既集中于八世纪前半，奈良县神龟六年（729）小治田安万侣墓又出土了模仿唐三彩的奈良三彩，那么唐三彩应是在八世纪二十年代之前就已传入日本，而以第八、九次遣唐使携带回国的可能性最大。[126] 冈崎氏的说法虽缺乏明确的考古证据或文献记载，但若考虑到唐三彩的流行时期和奈良三彩的成立年代，出现这一说法或是极为自然的事，故该一见解亦被屡次征引，曾经带给日本学界一定程度的影响。

尽管笔者无法断言，传世众多之细部造型装饰略有不同的该类三彩长颈瓶是否均属同一时期生产，亦难确认造型装饰作风几近一致的作品是否可能延续烧造一段时期，遑论冲之岛的三彩瓶是否确由遣唐使携回。姑且不论传世的可

---

122 山西省文物管理委员会晋东南文物工作组（沈振中等）:《山西长治市北石槽唐墓》,《考古》1965年9月, 图版九之11。
123 湖北省博物馆等（全锦云）:《湖北郧县李徽、闫婉墓发掘简报》,《文物》1987年8期, 图版四之3。
124 长治市博物馆（侯艮枝）:《山西长治市唐代冯廓墓》,《文物》1989年6期, 页52图6, 页53图11。
125 藤冈了一, 同注（62）, 页61。
126 冈崎敬, 同注（57）, 页18。应该说明的是, 遣唐使派遣回数有十九回和十八回两种计算法, 冈崎氏于1975年文采十九次算法, 但1979年文［同注（6）, 页376］则以十八次计算。

能性，目前并无任何迹象可显示三彩贴花长颈瓶的年代，可晚至道慈律师随同第九次遣唐使归国的养老二年（718）。如前所述，日本出土的唐三彩虽多属八世纪前半作品，不过绳生废寺的唐三彩印花碗则可能上溯至七世纪末期，而该一年代观恰与经由金胜村三号墓三彩瓶之年代比定推知，冲之岛所出同类瓶的年代亦应属七世纪末至八世纪初期的年代观不谋而合。此外，从湖北嗣圣元年（684）李徽墓出土的可能仿自金银器的三彩印花龙首杯和角杯推测，[127] 类似意匠的三彩印花杯形器有不少或可上溯至七世纪末期，而前述平城京左京七条二坊六坪（同图 3）、右京五条一坊十五坪（图 17）则分别出土了造型相异但同属杯类的三彩印花残片。截至目前，中国陶瓷开始携入日本的确实时间不明。过去虽曾于日本爱媛县松山市古山津之土砂断层中出土一件四世纪东晋时期的越窑青瓷褐斑四系小罐，可惜是未经正式考古发掘的个别作品，详情不得而知。[128] 不过至七世纪中后期，情况似有所改变，如道明寺天满宫传为菅原道真遗留下来的白瓷多足圆砚，即具七世纪中期造型特征。[129] 著名的法隆寺传世的青瓷盘口四系壶，极有可能是七世纪前半传入日本的福建地区的制品，平城京遗址亦曾出土推测属七世纪后半的青瓷罐残片。[130] 综合前述绳生废寺或冲之岛祭祀遗迹所出唐三彩的时代，似乎可以推测早自七世纪后半，日本已对中国陶瓷有所理解，并经由某种途径携入本国。就当时情势看来，前述产地尚有争议的御坊山三号墓出土的推测属七世纪时期的带盖三彩砚，其带钮砚盖造型即与近年发现的河南安阳桥村隋代晚期墓出土的淡青釉砚盖有类似之处，[131] 使得其由中国携入日本的可能性大大地提高了。

或许是由于早期国际间考古资讯交流的局限，以及研究者对于唐代多彩铅釉陶的定年或对中东地区所烧制彩釉陶的鉴别存在着差异，因此尽管过去经报道的日本和朝鲜半岛以外出土有所谓唐三彩的例子不少，然而若依据笔者主观认定相

127　湖北省博物馆等（全锦云），同注（123），图版四之 2、3。

128　矢部良明，同注（111），页 106。

129　过去虽曾将该砚的时代定为八世纪中期 [如长谷部乐尔：《唐白磁圓硯》，*Museum* 136 号（1962），页 21]，不过近来包括长谷部本人在内的多数研究者均认为其应是七世纪中期作品。参见长谷部乐尔：《唐代陶磁史素描》，《唐磁》（东京：根津美术馆，1988），页 9。

130　龟井明德：《法隆寺传世青磁四耳壶の請来をめぐって》，同注（36）所收，页 36–48 参照。

131　安阳市文物工作队（孟宪武等）：《河南安阳市两座隋墓发掘报告》，《考古》1992 年 1 期，图版四之 8。

对可信的报告,斯里兰卡曼泰（Mantai）[132]、伊拉克萨马拉（Samarra）、伊朗尼沙布尔（Nishapur）等确曾出土中晚唐时期三彩器;[133]泰国那空是贪玛功（Srithammrat）[134]、印尼爪哇（Java）、雅加达（Jakarta）、苏门答腊（Sumatra）等地[135]和埃及福斯塔特（Fustat）则出土了唐三彩。[136]后者出土唐三彩遗址均未见考古发掘报道,只见于学者论文中的间接引述,其中现藏于意大利法恩莎国际陶瓷博物馆（Musco Internazionale delle Ceramiche）的两件唐三彩标本,是由瑞典考古学者马丁氏（F.R. Martin）所捐赠,马丁氏一生长居埃及从事考古发掘,卒于开罗,因此一般都相信其系出土于福斯塔特城遗址的传说可信性较高,故为学界屡次征引。两件唐三彩标本分别是凤首水注之凤首部位残片和印花云雁纹盘残片。众所皆知,凤首水注造型是仿自萨珊波斯金属器,即流行于中近东地区的所谓"胡瓶",其与前述日本或朝鲜半岛出土唐三彩的器形明显不同,既透露出中国以外地区出土唐三彩的种类内容与当地的民情嗜好有吻合之处,亦不能排除其可能与各国的取得途径有关。日本与朝鲜半岛所出唐三彩器颇为相似,即以枕和三足鍑出土频率居高,就目前正式发表的资料看来,唐三彩三足鍑于中国的出土分布较广,于河南、陕西、河北、辽宁、山东、山西和江苏省的扬州等地都曾出土;至于唐三彩长方式枕则除了河南、陕西之外,只见于江苏省扬州地区,结合与日本冲之岛出土的贴花长颈瓶类似的唐三彩瓶亦曾出土于江苏省常州市等情形推测,[137]日本和朝鲜半岛出土的唐三彩应与当时重要港口扬州有较大关联。森克己氏曾将遣唐使划分为早中晚三期,中期使节（弘文天皇至称德天皇,672～769）赴唐主要利用"南岛路",回航时亦取同样路线。[138]而日本遣唐使节采行的南岛路或南路也经常于扬州登陆（如第十四、第十七次）,回航时亦由扬州

132　Jessica Rawson, M. Tite and M. J. Hughes, *The Export of Tang Sancai Wares: Some Recent Research*, T.O.C.S. vol. 52 (1987～1988), p. 46, fig. 6.

133　详参见矢部良明,同注（42）,页36。该文详细讨论了中外各主要遗迹出土的晚唐五代多彩铅釉陶,并对其研究史进行了必要的回顾。

134　冯先铭:《泰国、朝鲜出土中国陶瓷》,《中国文化》2期（1990）,页59。此外,据泰国国立博物馆尚菩琼氏（B. Chandavij）的教示,泰国境内出土唐三彩的遗址至少有三处之多。

135　小山富士夫,同注（98）,页8;水野清一:《唐三彩》陶磁大系卷35（东京:平凡社,1977）,页132佐藤雅彦氏的补注等文参照。另据小山氏前引文,提及法国伯希和氏（Paul Pelliot）称中亚地区亦曾出土唐三彩,但详情不明。

136　转引自三上次男:《中東イスラム遺跡における中国陶磁（第二報）》,《石田博士頌寿記念東洋史論叢》（东京:東洋文庫,1965）,页460等文。

137　常博:《常州市出土唐三彩瓶》,《文物》1973年5期,页72。

138　森克己:《遣唐使》（东京:至文堂,1979）,页29-30;47-52。

解缆（如第十四次遣唐使第三船）。因此，扬州地区出土的唐三彩虽然未必如近年罗森氏（Jassica Rawson）所主张一定是用来外销，[139] 然而从扬州在当时中日交往中所扮演的重要角色以及两地出土唐三彩的雷同等情形看来，日本出土的唐三彩极有可能是由扬州出港的。[140] 截至目前，河南巩县窑[141]、河北邢窑，[142] 或陕西省耀州窑[143]、河南荥阳茹茵[144] 等都曾发现烧制三彩铅釉陶的唐代窑址。尽管江苏省的研究者中不乏怀疑该省出土的三彩器可能为本地所产者，[145] 然若就扬州或日本出土盛唐三彩比较已知窑址发掘资料，推测其应来自北方地区窑场所生产，而以河南省的可能性最大。

日本出土唐三彩所隐含的课题颇多，其既与唐三彩的性质、用途、编年，以及中国贸易陶瓷的起始年代和定义有关，也涉及日本对于所谓唐物的接受态度、对应方式和传世问题。如前所述，日本出土的唐三彩虽包含若干早自七世纪末作品，但仍以八世纪前半作品占绝大多数。值得留意的是，大安寺出土的近三十件造型丰富的唐三彩枕，集中出土于寺讲堂南面地段烧土层中。大安寺讲堂烧失于延喜十一年（911），其距唐三彩在中国的流行时期已逾百余年，这一方面再次提示了贸易陶瓷研究中所谓传世品的重大课题，从烧土层中另伴随出土了奈良三彩枕，不禁让人对于大安寺出土枕的年代是否均属同一时期有所疑虑。经由大阪府河南町家回古坟等遗迹出土的绿釉陶得知，日本早于七世纪前半可能已受到百济、新罗等朝鲜半岛南部绿釉陶器的影响，[146] 奈良县神龟六年（729）小治田安万侣墓出土有奈良三彩壶残片，亦表明日本于八世纪二十年代已能生产模仿唐三彩的奈良三彩器，日本三彩器至九世纪平安时期基本消失而流行单色绿釉陶。[147] 因此，大安寺奈良三彩枕精确年代虽然不明，但不能排除其有晚至八世纪后期的可能性。换言之，大安寺烧土层各遗物所属相对年代可能不尽相同。另一方面，我

139　Jessica Rawson，同注（132），页42。
140　此点早已由冈崎敬氏指出，同注（57），页18参照。
141　刘建洲：《巩县唐三彩窑址调查》，《中原文物》1981年3期，页16-22等文。
142　内丘县文物保管所（贾忠敏等）：《河北省内丘县邢窑调查简报》，《文物》1987年9期，页1-10等文。
143　陕西省考古研究所铜川工作站（禚振西等）：《铜川黄堡发现唐三彩作坊和窑炉》，《文物》1987年3期，页23-31，转页37。
144　郑州市文物工作队（陈立信）：《河南荥阳茹茵发现唐代瓷窑址》，《考古》1991年7期，页664-666。
145　如秦浩：《略论扬州唐墓的几个问题》，《扬州师院学报》1986年4期，页194。
146　巽淳一郎，同注（103），页40；另楢崎彰一：《奈良三彩》，《东海考古の旅—东西文化の接点》（东京：每日新闻社，1989），页195。以及楢崎氏：《日本陶磁の流れ—古代、中世の土器、陶器》，《日本陶磁の源流—须惠器出现の谜を探る》收（东京：柏书房，1984），页8。
147　田中琢：《三彩、绿釉》，《世界陶磁全集》卷2（东京：小学馆，1979），页245。

们虽可借助陕西西安唐圣历元年（698）独孤思贞墓出土釉陶灶灶身造型与大安寺a式唐三彩枕一致，[148] 间接地推测后者的年代可能与独孤氏墓的时代相距不远，却也缺乏可资进一步编年的纪年资料，而只能就经公布的大安寺唐三彩的作风大致地推测其应属八世纪前半作品。

因此，对于大安寺所出形态相异唐三彩枕的精致类型区分或编年，应是今后所需探讨的课题，而该一课题的解决无疑将有助于理解大安寺唐三彩的可能取得途径及中国陶瓷的传世问题，甚至提供检验可能同时并存但造型不尽相同的所谓唐三彩枕是否均属枕类的重要线索。最后，应该一提的是，历来多数研究者均主张中国对外贸易瓷始于九世纪，[149] 并以出土陶瓷的数量和连续性等判断，中国贸易瓷始于长沙窑或越窑系青瓷、邢窑系白瓷和广东地区生产的青瓷，并推测唐三彩是经由朝贡等赠予行为被携出国外，属非连续性质，故不能划入贸易瓷的范畴。[150] 就日本出土的唐三彩而言，其出土地点近二十处，结合朝鲜半岛和东南亚泰国等地亦曾出土唐三彩等情形来看，其极有可能是中国最早的贸易瓷，而传福斯塔特（Fustat）出土的唐三彩所谓胡瓶残片，甚至透露了当地人民对于唐三彩种类的选择与偏好。

[本文为"行政院国家科学委员会"所补助，"唐代铅釉陶器——中国釉陶发展史研究之一"，专题研究计划（NSC 82-0301-H-002-087-T）之部分研究成果，特此申谢。原载《中国古代贸易瓷国际学术研讨会论文集》，历史博物馆，台北，1994]

后　记

本文是由笔者提交日本成城大学的硕士学位论文《唐三彩の諸問題》[后收入《美学美術史研究》5（1985）] 当中的第一章第四节和第四章第二节改写而成。写成中文时曾增补了部分一九九〇年代初期的考古发掘成果和研究论述。然而，考古出土遗物日新月异，新的出土资料往往又带给学者新的思维或观察的角度，也因此再怎么努力增补资料也难正确地传达出其时考古学所透露出的新讯息和新景

148　中国社会科学院考古研究所编著：《唐长安城郊隋唐墓》（北京：文物出版社，1980），图版五十八之1。
149　有关中国贸易瓷起源及唐三彩是否为贸易瓷的讨论，参见拙稿，同注（5），页170—171。
150　龟井明德：《初期输入陶磁器の受容構造の特質》，同注（36）收，页115—137。

象，更何况全面地增补资料所需花费的时间，恐怕不亚于重新写过。但是，设若新的资料尚未能累积转化成为有意义的新的学术论点，重写旧文则又成了炒冷饭。

本文刊出数年之后，承蒙坂井隆先生厚意，日译刊登于日本陶磁学会发行的《陶说》（564–566 号，2000），内容基本上亦未进行更动，倒是坂井先生特意撰文列举新出考古资料，指出拙文的种种不足，正可以帮助读者相对全面地掌握近时的研究动向。以下我想列出几篇有助于理解当今日本出土唐三彩及其相关课题的论著，一方面提供读者参考，同时多少可以减轻我因不愿花费功夫增补资料的心中不安。

1. 爱知县陶磁资料馆等：《天平に咲いた华 日本の三彩と绿釉》（爱知县：爱知县陶磁资料馆等，1998）
2. 坂井隆：《唐三彩と東国》，《陶说》564（2000）
3. 龟井明德：《日本出土唐代鉛釉陶の研究》，《日本考古学》16（2003）
4. 朝日新闻社等：《唐三彩展 洛阳の梦》（东京：大广，2004）

（2004 年 12 月 4 日记）

〈附表〉 日本出土唐代铅釉陶

编号	出土地	出土铅釉陶
1	福冈县宗像郡大岛村冲之岛	长颈瓶口沿、贴花、底（同一个体的破片23件）
2	奈良市大安寺町大安寺小学校内	枕形器（约30个体）
3	樱井市大寺阿倍安倍寺迹	三足罐（鍑）兽足部位1
4	奈良县高市郡明日香村坂田寺迹	小壶腹部上、下
5	奈良县生驹斑鸠町龙田	盖砚
6	福冈县筑紫郡大宰府町观世音寺境内	三足罐（鍑）颈至器腹上部1
7	福冈县筑紫郡大宰府町观世音寺字藏司	枕形器残片
8	京都市南区东九条西山王町	枕形器残片1
9	静冈县滨名郡可美村城山遗迹	枕形器（3个体）
10	京都市中京区西之京中御门西町	壶腹部1
11	三次市向江田町备后寺町废寺	壶或瓶的腹部1
12	京都市下京区乌丸通六条北町	盘
13	福冈市十郎川遗迹	二彩盘或杯的破片1
14	千叶县大畑I遗迹西端向台遗迹	枕形器1
15	郡马县上植木废寺	残片若干
16	福冈市柏原M遗迹	盘破片（同一个体的破片13件）
17	福冈市东区多多良込田遗迹	器身残片2
18	滋贺县大理市穴太二丁目	炉1
19	奈良市八条町	印花杯残片1
20	三重县三重郡朝日町绳生字中谷	印花碗1
21	奈良市二条大路南一丁目	碗片或壶片1
22	奈良市五条町	印花杯（同一个体残片2）
23	奈良中京区壬生西大竹町	不明
24	九州福冈大宰府	不明
25	九州福冈大宰府观世音寺东边中央部	三足鍑身残片
26	佐久市小田井前田遗迹	枕形器
27	大阪府东大阪市若江南町	不明
28	九州福冈大宰府	枕1
29	奈良橿原市	俑身残片1
30	奈良市中京高仓通四条上る带屋町	枕残片4（两个不同个体）
31	奈良市	残片

遗迹性质	发现年	备注及文献出处
祭祀遗迹	1954，1969	5号，7号祭祀遗迹，1954年发现5片，1966年18片（注6）
寺迹	1966	大安寺迹讲堂前面（注7）
寺迹	1966	回廊基坛上（注8）
寺迹	1974	水井中（SE110B）坂田寺迹（注9）
御坊山三号墓	1977（报道）	是否为中国产品仍待确认（注111）
寺迹	1977	沟中（SD1300）8世纪后半～12世纪前半（注10）
寺迹	1977	整地层（8世纪后半～9世纪前半）（注10）
平安京左京九条三坊	1979	包含层（平安时期～室町初期）（注11）
郡衙迹	1977～1980	整地层（8世纪中期～后半）（注12）
平安京右京二条三坊	1979	包含层（平安层）（注13）
寺迹	1980	三谷寺迹讲堂基坛上层（注14）
平安京六条三坊十三町	1981	（注17）
住居迹	1981	二彩（注15）
土器废弃场	1982	堆生郡衙？（遗迹主体时代为8世纪初～后半）（注16）
寺迹	1982～	（注18）
住居迹	1983	遗迹主体时代于8世纪后半～9世纪前半（注19）
官衙迹	1983	遗迹SD-04是否为铅釉三彩尚待确认（注20）
穴太废寺	1984～1986	出土于讲堂须弥坛内（注21）
平城京左京七条二坊六坪	1985	（注22）
绳生废寺	1986	覆盖于舍利容器之上（注23）
平城京左京三条二坊长屋王邸	1986～1990	（注24）
平城京右京五条一坊十五坪	1987	（注25）
	1987	（注26）
鸿胪馆	1988	SB32出土（注27）
	1988～1989	SE3490出土（注28）
住居迹	1989	（注29）
	1989	（注30）
鸿胪馆	1990	（注31）
	1990	出土于土圹（注32）
平安京四条四坊	?	（注33）
平城京奈良期水井	?	施白、褐、绿釉（注34）

30　贸易陶瓷与文化史

图1　钣残片
　　　福冈县观世音寺东边部出土

图2　印花杯
　　　三重县绳生废寺出土

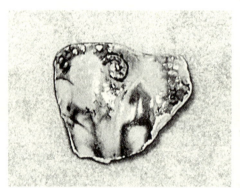

图3　印花杯残片
　　　平城京七条二坊六坪出土

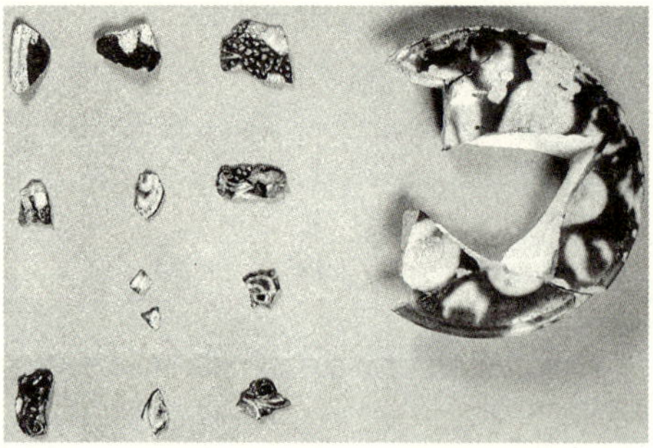

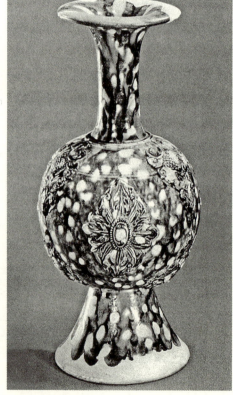

图4　长颈瓶残片
　　　福冈县宗像郡冲之岛祭祀遗迹出土

图5　长颈贴花瓶
　　　山西省太原金胜村三号墓出土

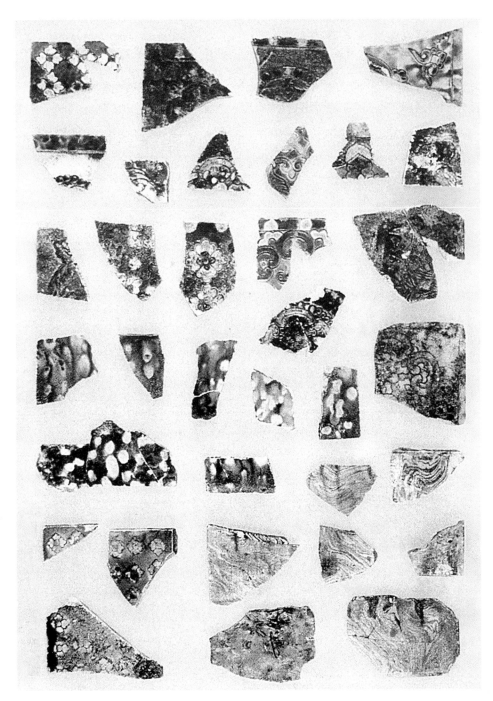

图6 枕残片 奈良大安寺出土

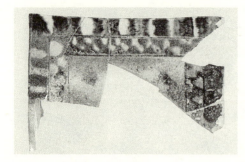

图7 枕
奈良大安寺出土

图8 枕
奈良大安寺出土

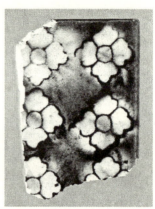

图9 枕残片
平安京左京九条三坊十六町出土

图10 水晶枕
陕西省法门寺地宫出土

图11 石枕
京都大学藏

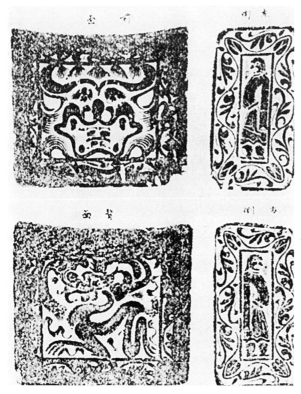

图 12 石枕拓本

图 13 兽面纹枕
　　　徐氏艺术馆藏

图 14 枕
　　　陕西省黄堡窑址出土

图 15　盘和南瓜
　　　　陕西省庆山寺塔基出土

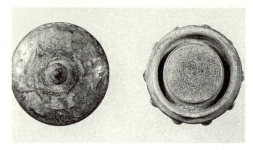

图 16　盖砚
　　　　奈良龙田川斑鸠町三号墓出土

图 17　印花杯
　　　　平城京右京五条一坊十五坪出土

日本出土唐宋时代陶瓷及其有关问题

自大正五年（1916）病理学中山平次郎教授发表了其于九州采集得到的中国陶瓷标本以来，[1] 日本出土中国贸易瓷研究至今已近八十年。其间，一九七〇年代由东京国立博物馆主办的"日本出土中国陶瓷"特展，[2] 首次将日本全国许多遗迹出土的中国陶瓷标本齐聚一堂，更是开阔了人们的视野，可说是深入钻研该一专题的重要里程碑。当时，日本遗迹出土有中国陶瓷的计八百处，而至一九八〇年代中期已多达三千八百处，[3] 遗迹分布广泛，所累积的标本件数也极为惊人。[4] 到了近年，更有约八千处遗迹出土了以中国陶瓷为主，但亦包括若干韩国、泰国和越南等地的贸易瓷。[5] 面对这些个数庞大的遗迹出土中国陶瓷，同时在发掘报告书又大都不易寻得的情况之下，外国的研究者除了只能针对个别作品的产地或时代做些微弱的质疑，几乎没有插手的空间。反观日方学者则累积了大量的研究业绩，除了各地教育委员会等机关发行的调查报告书，或散见于各大学、博物馆的学报和纪要之外，一九八一年起陆续发行的《贸易陶瓷研究》年刊，更是集中反映了日本学者对于贸易陶瓷的研究成果及所较关注的课题。总括而言，日本多数研究者均能针对某一地区或地区内特定遗迹出土陶瓷做出具体而微的阐述，有的则针对某一时代或特定种类作品进

---

1 中山平次郎：《口兀を有せる一種の白磁》，《考古学雑誌》6卷8号（1916），页32–47。
2 东京国立博物馆编：《日本出土の中国陶磁》（东京：东京国立博物馆，1975）。
3 日本贸易陶瓷研究会：《日本贸易陶磁文献目录I—発掘調査報告書等（1901～1984）》（福冈：日本贸易陶瓷研究会，1985），所收"前言"参照。
4 历年来日本遗迹发掘出土的中国陶瓷确实总数不易估计，但若以一九八九年至一九九三年由国立历史民俗博物馆所主持的全国性调查为例，见于发掘报告书的中国陶瓷标本达十万件以上。参见国立历史民俗博物馆：《日本出土の贸易陶磁》西日本编1–3，东日本编1–2（千叶：国立历史民俗博物馆，1993、1994）之各编"后记"参照。
5 龟井明德：《日本贸易陶瓷研究之方法论》，《中国古代贸易瓷国际学术研讨会论文集》收（台北：台湾历史博物馆，1994），页152。

行深入考察，当然也有少数研究者以宏观的视野来观察日本出土中国陶瓷所涉及的诸多问题。日本学者的研究业绩提供了许多翔实的资料和有意义的论点，给予我甚大的启发，但或许是由于论文撰述者有不少是身居前线的考古工作者，故论述的重点有时就偏向于陶瓷的精细分类、编年及原产地的比定等方面，而这一基础资料正可提供外国研究者对于日本考古发掘报告书不易觅得检索之某种程度的补救途径。

宏观地考察日本出土的中国陶瓷极易流于浮光掠影，日本学者多不轻易为之。然而以较宽广的角度来思索该一课题，有时或亦可更清晰地观察到中国贸易瓷输日的整体趋势，以及中日两国人民对于这类陶瓷的对应态度或日本出土陶瓷种类与中国输出港之关系等问题。以下本文即以日方学者的研究成果为基础，随处比较日本的考古发掘报告并参照中国方面的出土资料，首先依时代综观日本出土的唐宋时代陶瓷的大致情况，进而总结其中的几个问题点加以考察。笔者希望能透过这样的叙述方式，使得本文在处理庞杂量大的考古资料时，还能掌握到中国陶瓷在日本出土的大体轮廓。

一、日本出土中国贸易瓷的起始年代及其问题点

如何正确地估计日本出土中国贸易瓷的起始年代，不仅涉及中国外销瓷的起源这一重大课题，也与本文首先必须面临的内容取舍息息相关。因此，有必要先就中日两国早期文物交流以及日本出土或传世之中国陶瓷的起始年代做一简要的说明。与中国一衣带水的日本虽于汉代就和中国存在着正式的政治交往，福冈县须玖冈本遗迹等弥生中期瓮棺墓出土的玻璃璧，推测是纪元前后经由大陆传入日本的，但目前仍未见日本出土汉代陶瓷的任何报道；六朝时期中日两国持续交往并反映在日本出土的文物当中。如奈良县新山古坟的铜带饰推测是从当时中国江南地区输入的，[6] 而日本古坟时代的马具亦曾受中国的影响。[7] 属四世纪后半古坟时代前期的京都大田南五号坟出土的方格规矩四神镜，即印证了三国魏帝赐倭国女王卑弥呼百枚铜镜的记载，[8] 山梨县鸟居原古坟或兵库县安仓古坟等不少地区出土的对置式铜镜则属中

---

6 《世界考古学大系》（三）日本I（东京：平凡社，1959），页121-123；参见杨泓：《吴、东晋、南朝的文化及其对海东的影响》，《考古》1984年6期，页567。

7 杨泓：《中国古代马具的发展和对外影响》，《文物》1984年9期，页50；苏哲：《日本藤之木古坟出土马具纹饰初探》，《考古学研究》1期（1992），页381-415参照。

8 王仲殊：《论日本出土的青龙三年铭方格规矩四神镜——兼论三角缘神兽镜为吴的工匠在日本所作》，《考古》1994年8期，页728。

国的吴镜，后者被认为是三世纪时日本人民渡海到吴之会稽郡进行贸易的结果，吴的工匠甚至东渡日本铸造所谓三角缘神兽镜。[9]另一方面，自邪马台国女王台与的西晋遣使以来一度中断的中日政治交往，于五世纪的义熙九年（413）倭五王（赞、珍、济、兴、武）再次遣使东晋向安帝贡献方物，至刘宋昇明二年（478）止计十次之多，在与南朝正式国交的同时，通过朝贡的方式进行货物交换，《晋书》《宋书》《梁书》《南史》等并载有倭五王的册封记录。[10]上述中日双方的交往和日本出土遗物显示，日本早在三世纪至五世纪时即对江南吴、东晋、南朝的文物有所理解并给予正面的评价。尽管如此，当时以浙江省为中心所烧制的高温青瓷器，于中国江南地区不论墓主等级高低均普遍伴随出土，可说是六朝时期中国南方最为流行的用器，[11]然而日本列岛却除了过去在爱媛县松山市古三津山林砂崩时偶然发现的一件东晋青瓷罐这一非正式出土例之外，其余遗址均未曾出土，也难怪有研究者形容该一现象是中国陶瓷输入日本的历史中开头出现的一个谜。[12]自朝鲜半岛江原道原城郡富论面法泉里二号墓出土的晋代越窑青瓷羊形器或著名的百济武宁王陵出土的南朝青瓷和黑釉瓷，[13]朝鲜半岛百济地方出土六朝陶瓷遗迹已达十余处。[14]姑且不论百济所出作品是否确属研究者所推测的中国赏赐品，[15]事实上也不排除日本今后出土的可能性，[16]或日本古坟时期若干器形与中国陶瓷的可能关联，[17]但若就目前的发掘资料来看，似乎反映了当时日本对于中国陶瓷并未有太大的关心。结合六朝墓葬的出土

9　王仲殊：《日本三角缘神兽镜综论》，《考古》1984年5期，页468-479；同氏，《从日本出土的铜镜看三世纪倭与中国江南的交往》，《华夏考古》1988年2期，页76-79转页68。

10　坂元义种：《倭の五王—空白の五世紀》（东京：教育社，1981），页34-51参照。

11　谢明良：《江苏六朝墓出土陶瓷组合特征及其有关问题》，《故宫学术季刊》8卷1期，（1990），页123-128。

12　矢部良明：《日本出土の唐宋時代陶磁》，《日本出の中国陶磁》（东京：东京美术，1978），页105-106。

13　三上次男：《漢江地域発見の四世紀越州窯青瓷と初期百済文化》，《朝鮮学報》81期（1976），页357-380；大韩民国文化财管理局编（永岛晖臣慎译）：《武寧王陵》（东京：学生社，1974），页40-41；另可参见国立清州博物馆：《韓国出土中国陶磁特別展》（清州：国立清州博物馆，1989），图3-12。

14　门田诚一：《百済の地方支配と中国陶磁器—東アジアにおける冊封、除爵と領域支配の考古学的檢討のために》，《貿易陶磁研究》13号（1993），页50-64。

15　门田诚一，同注（14），页61-62；三上次男：《百済武寧王陵出土の中国陶磁とその歴史的意義》，《古代東アジア史論集》下卷（东京：吉川弘文館，1978），页184。

16　早在七十年代初期就有学者推测日本古坟极有可能会出土越窑系青瓷。如长谷部乐尔：《原色日本の美術》30卷《請來美術（陶芸）》（东京：小学馆，1972），页168；矢部良明，同注（12），页106亦认为今后有可能陆续出土。

17　如杨泓，同注（6），页570指出日本须惠器中的多管饰壶与南方六朝墓出土的五联罐有相似之处。我也曾推测须惠器之长颈瓶有可能是受到南朝文物的影响，参见谢明良：《江西六朝墓出土陶瓷综合探讨》，《故宫学术季刊》7卷3期（1990），页64，但均止于臆测的阶段。

情况，如果说这类经常被用来陪葬的量产陶瓷，于此时尚未大量进入双方交往中的馈赠赏赐品或偶一为之的私贸易行列中，或许亦可视为自然之事。

推古天皇十五年（隋大业三年，607）圣德太子遣使赴隋，再度开启了自倭五王遣使南朝不久即中断的中日政治交往，唐武德三年（620）高祖建立大唐帝国后，日本更多次遣使赴唐。自舒明天皇二年（唐贞观四年，630）第一次遣使至宽平六年（唐乾宁元年，894）菅原道真上书请废止遣唐使，日本派遣唐使节计十八次之多。[18]值得一提的是，约完成于唐高宗（650～683），流行于七世纪末八世纪前半盛唐时期的唐三彩陶器虽亦曾于日本出土，但日方的研究者则一致认为，唐三彩是经由遣唐使所携回，属非连续性质的朝贡赠赐品，故不能归入贸易瓷的范畴。[19]其次，并以日本遗迹出土陶瓷种类数量和连续性，主张日本出土中国贸易瓷始于九世纪的长沙窑、越窑系青瓷、邢窑系白瓷以及若干广东地区生产的青瓷，此即近年来以龟井明德氏为主所提出的著名的所谓初期贸易瓷的概念和实质内涵。[20]由于该观点又与目前绝大多数的中外学者对于中国贸易瓷的起始年代观一致，故普遍为人们所接受。然而事实确是如此吗？

截至目前，日本出土的包括中晚唐三彩在内的唐代多彩铅釉陶遗迹近三十处，其中出土盛唐时期所谓唐三彩的遗迹估计至少有十八处之多。[21]出土分布虽集中于北部九州及奈良、京都畿内及其邻近地区，但从神奈川县平冢四之宫推测属相模国府遗迹亦曾出土一事，[22]可知亦有少量的唐三彩被运往关东地区。日本出土有唐三彩的遗迹当中，以奈良市大安寺讲堂南面地段烧土层所出作品数量最多，计有三彩枕残标本二百片，估计复原个数可达三十件以上（图1）。[23]众所周知，作为奈良七大寺之一的大安寺之实际营造负责人是道慈律师，《续日本纪》载道慈于大宝二年

---

18 茂在寅男等：《遣唐使研究と史料》（东京：东海大学出版会，1987），页13-19。

19 如龟井明德：《唐三彩の道》，*Musuem Kyushu* 2卷2号（1982），页21-22等文。

20 龟井明德：《初期输入陶磁器の受容构造の特质》，原载《九州历史资料馆10周年纪念，大宰府古文化论丛》下卷，后增补收入同氏：《日本贸易陶磁史の研究》（京都：同朋舍，1985），页15-37。

21 谢明良：《日本出土唐三彩及其有关问题》，《中国古代贸易瓷国际学术研讨会论文集》（台北：台湾历史博物馆，1994），参见页219-220（附表）。此外，报载九州大宰府千足町遗迹亦出土有唐三彩。见：《唐三彩片出土・大宰府市千足町遗跡》，《西日本新闻》1991年8月9日；《大宰府政厅の国际性里付け》，《西日本新闻》1991年8月10日。

22 此转引自矢部良明：《日本陶磁の一万二千年》（东京：平凡社，1994），页140。

23 奈良国立文化财研究所建造物研究室・历史研究室（八贺晋）：《大安寺发掘调查概报》，《奈良国立文化财研究所年报》（1967年度），页1-5；泽田正昭：《大安寺出土陶枕の制作技法と材质》，《古文化财の自然科学的研究》（京都：同朋舍，1984），页242-249。

(702)随粟田真人等遣唐使入唐求法,养老二年(718)归国后于天平元年(729)仿长安西明寺迁建大安寺于平城京,天平十六年(744)仙逝。基于上述情事,故自一九七〇年代初期藤冈了一氏提出大安寺出土的唐三彩系道慈律师由唐归国时所携回的说法以来,[24] 此一见解随即由冈崎敬氏所继承,[25] 至今带给日本学界不小的影响。笔者过去亦曾依据文献记载,指出出土有唐三彩的太宰府观世音寺之寺院营建者玄昉也曾随养老元年(717)遣唐使节入唐,而积极支持此说。[26]

姑且不论日本出土的唐三彩是否确由遣唐使节携回,我们并无任何理由仅仅依恃其可能的携入途径或参与者的身份,径自断言唐三彩的属性。因此,以下笔者拟从检讨日本出土的与唐三彩同时或稍前稍后时期的中国陶瓷着手,进而结合其他国家出土例,提出看法。原藏于奈良法隆寺的青瓷盘口四系壶是目前所知年代最早的一件传世器而为人们所熟知(图2)。历来虽有学者主张其应为六朝南方某地瓷窑所生产,[27] 不过经由近年龟井明德氏结合中国方面出土例的详细考证,基本厘清了该作品应是七世纪前半福建地区所烧造,并且可能是由僧人福亮将之当作装盛丁子香的容器传入日本的。[28] 值得留意的是福冈平和台(鸿胪馆址)即曾采集到类似造型的青瓷盘口壶残片;平城京左京八条三坊东市旁东北部(SD1155)地点亦曾出土推测属七世纪后半的青瓷四系罐。[29] 此外,除了一九七〇年代奈良国立文化财研究所调查奈良县高市郡明日香村大官大寺址、与七世纪后半日本陶器伴随出土的褐釉陶片是否确属中国产品尚待证实之外,[30] 平城京左京三条四坊十一坪出土的白瓷兽足圆形砚,就其造型而言,极有可能上溯至七世纪后半。[31] 现藏道明寺天满宫传为菅原道真生前所使用的白瓷滴足圆砚,虽一度被认为是唐代所谓昌南窑作品(图3),[32] 不

---

24 藤冈了一:《大安寺出土の唐三彩》,《日本美术工艺》401 号(1972),页 61。
25 冈崎敬:《近年出土の唐三彩について—唐、新罗と奈良时代の日本》,*Musuem* 291 号(1975),页 12。
26 谢明良:《唐三彩の诸问题》,《美学美术史论集》5 辑(1985),页 113。
27 藤冈了一:《越州窑の壶—御物四耳壶其他》,《陶磁》12 卷 1 期,页 11-18;矢部良明,同注(12),页 107。
28 龟井明德:《法隆寺伝世青磁四耳壶の请来をめぐって》,同氏前引书收,页 36-48。
29 奈良国立文化财研究所编:《平城京左京八条三坊发掘调查概报—东市周边东北地域の调查》(奈良,1976),参见龟井明德,同注(28),页 38。过去也有人主张该青瓷罐属八世纪时期作品,如矢部良明,同注(12),页 109。
30 矢部良明,同注(12),页 107。
31 土桥理子:《日本出土の古代中国陶磁》,橿原考古学研究所附属博物馆编:《贸易陶磁》(京都:临川书店,1993),页 231。
32 藤冈了一:《隋唐の白磁と黑磁》,《世界陶磁全集》9 卷(东京:座右宝刊行会,1956),页 185。

过从圆砚的造型作风推测，当今学者多已修正前说，同意其年代应在七世纪中期。[33]并且有可能是山东地区的瓷窑所生产。[34]因此，尽管资料仍极有限，却也透露出长久以来可说是呈空白状况的中日陶瓷文物交往，至七世纪中后期情况似已有所改变，这从对日本传世文物的年代检讨，以及近年来的考古发掘成果不难窥测得知。

如前所述，日本出土有盛唐三彩的遗迹近二十处，而就目前的资料来看，所谓唐三彩约完成于唐高宗时期（650～683），流行于七世纪末至八世纪中期，安史之乱（755～763）后明显趋于没落。相对地，就可确认器形或装饰特征的日本遗迹所出的唐三彩而言，笔者同意其绝大多数作品均属日方学者所主张的八世纪前半时期作品，另从奈良县小治田安万侣墓出土的日本自制模仿唐三彩之奈良三彩器，[35]可证实唐三彩至迟于八世纪二十年代就已传入日本。然而，日本出土唐三彩的确实年代既涉及了日本于何时开始大量接受中国陶瓷，以及唐三彩本身的编年问题，或许还是探讨中国贸易瓷起源的重要线索，故值得特别加以留意。如一九八〇年代发掘的三重县绳生废寺塔基坛舍利穴出土的唐三彩印花碗（图4），[36]从废寺遗址出土的屋瓦编年看来，该寺约建于七世纪末至迟在八世纪初，故建塔前置入覆盖于舍利容器上的三彩碗亦不应晚于这一时期。[37]绳生废寺出土作品提示了唐三彩输入日本的年代或可早自七世纪末，使得以往研究者认为日本出土唐三彩均属八世纪前半作品的说法有修正的必要。事实上，我过去亦曾针对宗像郡冲之岛祭祀遗迹出土的三彩贴花长颈瓶（图5），结合出土有同类作品的山西省金胜村三号墓之墓葬构筑，及伴随出土的其他陶瓷之相对年代，认为金胜村三号墓的年代应在七世纪末，不晚于武周时期（684～704），故冲之岛遗迹出土的三彩瓶之实际年代亦相当于这一时期。[38]虽然唐三彩的精密编年还有待日后进一步的资料来解决，不过从湖北嗣圣元年（684）李徽墓出土的可能仿自金银器的三彩印花龙首

33　长谷部乐尔：《唐代陶磁史素描》，《唐磁》（东京：根津美术馆，1988），页9。

34　西田宏子：（前引《唐磁》页81之作品解说）曾指出类似的白瓷砚可见于山东省曲阜县宋家窑村与泗水县尹家城窑窑址出土标本，报告参见宋百川等：《山东曲阜、泗水隋唐瓷窑址调查》，《考古》1985年1期，页39图6之1。此外，近年来于山东枣庄窑址亦出土了类似的圆砚标本，报告参见山东大学历史系考古专业宋百川等：《山东枣庄中陈郝瓷窑址》，《考古学报》1989年3期，页372，图10之13。

35　楢崎彰一：《三彩　绿釉》日本陶磁全集5（东京：中央公论社，1977），页46。

36　朝日町教育委员会：《朝日町文化财绳生废寺跡発掘調査委员会報告》，朝日町文化财調査報告書第1册（1988），此参见小玉道明：《绳生废寺》，《佛教芸術》174号（1987），页64-68。

37　上原真人：《绳生废寺の舍利容器》，《佛教芸術》188号（1990），页119-131。

38　谢明良，同注（21），页205。

杯和角杯推测，[39] 类似作风的三彩印花杯形器的存在时代有不少或可上溯至七世纪末期。另一方面，平城京左京七条二坊六坪[40]和右京五条一坊十五坪均出土了造型相异但同属杯类的三彩印花标本。[41] 由于中国纪年墓或可精确判明其相对年代的墓葬或遗址极少出土唐三彩器皿类，因此我们虽有理由认为前述平城京遗址出土的印花杯的时代或可早自七世纪末，却也无法断言三彩杯形器仅止存在于这一时期。不过一九七〇年代报道的奈良盆地龙田川斑鸠町三号墓（御坊山三号墓）出土的三彩陶砚或许可为探讨该一课题提供若干的线索（图6）。[42] 有关御坊山三号墓三彩砚的产地历来有所争议，有中国说和朝鲜半岛输入说等两种说法，[43] 但从近年来学者对于该砚的胎釉、造型和装烧方式的专题检讨，以及将之置于中国圆形砚之发展脉络中的综合考察，均表明该三彩砚有较大可能为中国生产。[44] 其次，从砚的造型特征以及伴随出土的玻璃管饰之年代，可推测应属七世纪中期或稍前时期作品。[45] 如前所述，从法隆寺青瓷四耳罐等传世作品的确实年代，以及若干遗迹出土的属于七世纪的中国制青瓷和白瓷，笔者认为长久以来未能进入中日文物交流行列中的陶瓷，于七世纪中后期情况已有所改变，而该一推论亦可从绳生废寺所出唐三彩印花碗的时代及部分经由造型或装饰特征等比较资料可判断其相对年代的七世纪末唐三彩标本得到必要的验证。

然而，问题是我们能否依据上述出土作品作为中国输往日本贸易瓷的早期例证？尽管我不能完全同意目前学界普遍认知的贸易瓷必须具备的连续性特质，但唐三彩的属性既涉及了中国贸易瓷的起源问题，兹事体大，有必要对此略作考

---

39 湖北省博物馆等（全锦云）：《湖北郧县李徽、阎婉墓发掘简报》，《文物》1987年8期，图版四之3。

40 奈良市教育委员会：《平城京左京七条二坊六坪（93次）の调查》，《奈良市埋藏文化财调查报告书昭和60年度》（1986），参见冈崎敬：《中国の考古学・隋唐篇》（京都：同朋舍，1987），页370。

41 奈良市教育委员会：《平城京右京五条一坊十五坪の调查第127次》，《奈良市埋藏文化财调查概要报告书昭和62年度》（1988），此参见奈良国立文化财研究所等：《平城京展》（大阪：昭和新闻大阪社，1989），图112；及橿原考古学研究所附属博物馆编，同注（31），页376—377。

42 奈良县立橿原考古学研究所：《竜田御坊山古坟》，《奈良県史跡名勝天然记念物调查报告书第32冊》（1977），参见橿原考古学研究所附属博物馆，同注（31），页378—379及图版25。

43 持朝鲜半岛说者如：楢崎彰一，同注（35），页47；矢部良明，同注（12），页107。持中国制说法的学者甚多，如冈崎敬：《唐三彩长颈花瓶》，《宗像沖ノ島》I本文篇（宗像大社复兴期成会，1979），页372；龟井明德，同注（26）引书，参见图版五之20等文。

44 吉田惠二：《中国古代における円形砚の成立と展开》，《国学院大学纪要》30（1992），页172；李知宴：《日本出土的绿釉滴足砚考—併せて唐代彩釉瓷の发展について考える》，橿原考古学研究所附属博物馆编，同注（31）引书收，页262—229。

45 土桥理子：《奈良県出土输入陶磁について》，《考古学论考》7（1982），页50。

察。大体而言，学界之所以一致主张中国贸易瓷始于九世纪，除了考虑到出土有较多唐三彩的日本有多次派遣遣唐使之举，还肇因于主要流行于八世纪前半的唐三彩的出土数量既较少，不能与九世纪始大量输出的其他瓷窑相提并论。还因两者之间也存在着时间落差。就日本出土可确认属七世纪末至八世纪中期的所谓唐三彩而言，多数遗迹出土数量虽少，但出土遗迹已达近二十处，其中，大安寺讲堂出土的三彩枕估计可达三十件。相对地，被视为中国贸易瓷代表品种的湖南长沙窑作品，于一九七〇年代中期为止共发现八例，[46] 至一九九〇年代经正式报道的遗迹累积至近四十处。[47] 暂且不论日本出土长沙窑数量不多是否与长沙窑作品所呈现的西亚装饰作风而未能受到日本的欢迎一事有关。[48] 考古发掘表明，日本遗迹长沙窑的出土频率虽高于唐三彩，但仍未形成足以说明两者作品相异属性的绝对差距。

由于流行于七世纪末至八世纪中期的唐三彩，似乎与九世纪初始大量外销的中国其他高温釉瓷之间有所间断，故研究者遂以该一非连续性质作为判断唐三彩是否为贸易瓷的另一依据。因此，以下有必要在前述考察唐三彩于日本出土频率的基础之上，检讨日本遗迹出土陶瓷所谓断层问题，从而推测唐三彩的性质。就我所能掌握的资料而言，已有部分遗址可从层位、共伴遗物或文献记载具体地估算出土中国陶瓷之相对年代，其中即包括若干以往被视为空白阶段的八世纪后半时期作品。如九州大宰府藏司迹南侧（一九八一年度第七十六次调查，SD320）最下层、[49] 大宰府政厅后背地遗迹（一九八六年度第一百零二次调查，SX2999）（图7）、[50] 观世音寺僧房遗迹（一九八六年度第四十三次调查，SE108）[51] 等均出土了该一时期越窑系青瓷作品。其次，大宰府左郭五条五坊（一九八一年度第十九次调查，SD80上层）、[52] 大宰府左郭五条一、二坊（一九八二年度第八十次调查，SX2275）、[53] 大宰府右郭六条

---

46 龟井明德，同注（20），页117。
47 此系笔者依据橿原考古学研究所附属博物馆编，同注（31），页310–387所收"出土一览表"计算得来。
48 龟井明德，同注（20），页117，认为日本极少出土长沙窑是与当时日本人的嗜好有关。
49 九州历史资料馆：《大宰府史跡—昭和56年度調査概報》（1982），页123及页122，图83青瓷花口杯；另可参见龟井明德：《唐代陶磁貿易の展開と商人》，《アジアの中の日本史Ⅲ海上の道》（东京：东京大学出版会，1992），页133。
50 九州历史资料馆：《大宰府史跡—昭和61年度調査概報》（1987），页71，图45之97及图版54A。
51 九州历史资料馆：《大宰府史跡—昭和51年度調査概報》（1977）。不过上引原发掘报告书并未记载出土青瓷，此转引自橿原考古学研究所附属博物馆编，同注（31），页247等。
52 太宰府市教育委员会：《大宰府条坊跡Ⅲ》大宰府市の文化財第8集（1984），此参见橿原考古学研究所附属博物馆编，同注（31），页247等。
53 九州历史资料馆：《大宰府史跡—昭和57年度調査概報》（1983），页60，及图版52之37。

三坊（一九八四年度第八十八次调查，SE2551）[54]等属于八世纪后半至九世纪前半遗址也都出土了越窑系青瓷标本。青瓷之外，福冈市南区柏原M遗迹（SD02）以八世纪后半为主的最下层出土了白瓷碗，[55]近年来更有人将同遗迹伴出的长沙窑水注的时代提前至八世纪后半至九世纪中期。[56]属八世纪后半层位出土长沙窑的实例还见于前述大宰府左郭五条五坊遗迹（SD080），[57]然详情不明。总之，就这一时期出土的中国陶瓷种类看来，以浙江省越窑系青瓷占绝大多数，但亦包括若干推测属北方窑系的白瓷，以及详情尚待确认的湖南长沙窑作品。

事实上，日本遗址不仅出土了盛唐三彩，亦出土了部分属于九世纪或具体年代极难确认的所谓晚唐三彩。其中如三次市备后町寺出土的被推测属晚唐五代时期的瓶或壶残片，[58]其施以褐、绿色釉并饰白色斑纹的风格，与盛唐三彩之施釉技法颇有共通之处，故其年代或可上溯盛唐或稍晚的中唐时期。其次，大宰府大字观世音寺境内出土的可能是三足镊口沿身部的三彩贴花残片，因模印贴花纹较一般所见盛唐同类作品略显呆滞且形式化，故报告者推定其时代约为盛唐晚期或更晚。[59]虽然资料仍极有限，日本部分遗迹出土三彩釉陶的编年亦有待厘清，不过综合以上叙述，可以初步得出结论认为，中国陶瓷自七世纪末被少量携入日本以来，至九世纪起，中国贸易瓷大量输出，其间看不出有明显的中断迹象，八世纪前半日本遗迹出土的中国陶瓷虽以唐三彩的出土频率最高，但亦包括部分青瓷和白瓷。其实，由于缺乏纪年资料，有关八世纪越窑系青瓷的编年研究及风格确认目前仍未有效地开展，故日本遗迹所出九世纪的作品中是否包含有八世纪的标本，仍需日后进一步的资料来解决。[60]

---

54 九州历史资料馆：《大宰府史跡—昭和59年度调查概报》（1985），此参见橿原考古学研究所附属博物馆编，同注（31），页247及页162–163。

55 福冈市教育委员会：《柏原遺跡群Ⅵ—古墳、古代遺跡M遺跡の调查》，福冈市埋藏文化财调查报告書第191集（1988），页214–215；另参见橿原考古学研究所附属博物馆编，同注（31），页247等。

56 土桥理子，同注（31），页234。

57 转引自：橿原考古学研究所附属博物馆编，同注（31），页247等。

58 三次市教育委员会：《備後寺町廃寺》（1981），此参见矢部良明：《唐三彩から奈良三彩へ》，《考古学ジャーナル》196号（1986）临时增刊号，页32。

59 高仓洋彰等：《観世音寺出土の唐三彩》，《考古学雑誌》64卷1期（1978），页81；横田贤次郎，《大宰府出土の唐三彩绞胎陶》，《考古学ジャーナル》196号（1981），页21。此外，龟井明德，同注（20），页17亦有类似的看法。

60 这点已由长谷部乐尔氏所指出。参见同氏：《中國陶磁の輸出と日本》，Museum 291号（1975），页5。另外，依据近年来研究者对于九州鸿胪馆和太宰府遗迹所出中国陶瓷的再检讨，也认为白瓷和越窑系青瓷早自八世纪后半至迟于九世纪初已经输入日本。参见横田贤次郎等：《大宰府鴻臚館出土の初期貿易陶磁の檢討》，《貿易陶磁研究》14号（1994），页110。

无论如何，日本出土的八世纪中国陶瓷中的青瓷和白瓷，既是九世纪始大量输日的主要品种，部分可确认属九世纪时期的日本出土晚唐三彩或亦可视为八世纪时期日人喜好唐三彩之品位的延续。八世纪中国陶瓷在日本主要分布于当时日本对中的门户大宰府及政经所在之京畿地区，至九世纪始才逐渐扩大分布。但无论是从延续性或出土频率等来看，唐三彩无疑是属于广义贸易瓷范畴，并且也唯有将之视为贸易瓷才能理解为何除了朝鲜半岛以外，[61] 埃及的福斯塔特（Fustat）[62] 或东南亚泰国[63] 等地会有唐三彩出土。日本遗迹出土的八世纪中国陶瓷资料，提供给我们重新考虑以往中外学者主张中国陶瓷外销始于九世纪看法的重要线索，[64] 并将中国贸易瓷的起源提早至八世纪前半。[65] 至于日本传世或出土的七世纪中后期中国陶瓷，其发现频率和数量均较少，而若将法隆寺传世的青瓷壶或道明寺天满宫的白瓷砚等可推测其大致产地作品，结合目前所知该产区瓷窑生产性质及可能的销售情况，估计不会属于贸易瓷范畴。

---

61 朝鲜半岛出土的唐三彩计有以下四例。即庆州朝阳洞（钹）、皇龙寺（枕）、昧吞寺（枕）、月城（铃）。参见国立清州博物馆，同注（13），页12，图17；页13，图20—22。

62 三上次男：《中東イスラム遺跡における中国陶磁（第二報）》，收入《石田博士頌寿記念東洋史論叢》（东京：东洋文库，1965），页460。

63 冯先铭：《泰国、朝鲜出土中国陶瓷》，《中国文化》2期（1990），页59。此外，印尼雅加达国立博物馆（Museum Pusat, Jakarta）收藏有数件传说出土于印尼诸岛的唐三彩，可惜未见正式发掘报告，详情不明。如佐藤雅彦等编：《東洋陶磁》3 ジャカルタ国立博物館（东京：讲谈社，1981），图6苏门答腊出土的三彩壶。

64 主张中国贸易瓷始于九世纪的学者甚多，如三上次男：《朝鲜半岛出土的唐代陶磁とその史的意義》，《朝鲜学报》87辑（1978），页32。另一方面，从个别研究者历年的论著中，亦可窥知该一见解有逐渐变化的迹象。如龟井明德，同注（19），页21-22（1982）认为唐三彩非贸易瓷，暗示中国贸易瓷始于九世纪，其后则又主张中国贸易瓷有可能始于八世纪后半，但仍慎重地期待日后的资料来证实 [同注（20），1985，页131]。最近，同氏既相信中国外销陶瓷于八世纪后半已明确出现 [同氏，注（49），1993，页125-126]，同时又认为并无八世纪末以前贸易瓷输入的证据（页131）。之所以会出现这种挣扎和抵抗，或许是如果承认日本出土的八世纪后半青瓷等作品属贸易瓷，那么就不得不重新面对八世纪前半唐三彩的性质问题。

65 附带一提，西文文献中亦见几则中国早期贸易瓷资料。除了察希兹（Al-Jāhiz, 779~869）所著《守财奴》中提到一件"有斑纹的中国陶器"[冈崎敬：《東西交渉の考古学》（东京：平凡社，1973，页389）]，同书并载有一份自中国进口陶瓷的贸易协议 [欧志培：《中国古代陶瓷在西亚》，《文物资料丛刊》2（1978），页231]。其次，他巴里（Tabari, 839?—923）《年代记》中的"彩色、覆盖的中国器"也被推测可能是加金装的"唐三彩"[爱宕松男：《東西交涉史における中国陶瓷、特に輸送についての一考察》，《東洋史学論集》第一卷《中国陶瓷產業史》（东京：三一书房，1987），页448—449。]十一世纪波斯历史学家贝伊哈齐（Bayhaqi, 995~1077）记述说哈里发哈仑·拉施德在位（786~806）间，呼罗珊总督阿里·本·爱薛（Alīb Īsa）曾向巴格达的哈里发贡献了二千件精美的日用瓷器，其中包括了连哈里发宫廷也从没见过的二十件（俄文本译二百件）"中国天子御用的瓷器"（chinī faghūrī）[张广达：《西域史地丛稿初编》（上海：上海古籍出版社，1995），页451]。此外，从史料看，八世纪后半巴格达似大量使用中国陶瓷 [参见佐佐木达夫：《英国の博物館所藏の遺跡出土中国陶磁器》，《金沢大学文学部論集》史学科篇，六号（1986），页2]。

二、日本出土的晚唐五代至北宋前期陶瓷

九世纪晚唐时期，中国陶瓷外销进入了蓬勃发展的新阶段。除了日本和朝鲜半岛之外，东南亚和西亚的许多国家或地区都出土了这一时期的中国陶瓷，数量也显著增多。其主要内容包括越窑系青瓷、湖南长沙窑青瓷和推测属北方窑系的白瓷等。就目前的资料看来，各地区所出陶瓷大体属上述瓷窑系作品，也就是说似乎看不出有随着地域的不同而出现相异陶瓷的现象。不仅有部分遗迹同时出土了以上三类陶瓷，朝鲜半岛庆州市拜里出土的收纳火葬骨的长沙窑双系罐，其上甚至于以越窑系青瓷钵为罐盖。[66] 就是因为不少遗迹存在着上述三类陶瓷的共伴组合关系，以及各地区遗迹出土的中国陶瓷种类的一致性，因此近年来研究者在总结各地遗迹出土资料的基础之上，得出各国输入的唐代陶瓷并无所谓的个性的结论，[67] 亦即主张包括日本在内的国家于当时接受中国陶瓷时并无独立的选择权，而只能是全盘地接受中方的输出。[68] 我认为，晚唐时期中国贸易瓷及其与国外市场消费互动关系的估算，既涉及中日双方的贸易态势和日方品位选择之存在与否这一贸易陶瓷研究上的重要课题，也与如何看待并圆满解释日本出土唐代陶瓷的诸多现象息息相关。故以下拟在日本学者的研究基础之上，参照中国考古发掘资料，首先整理日本出土的晚唐五代陶瓷，以便与其他国家出土的中国陶瓷进行比较。

截至目前，日本出土有晚唐五代至北宋前期的越窑系青瓷遗址至少达二百余处，[69] 但若依据一九八〇年代由龟井明德氏针对已正式报道的一百二十五处出土越窑主要遗迹的综合论述，越窑的分布以九州最为集中，次则为关西地区，关东地区仅八处出土，其中又以北九州福冈市大宰府鸿胪馆遗迹这一对中交易据点所出数量最为庞大。就遗迹性质而言，以官衙、集落、寺院占多数，属于墓葬性质的只有九处，仅有一处属祭祀遗迹。[70] 作品可分为精粗二类，均以碗盘类占绝大多

---

66 三上次男，同注（64），页17，图20。
67 龟井明德，同注（49），页120。
68 矢部良明：《日本陶磁の一万二千年》（东京：平凡社，1994），页156。
69 参见橿原考古学研究所附属博物馆编，同注（31）引书，页310-387"出土一览表"。此外，近年来于九州宗像地区新发现的越窑青瓷可参见白木英敏等：《宗像地域出土の越州窑青磁について》，《福冈考古》16（1994），页87-92。
70 龟井明德：《日本出土の越州窑陶磁器の諸問題》，同注（26）引书，页52及页53-57遗迹地名表。

数，然而除了鸿胪馆遗迹出土了相当数量饰刻划花纹的精品之外（图8），集中出土于大宰府史迹和福冈地区的粗制越窑青瓷,[71] 几乎不见刻划花或镂空装饰，说明输入日本的越窑青瓷大多属次档品（图9）。虽然如此，从出土遗迹性质推测其使用阶层多为寺院、官衙，而九州地区则又包括了当地富豪之辈,[72] 但不排除庶民亦有使用的可能性。[73]

众所周知，历来对于所谓越窑的定义有广义和狭义之分。随着近年来中国窑址发掘调查的进展，中方学者多主张越窑主要是指杭州湾以南的上虞、绍兴、余姚等地瓷窑，并不包括温州地区的瓯窑或金华地区的婺窑。[74] 相对而言，日方除了少数研究者表明自身对于越窑定义的理解和采取的立场,[75] 绝大多数的报告书并未对此做任何的交待，而径自采用广义的越窑概念，将越窑与浙江青瓷相等同。就日本遗迹出土所谓越窑或越州窑比照中国的瓷窑考古资料，其绝大多数虽属狭义的越窑产品，但如平安京左京四条三坊（SE21）出土的线刻装饰杯可能属鄞县窑所产。[76] 其次，福冈县久留米市西谷第一号火葬墓出土的青瓷褐斑壶[77] 或紫筑野市大门遗迹出土的青瓷褐斑执壶（图10）,[78] 过去曾依据其釉下施化妆土及褐斑装饰而将之定为长沙窑作品,[79] 亦曾从胎釉特征推测属越窑产品。[80] 然而无论从胎釉、褐斑装饰或施加化妆土的手法等特征，极有可能是浙江金华

---

71 龟井明德：《日宋贸易関係の展開》，收于岩波讲座《日本通史》古代6（东京：岩波书店，1995），页114。

72 经常被引用作为说明唐物公易使到达之前，大宰府地区富豪层即先行购买唐物的文献记载——《日本三代实录》48所载：仁和元年（885）："大唐商贾人著大宰府，是日，下知有司，禁王臣家使及管内吏民，私以贵直，竞买他物"，及延喜三年（903）："唐人商船来著之时，诸院诸宫诸王臣家等，官使未到之前，遣使争买，又郭内富豪之辈，心爱远物，踊直贸易。"参见木宫泰彦著（陈捷译）：《中日交通史》（台北：九思出版社，1978），页154。

73 由于福冈市柏原M遗迹既出土了越窑、长沙窑及白瓷等九世纪贸易瓷，同时伴出了外侧墨书"乡长"的日本国产土师器碗［参见福冈市教育委员会，同注（55），页218，图33之1］，故近年龟井明德氏据此主张中国初期输入陶瓷于日本的使用层可扩及乡长阶层。参见同氏，同注（49），页137-138。不过从日本出土越窑遗迹亦包括部分集落住居地等情形看来，似不应排除庶民或亦有少量使用的机会。

74 朱伯谦：《越窑》，《中國陶磁全集》4（京都：上海人民美术出版社十美乃美，1981），页186。

75 如龟井明德，同注（20），页115-116；同注（49），页126。

76 前川要：《平安时期における施釉陶磁器の様式論的研究》，《古代文化》1989年10期，页31。

77 龟井明德：《九州の中国陶磁》（福冈：财团法人西日本文化协会，1987），页8图。

78 龟井明德，同注（77），页9图。

79 矢部良明，同注（12），页112；龟井明德，同注（70），页68。

80 森田勉：《北九州地方から出土する越州窯青磁の様相》，《考古学ジャーナル》211号（1982），页18。

地区所谓婺州窑所产。[81] 扬州市史可法西路北侧教育学院也出土了与西谷火葬墓褐斑壶造型、胎釉或褐斑均极为类似的作品，报告书虽将之归入长沙窑，[82] 但可从壶外底处五支烧痕等推测其应属唐代婺州窑系作品。[83] 扬州出土有婺州窑一事是值得留意的现象。此外，京都御室仁和寺圆堂迹出土的盒（图 11）、宇治市净妙寺迹的执壶、京都市七条唐桥西寺迹出土的灯盏或京都上京区北野废寺迹的碗等青瓷作品，属浙江东南沿海台州地区所生产的所谓台州窑作品。[84] 故日本出土的所谓越州窑作品除了杭州湾以南狭义的越窑之外，极可能还包括若干金华地区婺窑及台州地区的青瓷作品。

与越窑同时出现于陆羽《茶经》的北方邢窑白瓷，在晚唐李肇所著《国史补》中已有"天下无贵贱通用之"的广大消费市场。依据近年来的调查资料，[85] 日本列岛至少有近二百处遗迹出土了所谓的邢窑系白瓷（图 12、13）。遗址性质包括了官衙、寺院、集落、邸宅，但个别的火葬墓中亦可见到。其遗址性质和分布既与日本出土的越窑大体相似，大多数遗址作品亦与越窑共伴出土。日本出土的所谓邢窑系白瓷器形以碗类占绝大多数，造型一般呈唇口、璧足，可分精粗二类，精者胎釉俱佳，釉色莹白，除底足着地处外均施釉；粗者胎施化妆土，外底心无釉。[86] 底足呈璧形的陶瓷于中国约出现于八世纪中期，流行于九世纪前半，以后则逐渐衰退而为圈足取而代之。[87] 结合日本遗址所出可判明其相对年代或参酌所伴出越窑之编年，基本可以确认日本所出玉璧足白瓷碗多属九世纪遗物。

尽管中国方面的窑址调查表明，唇口璧足白瓷碗是以邢窑为代表的北方窑

---

81 类似的胎釉及褐斑装饰均与婺州窑青瓷类似，可参见贡昌：《婺州古瓷》（北京：紫禁城出版社，1988），图版 14 左上；另，朱土生：《浙江龙游方坦唐乳浊釉瓷窑址调查》，《考古》1995 年 5 期图版二之 3、5。

82 扬州博物馆（吴炜等）：《扬州教育学院内发现唐代遗迹和遗物》，《考古》1990 年 4 期，图版四之 4。

83 如婺窑系之江山县达珑窑作品底部即以五至七只垫珠垫烧。参见贡昌：《唐代婺州窑概况》，《中国古陶瓷研究》2 辑（1988），页 28。

84 金祖明：《台州窑新论》，《东南文化》1990 年 6 期，页 155；另，图参见：东京国立博物馆编，同注（2），图 6、10、11、13。

85 参见百濑正恒等：《日本における白磁出土地名表》，《古代文化》34 卷 11 期（1982），页 26-27；龟井明德：《初期输入陶磁器の名称と実体》，同氏：同注（20）引书，页 111-113 "邢州窑样式白磁出土地名表"；橿原考古学研究所附属博物馆编，同注（31），页 310-387 "出土一览表"。

86 冯先铭：《谈邢窑有关诸问题》，《故宫博物院院刊》1981 年 4 期，页 53。

87 龟井明德：《唐代玉璧高台の出现と消灭时期の考察》，《贸易陶磁研究》13（1993），页 110。

场经常可见的器类之一，[88] 然而日方学者因顾虑到输入日本且可确认产地的中国早期贸易瓷极少见到北方窑系作品，故历来有不少研究者对于该类作品虽采取"邢窑系白瓷"的称谓，但实际上均主张其应是华南瓷窑所生产，[89] 甚至暗示其产地可能在广东地区。[90] 就中国窑址调查资料而言，虽不排除南方出土的若干晚唐至五代白瓷有可能为当地所产，[91] 然而经确认的时代最早的南方白瓷窑只能上溯至五代时期，至于被怀疑或为南方所产的几件作品，其器形或胎釉特征亦与日本出土标本不同。日方学者认为晚唐时期华南地区或曾存在可烧制大量优质白瓷的窑场之臆测，或许反映了他们严谨的治学态度，但是日本平安京西寺迹等遗址所出作品，其实与邢窑窑址标本于器形或胎釉特征完全一致（图14）。[92] 故若仅仅是基于北方陶瓷对外运输不便的经济成本考量，作为产地厘测的主要依据，显然不足以令人信服。其次，一九五〇年代广州姚潭墓［大中十二年（858）］曾经出土同类白瓷碗一事，[93] 恐怕也加深了华南或广东存在有唐代白瓷窑场的推测，而姚潭白瓷碗早由陈万里氏所指出系北方邢窑作品。[94] 华中、华南是否存在唐代白瓷窑一事，自然还有待日后进一步的考察来解决，日本出土的唐代白瓷也可能来自复数的窑场，不过就目前已知的资料来看，可以确定有不少是来自北方邢窑系瓷窑。至于其输日途径，将于次章讨论中日陶瓷贸易互动关系时，结合输出港口一并考察。

88　河北临城邢瓷研制小组（杨文山等）：《唐代邢窑遗址调查报告》，《文物》1981年9期，页41，图4、5，页42，图10、11；河北省文化局文物工作队（林洪）：《河北曲阳县涧磁村定窑遗址调查与试掘》，《考古》1965年8期，图版六之1、3。

89　持该一论点的人颇多，较具代表性的有矢部良明：《晚唐五代の陶磁》，《世界陶磁全集》隋唐篇（东京：小学馆，1976），页285；长谷部乐尔：《中国陶磁の伝世について》，Museum 356号（1980），页7；龟井明德，同注（7），页75。最近，长谷部乐尔氏则又认为日本奈良、平安时期遗迹除了出土有少量的邢窑或定窑白瓷，另有大量的白瓷产地不明。参见同氏：《中国陶磁と日本の交流諸問題》，《東洋陶磁》25号（1996），页50。

90　龟井明德，同注（85），页108。该文曾于一九八〇年代由作者增补注记，既同意日本出土的白瓷除少部标本与邢窑特征相符之外，多数作品与河北定窑特征一致，但仍主张该类白瓷有可能是包括广东在内的江南地方窑所生产。

91　如长沙出土的唐五代白瓷曾被疑为系当地所产。参见高至喜：《长沙出土唐五代白瓷器的研究》，《文物》1984年1期，页91；李辉柄：《关于"官""新官"款白瓷产地问题的探讨》，《文物》1984年12期，页62。

92　寺岛孝一：《平安京西寺跡出土の白磁》，《古代文化》34卷11期（1982），页24–25。

93　广州市文化局社会文化事业管理科（黄流沙等）：《举办"广州市一年来生产建设中出土古文物展览"的经验和体会》，《文物参考资料》1954年8期，页96，图25。

94　广州市文物管理委员会：《三年来广州市古墓葬的清理和发现》，《文物参考资料》1956年5期，页27。

与北方邢窑系白瓷、浙江越窑系青瓷同被视为晚唐中国对外贸易瓷重要项目之一的湖南长沙窑作品，于日本至少有四十余处遗迹曾经出土。主要分布于福冈和京都地区，石川县、奈良县、佐贺县、鹿儿岛县和冲绳县亦有少量发现，明显集中出土于当时日本政治中心京畿和对外贸易港同时也是大宰府所在地的福冈县北部。[95] 就出土的长沙窑种类而言，经常可以见到有模印贴花并于其上施褐彩的青釉注壶（图15），除了京都右京二条三坊一町推测为九世纪中期至十世纪御厨所司代遗迹，与越窑青瓷、北方系白瓷伴随出土的十件长沙窑碗之外，[96] 其余所出长沙窑碗类数量均较少。值得留意的是，长沙窑的出土遗迹远少于越窑青瓷和推测属北方窑系的白瓷。

　　尽管近年日方学者曾依据中国方面长沙窑的编年资料，推测石川县净水寺迹、福冈县鸿胪馆迹出土的青釉注壶的时代，有可能在八世纪后半至九世纪中期；并从遗迹层位所属时代推测福冈市柏原M遗迹（SD02最下层）或奈良县药师寺西僧房（SD080上层）出土的长沙窑亦应相当于这一时期。[97] 不过依据长沙窑的纪年资料，湖北武昌贞元二十年（804）墓[98] 和湖南长沙大和六年（832）墓[99] 虽出土了饰团扇形褐斑的长沙窑作品，然而以褐绿彩绘饰动物等写生图案的作品似以安徽巢湖会昌二年（842）墓的时代最早，[100] 至于装饰褐绿连珠形点彩作品则见于江苏扬州解少卿及其妻蔡氏墓〔分别卒于大和九年（835）和大中四年（850）〕。[101] 现藏东京国立博物馆的内壁褐书"开成三年"（838）等字样的长沙窑黄釉碗，[102] 亦可作为长沙窑彩绘文字流行时期的参考资料。换言之，长沙窑的釉彩装饰是由单一褐斑加饰，而后才出现以褐彩书字或描绘具象图形，以及应用褐绿二彩点饰出连珠几何图案或绘饰各种写生图像。因此，药师寺西僧房或柏原M遗迹包含层出土的

　　95　三上次男：《長沙銅官窯磁—その貿易陶磁的性格と陶磁貿易》，收于《陶磁貿易史研究》中卷，同氏著作集2（东京：中央公论美术出版社，1988），页120。

　　96　京都市埋藏文化研究所：《京都市埋藏文化財調査概要》，昭和60年度（1985），转引自橿原考古学研究所附属博物馆，同注（31）引书，页367。

　　97　土桥理子，同注（31），页234，及页247表12参照。

　　98　全锦云：《武昌唐墓所见铜官窑瓷器及其相关问题》，《考古》1986年12期，页1128，图一之23。

　　99　周世荣：《略谈长沙王清墓与出土瓷器的窑口问题》，《考古》1985年7期，页621，图五之1。

　　100　巢湖地区文物管理所（张宏明）：《安徽巢湖市唐代砖室墓》，《考古》1988年6期，页254，图四之1。

　　101　扬州市博物馆：《扬州发现两座唐墓》，《文物》1973年5期，页71，图3。

　　102　东京国立博物馆：《東京国立博物館図版目録　中国陶磁篇I》（东京：东京美术，1988），页79，图308。

加饰褐斑注壶的时代虽可能早自九世纪初,但目前还缺乏可上溯八世纪后半的纪年资料。相对地,京都市右京二条三坊十五町出土的饰绿褐彩注壶[103]或福冈市多多良込田迹出土的褐绿彩绘盘[104]等作品则可确定属九世纪前半时期遗物。

前述福冈市多多良込田和柏原M两处出土有长沙窑的遗迹同时也出土了多彩铅釉作品,[105]长沙窑与三彩器见于同一遗迹的还有福冈市十郎川[106]遗迹和京都市原平安京右京二条三坊遗迹。[107]福冈市柏原M遗迹出土的三彩印花盘(图16),简报中虽一度误认为是盛唐三彩,[108]但于正式报告中已更正为晚唐三彩,[109]类似的三彩印花盘亦见于著名的九世纪伊拉克萨马拉(Samarra)遗址。[110]其次,福冈市十郎川遗迹出土的白釉绿彩标本和同市东区多多良込田遗迹出土的三彩器体残片及把手,因其施釉作风与柏原M遗迹三彩印花盘极为类似,可推测属晚唐时期作品。至于平安京右京二条三坊出土的三彩壶残标本,已由日方学者如矢部良明、[111]龟井明德等[112]所指出其应系晚唐至五代时期作品。此外,大宰府鸿胪馆遗迹也出土了施罩铅绿釉的印花盘或带系罐等残标本,从伴随出土的日产土师器或越窑青瓷及白瓷以及绿釉陶本身的作风可判断其时代约于九世纪,但个别作品如SK02地点所见绿釉陶盖的相对年代于九世纪末至十世纪初。[113]过去虽有学者主张与柏原M遗迹类似的萨马拉(Samarra)遗址出土的三彩印花残片有可能是长沙窑或江南某地窑场所生产。[114]从标本所呈现的风格而言,我也同意上述的推测,而以长

103　京都市埋藏文化研究所:《平安京跡発掘調査概報》昭和61年度(1986),转引自:橿原考古学研究所附属博物馆编,同注(31)引书,页367。

104　福冈市教育委员会:《福岡市多多良込田III—福岡市東区多の津所遺跡群の調査》,福冈市埋藏文化財調査報告書第121集(1985),转引自:橿原考古学研究所附属博物馆编,同注(31)引书,页312-313,及彩图31。

105　柳泽一郎编:《多多良込田遺跡II—福岡市東区多の津所遺跡群の調査》(1980),转引自:山崎純男:《福岡市柏原M遺跡出土の唐三彩》,《九州考古学》58号(1983),页1-14。

106　住宅、都市整备公园:《十郎川—福岡市早良平野石丸、古川遺跡》(1982),转引自:橿原考古学研究所附属博物馆编,同注(31),页318-319。

107　田边昭三:《平安京出土の唐三彩ほか》,《考古学ジャーナル》196号(1981),页23。

108　山崎純男:《柏原遺跡から唐三彩出土》,*Museum Kyushu* 10号(1983),页50。

109　福冈市教育委员会,同注(55),页207-209。

110　矢部良明:《晚唐五代の三彩》,《考古学雜誌》65卷3期(1979),图版1下。

111　矢部良明:《唐三彩から奈良三彩へ》,《考古学ジャーナル》196号(1986),页32。

112　龟井明德,同注(19),页21。

113　横田贤次郎等,同注(60),页97-113。

114　如《一座談会—中国陶磁を語る(二)—三上次男氏の最近の知見を中心に》,《東洋陶磁》7卷(1981),页60。参见长谷部乐尔氏等人的发言。

沙窑的可能性最大，然而长沙窑窑址未见铅釉标本，其确实产地至今不明。

日本遗迹出土的晚唐五代三彩或单色低温釉陶，除曾与青瓷、白瓷或长沙窑共伴出土，平安京右京二条三坊的三彩壶和二彩碗，更是和施罩黄釉的绞胎枕共存于平安时期遗物包含层中。[115] 类似的共伴组合亦见于著名的奈良大安寺讲堂遗迹（图17），后者所出大量的盛唐三彩枕标本是与黄釉绞胎枕共伴出土。[116] 截至目前，除了平安京左京七条三坊[117]和左京八坊二条十町[118]出土有绞胎罐残标本之外，日本出土绞胎枕的遗址还有平安京右京二条三坊、左京八条三坊以及福冈县筑紫郡大宰府町大字通古贺字市之上等遗迹。报告者依据出土层位和伴随遗物认为平安京两处遗迹所出黄釉绞胎枕的年代约于盛唐至晚唐五代之间。[119] 而大宰府市之上遗迹水井出土的绞胎枕，亦可从伴随遗物推测其年代不能早于八世纪后半，但不会迟至十世纪前半。[120] 从后者市之上遗迹的绞胎枕复原图看来，造型呈上面内弧的倒梯字形，而枕的高度则略高于大安寺同类作品。我过去曾以陕西唐法门寺地宫［咸通十五年（874）］出土水晶枕的造型为线索，经由与盛唐三彩或九世纪长沙窑同式枕之比较，得出结论认为唐代砖形陶瓷枕有随着时代的推移，枕的高度有加高的趋势。[121] 这一看法不仅可与出土有陶枕的日本遗迹所属相对年代互为印证，并可初步判断平安京和大宰府出土绞胎枕的年代约相当于九世纪，进而可据此纠正过去将类似造型的绞胎枕定年于八世纪的看法。[122]

三、唐至北宋初期输日贸易瓷及日方的对应态度

就日本遗迹出土可大致确认产地的唐至北宋初期陶瓷而言，至少包括了浙江

115　田边昭三，同注（107），页23。
116　奈良国立文化财研究所建造物研究室・历史研究室（八贺晋），同注（23），页3，图2之10。
117　田边昭三，同注（107），页23。
118　京都市埋藏文化研究所：《平安京跡発掘概報》昭和57年度（1983），转引自：国立历史民俗博物馆，《日本出土の貿易陶磁》西日本編1（千叶：国立历史民俗博物馆，1993），页84。
119　京都市埋藏文化研究所：《平安京跡発掘資料選》（1980），转引自：田边昭三，同注（107），页23–25及页24，图1。
120　横田贤次郎：《大宰府出土の唐三彩と紋胎陶》，《考古学ジャーナル》196号（1986）临时增刊号，页21及同页，图4。
121　谢明良，同注（21），页200。
122　东京国立博物馆编，同注（102），页69，图268。其余类似定年的例子甚多，此处不再征引。

窑系青瓷、北方窑系白瓷、湖南长沙窑青瓷或白釉绿彩瓷，以及低温铅釉器和绞胎陶等。其中，经证实的日本出土的五代至北宋前期作品则以浙江地区青瓷占绝大多数；而低温铅釉陶则包括了盛唐北方窑系作品和被推测可能是南方烧制但产地尚待证实的晚唐三彩器。

截至目前，已证实烧造三彩铅釉陶的唐代窑址计有：河南巩县窑、[123] 河北邢窑、[124] 陕西耀州窑[125] 和河南荥阳茹茵等窑址。[126] 虽然中国许多省份或地区都出土了唐三彩，其中又以西安、洛阳唐代两京地区的数量最为庞大，后者所见大量的所谓天王俑或镇墓兽等三彩俑，于上述窑址并未发现，不难推测应还存在不少尚未被发现的三彩窑址，也有研究者主张江苏省或山西省出土的三彩器有部分可能为当地所产。[127] 但无论如何，窑址调查资料表明，河南巩县窑不仅在生产规模、也在制作水准或市场占有率等各方面都于当时扮演了举足轻重的角色。巩县窑的三彩器以器皿类为主要的生产项目，但亦兼制作部分小型玩具俑类，[128] 从窑址标本比较墓葬等遗迹出土作品，可以认为各省所出三彩器皿类有不少即来自巩县窑所产。

日本出土的唐三彩，除了奈良橿原市醍醐町藤原京遗址出土了推测可能是玩具类的小型人俑残件之外（图18），[129] 其余均只见器皿类，并以三彩枕所占比例最大。奈良大安寺讲堂前烧土层、[130] 福冈县观世音寺字藏司整地层、[131] 福冈县大宰府鸿胪馆、[132] 佐久市小田井前田遗迹、[133] 平安京左京四条四坊、[134] 平安京左京九条

123　刘建洲：《巩县唐三彩窑址调查》，《中原文物》1981 年 3 期，页 16–22。
124　内丘县文物保管所（贾忠敏等）：《河北省内丘邢窑调查简报》，《文物》1987 年 9 期，页 1–10。
125　陕西省考古研究所铜川工作站（禚振西）：《铜川黄堡发现唐三彩作坊和窑炉》，《文物》1987 年 3 期，页 23–31 转 37。
126　郑州市文物工作队（陈立信）：《河南荥阳茹茵发现唐代瓷窑址》，《考古》1991 年 7 期，页 664–666。
127　如秦浩：《略论扬州唐墓的几个问题》，《扬州师院学报》1986 年 4 期，页 194；李知宴：《中国釉陶艺术》（香港：轻工业出版社＋两木出版社，1989），页 37。
128　刘建洲：《巩县黄冶"唐三彩"窑陶瓷玩具》，《考古与文物》1985 年 2 期，页 33–36。
129　橿原市教育委员会：《藤原京右京二条三坊跡より三彩の俑片が出土》，《考古学ジャーナル》334 号（1991），页 44–45。彩图见奈良县橿原市教育委员会，图录《橿原市の文化財》（奈良：橿原市教育委员会，1985），页 85 图右下。
130　奈良国立文化财研究所建造物研究室・历史研究室（八贺晋），同注（23），页 3 图 2 参照。
131　横田贤次郎等，同注（120），页 20。
132　田边昭三，同注（107），页 23–25。
133　佐久市教育委员会：《前田遗跡（第 I、II、III）次》，转引自国立历史民俗博物馆：《日本出土の贸易陶磁》東日本编 2（千叶：国立历史民俗博物馆资料调查报告书 5，1994），页 224。
134　田边昭三：《古代史发现の旅》（东京：角川书店，1990），转引自王维坤：《中国唐三彩与日本出土的唐三彩研究综述》，《考古》1992 年 12 期，页 1127。

三坊包含层、[135] 静冈县城山遗迹[136] 以及千叶县向台遗迹等八处遗址均出土了三彩枕。[137] 其中又以奈良大安寺出土的数量最大已如前所述。该遗迹不仅出土了三彩枕并且伴随有于绞胎上施低温铅釉的绞胎枕，[138] 而河南巩县亦同时兼烧上述两类作品。其次，福冈县大宰府、[139] 樱井市安倍寺迹回廊基坛[140] 和福冈观世音寺迹沟内（SD1300）分别出土了三足镜的兽足和颈身部位残片，[141] 类似器形的三彩作品虽亦见于河北邢窑，[142] 但巩县窑亦有烧制。尽管目前还缺乏足够的资料可证实日本出土的唐三彩均属河南巩县窑产品，不过若从日本出土三彩器的胎釉器形种类或装饰作风等推测，一般都相信其极有可能是来自包括巩县窑在内的北方窑系作品。但问题是，中国出土的唐三彩种类极多，包括各式俑类和器皿类，巩县窑等北方三彩窑生产的作品种类亦属丰富，为何日本遗迹出土的唐三彩器类却如此地单调呢？就常理而言，作为输入国的日本所出作品种类要少于原产地的中国，是极为自然的事，然而日本出土有唐三彩遗迹至今虽已近二十处，却于复数遗迹出土了同一器形的作品，特别是出土三彩枕的遗迹高达八处，并且只出陶枕不见其他三彩器，这到底隐含了什么玄机呢？

日方学者大多主张日本出土的唐三彩与遣唐使有关。冈崎敬氏进一步依据负责营建大安寺的道慈律师曾从遣唐使入唐，进而将道慈入唐的时间结合遣唐使航路及扬州亦曾出土唐三彩一事，推测日本遗迹的唐三彩有可能是遣唐使节得自扬州而后携回日本的。[143] 如前所述，三重县绳生废寺出土的三彩印花碗的年代可早自七世纪末，很难说日本出土的唐三彩一定要和养老二年（718）由唐归国的道慈有关，冈崎氏也未提示具体的例证来证明其推测。尽管如此，作为当时中日往来航路中具有代表性的遣唐使行程，无疑可为探讨中国贸易瓷的输入途径提

135　田边昭三，同注（107），页23。
136　浜松市立乡土博物馆：《浜名郡可美村城山遺跡範囲確認調査概報》（1978）；参见辰已均：《城山遺跡と三彩》，《考古学ジャーナル》196号（1981），页13–17。
137　石田广美：《大畑Ⅰ遺跡—堆生郡衙推定地の調査》，《日本歷史》420号（1984），页88–97。
138　奈良国立文化财研究所建造物研究室・历史研究室（八贺晋），同注（23），页3，图2之10。
139　九州历史资料馆：《大宰府史跡平成元年度発掘概報》（1990），图版68a、b。
140　《安倍寺跡環境整備事業報告—発掘調査報告》，《日本考古学年報》（1970），参见：矢部良明，同注（111），页30–33。
141　高仓洋彰等，同注（59），页76图5。
142　内丘县文物保管所（贾忠敏等），同注（124），页9，图17参见。
143　冈崎敬：《唐三彩長頸花瓶》，收入第三次冲ノ岛学术调查队编，《宗像冲ノ岛》Ⅰ本文篇（宗像大社復興期成会，1979），页377。

供重要线索。历来对于遣唐使的分期虽有不同的看法，但大体而言，初期遣唐使采行经朝鲜半岛沿岸的"北路"（新罗道），以后则采经五岛列岛直接航向长江口的"南路"（大洋路），后者南路又包括了所谓的"南岛路"，是由博多南下九州西岸，再沿奄美、冲绳列岛于适当位置航向长江。自日本天智八年（669）第六次遣唐使为止均采北路，此后至天平胜宝四年（752）第十次遣唐使则航行南岛路。[144] 如大宝二年（702）使节团之南岛路路线即由九州西岸南下，经萨南诸岛、南西诸岛后横断东中国海入长江口的扬州和明州。[145] 肇因于日本和新罗关系恶化而考察出的南岛路，由于终究需横断东中国海，为了要缩短横断距离和所费时日，故自宝龟八年（777）起的遣唐使又多采南路，即先于五岛列岛的值嘉岛（福江岛）等停泊等候季风，随后直线横断东中国海到达长江口的楚州、扬州或明州，回航时亦取同样路，由长江口直航值嘉岛，其中宝龟八年（777）第十二次和承和五年（838）第十五次遣唐使则系于扬州上岸。[146] 此外，圆仁《入唐求法行纪》开成四年（819）正月八日条，也记载了新罗人王请和唐人张觉济为交易货品，由扬州出港而后漂流至出羽国。[147]

众所周知，被当时人誉为"扬一益二"富庶甲天下的扬州，既是大江南北水陆运输的枢纽，也是国际交通的重要港口。从天宝十二年（753）日本遣唐大使藤原清河等赴扬州敦请鉴真乘船东渡，携带佛像、佛经和右军真迹等由苏州黄泗浦出发赴日，[148] 或日承和五年（838）大使常嗣徒从、留学生欲赴扬州购买香料记载看来，[149] 扬州亦是中外物资集散和交易据点。

事实上，如果将日本出土唐三彩与扬州遗迹出土的作品进行比较，即可明显看出扬州在输日贸易瓷中所扮演的重要角色。如前所述日本计有八处遗迹出土了三彩枕，而该类三彩枕于中国全国范围内，除曾见于陕西西安韩森寨[150] 和河南孟

144　茂在寅男，同注（18），页29。
145　小田富士雄：《海北道中—大陸と沖ノ島祭祀》，收入：同氏编，《古代を考える沖ノ島と古代祭祀》（东京：吉川弘文館，1988），页255。
146　森克己：《遣唐使》（东京：至文堂，1966），页52。
147　白化文等：《入唐求法巡礼行记校注》（河北：花山文艺出版社，1992），页95-96。
148　李廷先：《唐代扬州史考》（江苏：江苏古籍出版社，1992），页471。
149　森克己，同注（146），页112。
150　陕西省博物馆：《陕西省博物馆》中国の博物館I（东京：讲谈社，1981），图74。

津县朝阳公社[151]或洛阳安乐窝东岗墓等少数遗迹之外,[152]目前只见于扬州地区。不仅如此,扬州唐城手工业作坊遗址等地遗迹还出土了绞胎枕,[153]而该类珍奇的作品于日本遗迹亦可见到。其次,日本复数遗迹出土的三足铛,于中国的出土分布虽较广,然于南方地区目前只见于江苏省并集中出土于扬州地区。[154]至于与日本冲之岛出土的贴花长颈瓶类似的作品于中国虽极少发现,却也见于江苏常州市,[155]以及邻近常州的武进县。[156]而常州则如《元和郡县志》所载,是扬州到江南驿路的必经之地,这样看来,作为唐代北方著名产品之一的唐三彩,其于南方的出土分布明显集中于扬州,后者出土作品的器形种类既与日本遗迹所见大体相符,并且包括了如陶枕等一般不易得见的器形,若结合前述扬州在当时中日交往中所占地位,可肯定日本出土的唐三彩应是得自扬州后携回日本的。唯有在厘清这一事实的基础之上,我们才有资格进一步讨论日唐陶瓷贸易中双方的对应态势及日本是否存在品位的问题。也就是说,日本遗迹出土中国陶的种类偏向,实与日方获得中国物资之主要途径的中方对日贸易港的集散作品种类息息相关。

就目前的资料来看,河南巩县窑生产的三彩器要比他窑烧造的同类作品,占有更广大的消费市场。扬州地区如杨庙唐墓的豆形器、[157]市郊外的钵、[158]大东门街的钵盂[159]或扬州某地出土的釉陶绞胎枕等,[160]均可从作品造型或施釉特征大致判明其可能为巩县窑作品。[161]特别是双桥公社唐墓的三足铛或汶河西路出土呈人面造型较为特殊的三彩器,[162]更与窑址标本完全一致。[163]另一方面,经报道的扬州出土

---

151 洛阳市博物馆:《洛阳唐三彩》(北京:文物出版社,1980),图118。
152 洛阳市博物馆,同注(151),图117。
153 蒋华:《江苏扬州出土的唐代陶瓷》,《文物》1984年3期,页67,图14、15。
154 扬州例参见:蒋华,同注(153),页67图8。
155 常博:《常州市出土唐三彩瓶》,《文物》1973年5期,页72。
156 胡友成:《江苏武进发现唐三彩高颈瓶》,《考古》1995年7期,页671。
157 扬州市博物馆(王勤金等):《扬州邗江县杨庙唐墓》,《考古》1983年9期,页801,图2之10。
158 南京博物院等(曾昭燏):《江苏省十年来考古工作中的重要发现》,《考古》1960年7期,图版2之2。
159 王勤金:《扬州大东门基建工地唐代排水沟等遗迹的发现和初步研究》,《考古与研究》1995年3期,页46。
160 蒋华,同注(153),页67,图12。
161 扬州市博物馆:《扬州发现两座唐墓》,《文物》1973年5期,页71,图4。
162 蒋华,同注(153),页67,图7。
163 刘建洲,同注(123),图版四之1;同注(128),页34,图1之3。

的巩县窑，除了三彩之外，还有同属铅釉系统的绿釉陶、[164] 白瓷[165] 以及唐代青花瓷等。后者所谓唐青花是否确为釉下彩，目前学界仍有不同的看法，[166] 然与本文论旨有关的是，扬州市区文昌阁附近三元路等地出土的唐青花曾经取样进行胎釉成分分析，证明其有可能是河南巩县窑一带的产品。[167] 作为南北交通重要据点的扬州，既是江淮地区米、盐、茶和其他物资的集散地，同时也利用运河将东南的米粟物资运往关中和北方各地，[168] 不仅船员经常携带当地土产往返南北进行贸易，瓷商客也可能经由大运河将北方瓷器运往扬州而后泛海他国。此外，从扬州中晚唐时期《丁夫人墓志》"自元东来，播流淮左"，或《孙纁墓志》"虽贸易往来而与物无赘"等记载亦可窥知，扬州也居住了因安史之乱而南迁的北人，其中有的又以经商为生，[169] 因此扬州出土有大量北方陶瓷可说是极为自然的事。

值得留意的是，扬州不仅出土了唐代巩县窑白瓷，另出土了不少河北邢窑等北方白瓷作品，[170] 特别是三元路邮电大楼工地所见白瓷碗施釉有精粗之分，底足造型有壁形和圈足之别，部分作品施化妆土。[171] 上述特征正与日本遗迹出土的唐代白瓷一致。虽然笔者还无缘对两地所出作品实物进行全面的精细比对，不过扬州三元路、史可法西路教育学院或市文化宫，以及已经确认的日本平安京西寺迹等遗迹既出土了邢窑系北方白瓷，结合前述扬州在唐代中日交往中所占据的地位或扬州出土北方釉陶与日本遗迹发掘品的类似性，可以认为日本出土的唐代白瓷有不少应是由扬州出港的。日方学者因顾及北方陶瓷运输不便，并主观地想象日本遗迹极少发现北方陶瓷，从而推测多数具有北方窑系特征作品可能为江南某地所生产。然而如果将当时赴日之重要港口扬州及汇集于该地的南北物资纳入考察范围，此一疑难或可迎刃而解。事实上，日本平安朝文献《经国集》即收录有一首描写当时饮茶情景的《和出云太守茶歌》。其中有"兽炭须臾炎气盛，盆浮沸浪

164　扬州博物馆（吴炜等），同注（82），页343。
165　扬州博物馆（马富坤等）：《扬州三元路工地考古调查》，《文物》1985年10期，页74。
166　李知宴：《青花的起源和唐代青花瓷器的特点》，《中国历史博物馆刊》13—14期（1989），页154。
167　文化部文物局扬州培训中心（张浦生等）：《扬州新发现的唐代青花瓷片概述》，《文物》1985年10期，页71；陈尧成等：《唐代青花瓷用钴料来源研究》，《中国陶瓷》，1995年2期，页40-44。
168　傅筑夫：《中国古代经济史概论》（北京：中国社会科学出版社，1981），页226。
169　李则斌：《扬州新近出土的一批唐代文物》，《考古》1995年2期，页102、147。
170　如扬州博物馆（吴炜等），同注（82），页341；中国社会科学院考古研究所扬州城考古队等（王勤金）：《江苏扬州市文化宫唐代建筑基址发掘简报》，《考古》1994年5期，页419。
171　扬州博物馆（马富坤等），同注（165），页73。

花,起巩县垸商家盘,吴盐和味味更美"句,所谓"巩县垸"可能即河南巩县生产的陶瓷器,而巩县窑白瓷碗于扬州亦曾出土。故该一见于茶道史论著而未能引起陶瓷史界关心的重要记载,也间接地透露日本出土唐代白瓷可能包括部分巩县窑制品。[172] 另一方面,历年来于扬州三元路北侧、扬州城北、汶河路或扬州南通西路等地先后采集到二三百件的波斯翡翠蓝釉陶器标本,[173] 并且是常与推测可能是巩县窑的所谓唐青花瓷等共存于同一遗址。有趣的是,作为当时日本对中交往门户的九州大宰府、鸿胪馆或兵库县福田等遗迹也出土了同类的波斯陶器。[174] 过去曾有人推测日本遗迹中所见的波斯陶器,若非是由中日方人士携回日本,则有可能是渤海人得自扬州。[175] 虽然我们已难得知中国、日本出土的波斯陶器是否为独立的商品或是装盛某种物资的外容器,抑或两者兼之。不过从扬州出土陶瓷情况及其贸易瓷性质看来,遗留在日本遗迹的波斯陶器极有可能是由波斯人等外国商贾一度携入扬州后转贩日本的。此外,如前所述日本福田县久留米市西谷火葬墓出土的婺州窑青瓷壶,[176] 于扬州亦有少量出土,[177] 虽然日本所见浙江窑系作品多由明州(宁波)等同省港口出港,但并不排除有得自扬州的可能性。这样看来,扬州既是汇聚了各地物资的重要转口站,也是日本获得各方商品的据点之一。

扬州出土的唐代外销瓷以湖南长沙窑作品数量最多,出土频率也最高。众所周知,长沙窑不仅是唐代外销瓷中极为常见的具有代表性的作品,也是烧制因应西亚诸国品位嗜好之图样纹饰作品的具有特色的瓷窑,其于国外的出土分布虽包括了日本、朝鲜半岛、东南亚、南亚和西亚各国或地区,但以九至十世纪西亚对

---

172 《經國集》参見:塙保己一編,《群書類從》第8輯卷125(东京:群书类从完成会,1980),页536-537。另据《日本逸史》载天长四年(827):"诏中纳证三位良峰朝臣安世、东宫学士、从五位下滋野朝臣贞主等,撰近代诗人所作之诗,勒作两帙,名曰经国集。"此参见物集高见等:《廣文庫》第7册《經國集》条(东京:名著普及会,1976),页348。

173 顾风:《略论扬州出土的波斯陶及其发现的意义》,《中国古代陶瓷的外销》(北京:紫禁城出版社,1988),页7。

174 东京国立博物馆:《日本出土の舶載陶磁—朝鮮、ベトナム・タイ・イスラム》(东京:东京国立博物馆,1993),页214图214;铃木重治:《日本出土のイスラム陶器の検討》,《三上次男博士喜寿記念論文集》陶磁篇(东京:平凡社,1985),页303-312。

175 何翠媚(佐佐木达夫等译):《9-10世紀の東、東南アジアにおける西アジア陶器の意義》,《貿易陶磁研究》14号(1994),页45。

176 龟井明德,同注(77),页8图。

177 扬州博物馆(吴炜等),同注(82)参见。另外,扬州三元路出土的青瓷褐彩钵,底部有七支烧点,可能亦为婺州窑系作品。报告参见:扬州博物馆(马富坤等),同注(165),页74。

中国的著名贸易港——波斯湾北岸的尸罗夫（Siraf）港市遗迹出土数量最多。[178]《旧唐书·田神功传》载中唐时期"神功至扬州，大掠居人资产，鞭笞发掘略尽，商胡大食，波斯等商旅死者数千人"即反映了胡商在扬州的热络贸易活动，实不难想象胡商在长沙窑外销事业中所起的积极作用，甚至在某种程度上还干预了长沙窑的生产，以至于会出现以釉下彩绘外国卷发女子的作品，[179]或扬州东风砖瓦厂唐墓出土的于器身以阿拉伯文书写"真主真伟大"字句的青釉绿彩四系壶。[180]问题是，扬州既是日本获得包括外销陶瓷在内的中国货物的据点之一，扬州地区出土的唐代外销瓷不仅是以长沙窑为数最多，近年于扬州旧城区汶河路一处十六米范围内的堆积发现了可复原成完整器的长沙瓷五百件，也是值得留意的现象。由于该处堆积不见他窑作品，仅长沙窑盖盒一种即达百件之多，结合发现地点邻近古河道，报告者推测是因当时卸货清仓时残器倾倒累积而成，并认为可据此说明扬州存在有专营瓷器的店铺。[181]从文宗《大和八年疾愈德音》"其岭南、福建及扬州蕃客，宜委节度观察使常加存问，除舶脚、收市、进奉外，任其往来流通，自为交易，不得重加率税"的记载，[182]或扬州文化宫发现推测是胡商邸店、旅舍性质的建筑遗址等来看，[183]扬州确是为外国商旅提供了某种便捷的设备和保护措施。当然也不排除存在经营外销瓷器的店铺，而长沙窑则可能是其贩售的主要商品之一。

然而，截至目前日本出土有长沙窑的遗迹仅四十多处，比起日本所出越窑近四百处、白瓷一百余处显然偏少。依据九十年代初期的统计，四十余处长沙窑遗迹所见该窑作品出土总数量仅一百三十余件（片），相对地，越窑则高达四千五百余件（片）。[184]这到底是什么原因所造成的呢？会不会是肇因于当今多数学者所一致认为并不存在的、日本之品位与选择呢？众所周知，长沙窑作品中常见的釉下彩鸟纹或葡萄、对鸟等模印贴花纹饰，有可能是因应西亚地区人们的嗜好而设计的。扬州

178　三上次男：《長沙銅官窯磁—その貿易陶磁の性格と陶磁貿易》，《陶磁貿易史研究》中卷（东京：中央公论美术出版社，1988），页129。

179　周世荣：《湖南陶瓷》（北京：紫禁城出版社，1988），页275。

180　朱江：《扬州出土的唐代阿拉伯文背水瓷壶》，《文物》1983年2期，页95图1。

181　周长源等：《试论扬州南天大厦工地出土的唐代长沙窑瓷器》，《中国古陶瓷研究会94年会论文集》（南京：南京博物院，1994），页68。

182　李廷先，同注（148），页375。

183　中国社会科学院考古研究所扬州城考古队等（王勤金），同注（170），页420。

184　土桥理子，同注（31），页226表5-6参见。

东风砖瓦厂、[185]泰国猜耶林文波（Laem Pho）[186]出土的带阿拉伯文长沙窑作品更是该一现象的突出例子。此外，波斯湾尸罗夫（Siraf）遗址与长沙窑伴随出土的还有推测属广东地区烧造的于釉下阴刻阿拉伯人名的长沙窑四系罐残标本，后者亦被认为是阿拉伯人的定制品。[187]以上种种均可与长期以来学者们依据长沙窑的出土分布或作品本身的造型装饰特征，所得出之长沙窑是主要用来输出的外销瓷之结论相互印证，几乎已成定论。虽然如此，已故的三上次男氏曾经指出，西亚诸国出土的长沙窑以碗盘类居多，而东亚的日本和朝鲜半岛则以壶罐类最为常见，东南亚则居两者之间，而东北非埃及福斯塔特城（Fustat）虽出土了不少南方越窑或北方白瓷等唐代作品，却未见任何长沙窑作品，因此各国对于中国陶瓷的种类是有所选择的。[188]作为日本获取中国物资重要据点之一的扬州遗存的外销瓷以长沙窑的数量最多，于日本却较少出土，这不正是日方对于中国陶瓷的选择及其品位的反映吗？其实，比长沙窑时代要早的奈良三彩器上已经透露出与此相关的讯息。所谓奈良三彩乃是在唐三彩的影响之下，于奈良时代八世纪前半完成的日本国产多彩铅釉陶，这里的重点是奈良三彩虽模仿唐三彩外观上的缤纷施釉作风，但在造型方面则借用了当时流行的响铜等金属器，[189]也因此造成了唐三彩与奈良三彩截然不同的造型特征。日方之于中国陶瓷模仿的对应态度，很能够说明日本的选择与品位倾向，并且至迟在八世纪的作品中已有所反映。长沙窑应用釉下彩的技法书写诗句或广告语等文字以为装饰，早已为人普遍熟知，然而相对于前述书写或阴刻有阿拉伯文字的作品目前只见于东南亚、西亚或贸易港扬州，以汉字书写的作品于国外似只见于属于汉字文化圈的朝鲜半岛出土的"郑家小口天下有名"字铭注壶。[190]这固然有可能是长沙窑的生产者为因应拓展不同市场所采取的必要措施，但各不同消费市场对于作品的好尚与

---

185 朱江，同注（180），页95。

186 Ho Chuimei, *Chinese Presence in Southern Thailand before 1500AD from Archaeological Evidence, China and the maritime Silk Route*, Fuzhou: Fujian People's Publishing House, 1991, p.291. 陈达生：《唐代丝绸之路的见证——泰国猜耶出土瓷碗和扬州出土背水壶上阿拉伯文图案的鉴定》，《海交史研究》1992年2期，页40-41转55。陈文并指出扬州背水壶的阿拉伯文应为"Alllah"（安拉）一词的对称写法。

187 三上次男：《イラン発見の長沙銅官窯磁と越州窯青磁》，《東洋陶磁》4期（1977），页20。

188 三上次男，同注（178），页133。

189 楢崎彰一：《畿内および東日本と彩釉陶器》，《日本の三彩と緑釉》（东京：五岛美术馆，1974），页192。此外，奈良彩釉器中的寰底钵有可能仿自唐代的黑陶同式钵。参见谢明良：《唐代黑陶钵杂识》，《故宫文物月刊》13卷9期（1995），页113–114。

190 奥平武彦：《朝鮮出土の支那陶磁器雑見》，《陶磁》9卷2期（1937），页10。

选择或许才是促使长沙窑该一意识抬头的根本原因。当今的日本学者，大多主张日本对于输日的晚唐陶瓷只能全盘接受没有选择的余地，并且既承认日本较少出土长沙窑是因其西亚装饰的风格未能获得当时人们的认同，同时又矛盾地主张日方不存在选择权。[191] 日本学者之所以坚持此说，或许是与他们对于中国外销瓷或输日贸易瓷的历史分期观点有关，然而如上所述，我们从当时日方获取中国物资重要据点之一的扬州考古发掘资料，以及长沙窑的装饰风格和出土情况，可以肯定各国出土唐代陶瓷的种类偏向除与港口等取得途径有关之外，消费地人们的好尚同时也是不可忽视的重要因素。而日本亦出土波斯陶瓷一事，则又透露了日本消费市场对于中国陶瓷的选择，除了狭义的品位因素之外，可能还与各不同陶瓷的价钱有关，但这还有待日后进一步的资料来解决。

从现存的文献记载可知，自日本弘仁十年（819）唐人张觉济偕同新罗人为贩售货物从扬州出发漂流至出羽国，或被视为唐商客首次赴日的承和九年（842）由明州（宁波）解缆的李邻德商船，已有多次唐商客往来中日两国之正式记录，并且在宽平六年（894）菅原道真奏请废遣唐使后仍持续地进行贸易活动。[192] 其中可确知出港地的计十例，但若考虑同一人物在不同年次赴日时可能亦选择与前回相同的港口出航，则应以十二例计算，而由明州出港的占了七次之多，其次有两例由台州出发，楚州、苏州和广州仅各一例。五代时虽乏明确的出港地记录，但可从"吴越商人蒋承勋"等商客籍贯间接推测或由浙江出港，至于北宋时期四十六回的赴日记录，可确知其出港地的七例中，明州占了五回，台州、建州各一回。[193] 晚唐至北宋，正是浙江青瓷蓬勃发展并大量外销的时期，而以越窑为主的作品多经由明州出港。这不仅可从文献记载、结合日本出土的大量遗物中轻易窥见得知，也可于宁波地区的考古发掘得到必要的印证。特别是七十年代，宁波余姚江出海口附近发现的伴随有"乾宁五年"（898）铭方砖的唐代沉船，和宁波东门口明州码头遗址的调查，更是明示了越窑青瓷与输出港之关系，以及日方获取越窑青瓷等的途径。前者沉船中和船体附近发现了数百件越窑青瓷和长沙窑青釉褐彩器及少量黑釉瓷。[194] 后者明州码头遗址可

---

191 如龟井明德氏于同注（20），页117既承认长沙窑的装饰具西亚作风故未能博得日本的欢迎，但于同注（49），页120及同注（71），页115又主张各国对于唐代陶瓷的输入只能是全盘地接受，不存在选择权。

192 田岛公：《日本、中国、朝鲜对外交流史年表》，收入：橿原考古学研究所附属博物馆编，同注（31），页1–120参照。

193 龟井明德，同注（49），页118–119，另同注（70），页78–84参照。

194 中国硅酸盐学会编：《中国陶瓷史》（北京：文物出版社，1982），页224。

分五文化层位，第四层出土了越窑上林湖和郭家峙窑五代至北宋青瓷，最下第五层则出土了上林湖越窑另若干金华地区婺州窑青瓷作品，由于该层所见作品均与宁波和义路唐大中二年（848）层作品相同，故其年代也应相当于这一时期。[195]

事实上，有关日本出土越窑系青瓷的输出港口或路线，历来已有许多学者结合文献记载进行考察，结论一致认为明州是越窑输日的主要港口。[196] 本文同意该一看法，因此无必要在此重复赘述。引起笔者兴趣的是，前述余姚江口发现的推测原应前往日本的沉船中所见长沙窑，既透露出部分长沙窑亦曾由明州输日，宁波东门码头遗址出土的婺州窑也显示了金华地区的瓷窑作品有一部分是先集结于当时著名的贸易港明州而后放洋出海的。这一情形与扬州汇集有许多南北物资在性质上有类似之处，不同的是明州极少见到北方瓷窑作品。如前所述，扬州亦曾出土少量婺州窑青瓷，故虽不排除日本遗迹同类作品有由扬州输日的可能性，但若考虑到明州出土例和产地与输出港的交通便捷条件，明州和多次见诸文献记载的台州或许才是日本获取婺州窑的主要来源地；而于日正历元年（990）由台州赴日的宋商客中不仅有台州人，还有婺州人。[197] 至于前述日本出土的台州地区瓷窑作品，估计有较大可能是由当地出港的。

这样看来，日本遗迹出土的唐至北宋初期陶瓷的种类倾向，既与日本取得中国物资的来源，即汇集于输日贸易港的作品种类息息相关，在三个大前提下，日方的品位好尚及消费能力亦能产生积极的作用。其中既包括聚集在输日港口之各地瓷窑种类的挑选，或许也曾针对同一瓷窑、不同档次的作品进行选择。日本出土五代北宋初越窑青瓷相对少见刻花、镂空的精制产品，除了是因中国商客对于日本消费市场的主观判断之外，日方的品位和消费习惯亦不容忽视。与此相对地，越南、泰国等中国赴中近东贸易航路上的东南亚国家常见的晚唐时期广东生产的外销青瓷器，[198] 于日本几乎未见出土。这一事实正与广州商船极少赴日一事吻

195　宁波市文物管理委员会林士民：《宁波东门口码头遗址发掘报告》，《浙江省文物考古所学刊》（1981年刊），页113。

196　如林士民：《试论明州港的历代青瓷外销》，《海交史研究》第5辑（1983），页98-104；同氏，《古代的港口城市——宁波》，《海交史研究》3（1981），页67；李知宴：《越窯と銅官窯磁器の發展と輸出》，《贸易陶磁研究》2（1982），页18等文。

197　田岛公，同注（192），页82。

198　何翠媚（土桥理子译）：《唐代末期における広東省の窯業および陶磁貿易について》，《貿易陶磁研究》12号（1992），页159-184。

合，并且再次说明了当时外贸港物资与国外消费地输入产品之间的紧密关联。

四、日本出土宋代陶瓷诸问题——以选择购买和使用方式为中心

约相当于日本平安中期至镰仓时期的宋代（960～1279）近三百年间，中国输日贸易瓷无论在种类或数量上都比输日的唐代陶瓷增多，于日本的出土分布既扩大到东日本沿海或内陆许多遗迹，使用阶层亦普及各地武士层。在南宋时期，达到宋瓷输日的最高峰，而镰仓幕府—北条氏更开启了由博多至濑户内的海上交通，促使镰仓地区得以轻易地获得中国陶瓷。[199] 北宋前期日本出土的以越窑为主的浙江青瓷窑系作品已如前所述，于此不再重复赘述。然而，在正式进入讨论日本出土宋瓷问题之前，我们却不得不面临近年来由矢部良明等提出的有关日本出土中国陶瓷的历史分期观点。[200] 按照矢部氏的理解，日本除了基于末法思想而营建的藏纳经卷的经冢之外，极少出土属于十一世纪后半至十二世纪的中国陶瓷，也就是说介于同氏第一期（九世纪至十世纪）和第二期（十二世纪至十四世纪）之间的十一世纪后半至十二世纪初北宋时期，几乎可以说是中国陶瓷输日历史中的一个空白阶段。

就中国的外贸局势而言，北宋开宝四年（971）于广州、咸平二年（999）于杭州和明州，并在元祐二年（1087）及元祐三年（1088）于泉州和密州板桥镇设置了专职对外贸易事宜的市舶司，各港口的市舶机构在北宋中期以后虽有兴废，但其趋势则是兴起发展，反映了海外贸易的热络景象。[201] 同时，文献上也多次记录了北宋商客赴日从事贸易活动。因此，本文有义务先针对日本遗迹所见上述令人费解的现象，做些粗略却是必要的观察。日本出土的北宋陶瓷，除了十世纪后半至十一世纪前半的浙江窑系青瓷之外，我以为，一般被定年于南宋至元代的广岛县福山市草户千轩等遗迹（图19），[202] 或博多遗迹群[203] 等出土的青瓷篦划花纹作品是极为重要的参

199　龟井明德：《平安、镰仓时代の输入陶磁器》，同注（20）引书，页155–156。
200　矢部良明，同注（68），页156。东京国立博物馆编，《日本の陶磁》（东京：东京国立博物馆，1985），页117。
201　陈高华等：《宋元时期的海外贸易》（天津：天津人民出版社，1981），页62–70参照。
202　东京国立博物馆编，同注（12）引书，页46图161–163；页48图167–169。
203　龟井明德：《草创期龙泉窑青磁の映像》，《东洋陶磁》19号（1992），页11图6参照。另，《博多四十七—第64次调查报告》，福冈市埋藏文化财调查报告书第398集（福冈：福冈市教育委员会，1995），页195图12之327。

考资料。以划花、篦点作为主要装饰的青瓷碗碟类常见于日本各地遗迹发掘品，也曾见于千利休的弟子山上宗二（1544～1590）之《山上宗二记》。后者记载了著名茶人村田珠光（1422～1502）以这类碗作为茶道具，后人并将之命名为"珠光茶碗"，[204] 故过去日方学者习惯上经常以珠光青瓷来概括具有类似装饰风格的青瓷作品。[205] 自一九五〇年代福建省同安县发现烧造该类作品的窑址以来，[206] 已证实有多处烧制类似产品的窑场，并以福建省的分布最为密集，产量也最大。为便于归纳讨论，许多学者就以同安窑系来泛称这类以划花、篦点为主要装饰的青瓷作品。[207] 由于窑址调查资料表明，福建境内所谓同安窑系青瓷的烧造时代约于南宋至元代，因此包括矢部氏在内的多数学者遂将日本遗迹出土的这类青瓷作品的时代定于南宋或南宋至元代。另一方面，早在八十年代初期就有学者指出，浙江境内的龙泉、金华、永康、义乌、江山、武义等各窑场也曾烧制篦划花纹青瓷，其中以龙泉窑的时代最早，其不仅直接影响到江山、武义等窑，也带给福建同安窑相当的影响。[208] 近年来由浙江省文物考古研究所等进行的山头窑与大白岸龙泉东区窑场的发掘调查资料，更可为上述论点提供坚实的基础。[209] 有关龙泉窑东区窑场出土青瓷的编年虽存在有不同的看法，但我则是赞同由龟井明德氏所做的编年分期，即龙东第一阶段作品的相对年代约于十一世纪七十年代至十二世纪二十年代；第二阶段虽包括十二世纪二十年代作品在内，但以同世纪七十年代为下限。[210] 如果依据龟井氏的编年和窑址调查报告书所载作品，进而对照前引草户千轩或博多遗迹群等诸多遗迹所见篦划花纹青瓷，可以确认日本遗迹出土的所谓同安窑系或珠光青瓷当中，有不少是浙江龙泉东区窑场所烧造，而其中即包括了该窑十一世纪后半和十二世纪前半的早期作品在内。因此，日本遗迹极少见到北宋陶瓷的看法，其实只是相对于数量庞大的南

204　茶の汤恩谈会编：《山上宗二记研究》2（东京：三德庵，1994），页93。

205　长谷川道隆：《珠光青磁について—その过去と现在の评価》（上），《陶说》390号（1985），页22-28。

206　李辉柄：《福建同安窑址调查记略》，《文物》1974年11期，页80-84；福建省文物管理委员会（林钊）：《同安县汀溪水库古瓷窑调查记》，《文物参考资料》1958年2期，页32-33。

207　林忠干等：《同安窑系青瓷的初步研究》，《东南文化》1990年5期，页391-397转页390。

208　冯先铭：《近年における陶磁考古の新成果》，《1949～1981近年发现の窑址出土中国陶磁展》（东京：出光美术馆，1982），无页数。

209　紧水滩工程考古队浙江组（任世龙）：《山头窑与大白岸—龙泉东区窑址发掘报告之一》，《浙江省文物考古所学刊》（1981），页130-166；李知宴：《浙江龙泉青瓷山头窑发掘的主要收获》，《文物》1981年10期，页36-42。

210　龟井明德，同注（203），页5-27，及同氏：《龍泉窯青磁創烧時期への接近》，《贸易陶磁研究》12号（1992），页141-157。

宋陶瓷的模糊印象，而该一印象也随着中国方面窑址出土资料和遗物的精细编年而有修正的必要。如此也才可以理解《参天台山五台山记》熙宁五年（1072）十月十五日条所载入宋僧成寻谒见神宗特使时，提到日本国最需要的货物中包括了"茶垸"。[211] 所谓的"茶垸"是日本当时对中国陶瓷的泛称。[212]

综观日本出土宋代陶瓷的大致产地和种类，除了前述浙江青瓷窑系作品外，至少还包括福建建窑系、同安窑系（图20）、泉州窑系（图21）、浦城大口窑、南平市茶洋窑；江西景德镇窑、吉州窑（图22）、赣州窑；广东奇石窑、西村窑等所生产的青瓷、白瓷、青白瓷、黑釉、黄釉或白釉褐彩等造型和装饰均极为丰富的作品。除此之外，还有许多窑址尚待证实，但估计应属东南沿海地区烧造的青瓷、白瓷、青白瓷、黑褐釉瓷以及三彩低温釉陶等作品（图23）。虽然少数遗迹如平安京左京三条三坊七町出土有陕西耀州窑青磁碗，[213] 福井市一乘谷朝仓氏遗迹第十三次和第四十次调查时也出土了河北定窑钵；[214] 第一百二十七次调查鸟羽离宫也发现磁州窑系白釉黑剔花牡丹纹壶残片；而滋贺县大津市上仰木遗迹更出土了北宋磁州窑绿釉刻花梅瓶标本（图24）。[215] 上述诸例当中，一乘谷朝仓氏遗迹的相对年代约在十五至十六世纪，故该遗迹出土的定窑印花纹钵有可能是一度传世后才废弃的。无论如何，日本出土宋代北方窑系之事应属特殊的个别案例，其在日本出土宋代陶瓷的数千处遗迹之中仅占九牛一毛，与大量出土的南方瓷窑作品不可同日而语，比起唐代有不少北方陶瓷经由扬州输往日本的情形大相径庭，这也反映了中国贸易港的盛衰以及宋代南方贸易瓷窑的兴盛情况。

211　森克己：《日宋貿易の研究》（东京：国立书院，1948），页193。

212　长谷部乐尔，同注（16），页171。

213　京都市埋藏文化研究所：《平安京左京三条三坊京都劳働金庫予定地における発掘調査の概要》（1980），转引自：国立历史民俗博物馆，同注（4）引书，西日本编1，页134。另外，博多遗迹也曾出土耀州窑青瓷印花碗残片。报告参见：《博多Ⅱ福岡市埋藏文化財調査報告書第84集—図版篇》（福冈市教育委员会，1982），图320–321。

214　朝仓市遗迹调查研究所：《特別史跡——乘谷朝倉氏遺跡Ⅵ昭和49年度発掘調査整備事業概報》（1975），及《特別史跡—一乘谷朝倉氏遺跡ⅩⅡ昭和55年度発掘調査整備事業概報》（1981），均转引自国立历史民俗博物馆，同注（4）引书，东日本编2，页126、133。此外，据间接的报道，博多遗迹亦曾出土紫定和耀州窑残片，但详情不明。参见中泽富士雄等：《宋元の陶磁貿易—古窯址と消費地の実態》，《古美術》68号（1983），页70。

215　长谷部乐尔、今井敦：《日本出土の中国陶磁》（东京：平凡社，1995），图38、39；龟井明德：《日本出土の吉州窯陶器について》，《貿易陶磁研究》11（1991），页248。附带一提，福冈市冷泉遗迹出土的著名的所谓磁州窑系绿釉剔花梅瓶，从器形、装饰风格等推测，近年来研究者大都倾向其应属南方瓷窑产品。后者图参见广岛县立历史博物馆：《瀬戸内の中国陶磁》（广岛：广岛县立历史博物馆友の会，1991），页13，图19。

从文献记录不难窥知，宋代和日本的交往主要是由明州、台州、杭州、建州和福州等港出发，但也有由温州或洪州等赴日的个别例子。[216] 如前述于各港口设置的市舶司之主要任务，是对商舶货物进行抽解博买和课税，防止走私，故《朝野群载》所收《大宰府附异国大宋商客事》所载著名的泉州商人李充于日本长治二年（1105）携带了瓷垸二百床、瓷堞一百床等货物欲赴日贸易时，亦至明州市舶司取得赴海外贸易的许可证，即所谓的"公凭"或"公验"。[217] 从李充的出生地推测其装载赴日贸易的陶瓷极有可能为泉州或福建地区的产品。其次，如过去研究者所指出，用来外销的价廉而量大的陶瓷，其产地和贸易港之间的距离和便捷之运输条件是重要的因素，故销往日本的贸易瓷多属浙江、福建和广东等沿海地区瓷窑产品。[218] 这点亦可由日本近数十年来的考古发掘得到证实，笔者并无异议。然而，本文所关心的是，在日本出土的大量宋代南方陶瓷当中，却存在着部分于中国本土或东南亚等其他地区极为少见，甚至完全未能见到的作品，这就为探讨中日陶瓷贸易的双方态势提供有益的线索。

日方学者曾将宋元时期输入日本的白瓷四系罐（图25）、水注（图26）和梅瓶（图27）戏称为"三神器"。这不仅是因为与武家文化密切相关的濑户烧曾仿制上述三类作品，甚至晚迄桃山时代十七世纪初有权武将之居地和城郭也都有出土，特别是梅瓶和水注直到德川幕府发布元和偃武（1615）宣言之前一直被珍重地保存传世，故可视为武家文化的象征。[219] 呈小口、丰肩，肩以下弧度内收的梅瓶是日本遗迹经常可见的器形，特别是以镰仓地区发现最多，从几乎凡是镰仓时代的遗迹都曾出土梅瓶一事不难想象日方对于该类作品的喜爱程度。[220] 其中虽有部分作品的时代或可晚至十四世纪，[221] 但多数均属十三世纪后半时期作品。[222] 日本出土的青白瓷梅瓶的产地不一，京都法胜寺出土者被视为景德镇所产；此外，

216　参见田岛公，同注（192），页79-120。

217　森克己，同注（211），页36-41；龟井明德：《两浙路市舶司公憑の陶磁器》，同注（20）引书收，页169-181。

218　龟井明德：《貿易陶磁史研究的課題》，同注（20）引书收，页6。

219　矢部良明，同注（68），页213-214，及页269。

220　矢部良明，同注（12），页122；同注（68），页218。另参见大三轮龙彦：《鎌倉の考古学》（东京：ニューサイエンス社，1985），页43。

221　长谷部乐尔：《日本出土の元、明の陶磁》，同注（12）引书收，页132。

222　长谷部乐尔：《青白磁渦文瓶》，《古美術》36期（1972），页84。

据说福建德化窑系作品中亦可见到类似的作品。[223] 长谷部乐尔氏也曾推测日本遗迹常见的于器身饰划花涡纹夹杂梳纹的厚胎青白梅瓶可能来自泉州附近窑场，[224] 然而均止于推测的阶段。从景德镇近郊宋墓出土的阴刻缠枝花并以梳纹填地的厚胎青白釉梅瓶，既与景德镇湖田、南市街窑址遗物相同，[225] 也和京都市太秦井户废寺出土作品有类似之处看来，[226] 日本出土的梅瓶应包括一部分景德镇窑系作品。无论如何，相对于日本所见大量梅瓶，中国本土却除了若干窑址所见标本及少数墓葬出土品之外，一般极少出土，明示了宋瓷输日时日方的品位选择，这点亦可由东南亚或埃及福斯塔特（Fustat）遗址虽出土了大量的宋瓷却几乎未见梅瓶一事间接窥测得知。

所谓梅瓶的语源不明，在宋代有可能称为经瓶，经为修长之意。[227] 从宋代磁州窑梅瓶瓶身书有"清沽美酒"或"醉乡酒海"等字铭，[228] 结合河南白沙第一号宋墓墓主夫妇饮宴图壁画中置有梅瓶等情形推测，[229] 这类小口长瓶应是盛酒器。我虽不排除日本遗迹出土的梅瓶，原本可能亦装盛酒类外销，即属于物资的外容器，但值得留意的是，日本茨城县茨城町长冈出土的划花牡丹纹梅瓶则是作为藏骨器来使用。[230] 而作为所谓三神器之另一重要器类的白瓷水注也经常被用来装盛火葬骨，其中又以和歌山县高野山奥之院遗迹或镰仓极乐寺纳骨堂的出土例最为人们所熟知。[231] 上述日本遗迹出土宋元陶瓷的用途改变及作为武家文化格式道具的新的象征意涵，既反映了日方对于输入陶瓷种类的需求和对应态势，或许也和日本为何会集中出土某些在中国和其他地区较少见到的器种，即日方的选择购买有关。此外，推测是东南沿海省份所生产的白瓷四系罐于中国本土窑址或其他遗迹均未曾出土，但于日本遗迹则经常可见。就目前的资料看来，其时代可早至十二世纪，持续生产至十三世纪后半至十四世纪前半。如果依据一九八〇年代平出纪男氏所

223　中泽富士雄等，同注（214），页68。
224　长谷部乐尔，同注（222），页84。
225　香港大学冯平山博物馆：《景德镇出土陶瓷》（香港：香港大学冯平山博物馆，1992），页116，图26之解说。
226　东京国立博物馆，同注（12）引书，页43图154。
227　宿白：《白沙宋墓》（北京：文物出版社，1957），页31-32之注40及页100之注243。
228　中国硅酸盐学会，同注（194），页294-295。
229　宿白，同注（227），图版二十二。
230　东京国立博物馆编，同注（200）引书，页118。
231　矢部良明，同注（12），页123。

搜集罗列的六十处日本遗迹出土的该类四系罐资料,[232] 则近半数遗迹属墓葬和经冢,墓葬出土例且多刻意毁损罐口颈部位以便作为藏骨器来使用,是与当时日本佛教葬仪观相应的具有宗教性质的器物,这也是日方给予的新的使用方式,并且有可能是在该一用途的考量基础之上进行选择性购买,日方学者所称的三神器的出土情况和使用方法可清楚地说明这一事实。另外,我们也可从十四世纪镰仓时期爱知县濑户窑曾大量仿烧上述三种器形而轻易得知日方对于这类作品的偏爱。[233]

我认为,最能说明日方变更中国陶瓷的原来使用方式之具体例证可能要属经冢出土遗物了。经冢的营造是基于所谓的末法思想,即末法之世经典灭绝,为提供释尊入灭后五十六亿七千万年,作为第二释尊再生的弥勒菩萨于龙华树下说法时所需经籍,故未雨绸缪写经埋藏。末法思想虽源自中国,但营建经冢则是日方的创举,其滥觞可上溯至九世纪入唐求法的圆仁(慈觉大师)曾埋藏如法经之事。[234] 经冢出土的宋代陶瓷数量不少,除了岩手县和贺郡东和贺町谷内圆内山神社第二经冢利用前述白瓷四系罐作为经筒外容器之外,[235] 福冈县胜山町松田经冢亦曾以中国南方所产的黑褐釉四系壶为经筒容器。后者并伴随出土有大治二年(1127)纪年铭铜经筒,故作为外容器的四系壶之相对年代也约于十二世纪前半(图28)。[236] 这类经常被用来装盛火葬骨或经筒外容器的黑褐釉带系壶于中国可能原是装盛液态或其他民生物资的容器,其与在日本的使用方式有天壤之别。[237] 值得一提的是,佐贺鹿岛市片山第一经冢出土的宋代褐釉四系壶于系耳处饰一周阴刻弦纹,并于弦纹下方加饰帷幕状波形阴文(图29)。[238] 据日天文十三年(1554)《茶具备讨集》所载"远山肩以箆锐画连山之形也",[239] 则这类壶无疑就是以箆在四耳壶肩画出连山状的所谓"远山"壶,并且在室町时期(1392~1573)还从经筒

---

232 平出纪男:《白磁四耳壺について》,《古代文化》35卷11(1983),页22-43。
233 瀬户市史编纂委员会:《瀬户市史陶磁篇1》(瀬户:瀬户市长,1988新订2版),页132-159。
234 奈良国立博物馆编:《經塚遺寶》(东京:东京美术,1977),页283-284。
235 矢部良明,同注(12),页120。
236 矢部良明,同注(12),页117。
237 谢明良:《澎湖中屯屿发现的"清香"铭瓷片和清香壶》,《故宫文物月刊》12卷6期(1994),页23。
238 杉山洋:《褐釉系陶器の受容と展開》,《東アジアの考古と歴史》下卷(京都:同朋舍,1987),页423图2;及东京国立博物馆编,同注(2),页18图35。另外,最近的出土例可见于福冈市博多区冷泉町遗迹。报告参见:《博多四十三—博多遗跡群第81次発掘調査报告书》,福冈市埋藏文化财调查报告书第392集(福冈:福冈市教育委员会,1995),页23,图21之24。
239 满冈忠成解题:《茶具備討集》,《茶道》卷15(1937),页596。

外容器等实用性质，一跃成为体现冷枯寂美学观的鉴赏对象，既是当时贮藏茶叶的贵重容器，也是威权和财富的象征以及大名的格式道具。[240]

日本经冢遗迹分布极广，北自青森县南达鹿儿岛县几乎遍及全国各地，但出土有宋瓷的经冢之营建时代均集中于平安后期至镰仓初期，并以文化中枢地的近畿地方、濑户内海沿岸和九州博多附近较为普遍。出土作品当中又以青白瓷小型盖盒数量最多，其次则为小碟、水滴或经筒等（图30）。依据近年来的窑址发掘，可知经冢出土青白瓷盖盒的产地，至少包括了福建浦城大口窑[241]和同省以烧造黑釉茶盏闻名于世的建窑，[242]但对于其用途则长久以来都存在着不同的看法。如长谷部乐尔氏依据朝鲜高丽时期古坟出土同类盒中置有白粉，进而推测其可能是化妆用粉盒，[243]此外也有主张是佛具香盒的看法。[244]虽然日本经冢出土青白瓷盒内多数未置任何物品，但如三重县伊势市朝熊山第五号经冢青白盒内则见有二十八颗玻璃珠（图31），类似的例子还可见于和歌山县神仓山第三号经冢之青白瓷小罐中的各色玻璃珠，以及出土地不明的内置玻璃珠、铃、露玉的经冢出土银盒。[245]从经冢性质看来，盒内置珠的习惯有可能与《法华经·普门品》解珠玉璎珞供养观音的记载有关，即受到向佛喜舍珠玉璎珞之风的影响。[246]其次，广岛县严岛神社内经冢所出于盒内另设莲茎托置三只小碟的青白瓷盒，也有可能与书写《如法经》时所需十种供养中的香料有关。[247]如果上述推测无误，则其与推测原是作为化妆用粉盒的中国本土使用方式大异其趣。此外，从《如法经》所载写经具中有白瓷砚和水滴等看来，经冢出土的文房用具也应与埋经供养时经常伴随埋藏的习惯有关。如前所述，经冢出土的宋代陶瓷以白瓷或青白瓷最为常见，过去有学者认为其又与详记如法地中埋纳的《门叶记·如法经篇》的"凡写经之间……白磁大小器，净布切等细细可意"记载有关，即以白瓷写经取洁斋之意，据此则白瓷的釉

240　德川义宣：《茶壶》（研究篇）（东京：淡交社，1982），页100-124。
241　林忠干等：《闽北地区的名窑珍瓷》，《福建文博》1993年1、2期合刊，页84，图下。
242　福建省博物馆等：《福建建阳芦花坪窑址发掘简报》，《中国古代窑址调查发掘报告集》（北京：文物出版社，1984），页142，图7之11、13。
243　长谷部乐尔，同注（16），页174。
244　藏田藏：《経塚出土の宋磁》，《世界陶磁全集》10卷（东京：河出书房，1995），页270。
245　稲垣晋也：《経塚と遺物》，奈良国立博物馆，同注（234）引书收，页306。
246　稲垣晋也，同注（245），页306引石田茂作氏说；另，秋山浩三：《経塚と珠玉》，《大阪府埋蔵文化財協会研究紀要》3（1995年）設立十周年紀念論集，頁195-214参照。
247　冈崎让治等：《種類別経塚遺物》，奈良国立博物馆，同注（234）引书收，页450。

色又被赋予了宗教的意涵。[248] 经冢出土宋代陶瓷当中，无疑以装载经卷埋藏入冢的所谓经筒最具特色，宋瓷经筒以青瓷居多（图32），但间可见到施青白釉或白釉作品（图33），其呈直筒状带盖的造型特征无疑是仿自日本特有的铜经筒。[249] 如前所述，营建经冢埋藏经籍是日本独自发展出的文化现象，故该类于中国前所未见并且只出土于经冢的直腹经筒，应是日方向中国定制的器物。[250] 从大宰府四王寺山经冢群中，中国制经筒与"天永元年"（1110）或"元永三年"（1118）铭日本铜经筒共伴出土资料得知，日方至迟在十二世纪前期已经取得向中国定制符合其本国使用方式器形的能力。[251] 虽然就日本出土的宋瓷看来，这类定制品的数量不多，可确认的造型种类亦极其有限，但无疑是中日陶瓷贸易史上一个重要的里程碑。

总结以上叙述，可以认为日本于七世纪中后期已萌发对中国陶瓷的兴趣，并有少数作品被携往该地，改变了长久以来陶瓷始终未能进入中日文物交流行列的情况。至八世纪前半时期更有相对多量的陶瓷输入日本，其中又以日本近二十处遗迹出土的盛唐三彩器最具代表性，这既反映了日本当时的中国陶瓷好尚与日俱增，日本出土唐三彩的分布或遗址性质则又说明了其使用局限于官衙、寺院等少数有力阶层。从中国本土的唐三彩分布情形和各地所出作品的种类特征，结合中日往来港口航路及日本出土例，估计日本遗迹所见唐三彩应是得自扬州，故日本出土唐三彩之种类偏向亦与扬州出土三彩器种颇为类似。虽然目前已难检证日方学者所主张的唐三彩是由遣唐使带回的看法，然而无论是从日本出土的中国陶瓷的断代自八世纪以来连绵不绝的连续性特质，还是从唐三彩于日本的出土频率以及其他国家之出土例，我认为其应属广义的贸易瓷，并且是购自扬州。因此，日本学界一致主张的中国贸易瓷始于九世纪的看法有重新考虑的必要。其次，日本出土的晚唐白瓷除了包括北方邢窑系作品之外，另有不少产地尚待证实者。[252] 不过无论是从前述平安朝文

248　矢部良明，同注（12），页123。
249　有趣的是，北京中国历史博物馆收藏有一件1930年代得自山西的日延长三年（925）铭铜经筒，推测是平安朝日本僧人诣五台山时携来，这是日本以外唯一可能出土有经筒的例子，可惜详情不明。参见石志廉：《日本延长三年道贤法师经筒》，《中国历史博物馆刊》6期（1984），页131-132。
250　藏田藏，同注（244），页268。
251　龟井明德，同注（70），页50。
252　如最近今井敦氏所指出，建于日延喜四年（904）仁和寺圆堂遗迹与越窑青瓷伴随出土的一件白瓷盒之胎和釉，有异于一般所见的北方白瓷。同氏并再度强调日本出土中国历代陶瓷多来自中国南方窑场，故从流通层面而言，不能排除初期输入贸易瓷当中，日本遗迹出土数量仅次于越窑青瓷的晚唐白瓷有产自南方的可能性（今井敦：《中晚唐の中国陶磁》，《东京国立博物馆纪要》31号，1996，页84-85）。

献《经国集》的记载,或扬州的考古发掘成果,都可间接推测日本出土的晚唐白瓷中应有部分作品来自河南巩县窑。特别是京都市中京区出土的璧形足白瓷碗,口沿呈四花瓣形,花口处至碗内壁各有一直条堆线纹(同图13),其造型和装饰特征均与巩县窑址出土标本一致,[253]是值得重视的线索。晚唐至北宋时期中国贸易瓷于数量或种类上都比以前有显著的增长,这一情况也反映在包括日本在内的许多国家或地区的考古成果上。如果将这一时期日本出土的作品与其他国家出土例进行比较,不难观察得知各地出土的中国陶瓷的种类既与各自取得中国物资的主要来源,即汇聚于各不同贸易港的陶瓷种类息息相关,同时各消费市场的品位好尚业已开始发挥积极的作用。尽管在中国强势的陶瓷输出中,此一品位选择似乎显得微不足道,却是中国早期贸易陶瓷史上一个值得留意的现象,据此我们才能较圆满地解释日本出土该时期中国输入陶瓷的种类偏向。

日方的品位选择随着时代的推移逐渐趋于明朗,至迟于十二世纪前半甚至出现了向中国定制符合自身需要的陶瓷,中日双方陶瓷贸易态势已由八世纪时的全盘接受,到九世纪以降的有限的品位选择,发展到量身定制的阶段了。不过定制的种类和其造型项目并不多,总还是以中方经常性赴日港口邻近瓷窑所生产的一般性产品为输入的大宗,但对于这些窑场作品进行器形选择的迹象则十分明显。其中有的仍沿袭其于中国的使用方式,但为顺应日方的生活习俗而被大量地进口,如作为吃茶道具的黑釉茶盏于日本大量出土(图34)即是肇因于日本饮茶风尚的普及和应运而生的对茶碗的需求,其中除包括若干口沿原镶装金属扣的优质建盏之外,[254]另有不少被比定为《君台观左右帐记》等室町时期文献记载的所谓灰被茶碗,[255]后者多采用二次挂釉,其造型与十四世纪日本濑户仿制的黑釉碗关系密切,[256]可惜其确实的产地和编年还有待日后进一步的资料来解决。虽然福建南平市茶洋窑曾出土类似风格的黑釉盏,[257]不过其是否亦属二次挂釉?仍有待查证。反观东南亚或中近东地区虽出土不少宋瓷,但具备严格定义茶碗造型的黑釉作品所占

---

253 冯先铭:《河南巩县古窑址调查纪要》,《文物》1959年3期,页56,图3。
254 森本朝子:《博多遗跡群出土の天目》,茶道资料馆《唐物天目》(京都:茶道资料馆,1994),页194–214。
255 森本朝子,同注(254);另今泉雄作:《君台観左右帐记考证》,《国华》40号(1893),页73–77。
256 伊藤嘉章:《和物天目—濑户・美浓における天目の展开》,前引《唐物天目》,页221–229。
257 福建省博物馆等(林中干等):《福建南平宋元窑址调查简报》,《福建文博》1983年1期,页60,图4–1。

比例极小，且品质一般远逊于日本出土者。有趣的是东南亚国家则出现了许多宋代中国南方烧造的宗教徒盛水净手用的所谓军持（Kendi），[258] 而日本则几乎不见该类作品，这反映了消费地的爱好已在以烧制外销瓷为业的窑场中产生作用。另一方面，输日的宋瓷有的被日方改变了其在中国原有的使用方式，甚至被赋予了于中国本土未曾存在的象征意义，这点可由输日的黑褐釉带系壶窥测得知。其次，我们又可以黑褐釉带系壶为例，结合日本的文献记载，得知其于日本社会的评价或使用方式是随着时代而有所不同，而16世纪兴起于堺地方的侘茶美学观则扮演了极为重要的角色。[259] 在该美学观的影响之下，前述褐釉带系壶或南宋福建地区生产的篦划花纹粗制青瓷之价值已凌驾福建建窑所烧制的优质黑釉茶盏之上，[260] 这是在考察日方接受中国陶瓷态势时应予留意之处。

可判明出港地点的北宋商客赴日港口以浙江明州最为频繁，此既可与日本大量出土由明州等地输出的越窑系青瓷相互验证，宁波市天一阁所藏旅居日本国大宰府博多津的华侨舍钱修路奉献功德的南宋乾道三年（1167）刻石，也说明了明州和九州大宰府的密切贸易往来。[261] 另外，从博多、大宰府史迹等地出土的外底足墨书"丁纲"、"张纲"等宋代瓷碗，结合宋人朱彧《萍州可谈》"以臣商为纲首、副纲首、杂事，市舶司给朱记"的记载[262] 可以推测主要由市舶司管理的纲首，[263] 确实在中日陶瓷贸易中扮演了重要的角色。最后，有关唐宋陶瓷给予日本窑业的影响及日本模仿中国陶瓷的对应态度和再创造，已由日方学者进行了大量的研究工作，[264] 限于时间和笔者的能力，拟待下回有机会时再予以讨论。

［本文为"日本出土的唐宋时代陶瓷"专题研究计划（NSC 83-0301-H-002-106）之部分成果，特此申谢。原载《故宫学术季刊》13卷4期，1996］

258　李知宴等：《关于军持的几个问题》，《海交史研究》4期（1982），页85。
259　满冈忠成：《日本人と陶器》（京都：大八洲出版株式会社，1945），第2章《茶陶鑑賞史》参照。
260　这点亦可由茶碗的使用变迁窥知。见林屋晴三：《茶碗變遷資料》，《東京国立博物館紀要》5号（1970），页192-271。
261　顾文璧等：《宁波现存日本国太宰府博多津华侨刻石之研究》，《文物》1985年7期，页26-31。
262　龟井明德：《綱首、綱司、綱の異同について》，同注（20）引书收，页201-215。
263　廖大珂：《略论宋元时期的纲首》，《海交史研究》1993年2期，页5-11。
264　有关该一专题的研究论述颇多，近年来的成果可参见《貿易陶磁研究》12号（1992）之《陶磁器—モデルとコピーの視点から》专集所收诸论文。

后　记

　　自本文写就以至今日的几年当中，有关日本出土唐宋时代陶瓷这一专题又累积了不少考古发掘资料。其中，有关日本出土唐三彩诸问题，我于本书一篇第一章后记中已有简单的说明，在此不再赘述。另一方面，就日本出土的唐代陶瓷而言，还包括一类九州鸿胪馆迹等大宰府辖内经常出土的，以往被日方学者归入所谓越窑粗制品的标本。这类作品灰色胎中夹有明显的黑色杂质，器身施抹化妆土，施釉不到底，内底心有呈环状排列的支烧垫痕。从目前的资料来看，其有较大可能是福建福州怀安窑的产品，其相对年代约在唐至五代时期；[265] 日本之外泰国、婆罗州、印尼和越南等地亦曾出土，[266] 甚至中国台湾澎湖水道也打捞出这类标本。[267]

　　日本遗址所见唐代白瓷除了河北邢窑和河南巩县窑作品之外，是否还存在其他瓷窑作品，一直是日方学者留意的课题。最近虽新出现了安徽白瓷的说法，[268] 皖南经县或繁昌的白瓷虽偶见于日本遗迹，其年代却不会早于五代时期。其次，以往我们经常参考龟井明德对于璧形足的排比方案，将包括日本遗迹出土的璧形足白瓷碗的年代一律视为八世纪中期至九世纪前半时期作品，以后则逐渐衰退而为圈足所取代。[269] 然而，新的考古发掘资料则显示璧形足白瓷碗的年代至少可上溯陕西西安万岁登封元年（696）温思暕墓出土品。[270] 不仅如此，所谓璧形足碗和圈足碗应该是同时并存的两种碗式。[271] 另一方面，有关龙泉窑东区窑场青瓷的定年，

265　中国福建省博物馆、日本国博多研究会（郑国珍、栗建安、田中克子）：《福州怀安窑贸易陶磁研究》，博多研究会志《哈法哒》7（1991），页 137–196，中文另见《福建文博》1999 年 2 期，页 11–54。

266　山本信夫：《日本、東南アジア海域における 9–10 世紀の貿易とイスラム陶器》，《国立歴史民俗博物館研究報告》94 集（2002），页 118。

267　参见本书第三篇第五章。

268　长谷部乐尔：《陶磁器からみた東西世界の交渉》，《出光美術館館報》117（2001），页 36–37。

269　龟井明德：《唐代玉璧高台の出現と消滅時期の考察》，《貿易陶磁研究》13（1993），页 110。

270　西安市文物保护委员会（郑彤）：《西安东郊堂温绰、温思暕墓发掘简报》，《文物》2002 年 12 期，页 42 图 16 之 9。

271　此点已由龟井明德本人所指出，见同氏网页 Kamei world（http://www.isc.senshu-u.ac.jp/~thb0390/）。另外，森达也依据浙江宁波市和义路遗迹出土越窑之层位和共伴关系，再次指出两种碗式出土于同一地层。参见森氏：《唐代晚期越州窯青磁の二つの係譜—玉璧高台碗と輪高台碗》，《金大考古》34 号（2000），页 1–3。

本文以前是采取龟井明德的编年方案,[272] 但现在看来任世龙的编年才是正确的,[273] 因此有必要予以修正并向读者致歉。与此相关的是,龙泉窑以及受其影响的福建地区窑场所生产的划花篦点纹青瓷既是日本遗迹常见的标本,也曾进入日本文化史的舞台,日方学者以著名茶人村田珠光(1422~1502)曾使用此类茶碗而将之命名为"珠光青磁",拙文写作时对于此种说法亦深信不疑。不过,稻垣正宏依据《宗湛日记》等茶会记资料,反驳了珠光青瓷是同安窑系篦纹青瓷的说法,而认为千利休(1522~1591)所持有的珠光青瓷应是明代龙泉窑制品。[274] 稻垣氏的论文发表于拙文写作之前,我因个人的疏忽而未引用这篇有趣又有具说服力的论文而感到遗憾,但同时对于最有资格提出评论或反驳的日本茶道界,似乎至今都未作出任何回应感到不解。

最后,本文曾提及中国历史博物馆收藏的一件带有日本道贤法师等刻铭的铜经筒,认为可能是日本之外仅见的出土例。不过关于这件铜经筒,近年日中学者已有不少讨论,并曾以专刊的形式各抒己见。巧合的是,日方学者大致认为该经筒应系赝品,或至少是伪刻铭文,中方学者则都认为是如假包换的道贤法师经筒。[275] 我个人是倾向同意日本学者的看法,但建议读者不妨自行阅读后再予判断。

(2005年10月4日记)

272　龟井明德:《草創期龍泉窯青磁の映像》,《東洋陶磁》19(1992),页5-27。

273　紧水滩工程考古队浙江组(任世龙):《山头窑与大白岸——龙泉东区窑址发掘报告之一》,《浙江省文物考古所学刊》(1981),页13-66;以及浙江省文物考古研究所编:《龙泉东区窑址发掘报告》(北京:文物出版社,2005)。

274　稻垣正宏:《二つの珠光茶碗》,《関西近世考古学研究》II(1992),页29-41。

275　参见《アジア遊学》22(2000),特集"論争　道賢銘經筒の真贋"。

图1 唐三彩枕
奈良大安寺讲堂迹出土

图2 唐 青瓷盘口四系壶 奈良
法隆寺传世现藏东京国立博物馆

图3 唐 白瓷滴足砚 道明寺天满宫藏

图4 唐三彩印花碗
三重县绳生废寺塔基出土

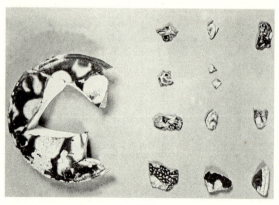

图5 唐三彩长颈瓶残片
福冈县宗像郡冲之岛祭祀遗迹出土

日本出土唐宋时代陶瓷及其有关问题　75

图 6　唐三彩盖砚
　　　奈良御坊山三号墓出土

图 7　唐　越窑青瓷残片
　　　大宰府政厅后背地遗
　　　迹（SX2999）出土

图 8　五代—北宋越窑青瓷碗
　　　大宰府鸿胪馆迹出土

图 9　唐　越窑青瓷残片
　　　大宰府鸿胪馆迹出土

图 10　唐　青瓷褐斑壶
　　　　紫筑野市大门遗迹出土

图 11　唐　青瓷盒
　　　　京都御室仁和寺圆堂迹出土

图 12　唐　邢窑系白瓷碗
　　　　奈良市药师寺西僧坊迹出土

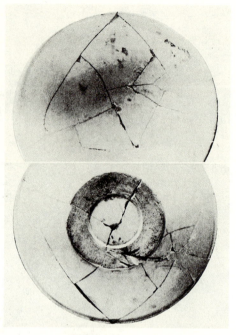

图13　唐　白瓷碗
　　　京都市中京区西の京北小路町出土

图14　唐　邢窑系白瓷碗
　　　平安京西寺迹出土

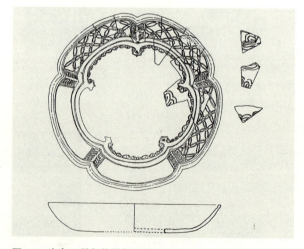

图15　唐　长沙窑青釉褐斑壶

图16　晚唐三彩印花彩盘线绘图
　　　福冈市柏原M遗迹出土

日本出土唐宋时代陶瓷及其有关问题 77

图 17　唐　黄釉绞胎枕　奈良大安寺迹出土

图 18　唐三彩俑残片
　　　奈良市藤原京遗址出土

图 19　北宋　龙泉窑划花纹碗
　　　广岛县福山市草户千轩遗迹出土

图 20　南宋　福建窑系青瓷划花纹碗　京都市下京区常叶町出土

图 21　宋　福建窑系黄釉褐彩龙纹钵　福冈市博多遗迹出土

图 22·南宋　吉州窑蛋斑釉盏　福冈市博多遗迹出土

图 23　宋　绿釉黑地唐草纹梅瓶　福冈市博多遗迹出土

图 24　北宋　磁州窑绿釉刻花瓶残片　滋贺县大津市上仰木遗迹出土

图25　宋　白瓷四系罐　松山市石手町经冢出土

图26　宋　青白瓷水注　福冈县大宰府市观世音寺南出土

图27　南宋至元初　青白瓷梅瓶　广岛县福山市草户千轩町遗迹出土

图28　宋　褐釉四系壶及纪年铜经筒　福冈县胜山町松田经冢出土

图29　宋　褐釉四系壶　佐贺县鹿岛市片山第一经冢出土

图30　宋　青白瓷盒、盖罐、碟　京都市花背经冢出土

图31 宋 青白瓷印花盒
　　　三重县伊势市朝熊
　　　山经冢出土

图32 宋 青瓷经筒　　　图33 宋 白瓷经筒
　　福冈县宇美町四王寺山经　　（伝）福冈県粕屋郡宇美
　　冢出土　　　　　　　　　町四王寺山经冢出土

图34 宋 黑、褐釉碗
　　　福冈市博多遗迹出土

记"黑石号"（Batu Hitam）沉船中的中国陶瓷器

一九九八年，距离印尼勿里洞岛（Belitung Island）海岸不及两英里，深度约仅十七米的海底偶然发现大量成堆的陶瓷等遗物。初勘结果，确认是属于沉船遗留。由于该沉船推测可能是因撞及西北一百五十米处的一块黑色大礁岩而失事沉没，因此参与勘查工作的人员遂将之命名为"黑石号"（Batu Hitam）。"黑石号"沉船的探勘打捞作业始于一九九八年九月，之后曾因西北季风一度中断工作，翌年四月重新开工，同年六月基本竣工。

从"黑石号"沉船遗骸打捞上岸的遗物种类和数量极为丰富。就其质材而言，至少包括有金、银、铜、铁、铅、骨、木、石、玻璃和各类的香料以及陶瓷器等，而除了植物香料和玻璃等遗物之外，绝大多数的文物均是中国制造生产。其中，以陶瓷器的数量最为惊人，估计有六万七千余件。依据目前所累积的中国陶瓷史研究成果，人们已可轻易地判明沉船陶瓷主要是属于公元九世纪的作品。尽管有部分瓷窑作品的产地仍待研究，但多数陶瓷应是来自湖南省长沙窑、浙江省越窑、河北省邢窑和广东窑系等瓷窑窑场。

企图为文综合考察这数量庞大、种类又颇多样的沉船陶瓷，极易流于浮光掠影，而若欲针对单一专题进行探讨既有太多的遗珠之憾，又有以偏概全之嫌。因此，本文即将采行的做法是拟在综合观察沉船中可确切判明瓷窑产地之各窑系作品的基础之上，择要概括、省思其在中国陶瓷研究史上的意义。其次，再针对白釉绿彩这类相对罕见、同时产地仍有争议的作品进行考察。

一、沉船年代的厘定及其对晚唐陶瓷编年的启示

就陶瓷史的领域而言，数十年来唐代考古的主要成果包括了窑址的发掘和墓葬的清理工作。窑址标本的样式特征，可作为判断其他遗址出土陶瓷产地的基本

依据，而纪年墓葬所出陶瓷无疑也为各遗址同类标本的定年提供了重要的线索。依据窑址和墓葬发掘资料并结合部分本身即带有纪年铭文的瓷窑作品，其实很容易掌握"黑石号"沉船大多数陶瓷的大致产区及其相对年代。

"黑石号"沉船陶瓷以湖南长沙窑的数量占绝大多数，其次，有来自浙江的越窑青瓷、北方的白瓷、岭南的青瓷和所谓的白釉绿彩陶等各类作品。岭南广东窑系的青瓷当中，以一类胎骨厚重，整体施罩绿青色调透明开片亮厚釉的作品最为精良，所见器式除了少数壶罐类之外（图1），以百余件的呈敞口、斜弧壁的圈足或璧足碗的数量居多（图2-a、b）。

另外，也有于内壁施以耐火泥团垫烧而成的粗质青釉寰底钵等作品（图3）。圈足碗口沿切割成四花口，花口以下器身外壁饰凹槽，内壁对称处有出戟，满釉，底有三处团状支烧痕；璧足碗亦施满釉，仅于足上留下三块状垫烧时的涩胎，颇具特色（图4）。从广东梅县唐墓屡次出现该类青瓷碗[1]，同时梅县水车公社等窑址也出土了造型特征完全一致的标本（图5），[2] 可以认为沉船中的该类施罩透明亮厚青绿釉的作品，是来自唐代梅县窑区所生产。此一事实既可再度补强广东瓷窑作品是唐代外销瓷的商品内容之一，[3] 同时也和东北亚日本基本不见广东陶瓷而以越窑青瓷、长沙窑和北方白瓷为主要的陶瓷输入组合，[4] 形成鲜明的对比。

沉船数百件的白瓷窑口不止一处，但显然是以百余件的河北内丘、临城地区的著名邢窑系作品最为精良。器形包括注子（图6）、碗（图7、8）、杯（图9）、杯托（图10）等不一而足。其中，浅身弧腹碗和斜弧壁碗的底足亦多呈璧形，前者见于临城大中十年（856）刘府君墓，[5] 而前后两种碗式也可在广州大中十二年（858）姚潭墓寻得类似的例证（图11）。[6] 虽然，部分邢窑白瓷璧足碗的风格极难

1　广东省博物馆（古运泉）：《广东梅县古墓葬和古窑址调查发掘简报》，《考古》1987年3期，页211图5之1；广东省博物馆等：《广东出土晋至唐文物》（香港：香港中文大学文物馆，1985），页220所载畲坑3号墓出土品。

2　曾广亿：《梅县古窑址调查简记》，原载广东《文博通讯》1978年3期，收入：广东省博物馆编：《广东文物考古资料选辑》1（1989），页193-195转页188。

3　何翠媚（土桥理子译）：《唐代末期における広東省の窯業および陶磁貿易について》，《貿易陶磁研究》12（1992），页159-184。

4　亀井明德：《貿易陶磁史研究の課題》，《日本貿易陶磁史の研究》（京都：同朋舎，1986），页4。

5　李振奇等：《河北临城七座唐墓》，《文物》1990年5期，页22，图2之5、6。

6　广州市文化局文化事业管理科（黄流沙等）：《举办〈广州市一年来生产建设中出土古文物展览〉的经验和体会》，《文物参考资料》1954年8期，页96图25。其属邢窑作品一事，已由陈万里所指出。参见广州市文物管理委员会：《三年来广州市古墓葬的清理和发现》，《文物参考资料》1956年5期，页27。

与作为定窑前身的唐代曲阳窑同式作品予以明确地区别[7]，不过我们确实可在临城、内丘等邢窑窑址中得见不少与沉船陶瓷完全一致的白瓷标本（图12），[8]因此有相对充分的理由将沉船该类细白瓷归入邢窑系统。结合窑址发掘层位和纪年墓资料[9]，知其约为晚唐九世纪时期作品。

数以万计的沉船所出长沙窑以直口弧腹浅身碗的数量最多。该类碗多于内壁釉下描绘褐绿相间的各种图纹，间可见到以氧化铁书写汉字诗文或题记作品（图13）。无论何者，多采取沾釉的方式于口沿内外两侧装饰出对称的四处略呈半圆形的釉上大褐斑，东京国立博物馆藏釉下褐书"开成三年"（838）纪年铭文的长沙窑碗即具备相同的装饰作风（图14）。[10] 褐斑是长沙窑流行的加饰技法之一，碗类之外，常见的还有带把注壶，其系于器肩置多棱短流，对侧设把，流和把之间饰模印贴花，待施挂青黄色釉之后再于流、把和贴花部位以沾浸的手法装饰团扇形褐色斑块（图15）。该类注壶是沉船陶瓷当中数量仅次于长沙窑碗的器式之一；江苏镇江唐大（太）和八年（834）郑夫人墓所出注壶亦属此类。[11] 其次，镇江元和十五年（820）□府君墓出土的带草叶纹样彩饰的敛口圆形小盂，[12] 或镇江宝历二年（826）殷府君墓出土的喇叭式口点彩小注壶等长沙窑瓷，[13] 也见于"黑石号"沉船中（图16）。不仅如此，沉船所见撇口浅腹碟，碟心和外壁下部，留下方形露胎，风格较为特殊（图17），但长沙窑兰家坡窑址既曾出土该类标本，同时长沙大（太）和六年（832）王清墓亦见同类瓷碟，从而可知沉船该式碟的确切窑口和大体上的年代。[14]

此外，总数近两百件的沉船越窑青瓷亦存在部分可与纪年墓标本相互比较而得知其大致年代的作品。如沉船所见敞口斜直壁璧足碗（图18）即和安徽开成五年（840）墓越窑系碗造型一致，[15] 而沉船中仿金银器式的委角盘（图19）亦见于

7　叶喆民：《邢窑刍议》，《文物》1981年9期，页50。
8　河北临城邢瓷研制小组（杨文山等）：《唐代邢窑遗址调查报告》，《文物》1981年9期，页41，图4-6。
9　内丘县文物保管所（贾忠敏等）：《河北省内丘县邢窑调查简报》，《文物》1987年9期，图版二之7。
10　东京国立博物馆编：《東京国立博物館図録目録》中国陶磁篇I（东京：东京美术，1988），页79，图308。
11　镇江博物馆（刘建国）：《江苏镇江唐墓》，《考古》1985年2期，页133，图4之15。
12　镇江博物馆（刘建国），同上注，图版三之5。
13　镇江博物馆（刘建国），同上注，图版四之6。
14　周世荣：《略谈长沙唐王清墓与出土瓷器的窑口问题》，《考古》1985年7期，页620，图3之2。
15　合肥市文管处（程如峰）：《合肥市发现明代瓷器窖藏和唐代邢窑瓷》，《文物》1978年8期，页53，图4；朱伯谦：《越窑》《中国陶瓷全集》4（京都：上海人民美术出版社＋美乃美，1983），页176。

浙江绍兴大中五年（851）越窑制品。[16] 不仅如此，委角盘内壁的阴刻划花纹饰也和现藏上海博物馆的大中元年（847）自铭注壶纹饰大体相类。[17] 此外，河南偃师会昌五年（845）李存墓出土推测来自越窑的青釉唾壶之造型也和"黑石号"沉船同类作品极为类似（图20）。[18]

　　经由以上纪年墓资料与"黑石号"沉船所见可判明产地之瓷窑作品的比较，可以初步得出结论认为，沉船多数陶瓷的年代均集中在九世纪前中期。值得一提的是，沉船文物分类、整理的幕后最大功臣，海德堡大学的陈玉秀女士，更于数万件的陶瓷中发现了一件器外壁在入窑烧造之前阴刻"宝历二年七月十六日"铭记的长沙窑釉下彩绘碗（图21），而与该纪年铭碗形制相同的长沙窑彩绘瓷碗于沉船中达数万件之多。因此，如果我们相信，瓷器从烧成至贩售之间不至于相距太久，则"黑石号"沉船的绝对年代有可能是在晚唐宝历二年（826）或之后不久。无独有偶，沉船长沙窑彩绘碗当中另有一件于碗内壁正中绘挂钟图形，其左右两侧绘饰带杆旗帜，其中一旗面圆形开光内书"丙"字，另一旗面开光中则书"了"字（图22）。由于前述宝历二年纪年正是丙午年，因此不由得会让人怀疑"丙了"或为"丙午"之讹？

　　无论如何，沉船年代的初步厘定，使得我们有理由依恃船中的大量陶瓷进而结合目前所见纪年墓资料，回头检证过去学界对于唐代陶瓷的编年成果或推论，甚至厘清以往未能解决的若干疑点。以长沙窑瓷的彩饰变迁而言，过去冯先铭曾经指出其斑点装饰是由九世纪初的大块褐斑演变至扬州解少卿墓所见的褐绿小斑点。[19] 从湖北武昌贞元二十年（804）墓[20]、湖南长沙大和六年（832）墓[21]，以及九世纪前期"黑石号"沉船均见此类团扇形大褐斑，同时沉船长沙窑作品又未见明显的联珠式褐绿小斑点装饰等情形看来，八十年代初期冯氏的推论应该说是极为恰当的。其次，就纪年墓资料而言，装饰有褐绿联珠式小斑点的长沙窑作品目前见于江苏无锡

16　张德懋：《余姚发现唐大中四年瓷壶上有铭款43字》，《文物参考资料》1957年6期，页92。该报告并未提及有委角盘出土，本文是从宁波市文物考古研究所（林士民）：《浙江宁波和义路遗址发掘报告》，《东方博物》1（1997），页244的叙述间接得知。

17　陈万里：《中国青瓷史略》（上海：人民出版社，1956），图10。

18　中国社会科学院考古研究所河南第二工作队（徐殿魁等）：《河南偃师杏园村的两座唐墓》，《考古》1984年10期，页911，图九之7。

19　冯先铭：《三十年来我国陶瓷考古的收获》，《故宫博物院院刊》1980年1期，页14–15。

20　全锦云：《武昌唐墓所见铜官窑瓷器及其相关问题》，《考古》1986年12期，页1128，图1之23。

21　周世荣，同注（14），页621图5之1。

咸通八年（867）皇甫云卿墓[22]和前引扬州解少卿墓中的双系罐。依据墓志的记载得知，后者解氏墓为夫妇合葬墓，解氏卒于大和九年（835），其妻蔡氏殁于大中四年（850），因此墓中所见双系罐既有可能是蔡氏卒殁后合葬时所携入，也不排除是埋葬解氏时的随葬品。从双系罐造型和点彩装饰和咸通八年（867）皇甫云卿墓作品颇为接近一事看来，解氏夫妇墓中的点彩罐有较大可能是大中四年（850）合葬时所埋入。换言之，纪年墓资料表明长沙窑褐绿联珠式小斑点的年代不能早于九世纪三十年代，并且晚至九世纪六十年代仍持续地生产。就此而言，长谷部乐尔认为长沙窑的釉下彩绘是由联珠式斑点点描图形演变而来的看法，[23]以及其门生今井敦近年所主张长沙窑点描图形的作品，是介于褐斑点彩装饰和釉下彩绘之间的过渡发展样式之说法，[24]恐怕与事实不符。从"黑石号"沉船包括宝历二年（826）纪年作品在内的数万件长沙窑碗多绘饰有釉下彩绘图纹看来，长沙窑釉下彩绘的起始年代显然要早于联珠式点描技法。其次，长沙窑窑址出土的书写有纪年铭文的作品则又表明，釉下彩绘装饰持续至大中年间（847～859）仍然颇为流行。[25]

"黑石号"沉船长沙窑釉下彩绘碗的图样内容种类极为丰富，包括有各式植物花卉图形（图23）和云纹（图24）、凤纹（图25）、鸟纹（图26）、摩羯鱼纹（图27）、卷发人物纹（图28），以及采用减笔方式潦草地描绘花草般的图案等等。另外，还有一件内底书有"石渚盂子"，明示了今日所谓长沙窑于当时的称谓以及此种碗式的具体名称（图29），值得留意。尽管题材颇为多样，但碗的造型特征则大体一致，并且均于碗口沿部位加饰四只大褐斑，该一现象可以说明绘饰内容各异的同器式碗的年代应大致相当。过去三上次男曾经提出一个饶富趣味的说法，认为长沙窑釉下彩绘中的一类绘饰有形似花草的图纹，其实是由鸟纹简化而来，而长沙窑的鸟纹则又受到伊斯兰陶器鸟纹饰的影响[26]。姑且不论三上氏所列举的装饰有鸟纹的伊朗东北部陶器作品的年代是否确实早于长沙窑鸟纹碗，也暂不论同氏所谓的抽象简化鸟纹之观看摆置方向，即图形上下天地的判断是否正确，就"黑石号"沉船资料而言，以上两类图纹是共伴出现，并且也看不出两者

---

22 无锡市博物馆：《江苏无锡发现唐墓》，《文物资料丛刊》6（1982），页125，图16。
23 长谷部乐尔：《唐代陶磁史素描》，收入：《唐磁》（东京：根津美术馆，1988），页14。
24 今井敦：《中晚唐の中国陶磁》，《東京国立博物館紀要》31（1996），页33。
25 长沙市文化局文物组（萧湘）：《唐代长沙铜官窑址调查》，《考古学报》1980年1期，图版三之9、10 大中九年（855）铭彩绘注壶；图版九之10 大中十年（856）铭彩绘鼓价。
26 三上次男：《イラン発見の長沙銅官窯瓷と越州窯青磁》，《東洋陶磁》4（1974～1977），页8。

有任何的时代差距或图形演变关联。因此，三上氏以及其他继承或发展该一说法的论述，[27] 恐怕也有修正的必要。

　　学界对于备受晚唐文人歌颂赞扬的越窑青瓷仍存在不少难解的课题和争议。其中，争议的焦点之一是越窑青瓷刻划花纹饰的出现或成熟、流行的年代。有人认为晚唐划花纹饰作品只是罕见的特例，[28] 也有的以浙江宁波出土越窑为例，主张划花纹饰均出现于大中二年（848）以后，但盛行于五代至北宋初期。[29] 之所以会出现这样分歧的见解，其主要原因是带有明确纪年的晚唐时期越窑划花作品极为少见，故学者们只能援引上海博物馆藏大中元年（847）越窑青瓷划花注壶等少数作品进行揣测。[30] 另一方面，近年公布的浙江和义路遗址所出大量越窑划花青瓷，则进一步将纪年遗物结合出土层位予以分期。依据报告书的叙述，唐代贞元年间（785～805）已经出现少量的划花纹碗（唐代第三文化层）；元和年间（806～820）前后既见阴纹或阳纹印花装饰，也存在有少量的划花标本（唐代第二文化层）；而大中年间（847～859）则普遍出现阴刻划花作品（唐代第一文化层）。[31] 就"黑石号"沉船越窑划花青瓷而言，其于内壁阴刻花叶，外壁饰四道凹槽的撇口圈足碗（图30）见于元和年间唐代第二文化层的 II 式碗，同时沉船唾壶和整体略呈粗短颈玉壶春状的配置有多棱注口的带把壶（图31）也见于同一层位当中。结合该层位亦伴出有与沉船类似的长沙窑贴花褐斑饰注壶（XI式壶），可以认为报告书对于该层位的年代厘定是颇为恰当的。不过，如果我们相信"黑石号"沉船的越窑青瓷是来自同一时段的作品，那么和义路之大中年间唐代第一文化层出土的带钮盖盒（VII式罐）或委角四方碟（I式盘）等作品之造型或划花技法既然和沉船同类遗物极为接近（图32及同图19），故不排除该一层位或许包括部分时代理应较早的遗物在内。当然，同一器式或类似的图纹也有可能延续一段时期，但此均还有待今后详细的编年来解决。一个值得留意的现象是，沉船越窑划花青瓷既有仅刻划疏朗图纹者（图33），也有于器面满饰图纹的作品（同图30），此则又说明了两类划花样式有一段重叠并存的

　　27　如佐佐木达夫即继承并发展了该一说法。参见同氏：《バンボール出土の中国陶磁と海上貿易》，收入：田边胜美等编：《深井晋司追悼シルクロード美術論集》（东京：吉川弘文馆，1987），页231-234。
　　28　龟井明德：《唐代玉璧高台の出现と消滅時期の考察》，《貿易陶磁研究》13（1993），页104。
　　29　冯先铭，同注（19），页6。
　　30　陈万里，同注（17），图10。该作品口部残，修复后的清楚图版可参见汪庆正编：《越窑、秘色瓷》（上海：上海古籍出版社，1996），图12。
　　31　宁波市文物考古研究所（林士民），同注（16），页243-280。

时期。³² 综观沉船越窑青瓷不难发现，除了划花作品之外，另存在无加饰的素面作品（图 34），越窑作坊的这种两路货生产形态可说是同省宋元时期龙泉窑烧制两路类型青瓷的先驱。³³ 虽然，"黑石号"沉船的越窑素面青瓷档次不一，但包括了部分釉呈青绿色调极为精美、尺寸又大的作品在内。著名的陕西扶风法门寺越窑秘色瓷即是承袭了这一路的烧制传统所取得的杰出成就。³⁴ 从法门寺地宫秘色瓷中的素面折沿平底盆之盆式（图 35），亦见于浙江临安五代吴越国功臣墓³⁵、洛阳后梁开平三年（909）高继蟾墓，³⁶ 或近年发现的临安后晋天福四年（939）吴越国恭穆皇后康陵，³⁷ 可知该路传承至少延续至五代时期。因此，以往有学者或许是因着重观察素面青瓷的发展变迁，从而主张晚唐时期越窑划花青瓷只是罕见特例的看法，无疑是有修正的必要。越窑划花有时还与镂空装饰结合运用（图 36），而划花作品与素面瓷并存的现象于沉船所出盖盒亦可见到。所见盖盒有多种样式，有的于盖面饰刻划花，也有的仅于盖面正中上方置伞状钮（同图 32），后者造型与河北省太平兴国三年（978）静志寺塔基所出同类作品极为类似，³⁸ 故不排除静志寺塔基之原定为北宋时期越窑青瓷盖盒的年代可能上溯至九世纪。

纹饰之外，"黑石号"沉船越窑青瓷的器式亦提供了该窑作品造型变迁的有趣线索和启示。举例而言，若就沉船所见一式口径近三十厘米的折沿带系圈足盆的系耳装饰和圈足装置看来（图 37），其和宁波和义路唐代大中年间第一文化层（Ⅱ式盆）（图 38），³⁹ 以及临安第二十号、二十一号五代钱氏墓出土的越窑同式青瓷盆似乎存在着演变的关系，⁴⁰ 即盆之身腹随着时代而加深，器腹弧度趋小，至五代时期更于略呈斜直壁的盆腹下方置大口径的高圈足。另一方面，如果我们将观察的重点置于

32　近年，森达亦曾指出两类作品的并存现象。参见同氏，《晚唐期越州窑青磁の划花文について》，收入《楢崎彰一先生古希记念论文集》（京都：真阳社，1998），页 485。

33　任世龙：《龙泉青瓷的类型与分期试论》，《中国考古学会第三次年会论文集 1981》（北京：文物出版社，1984），页 121–127。

34　陕西省法门寺考古队（韩伟）：《扶风法门寺塔唐代地宫发掘简报》，《文物》1988 年 10 期，页 1–26。

35　浙江省文物管理委员会（姚仲沅）：《浙江临安板桥的五代墓》，《文物》1975 年 8 期，页 71，图 5 之 2。

36　洛阳文物工作队（朱亮等）：《洛阳后梁高继蟾墓发掘简报》，《文物》1995 年 8 期，页 54，图 3 之 11 及彩图 2。

37　杭州市文物考古所（张玉兰）：《浙江临安五代吴越国康陵发掘简报》，《文物》2000 年 2 期，页 22，图 34。

38　出光美术馆编：《地下宫殿の遗宝》（东京：出光美术馆，1997），图 81。

39　宁波市文物考古研究所（林士民），同注（16），页 262，图 11 之 12。

40　浙江省文物管理委员会：《杭州、临安五代墓中的天文图和秘色瓷》，《考古》1975 年 3 期，图版九之 2。

作为带系圈足盆主体造型的折沿盆上，则可得出完全不同的结论。也就是说，"黑石号"沉船带系折沿圈足盆之身腹明显又要比前述法门寺出土的折沿平底盆来得深。这就提示我们越窑青瓷不同器式之间的演进过程并不一致，故上述对于带系圈足盆的近于机械式的观察显然还有商榷的余地。不过，我们似可依据浙江绍兴元和五年（810）王叔文夫人墓的越窑青瓷多棱形注口带把壶（图39）之壶式而得知，[41] 时代相对略晚的沉船同式壶的壶颈收敛较剧，但壶身和注口则趋修长（同图31）。越窑青瓷的编年并非本文主要的讨论重点，不过，我至少有义务指出河南三门峡市唐代张弘庆墓越窑青瓷的错误定年，这是因为该墓出土越窑作品的年代涉及学界要如何地评估、掌握八世纪中期陆羽《茶经》所载如冰似玉越窑青瓷的确实面貌这一青瓷史上的重大议题，不能等闲视之。按张弘庆墓虽伴出有墓志，可惜志文漫漶只知其卒殁于□□四年，但发现者则依据墓室结构及随葬品内容、形制，认为该墓所出器身饰刻划花的越窑青瓷穿带壶（图40）是介于同地区天宝元年（742）韩忠节墓和偃师元和九年（814）郑绍方墓之间的作品。[42] 姑且不论其划花纹饰所呈现出的晚唐装饰特征，由于与该壶造型基本一致的越窑划花穿带壶亦见于"黑石号"沉船（图41），故张弘庆墓的这件被视为盛唐期越瓷重要例证之相对年代，也应在晚唐九世纪时期，这从同墓伴随出土的另一件具有典型晚唐造型样式的越窑青瓷璧足敞口碗亦可窥见得知。其次，若将沉船年代结合墓志"□□四年"的记载，则墓主张弘庆极有可能是终殁于长庆四年（824），即沉船宝历二年（826）长沙窑纪年铭瓷的前二年。就此而言，目前的考古发掘仍然未能寻觅符合《茶经》所记述的类玉、类冰般之八世纪中期越窑青瓷；相对地，施罩精纯青釉的越窑制品均集中于九世纪，故《茶经》中有关瓷窑品评的记载是否确为陆羽所书？值得深思。

"黑石号"沉船所见穿带壶除了越窑青瓷之外，还包括产地待进一步确认的白釉绿彩铅釉陶（图42-a、b）和河北邢窑系白瓷作品（图43）。该现象表明，九世纪前期穿带壶式已是各地瓷窑流行的器式之一，因此过去论者以为穿带壶是十世纪之特异样式的说法，[43] 也应予以修正。此外，沉船的邢窑系白瓷当中亦见俗称"万年

41　陈万里：《瓷器与浙江》（北京：中华书局，1946），页13；图参见故宫博物院编：《故宫博物院藏瓷选集》（北京：文物出版社，1962），图7。
42　三门峡市文物工作队（宁景通）：《三门峡市两座唐墓发掘简报》，《华夏考古》1989年3期，页97–112转页81；许天申：《试论河南出土的越窑瓷器》，《江西文物》1991年4期，页4。
43　矢部良明：《遼の領域から出土した陶磁の展開》，《東洋陶磁》2（1973～1974），页25。

壶"的丰肩鼓腹盖罐（图44），个别作品另于器肩加置管状短流（图45）。前者和陕西省博物馆藏邢窑白瓷造型、釉色基本一致，[44] 后者带流罐相对少见，但陕西省长安县南里王村132号唐墓曾出土类似造型的白瓷作品[45]。尽管该类罐是盛唐八世纪白瓷或三彩釉陶常见的器式之一，而河南偃师会昌五年（845）李存墓[46] 或同省巩义市大中五年（851）薛府君墓亦见同类白瓷作品（图46），[47] 可惜缺乏九世纪前期的纪年遗物得以衔接。故年代相对明确的沉船该类罐可以弥补其中的缺环。

二、白釉绿彩陶器和青花瓷器

"黑石号"沉船当中计有总数近两百件的白釉绿彩陶和为数仅三件的青花瓷。白釉绿彩陶之器胎烧结程度不一，多数作品胎质略显粗松呈灰白或偏红色调，但部分作品瓷化程度较高近似所谓的炻器（图47）。除了少数作品于白釉上施加绿、黄等两种釉彩之外，多数作品均于器胎施挂白化妆土而后罩以低温透明釉，釉上再加饰绿彩斑纹或以淡绿色釉遍涂器身（图48），后者就外观而言，亦可称为绿釉陶。此外，沉船亦存在少数仅施挂低温铅绿釉的作品（图49），其施釉工序和相对浓绿的釉调虽与白釉绿彩陶不同，但两者于器形或装烧工艺等方面则颇有共通之处，有可能是来自同一窑区所生产，因此以下将一并进行讨论。

沉船白釉绿彩陶器形种类包括有带把注壶、穿带壶、盖罐（图50）、盖盒（图51-a、b、c）、杯（图52）、盘（图53）、碗（图54）、钵（图55）、盆（图56-a、b）和三足盂（图57-a、b）等，有的器类还可再区分为若干式，造型颇为多样，几乎网罗了目前考古所见晚唐白釉绿彩陶的常见器式，甚至存在部分以往所未知的器形。其次，沉船白釉绿彩陶的装饰亦有可观之处，除了模印贴花之外，还有阴刻划花或贴塑等较为罕见的装饰手法。为了避免叙述上的枯燥繁琐，本文不拟逐一介绍沉船中的这类铅釉陶器，但至少有必要参酌中国遗址出土的可资相互比对的标本，首先再次检证沉船同类作品的可能所属时代，进而择要说明沉船所出部分罕见的器式和装饰题材。

---

44 毕南海：《西北华东五省市隋唐白瓷考察纪实（一）》，《河北陶瓷》1988年3期，页12，图5。

45 负安志：《陕西长安县南里王村与咸阳飞机厂出土大量隋唐珍贵文物》，《考古与文物》1993年6期，页48，图二之3。

46 中国社会科学院考古研究所河南第二工作队（徐殿魁等），同注（18），页907，图五之3。

47 河南省文物考古研究所等（赵清等）：《巩义市北窑湾汉晋唐代五代墓葬》，《考古学报》1996年3期，图版十六之3。

就目前中国的考古资料看来，带把注壶是白釉绿彩等陶瓷相对常见的器形之一，故可提供判断沉船同式注壶年代的参考依据。沉船带流注壶计有二式，Ⅰ式是于器肩一侧置上敛下丰的管形短流，肩另侧颈肩之间设泥条双股式弧形把，整体施罩绿釉（同图49）；Ⅱ式白釉绿彩注壶的壶身和呈喇叭式的颈部造型虽和Ⅰ式注壶一致，但系于壶口和壶肩处置狮形把，注流呈龙首状，且于器肩把和注之间安双股式半环形纵系（图58-a、b）。与Ⅰ式壶造型一致的白釉绿彩注壶曾见于河南安阳薛家庄唐墓（图59），[48] 后者注壶虽亦被定年于五代时期，[49] 不过从该墓伴出有具九世纪造型特征的白瓷璧足碗，同时与碗配套使用的花瓣卷沿白瓷托盘也和河北临城大中十年（856）刘府君墓出土品造型一致，[50] 所以我认为原墓葬发掘报告书的定年才是正确的。其次，前引刘府君墓或山西贞元八年（792）宋嘉进墓，[51] 也分别出土了与沉船Ⅰ式壶造型类似的白瓷和黄釉注壶（图60）。

另一方面，经正式公布的中国考古发掘资料虽未能见到和沉船Ⅱ式狮把龙首流壶同形制的白釉绿彩作品，但可确认数例同为狮形把，但注流不加饰龙首的壶身造型与Ⅱ式壶相近之白瓷注壶，其中一件出土于河北定窑窑址晚唐堆积层。[52] 西安白鹿原第十四号唐墓亦见该式白瓷壶（图61）。[53] 后者墓葬虽乏明确纪年，但从共伴出土的黑釉双系罐与同墓群中的贞元十七年（801）李良墓同式罐形制相近，[54] 推测其相对年代可能是在九世纪前期，而该年代跨度也和沉船越窑、长沙窑等作品所显示的时代不谋而合。此外，沉船所见绿釉三足镤，镤盖置宝珠形钮（同图57），其造型、釉色特征也和河南偃师元和九年（814）郑绍方墓出土作品一致[55]。

---

48 河南省文化局文物工作队（刘东亚）：《河南安阳薛家庄殷代遗址、墓葬和唐墓发掘简报》，《考古通讯》1958年8期，图版一之8右。

49 河南省文物考古研究所等（孙新民等）：《介绍几件陶瓷精品》，《华夏考古》1996年3期，页109；《河南出土陶瓷》（香港：香港大学美术博物馆，1997），图24。

50 李振奇等，同注（5），页22，图2之5、6。

51 长治市博物馆（侯良枝）：《长治市西郊唐代李度、宋嘉进墓》，《文物》1989年6期，页48，图11。

52 河北省文化局文物工作队（林洪）：《河北曲阳县涧磁村定窑遗址调查与试掘》，《考古》1965年8期，图版五之5。

53 俞伟超：《西安白鹿原墓葬发掘报告》，《考古学报》1956年3期，图版七之4。

54 俞伟超，同注（53），图版八之9。

55 中国社会科学院考古研究所：《偃师杏园唐墓》（北京：科学出版社，2001），页198，图190之7及彩版16之5，黑白图版23之2。不过黑白图版和彩版说明将该作品误植为M0954号墓出土。本文依据原墓葬发掘报告书（中国科学院考古研究所河南第二工作队，《考古》1986年5期，页449，图33之2）及此次新刊的报告集，页196的叙述内容判断绿釉三足镤应是出自M2544号墓，即郑绍方墓。

除了中国北方地区墓葬或遗址之外，晚唐时期的白釉绿彩陶以江南扬州的出土数量最多，标本的造型和装饰也和沉船同类作品最为相似，如一九七〇年代发掘扬州唐城遗址所获四花口圈足碟（图62）就与沉船作品造型一致（图63）。[56]其次，沉船白釉黄、绿彩四花口碗当中包括一式于花口下方外壁饰凹槽，内壁相对处起棱，同时又在碗心贴饰模印阳纹赶珠龙之洋溢着金属器皿要素的华丽作品（图64），也曾出土于扬州唐代遗迹（图65）。特别是近年扬州唐代建筑基址发掘出土的敞口折沿白釉绿彩大盆（图66），[57]或造型较为特殊呈敞口宽平折沿式样的白釉绿斑点饰大盘（图67），[58]其器式也和沉船同类作品相符（同图56及图68-a、b）。应予一提的是，扬州该建筑基址另伴出了九世纪前期的越窑青瓷划花四方碟等作品，此亦再次说明了该类白釉绿彩陶的大体年代。另外，沉船所见白釉绿彩多采用支钉支撑正烧的技法，故如折沿大盆盆心留有三只对称的细小支烧痕，有趣的是该盆外底，还可见到三叉形支烧窑具的痕迹（同图56）。

相对于扬州出土白釉绿彩陶的器式大都能在沉船同类作品中见到，沉船的白釉绿彩陶则包括不少扬州未曾出土的器形和装饰内容。在装饰方面，沉船所见与前述扬州唐城四花口碟造型相同的作品，既有另于碟心阴刻花叶、云纹和蝴蝶等组合纹样（同图53），也有的是在碟内面阴刻复线菱形边框，框内饰几何纹饰，外框四边角加饰花叶（图69-a、b），而这类菱形花叶纹样也同样出现在沉船的另一件敞口宽平沿白釉绿彩大盘（同图68-b）。就目前中国境内出土的中晚唐时期铅釉陶器的装饰技法而言，以模印贴花或阳纹印花较为常见，至于在器表阴刻纹样的作品则极为少见，经正式报道的考古实例，除了陕西耀州窑窑址出土标本之外[59]，约只有安徽巢湖会昌二年（842）伍府君墓的绿釉残片，[60]以及山东益都或扬州等地出土的三彩鱼形穿带壶等少数作品了。[61]然而"黑石号"沉船却存在多件饰阴刻划花的白釉绿彩陶，并且重复出现于菱形边框四角刻划朵花这种与中国传

56　南京博物院发掘工作组等：《扬州唐城遗址1975年考古工作简报》，《文物》1977年9期，页26，图26。

57　中国社会科学院考古研究所扬州城考古队等（王勤金）：《江苏扬州市文化宫唐代建筑基址发掘简报》，《考古》1994年5期，图版七之1、3。

58　弓场纪知：《扬州—サマラ—晚唐の釉陶器、白磁青花に関する一试考》，《出光美术馆研究纪要》3（1997），页88，图8。

59　陕西省考古研究所：《唐代黄堡窑址》（北京：文物出版社，1992），彩版五之3。

60　巢湖地区文物管理所（张宏明）：《安徽巢湖市唐代砖室墓》，《考古》1988年6期，页525。

61　谢明良：《从扬州唐城遗址出土的三彩鱼形壶谈起》，《故宫文物月刊》10卷10期（1993），页82-97。

统纹样大异其趣的构图。从前引沉船一件直径近三十九厘米，器体硕大的盖盒盒面正中菱形轮廓线边角饰莲花，并有朵云纹陪衬一事可知，菱形花叶纹饰本身在细部上是有多种的变形，似乎也可任意地与其他单位纹样进行组合（同图51-c）。最引人注目的以菱形花叶为主要纹饰的白釉绿彩陶，无疑是一件通高逾一米的超大型把壶。把壶主体是由状似胆瓶的长颈和球圆腹所构成，颈上置外敞的瓣口，正中两侧微内凹形成前方的注口，腹底扁圆算珠形饰下方置喇叭式高足，口沿和肩部安断面呈品字形的泥条三股式把，上端一股泥条顶端饰蛇首，张嘴吐舌朝向壶口（图70-a、b）。另外，沉船中亦发现一件绿釉带榫龙首（图71-a），龙首尺寸与插榫大体可与把壶的瓣口扣合（图71-b），但是否确实属于该把壶壶盖部件，还难遽下断言。其整体造型很容易让人联想到日本法隆寺传世的可能是白凤时代七世纪的镀金、银铜水瓶（图71-c）。在线刻纹饰衬托之下，该巨型把壶愈显华丽，其既于瓣口和壶肩饰云头纹，颈下方部位和高足分别刻划仰覆莲瓣，足上方扁圆珠上饰唐草纹，但最为突出的则是上下方以弦纹区隔出的壶身腹正中部位的菱形花叶纹样，不仅于把手下方和壶身两侧刻划这类菱形花叶，余下空间更以上下弦纹为边界满饰由菱形正中剖开的三角形花叶纹，致使整体画面缤纷中带着秩序感。菱形花叶纹饰是白釉绿彩陶作坊工匠有意凸显的图纹一事，还可在沉船中的广口、卷沿、丰肩绿釉罐得以窥见（图72-a、b）。按该绿釉大罐上的绿釉几乎斑驳殆尽，且因受水浸泡，器表呈暗褐色调，但从个别部位残留的绿釉，同时考虑到罐的器形与同沉船的白釉绿彩盖罐（同图50）一致等推测，该大罐原先可能亦施白釉绿彩，并且配置有宝珠钮盖。该罐罐身两侧饰菱形花叶纹，其间夹饰龙纹，龙首造型和前述疑为把壶壶盖的绿釉龙头带榫构件一致，而龙背颈和龙口前方的宝珠形饰物也见于扬州出土的白釉绿彩四花口碗碗心模印贴饰上的龙纹。我不厌其烦地强调白釉绿彩上的菱形花叶饰，是因为该类构图于中国工艺品上极少见到，却是伊斯兰陶器常见的装饰图纹（图73）。[62] 不仅如此，为数有限的装饰有菱形花叶纹的中国工艺品的年代亦多集中于九世纪，其包括了湖南长沙窑作品上的彩绘（图74）[63] 和同省郴州市唐墓出土的滑石盒盖刻饰，[64] 以及扬州出

62　Arthur Lane, *Early Islamic Pottery*, London, Faber & Faber 1947, Pl.8A.
63　冯先铭：《从两次调查长沙铜官窑所得到的几点收获》，《文物》1960年3期，页31，图2；周世荣，《长沙窑瓷绘艺术》（上海：上海人民美术出版社，1994），图90。
64　雷子干：《湖南郴州市竹叶冲唐墓》，《考古》2000年5期，页95，图2之1。

土的唐代青花瓷上的钴蓝彩饰（图 75）。[65] 过去冯先铭曾提示，扬州唐代青花瓷上的该类图纹或有可能是波斯人在扬州所绘制，[66] 虽然我们无从检验冯氏这突发奇想的论点是否正确，但这洋溢着异国趣味的构图无疑应予留意。特别是"黑石号"沉船所见的三件青花瓷也均是以菱形花叶纹作为装饰的母题，若结合长沙窑和白釉绿彩陶的贸易瓷性质，似乎透露了该类图纹主要是和外销的工艺品有关。就此而言，前述白釉绿彩把壶把手上方的蛇首雕饰或许也是出于类似的考虑，但卷沿大罐菱形花叶和龙纹的组合布局则又说明了中国传统图纹与新兴纹样的融合。

事实上，著名的伊拉克萨马拉（Samarra）遗址即出土了在盘心刻划菱形花叶纹饰的宽平沿白釉绿彩大盘（图 76）。[67] 萨马拉是阿拔斯朝（Abbasid）伊斯兰教教主（Al-Mu'tasim）在公元八三六年于巴格达（Baghdad）北方一百余公里底格里斯河畔所建立的都城，该遗址至十世纪末期仍未完全废弃，但主要是繁荣于建都以来至继任教主（Al-Mu'tamid）在公元八八三年迁都回巴格达为止的近五十年间。遗址于本世纪初由德国考古队进行了科学发掘，出土了数量庞大的伊斯兰陶器和中国陶瓷，后者除了有越窑青瓷、邢窑系白瓷等之外，另包括部分低温铅釉系统的三彩印花纹陶、绿釉陶和白釉绿彩陶等标本。尽管伊斯兰釉陶和中国釉陶残片有时不易明确区分，但报告者则经由胎釉外观的仔细比较，大致成功地将两者予以区隔，特别是被归入中国制品的一件绿釉残片上更墨书库法（Cufic）体 "SIN"，即意味 "中国" 的铭文；白釉绿彩陶则见到可能是表示器种的阿拉伯文墨书。[68] 就我所掌握的资料来看，学界除了对遗址所出少数作品持有异议之外，一般都接受、承袭报告书对于陶瓷的产地归类。也就是说，学界一方面都同意包括萨马拉或扬州在内遗址出土的白釉绿彩陶是由中国生产，但对于前述萨马拉遗址出土的口沿造型前所未见，且装饰刻划着菱形花叶纹样的白釉绿彩大盘的产地，若非不置可否，即认为是属于伊斯兰陶器，[69] 关于这点，我相对幸运地能从"黑石号"沉船的近两百件标本之器形和胎釉的相互比较，深具信心地认为，数

65　南京博物院发掘工作组等：同注（56），图版二之一。
66　冯先铭：《有关青花瓷器起源的几个问题》，《文物》1980 年 4 期，页 7。
67　Friedrich Sarre（佐佐木达夫等译），*Die Keramik Von Samarra*（サマラ陶器）(3)，《金沢大学考古学纪要》23（1996），页 243，图版 XXVII 之 4。我在此要感谢佐佐木氏的辛劳，将这一重要的报告书译成日文。
68　Friedrich Sarre（佐佐木达夫等译），同上引书，《金沢大学考古学纪要》24（1998），页 230。
69　弓场纪知，同注（58），页 94-95。

十年前萨马拉遗址的发掘者兼报告书执笔者 Sarre 将该刻划有菱形花叶纹样的白釉绿彩盘视为中国制品的判断是正确无误的。然而，问题是包括刻划花纹作品在内的白釉绿彩陶瓷究竟是中国何处窑场所生产？自 Sarre 中国制品说之后，大致上还有河南说、[70] 河南巩县或陕西耀州说、[71] 河南或湖南长沙说、[72] 河南或陕西且不排除南方窑说，[73] 以及巩县窑说等等见解，[74] 当中又以河南巩县窑的说法最为常见。我能深切体会上述各种论说的形成原委，也大致理解各持论者对于作品的相异观察重点和可能的顾虑，但由于巩县窑的持论者拥有标本胎釉的科学分析数据，故相对普遍为人们所接受，因此，本文只想以巩县窑说法为例，进行必要的检证。

主张扬州、萨马拉等地遗址白釉绿彩陶是来自巩县窑的学者，主要是基于以下几点认知。即巩县窑是经确认的烧制盛唐三彩最重要的窑场之一，巩县盛唐三彩器不仅曾于扬州出土，甚至外销至日本等地。其次，扬州地区白釉绿彩陶瓷经常和晚唐白瓷共伴出土，而后者经胎釉成分分析证实是来自巩县窑。更重要的是，萨马拉等地遗址的白釉绿彩陶亦经化验，其胎釉成分也表明极可能是巩县窑所制造生产的。但我认为事实恐怕未必如此地单纯。

首先，S. J. Fleming 等人运用中子活化分析（INAA）测定了唐三彩标本和来自萨马拉以及伊朗尸罗夫（Siraf）等地遗址的伊斯兰釉陶，认为唐三彩高铝低铁的胎土表明系中国北方所产；而通过与巩县窑标本数据的比较，认为经化验的三彩标本很可能来自巩县。[75] 由于该测定报告的主要论旨之一，是试图阐明萨马拉和尸罗夫遗址所出中国制白釉绿彩等铅釉陶与伊斯兰釉陶的关联，致使人们容易毫不犹豫地以为白釉绿彩陶之胎土与巩县制品的紧密联系。不过，该测试取样的中国铅釉陶标本却是出土地点不明的盛唐八世纪时期三彩人俑，而后者胎土成分是否近似巩县窑作品一事，其实和萨马拉等地出土的九世纪白釉绿彩陶的产地毫

70　三上次男：《東南アジアにおける晩唐、五代時代の陶磁貿易》，收入同氏《貿易陶磁研究》上（东京：中央公論美術出版社，1987），页 341。

71　佐佐木达夫，同注（67）对萨马拉遗址出土绿釉陶（C 类）和白釉绿彩、黄彩陶（G 类）的译注。

72　何翠媚（佐佐木达夫等译）：《9–10 世紀の東·東南アジアにおける西アジア陶器の意義》，《貿易陶瓷研究》14（1994），页 38。

73　弓场纪知，同注（58），页 102。另外，江苏方面的研究者也认为扬州出土的绿釉或白釉绿彩陶可能是扬州或附近地区所烧造。此说参见邹厚本主编：《江苏考古五十年》（南京出版社，2000），页 381。

74　中国社会科学院考古研究所扬州城考古队等（王勤金），同注（57），页 418。

75　S. J. Fleming（方峻译）：《一种与穆斯林西方相互影响的唐代多彩制品》，收入李家治等编：《古陶瓷科学技术 2 国际讨论会论文集 CISAC》（1992），页 167–176。

不相干。故上述测试数据及其推论方式既乏正面意义，甚至有误导之嫌。相对之下，由 Jessica Rawson 等人所进行的标本胎釉分析则显得严谨。罗森等人以 SEM（Scanning Electron Microscope）检测了来自埃及福斯塔特（Fustat）、斯里兰卡曼泰（Mantai）和萨马拉遗址的白釉绿彩陶，首先区别出中国和伊斯兰陶两群，进而再以中子活化和统计学组群分析技术将高铝胎的中国群细分成三组，其中 A、B 二组可能来自巩县窑，C 组产地不明；曼泰遗址两件标本分属 A、C 二组，而福斯塔特和萨马拉遗址的白釉绿彩陶则可归入 A 组。[76] 应留意的是，作为判别产地的比对数据样本，则是包括巩县盛唐三彩、晚唐白瓷和陕西出土的铅釉陶，惟独欠缺窑址出土的晚唐白釉绿彩标本，故其测试结果虽则提示了高铝胎的白釉绿彩陶具备了中国北方陶土的特征，与巩县窑标本较为接近，但对于该类白釉绿彩陶是否确实来自巩县所产，恐怕还不宜轻下结论。事实上，高铝胎是中国北方陶瓷的特征一事可说是陶瓷学界的常识，也因此巩县白瓷的胎釉和同属北方地区窑场的邢窑白瓷成分极为接近。[77]

我认为，在缺乏窑址出土标本可资比对的现实条件之下，"黑石号"沉船所提供的丰富样本，或许有助于我们从作品本身的外观观察并结合中国的考古发掘资料，着手进行间接的产地厘测。截至目前，经公布的烧造有多彩铅釉陶的唐代窑址，计有河南巩县窑、[78] 洛阳[79] 和陕西耀州窑[80]、西安西郊机场[81]、河北邢窑[82] 等窑场。但从目前的发掘报告看来，上述窑址均未发现与沉船白釉绿彩陶相同的标本，不过包括沉船在内的白釉绿彩陶之部分作品造型，则与邢窑窑址出土的白瓷标本或流传于世被视为邢窑系的白瓷器有共通之处。如前引"黑石号"沉船的狮把龙首流注壶造型（同图 58）就和弗利美术馆（The Freer Gallery

---

76　Jessica Rawson, The *Export of Tang Sancai Wares: Some Recent Research, Transaction of the Oriental Ceramic Society,* 52, 1987～1988, pp.39-61。

77　李国桢等：《中国名瓷工艺基础》（上海：上海科学技术出版社，1988），页 102。

78　刘建洲：《巩县唐三彩窑址调查》，《中原文物》1981 年 3 期，页 16-22。

79　洛阳市文物工作队（俞凉亘）：《河南洛阳市瀍河东岸唐代瓷窑址发掘简报》，《考古》1998 年 3 期，页 23-32。另外，荥阳茹茵亦发现若干三彩标本，报告参见郑州市文物工作队（陈立信）：《河南荥阳茹茵发现唐代瓷窑址》，《考古》1991 年 7 期，页 664-666。

80　陕西省考古研究所，同注（59），上册，第二章第一节参照。

81　西安西郊机场极可能亦存在三彩窑址，惜窑址已经毁坏，详情不明。采集标本可参见张国柱等：《西安发现唐三彩窑址》，《文博》1999 年 3 期，页 49-57。

82　内丘县文物保管所（贾忠敏等），同注（9），页 1-10。

of Art)[83] 或台湾私人藏的邢窑系作品基本一致（图77）。[84] 其次，邢窑内丘窑址中唐时期的深腹敛口碗（图78）、卷口碗之器形亦见于沉船白釉绿彩陶（图79）。[85] 此外，沉船的直口弧壁璧足碗之器式不仅和邢窑窑址标本颇为近似，[86] 同时其璧足外墙边沿斜削一周形成棱面，内墙沿旋削锐利，足着地处留下数处修整时的不规则刀痕等之底足成形技法也和邢窑系白瓷璧足常见的外观特征基本一致（图80）。特别值得一提的是，沉船中的一件以支钉支烧的绿釉裹足满釉花口碗（图81-a），外底心釉下刻有"盈"字铭记（图81-b、c）。众所周知，目前所知刻有"盈"字的作品分别出土于陕西唐代青龙寺址[87]、西明寺址[88]、大明宫址[89]和河北易县咸通五年（864）孙少矩墓[90]，所见作品均属白瓷，由于其胎釉特征与邢窑作品一致，同时邢窑址亦屡次出土了于器底心刻"盈"款的标本（图82），[91] 故学界均接受上述"盈"款白瓷应是邢窑所烧制。其中，易县孙少矩墓除了"盈"款白瓷注壶之外，另伴出了施罩低温铅釉的喇叭式口贴花饰壶和瓣口细长颈圆腹壶[92]，后者器形与沉船菱形花叶饰大型把壶壶体有共通之处，至于与前者贴花饰壶装饰技法类似的白瓷标本于邢窑窑址亦曾出土。[93] 这就不排除同墓出土的晚唐铅釉陶或有可能如盈款白瓷水注般，亦来自邢窑所烧制？毋庸讳言，以上的作品外观比较，至多只能作为白釉绿彩陶产地厘测时的间接提示，但可确认的是，认为白釉绿彩陶系巩县窑制品的说法同样不足以令人信服。就如巩县窑白瓷般，邢窑系白瓷于扬州等地遗址也是和白釉绿彩陶共伴出土。我们应如何看待部分邢窑白瓷与白釉绿彩陶

---

83 佐藤雅彦等编：《東洋陶磁》（东京：讲谈社，1980），卷10，フリーア美術館，图版八。
84 历史博物馆编辑委员会：《中国八代陶瓷精品展》（台北：历史博物馆，1987），页27。
85 内丘县文物保管所（贾忠敏等），同注（9），页7，图12之1、2；及河北临城邢瓷研制小组（杨文山等），同注（8），页41，图6。
86 内丘县文物保管所（贾忠敏等），同注（9），页7，图12之5。
87 西安市文物保护考古研究所（翟春玲）：《青龙寺遗址出土"盈"字款珍贵白瓷器》，《考古与文物》1997年6期，页7。
88 中国社会科学院考古研究所西安唐城工作队（安家瑶）：《唐长安西明寺遗址发掘简报》，《考古》1990年1期，图版七之3。
89 毕南海，同注（44），页13。
90 河北省文物研究所（石永士）：《河北易县北韩村唐墓》，《文物》1988年4期，页67，图3之1。另外，"盈"款白瓷最晚的纪年实例见于内蒙古会同五年（942）耶律羽之墓，报告参见内蒙古文物考古研究所等（齐晓光等）：《辽耶律羽之墓发掘简报》，《文物》1996年1期，页24，图48之8。
91 内丘县文物保管所（贾忠敏等），同注（9），图版二之7。
92 河北省文物研究所（石永士），同注（90），页67，图2及图3之2。
93 杨文山：《邢窑"精细透光白瓷"的初步研究》，《文物春秋》1997年增刊（总38期），页17，图4之3。

器形相近这一现象呢？沉船盈款绿釉陶是否可作为判别该类作品产地的依据？另外，据说河北井陉窑于晚唐时期可能曾烧制类似风格的铅釉多彩陶器，[94] 或许河北地区窑场才是今后探索白釉绿彩陶正确产地的优先选择。

另一方面，沉船所见各式白釉绿彩杯类也是一群饶富趣味的作品。其中一类是以敞口、斜弧壁、折腰的杯身为基本的器形，有的于杯身下方置圈足，杯上方口沿部位另设一泥条双股式环形把，把上另安如意云头形印花錾（图83），錾上印花纹饰和把的造型与陕西南里王村一三二号唐墓出土的低温三彩釉小注壶肩腹所安带錾把手完全一致，[95] 应属同一窑场所生产。其次，安徽省淮北市濉溪县柳孜运河遗迹和山西省长治市南街炉坊巷遗址均出土了和"黑石号"作品颇为类似的于白釉上施加绿、褐两彩的彩釉陶盆[96]。不过，最引人留意的杯式，无疑是在上述圈足杯下方置喇叭形足的高足杯了。该类杯可大致区分为二型，I型杯身下方置竹节式柄，杯内心贴饰龙或鱼（图84-a、b），II型杯杯心镂小孔，上方分别贴饰龟、水鸭（图85-a、b、c）或鱼（图86-a、b、c）等捏塑，杯外壁贴塑泥条状中空管，管口外折略高于杯口，管下方顺沿杯身下腹黏结于高足上方一侧，并与杯心镂孔相通，故可由管口直接吸饮杯内的液体，构思极为巧妙。类似构造的吸饮杯以往极为少见，但法国吉美（Musee Guimet）博物馆则收藏一件造型构思相同且于杯心贴塑水鸭的绿釉陶杯（图87）。[97] 其次，扬州教育学院出土的被定为唐代巩县窑绿釉陶的所谓吸水杯，[98] 恐怕亦属同一器式，可惜因报告书未能揭载图版，详情不明。宋代范成大《桂海虞衡志》曾提到名为鼻饮杯的陶器，是于"杯碗旁植一小管若瓶觜（嘴），以鼻就管吸酒浆，暑以饮水，云水自鼻入咽，快不可言"，[99] 其设计构思与沉船白釉绿彩陶如出一辙，故可作为白釉绿彩吸饮杯使用

94　河北省文物研究所等（孟繁峰等）：《河北井陉显圣寺瓦窑、琉璃窑清理简报》，《文物季刊》1997年2期，页21；孟繁峰等：《河北瓷窑考古的几个问题》，收入张忠培等编：《中国考古学跨世纪的回顾与前瞻》（北京：科学出版社，2000），页368。另外，陈银凤等：《正定县收藏的几件井陉窑瓷器》，《文物春秋》2000年2期，页52则据此线索将正定县出土的这类彩釉陶器列入井陉窑作品。

95　负安志，同注（45），页48，图2之2。清楚图版另可参见香港区域市政局：《物华天宝》（香港：香港区域市政局等，1993），页78，图44。

96　安徽省文物考古研究所等编：《淮北柳孜——运河遗址发掘报告》（北京：科学出版社，2002），彩版30之3；长治市博物馆（张斌宏等）：《长治炉坊巷古遗址调查》，《文物世界》2001年3期，页46，图5。

97　此系笔者实见。

98　扬州博物馆（吴炜等）：《扬州教育学院内发现唐代遗迹和遗物》，《考古》1990年4期，页343。

99　（宋）范成大：《桂海虞衡志》，收入文渊阁四库全书589册，史部347地理类，页375。

方式的参考资料。另外，伊拉克萨马拉遗址亦曾发现相同构造的白釉绿彩陶残片（图88），[100] 但或许由于残片过小，而前述吉美博物馆的藏品似乎又未为学界所熟知，以至于被误认成瓶或水注残件。[101] 就此而言，"黑石号"沉船数件造型完整的吸饮杯将可再次丰富学界的视野，同时也透露出这类杯式主要可能是用来外销，故除了扬州这一贸易港口之外，目前未见于其他地区遗址。

"黑石号"沉船的另一重要发现是打捞出了三件器形完整的白釉钴蓝彩器。其中一件为弧壁圆盘，余二件造型呈口沿略外卷的折腰式盘，盘内壁有对称分布的四道突棱。以上三件作品盘面蓝彩纹样各不相同，但均是以菱形花叶为基本构图，并于内外壁近口沿处饰叶形纹（图89、90、91）。这类白釉钴蓝彩瓷早在一九七〇年代扬州唐城遗址即曾出土（图92），[102] 此后于同地区三元路工地[103] 或文化宫唐代建筑基址[104] 等遗迹亦陆续有所发现，从其经常是和白釉绿彩陶、长沙窑、越窑以及邢窑或巩县窑白瓷共伴出土一事可知，其时代应和上述瓷窑作品的年代大致相当。不过，对于其是否确属釉下彩绘，则有不同的见解。相对于多数学者都主张其应是釉下青花瓷，遗址发掘者之一顾风却数次撰文认为扬州出土的这类蓝彩器可能是采用釉上彩绘的技法，非釉下着彩。[105] 依据我个人观察沉船该类作品的初步理解，是赞同顾氏的意见，认为其可能是先在器坯施挂白化妆土并上釉后，才于釉上进行钴蓝彩绘。然而，我们更应尊重科学工作者以仪器检测后所得出的釉下彩绘，即釉下青花的结论。[106] 与此同时，从肉眼观察所见蓝彩于釉面部位呈色较深，以下逐渐转淡的现象，似乎显示了该类所谓唐青花瓷的彩绘工艺是不同于后世青花瓷器上的典型釉下彩饰。有趣的是，长沙窑的釉下彩绘也是属于非典型的釉下彩。[107] 不仅如此，"黑石号"所见长沙窑釉下彩绘饰作品当中，个别作品彩绘色调偏蓝，由于未能进行化验，故其是否有可能采用钴料绘制，目前不明。继一九八〇年代冯先铭依据胎釉等外观特征认

100　佐佐木达夫：《1911～1913年発掘サマラ土陶磁器分類》，《金沢大学考古学紀要》22号（1995），页154 fig.33之342，F. Sarre编号839。另，Jessica Rawson等，同注（76），页59，图23。

101　佐佐木达夫，同上注，页115认为是瓶残片；弓场纪知，同注（58），页96，称水注形器。

102　南京博物院发掘工作组等，同注（56），图版二之1。

103　顾风等：《扬州新出土两件唐代青花瓷碗残片》，《文物》1985年10期，页77-80。

104　中国社会科学院考古研究所扬州城考古队等（王勤金），同注（57），页417，图四之14。

105　顾风：《扬州新发现的早期青花瓷片的断代及其烧造工艺的初步研究》，《扬州师院学报》（社会科学版）1984年2期，页81-85；及同注（103），页77-80。

106　陈尧成等：《唐代青花瓷器及其色料来源研究》，《考古》1996年9期，页81-87转页92。

107　张福康：《长沙窑彩瓷的研究》，《硅酸盐学报》14卷3期（1986），页339-346。

为香港大学冯平山博物馆收藏的一件同类白釉蓝彩器可能由唐代巩县窑所烧造后，[108] 扬州出土的青花瓷标本亦经多次化验，证实其产地应在巩县窑。[109] 而如前所述，巩县窑白瓷也是扬州唐代遗址常见的器类之一。另一方面，"黑石号"沉船除见有青花瓷之外，另包括部分胎釉特征和底足修方式等均与青花瓷极为类似的白瓷作品（图93），该类作品既见于扬州遗址，也曾见于萨马拉或泰国南部等地遗迹，后二者遗迹出土标本经化验分析，结论认为极可能来自巩县窑。[110] 若结合巩县窑窑址发现有与沉船白瓷造型一致的四花口碗，[111] 可以推测沉船同式碗亦应烧制于巩县窑。

三、"黑石号"沉船的航路及其所反映的晚唐贸易瓷商圈

"黑石号"沉船的发现地点位于苏门答腊（Sumatera）东南海域，距勿里洞岛不及两英里之处，而就唐宋时代的航路看来，苏门答腊东南部正是当时海上强国室利佛逝国的所在地，其北控马六甲海峡，南扼巽他海峡等两条往来东西方的必经水道，是七至十三世纪南海交通的总枢纽。著名僧人义净即于咸亨二年（671）自广州便乘波斯船南行抵室利佛逝，在佛室国王的赞助之下搭乘国王船舶穿过马六甲海峡，经羯荼（今马来西亚吉打 Kedah 一带）、裸人国（今尼科巴群岛 Nicobar 一带），抵达印度恒河口的耽摩立底国（Tāmrlipti）[112]。其次，唐贾耽作于贞元年间（785～804）的所谓《广州通海夷道》也着重地提到佛逝国，并以佛逝国作为计算各航程的基点，指出由佛逝国水行数日可抵诃陵国（今印尼爪哇），向西出峡数日可至葛葛僧祇国（今伯劳威斯群岛 Brouwers 中一岛）；晚迄宋人周去非《岭外代答》也说"三佛齐国（佛逝国于九世纪中叶改称三佛齐）在南海之中，诸蕃水道之要冲也。东自阇婆诸国，西自大食故临诸国，无不由其境而入中

---

108 冯先铭，同注（66），页8。
109 文化部文物局扬州培训中心（张浦生等）：《扬州新发现的唐代青花瓷片概述》，《文物》1985年10期，页71；罗宗真等：《扬州唐城出土青花瓷的重要意义》，收入《中国古陶瓷研究》（北京：科学出版社，1987），页123-127；以及陈尧成等，同注（106），页83。
110 萨马拉标本分析见 Jessica Rawson 等，同注（76），页51。泰国南部林文波（Laem Pho）等遗址标本分析见何翠媚等：《タイ国南部のコーカオ島とポ一岬遺跡出土のいわゆる北方白磁の産地推定》，《東洋陶磁》28（1997），页117-120。
111 冯先铭：《河南巩县古窑址调查纪要》，《文物》1959年3期，页56，图3。
112 冯承钧：《中国南洋交通史》（台北：台湾商务印书馆，1976年版），页47-49；姚楠等，《七海扬帆》（台北：中华书局，1993），页69-73。

国者"，[113] 此均说明室利佛逝是中国和印度、阿拉伯、南海诸国交通的重要中继站，故"黑石号"沉船发现于此一海域应非偶然漂流所致。

如前所述，"黑石号"沉船陶瓷主要包括长沙窑彩瓷、越窑青瓷、邢窑白瓷、巩县窑白瓷和青花瓷、广东窑系青瓷，以及产地尚待确认的中国北方白釉绿彩陶等作品。一个值得留意的现象是，其瓷窑种类与贾耽所提及的室利佛逝、诃陵等航线据点出土的陶瓷有共通之处。如室利佛逝的中心苏门答腊东南部巴邻旁（Palembang）曾出土唐代的越窑、长沙窑、广东窑系青瓷和华北地区的白瓷；爪哇岛既于泗水（Surabara）发现越窑青瓷，于日惹（Jogjakarta）更出土了越窑、长沙窑、广东窑系青釉和白釉绿彩陶。[114] 其次，宋代文献记载作为其时海上交通中站的三佛齐国（室利佛逝国），同时也是香料和药材的重要产地和集散地，[115] 而"黑石号"沉船也装载有不少的香料材。目前虽乏资料得以明确说明"黑石号"沉船是否一度停泊佛逝国进行交易，而后再度出航时失事沉没，但从遗留于沉船的大量中国物资不难得知，该船仍未完成最终的交易即不幸遇难。无论如何，贾耽《广州通海夷道》的航线对于我们复原、理解"黑石号"沉船原先预定航路和最终目的地有着重要的参考价值。依据学界针对《广州通海夷道》航线及其与今日地名的比定考释，其自马六甲海峡至波斯湾的航线约略如下：海峡的北岸是罗越国（今马来西亚南端），南岸是佛逝国（今苏门答腊东南部），由佛逝国东航四五日到诃陵国。由海峡西行三日到葛葛僧祇国，其北面有个罗国（今吉打，马来半岛西岸），个罗国西有哥谷罗国（今克拉地峡西南方）。又从葛葛僧祇西航四五日到胜邓州（今苏门答腊北部东海岸棉兰之北日里Deli附近），又西行五日到婆露国（婆鲁斯洲），又六日到伽蓝洲（今尼科巴群岛），又四日到师子国（今斯里兰卡），隔海百英里即南天竺（南印度）。由师子国西航四日到没来国（今印度西南部奎隆Quilon），转向西北经十余小国到婆罗门（印度）西境。又西北二日到拔飓国（今印度孟买北布罗奇Broach），又十日到新头河（今印度河）河口附近的提飓国（今巴基斯坦附近的提勒尔Daibul）。从

---

113 桑田六郎：《三佛齐考》，原载《台北帝国大学史学科研究年报》（1934），收入同氏：《南海東西交通史論考》（东京：汲古书院，1993），页210等；周中坚：《室利佛逝——中古时期南海交通的总枢纽》，《海交史研究》1986年1期，页30-37。

114 三上次男，同注（70），页335-337。

115 桑田六郎，同注（113），页233-275参照。

此再西航二十日经波斯湾到达提罗卢和国（今波斯湾头阿巴丹 Abbadan 附近）。又西行一日至乌剌国（Al-Ubollah 今奥布兰），有弗利剌河（Fuhrat 今幼发拉底河）自大食国（即阿拉伯回教国）流来，由此河溯流二日到末罗国（今巴士拉 Basra），此为大食国重镇；再向西北可由陆路抵达大食国首都缚达城（今巴格达 Baghdad）（图94）。[116]

贾耽所记航站当中，位于今斯里兰卡的师子国之曼泰（Mantai）港湾遗迹已经正式的考古发掘，该遗迹除出土有波斯陶器之外，亦见大量晚唐时期的长沙窑彩绘瓷、越窑青瓷、邢窑系白瓷、巩县窑系白瓷和因曾出于印尼加里曼丹东桑（Dusun）族居住地俗称 Dusun ware 的大型青釉罐，以及白釉绿彩陶等作品。[117] 其种类既和前述苏门答腊东南部（佛逝国）、爪哇（诃陵国）遗迹所出晚唐陶瓷相近似，也和"黑石号"沉船陶瓷有共通之处。这一方面说明了上述陶瓷种类是九世纪前期中国输往南海等地的基本组合，其出土地点也透露出《广州通海夷道》于九世纪前期可能仍是中国航向南海或大食的主要航道之一。其次，斯里兰卡以西，贾耽所记述的提䫻国在今印度河口的提勃尔（Debal），[118] 一般都相信今巴基斯坦卡拉奇（Karachi）以东的中世都市遗迹班勃鲁（Banbhore）即提䫻国的所在地。[119] 该遗迹出土晚唐陶瓷计有长沙窑彩绘碗、模印贴花褐斑饰注壶、越窑青瓷碗、北方窑系白瓷碗和所谓 Dusun ware 的青釉带系大罐等（图95）。虽然，后者之青釉大罐有时被视为九至十一世纪越窑系作品，[120] 不过从"黑石号"沉船彩绘碗多系装盛于该类大罐之中（图96），知其年代绝不晚于九世纪前期；另从广东地区部分瓷窑窑址曾经出土造型不完全一致，但胎釉特征则和该类青釉大罐颇为近似的带系罐标本一事来看，[121] 不排除这类作为陶瓷等商品外容器的青釉大罐有可能由广东地区瓷窑所烧制。[122] 另一方面，

116　章巽：《我国古代的海上交通》（北京：商务印书馆，1986），页42-43；陈炎：《海上丝绸之路与中外文化交流》（北京：北京大学出版社，1996），页84-85。

117　三上次男：《陶磁の道—スリランカを中心として》，《上智アジア史学》3（1985），页9-10。

118　于豪亮：《我国古代海上交通中几个地名的考释》，《文物》1978年11期，页77-78。

119　*Encyclopaedia of Islam* (New Ed. 1965) Vol.2 188–189：DAYBUL； Mumtaz Husain Siud, Arab Period, Hyderabad, 417-427. 转引自家岛彦一：《インド洋におけるシーラーフ系商人の交易ネットワークと物品の流通》，收入田边胜美等编：《深井晋司博士追悼シルクロード美術論集》（东京：吉川弘文馆，1987），页211。

120　佐佐木达夫，同注（27），页247。

121　广东省文物管理委员会等（曾广亿）：《广东新会官冲古代窑址》，《考古》1963年4期，页222图4之8；薛剑虹：《新会、鹤山古陶窑址初探》，收入：Ho Chuimei ed. *Ancient Ceramic Kiln Technology in Asia*. Centre of Asian Studies University of Hong Kong, 1990. p.27, pl.3。

122　三上次男，同注（26），页20亦指出该类带系罐可能由广东瓷窑所生产。

以往学者屡次强调指出，班勃鲁遗址所见陶瓷和波斯湾当时最负盛名的东洋贸易港尸罗夫遗址出土陶瓷的内容极为类似。[123] 事实确是如此。位于贾耽所记自提飓国航向提罗卢和国（今阿巴丹附近）之间必经航运据点的尸罗夫，自一九六〇年代后期至一九七〇年代初期已进行数次正式考古发掘，依据报告书的叙述及其所揭示的图版，则该遗址除出土有大量的波斯陶器、越窑系青瓷、长沙窑注壶和彩绘碗、北方白瓷、广东窑系青釉罐和钵等之外，另见有施罩低温铅釉的印花二彩杯等作品。[124] 其中，越窑系青瓷包括有浙江东阳象塘窑类型的四花口碗；[125] 广东窑系作品当中亦见同省高明、四会或安铺港地区所烧造内底留有数处呈放射状排列的方形垫烧痕迹，极具特色的青釉碗。[126] 此外，从近年 Moira Tampoe 公布的资料还可得知，尸罗夫遗址亦出土了白釉绿彩陶器（图97）。[127] 家岛彦一曾依据尸罗夫遗址出土的饰有堆花纹样的波斯翡翠蓝釉陶器之形态与班勃鲁遗址、斯里兰卡北西海岸曼泰遗址甚至中国福建福州五代后唐长兴元年（930）刘华墓等出土的伊斯兰陶器之间的一致性，进而结合八至十世纪尸罗夫商人的贸易网络，指出上述遗址出土的这类可能烧制于尸罗夫的蓝釉陶器，应是经由尸罗夫系商人的贸易活动才得以流传。[128] 该一指摘对于理解"黑石号"沉船原本预定航路至为相关，因此，我们有必要回头省思参与沉船打捞的调查人员所提供的有关沉船构造之重要讯息。

依据 Michael Flecker 针对"黑石号"沉船残骸的船体形状、构造方式和建材种类等之分析考察，则沉船船体应是在阿拉伯或印度所建造，船身木料来自印度，同时船体构件连接不用铁钉而是采用穿孔缝合的建造方式，也和中国传统的船体构造大异其趣。[129] 唐末刘恂《岭表录异》提到"贾人船不用铁钉，只使桄榔须

123　佐佐木达夫，同注（27），页251–252。

124　Whitehouse, D. Excavation at Siraf, Fourth Interim Report, *IRAN*, Vol.IX (1971), Pl.VIII～IX; Fifth Interim Report, Vol.X (1972), Pl.X～XI; Chinese Stoneware from Siraf : the Earliest Finds, *South Asian Archaeology*, Noyes Press, New Jersey, 1993, Pl.241–255.

125　三上次男，同注（26），页12。

126　何翠媚（土桥理子译），同注（3），页164；广东省文物管理委员会等编：《南海丝绸之路文物图集》（广东：广东科技出版社，1991），页59图上。

127　Moria Tampoe, *Maritime Trade between China and the West*, B.A.R. International Series, 555, 1989, pp.57–58.

128　家岛彦一，同注（119），页210–217。

129　Michael Flecker, *A Ninth-Century AD Abab or Indian Shipwreck in Indonesia : First Evidence of Direct Trade with China. World Archaeology* vol. 32, no. 3 (2001), pp.335–354; *A 9th-Century Arab or Indian Shipwreck in Indoesian Waters*, The International Journal of Nautical Archaeology, pp. 29–22, 2000, pp. 199–217.

系缚，以橄榄糖泥之，糖干甚坚，入水如漆也"，¹³⁰ 指的正是这类形态的船舶。这种于舷板穿孔，以椰子壳纤维搓制成的绳索系缚船板，再充填树脂或鱼油使之牢固的所谓缝合船（Sewn-Plank Ship），早在纪元前后已出现于印度洋西海域，而九世纪中期的伊斯兰文献则强调指出，缝合船是尸罗夫船工擅长建造的构造特殊的船舶，九至十世纪尸罗夫和苏哈拉（Suhar）是缝合船的制造中心。¹³¹ 这样看来，"黑石号"沉船不仅有可能是由尸罗夫船工所建造，同时也不排除船东即是活跃于当时海上贸易圈的尸罗夫系商人；宋代文献所载往来泉州的尸罗夫商人，亦是搭乘尸罗夫或尸罗夫人贸易居住地所建造的这类缝合船。¹³² 尸罗夫要迟至九世纪中叶才位居东洋贸易港之重要位置，故贾耽《广州通海夷道》并未有尸罗夫港的记事。不过，九世纪中叶阿拉伯商人苏莱曼（Solaīman）之《中国印度见闻录》则提道："货物从巴士拉（Bassorah）、阿曼（Uman）以及其他地方运到尸罗夫伊斯兰，大部分中国船在此装货。"¹³³ 文中所谓的"中国船"曾引起不少学者的疑惑而怀疑其指的应是航向东南亚、中国的伊斯兰船。¹³⁴ 无论如何，就如贾耽《广州通海夷道》般，九世纪中叶商人苏莱曼所记述的自尸罗夫以迄中国的航线，对于理解"黑石号"沉船的可能航路无疑亦具重要的参考价值。

依据苏莱曼所记航道，则船自尸罗夫启航经马斯喀特（Musgat，今阿曼首都）、故临（Koulam，今印度半岛西南端，即贾耽所记没来国）、朗迦婆鲁斯岛（Langabalous，今苏门答腊北部西海岸，即贾耽所记婆露国）、个罗国（Kalah，今马来半岛东岸吉打）、满潮岛（Tīyouman，今马来半岛东岸）、奔陀浪山（Pan-do-Uranga，今越南藩朗）、占婆（Tcampa，今越南中南部）、占不牢山（Tchams，占婆岛）、中国门（Bad al-Sīn，今西沙群岛诸暗礁），最终抵达广州。此一航线除了由马斯喀特直接越洋赴故临之行程，与《广州通海夷道》自没来国（故临）驶往波斯湾系采取沿岸停泊的航程有所不同之外，其余航路则大致相同。对于由中国

---

130 桑原骘藏：《波斯湾の東洋貿易港に就て》，《史林》1卷3号（1916），页（18）；戴开元：《广东缝合木船初探》，《海交史研究》5期（1983），页86—89。

131 家岛彦一：《アラブ古代型缝合船 Sanbuk Zafari について》，《アジア、アフリカ文化研究》13（1977），页186—188。

132 家岛彦一，同上注，页188。

133 穆根来等译：《中国印度见闻录》（北京：中华书局，1983），页7。

134 家岛彦一：《インド洋通商イエメン—南アラビアの Siraf 居留地》，《アジア、アフリカ言語文化研究》5（1972），页124。

载运物资赴波斯湾的商船而言，停靠沿岸各据点进行贸易应该是明智的抉择，而前述巴基斯坦班勃鲁遗迹出土的中国陶瓷则是此一商贩方式下的结果。其次，南宋周去非《岭外代答》说"中国舶商欲往大食，必自故临易小舟而往"（卷二，"故临国"条）；而"大食国之来也，以小舟运而南行，至故临国易大舟而东行"（卷三，"航海外夷"条）。[135] 不过，以"黑石号"沉船船身长近二十米，形体未必巨大，恐怕还不至于需转乘小舟往赴波斯。另一方面，无论是贾耽或苏莱曼都是以广州为航路的起始点或终站，而这是否就意味着"黑石号"沉船是由广州解缆出航的？众所周知，广州是当时与南海交通最为重要的港口，外国商贩云集于称为"蕃坊"的侨居地，朝廷亦设有市舶使掌管对外贸易。更重要的是，"黑石号"沉船不仅出土了数百件的广东瓷窑作品，数以万计的长沙窑彩绘瓷碗和部分北方邢窑系白瓷亦是装盛于推测可能是广东地区瓷窑场所烧造的大型瓮罐之中。因此，若说"黑石号"沉船是由广州启航出海，似乎也言之成理。然而，若从沉船陶瓷的组合情况来看，事实恐怕未必如此单纯。

如前所述，"黑石号"沉船陶瓷除了有部分来自广东瓷窑所生产的作品之外，主要还包括有长沙窑、越窑、邢窑、巩县窑、北方白釉绿彩陶和数件伊斯兰蓝釉陶器。尽管广东地区墓葬或遗址亦曾发现邢窑白瓷、越窑青瓷和长沙窑彩绘瓷，但其发现频率低、数量小，只有长沙窑的件数相对较多，但估计亦不过十数件，[136] 目前尚未见到巩县窑白瓷或白釉绿彩陶的正式考古出土报道，遑论青花瓷器了。另一方面，同为唐代对外贸易据点之一的扬州，陶瓷出土组合的情况则颇耐人寻味。姑且不论墓葬的零星出土资料，仅就居住遗址反映的陶瓷组合而言，如扬州市文化宫唐代建筑基址出土的三万余件陶瓷标本当中即涵盖了长沙窑、越窑、邢窑、巩县窑、青花瓷、白釉绿彩陶和伊斯兰陶器，[137] 种类几乎囊括了"黑石号"沉船陶瓷中广东瓷窑之外的全部品种，类似的出土陶瓷组合也见于三元路唐代罗城范围内遗址，该遗址既出土有长沙窑、越窑、巩县窑、青花瓷和白釉绿彩陶，[138] 同时出土了数以百计

135　桑原骘藏（冯攸译）：《中国阿拉伯海上交通史》（台北：台湾商务印书馆，1967年史地丛书版），页112。

136　宋良璧：《长沙铜官窑瓷器在广东》，收入《中国古代陶瓷的外销》（北京：紫禁城出版社，1988），页41–42。

137　中国社会科学院考古研究所扬州城考古队等（王勤金），同注（57），页416–419。

138　扬州博物馆（马富坤等）：《扬州三元路工地考古调查》，《文物》1985年10期，页72–76。

的伊斯兰釉陶残片。¹³⁹ 就目前我所掌握的资料来看，伊斯兰釉陶器于浙江宁波，福建福州，广西容县、桂林等地遗址虽亦曾出土，但均止于个别的少量发现；¹⁴⁰ 白釉绿彩陶于南方地区除了安徽巢湖唐墓和淮北市柳孜运河遗迹之外，¹⁴¹ 目前也只见于扬州唐代遗址。不仅如此，经常与伊斯兰釉陶、白釉绿彩陶共伴出土的唐代青花瓷更是仅见于扬州遗址的稀有器类。换言之，扬州唐代遗址以长沙窑彩绘瓷、越窑青瓷、邢窑系白瓷、巩县窑白瓷、青花瓷、白釉绿彩陶和伊斯兰陶器的陶瓷组合是非比寻常的特殊事例，于中国唐代遗址中显得极为突出，而这样的共伴组合则又与"黑石号"沉船陶瓷完全一致。尤可注意的是，相对于长沙窑瓷于中国境内极少出土，扬州旧城区汶河路发掘的一处范围仅十余米的堆积，出土之可复原成完整器的长沙窑瓷达五百件，当中仅盖盒一种即有百件之多，报告者认为该遗址既未见其他瓷窑作品，其发现地点又邻近古河道，很可能是当时卸货清仓时的残器遗留，进而推测唐代扬州设有专营瓷器的店铺。¹⁴² 如前所述，"黑石号"沉船即是以长沙窑的数量最多，计六万余件，后者尚包括有狮、鸟等玩具置物（图98），这类小瓷玩偶除曾见于长沙窑窑址之外，目前亦只发现于扬州唐代遗址（图99）。¹⁴³

《新唐书·田神功传》载神功兵至扬州，大食、波斯贾胡死者数千人。八世纪中期扬州已群聚众多的伊斯兰教商人，¹⁴⁴ 他们还开设名为"波斯店"的商铺经营珠宝等商货，¹⁴⁵ 而扬州文化宫中晚唐遗址则曾发现推测系胡商邸店的建筑遗留，不仅出土了精美的白瓷、青瓷、青花瓷、伊斯兰釉陶和玻璃瓶，屋内地面还散落着金块。¹⁴⁶ 有趣的是，"黑石号"沉船的文物当中即包括有少量的玻璃瓶（图100）和整摞的金箔。因此，我认为"黑石号"沉船商货主要应是获自位于大运河和长江天然航道且聚集着南北物资的扬州，并由扬州出港的。问题是我们要

---

139 周长源等：《扬州出土的古代波斯釉陶研究》，《文物》1988年12期，页60。
140 何翠媚（佐佐木达夫等译），同注（72），页43–44。另外，宁波出土例参见林士民：《浙江宁波公园路唐宋子城遗址考古发掘获重要成果》，《中国文物报》593，（1998年4月12日）第一版。
141 巢湖地区文物管理所（张宏明），同注（60），页575；安徽省文物考古研究所等编，同注（96）参见。
142 周长源：《试论扬州蓝天大厦工地出土的唐代长沙窑瓷器》，收入中国古陶瓷研究会1994年年会论文集《东南文化》增刊1号，页65–69。
143 南京博物馆等发掘工作小组等，同注（56），页25，图20。
144 桑原骘藏（冯攸译），同注（135），页21。
145 （明）谢肇淛：《五杂俎》："唐时扬州常有波斯胡店，太平广记往往称之"，（卷12），详见桑原骘藏，同注（135），页22。
146 蒋忠义：《唐代扬州城遗址》，《中国考古年鉴1991》（北京：文物出版社，1992），页178；中国社会科学院考古研究所扬州城考古队等（王勤金），同注（57），页420。

如何面对存在于沉船中的广东瓷窑作品。阿拉伯地理学家伊本·胡尔达兹比赫（Ibn Khordadhbeh，838～912）所著《道里邦国志》在记述通往中国之路顺序提到的港口是鲁金（Lūgin，今越南河内一带）、汉府（Khānfu，今广州）、汉久（Khānju，杭州？）和刚突（Qāntu，江都），[147] 桑原骘藏认为江都即扬州。[148] 从沿岸停靠的港口来看，不排除"黑石号"沉船中的广东陶瓷有可能是北上或南下时一度停靠广州之际取得。其次，从扬州市汶河路遗迹曾出土与"黑石号"沉船造型一致的推测是属广东窑系青釉四系带流罐一事来看（图101），[149] 或许扬州原本就预置有这类"黑石号"沉船用来装盛白瓷杯类的广东窑系青釉外容器。该类四系带流罐于伊朗尸罗夫（图102）[150]、泰国南部林文波（Laem Pho）等遗址都有出土，何翠媚认为其应是珠江三角洲和雷州半岛西北地区等广东海岸青瓷窑场所烧制。[151]

如前所述，尽管"黑石号"沉船并未完成其最终的交易即失事沉没，但我们仍可经由沉船发现地点，结合九世纪文献的航线记录，以及部分遗址出土的陶瓷和船体结构所反映的船籍等线索，假设性地推论沉船有可能是预定驶往波斯湾著名东洋贸易港尸罗夫。关于这点，我们还可借由伊拉克萨马拉等遗址的考古发掘资料得到必要的检证。众所周知，尸罗夫系商人是以尸罗夫港为轴心掌控着包括西边作为伊斯兰世界经济文化中心的巴格达（Baghdad），和北侧呼罗珊（Khurasan）地区的都城尼什布尔（Nishapur）等地的消费市场。[152] 但因为底格里斯（Tigris）河口及其邻近海面多为泥沙冲积而成的浅滩，故海船至尸罗夫港之后，其货物均需改装至吃水浅的小舟运往巴士拉（Basra）、巴格达（Baghdad）等方面，[153] 这也就如前引九世纪商人苏莱曼所说的包括巴士拉、阿曼（Oman）等地的货物亦需先运到尸罗夫装货。[154] 值得一提的是，位于巴格达北边底格里斯河两

147　宋岘译注：《道里邦国志》（北京：中华书局，1991），页71-72。
148　桑原骘藏（杨炼译）：《唐宋贸易港研究》汉译世界名著甲编488（台北：台湾商务印书馆，1966），页76。
149　扬州博物馆等编：《扬州古陶瓷》（北京：文物出版社，1996），图48。
150　Moria Tampoe，同注（127），p.307, No.1321、1322。
151　何翠媚（田中和彦译）：《タイ南部・コーカオ島とポー岬出土の陶磁器》，《贸易陶磁研究》11（1991），页62及页78图15右上。
152　家岛彦一，同注（119），页203-204。
153　桑原骘藏，同注（130），页14。
154　穆根来等译，同注（133），页7。

侧的九世纪阿拔斯朝首都萨马拉（836～892）即出土了越窑、邢窑、巩县窑、长沙窑、广东窑和白釉绿彩陶等作品；[155] 而阿曼苏丹国海滨苏哈尔城址也发现了唐代的越窑、邢窑、长沙窑和广东瓷窑作品。[156] 从上述两处遗址出土中国陶瓷种类与尸罗夫港遗址所见陶瓷一致，同时考虑到波斯湾的水文地势，可以认为其中国陶瓷应是自尸罗夫港转送而来的。其次，尸罗夫港等地遗址所见唐代陶瓷与"黑石号"沉船作品极为近似一事，也说明了将东方载运归来的物资集结于尸罗夫港而后转运小舟的运输方式，极可能是九世纪尸罗夫商船的惯用模式。尽管目前还缺乏足够的资料得以对尸罗夫等遗址出土的唐代陶瓷进行细致的编年，但从其有不少作品与"黑石号"沉船陶瓷完全一致，不难得知九世纪前期已有类似"黑石号"沉船般的东方贸易船频繁地进出尸罗夫港。而包括陶瓷在内的东方物资往往还经由层层陆运贩售至内陆，其中又以呼罗珊地区 Tahirid 朝（820～872）和 Saffarid 朝（867～903）首都尼什布尔遗址出土的陶瓷最为人们所熟知。该遗址除出土有越窑青瓷、长沙窑彩瓷、邢窑白瓷和巩县窑白瓷之外，亦出土了白釉绿彩陶。[157] 后者白釉绿彩陶当中还包括一件于内底心贴饰模印龙纹的浅钵残片（图103），其造型和装饰特征既和扬州三元路所出同类标本完全一致（同图65），[158] 也和"黑石号"沉船作品极为相近（同图64）。相对于中国陶瓷的大量输出，亦有部分施罩翡翠蓝釉（Turquoise）的伊斯兰陶器被携入中国，其中又以扬州发现的数量最多。值得一提的是，"黑石号"沉船发现的两件器形大体完整的伊斯兰釉陶双系罐造型，一件呈直口粗长颈（图104），另一件呈唇口细长颈（图105），前者样式特征与扬州城南出土的施罩同类色釉的伊斯兰釉陶相近（图106）；[159] 而与后者同一形制的伊斯兰陶器，则见于尸罗夫遗址（图107）。[160] 尸罗夫遗址出土

---

155 Friedrich Sarre（佐佐达木夫译），同注（67），页224-233。另外，该遗址出土有少量长沙窑一事，系参见佐佐木达夫，同注（100），页115。

156 Michèle Pirazzoli-t'Serstevens（程存浩译）：《阿曼苏丹国苏哈尔遗址出土的中国陶瓷》，《海交史研究》1992年2期，页100-116。

157 Wilkinson, C. K., NISHAPUR : Pottery of the Early Islam Period, New York, The Metropolitan Museum of. 1974, p.258 fig.1-17.

158 扬州博物馆（马富坤等），同注（138），页73，图3、4；扬州博物馆等编，同注（149），图36。

159 周长源：《扬州出土古代波斯釉陶器》，《考古》1985年2期，页152，图1左；扬州博物馆等编，同注（149），图42。

160 Whitehouse, D., 同注（124），Fourth Interim Report, Pl.Xc. Site D（窑址）； Sixth Interim Report, Pl. XIIa. Site B（清真寺迹）。

的伊斯兰釉陶器曾经化学分析，得出结论认为其产地有可能是在尸罗夫或伊拉克的巴士拉（Basra）。[161] 无论何者，这类伊斯兰釉陶器极有可能是经由尸罗夫系商人对外贸易而辗转流传各地的。[162] 就此而言，"黑石号"沉船的伊斯兰陶器或许亦可视为尸罗夫和扬州贸易活动的有益线索之一。

四、结语

经由"黑石号"与扬州唐代遗址出土陶瓷的比较，我认为沉船陶瓷等主要物资有较大可能是于扬州完成装载作业并由此解缆出航。如果此推测无误，则可补强以往部分研究者所主张的唐代扬州设置有管理对外贸易的市舶使的论点。换言之，由于唐大（太）和八年（834）《疾愈德音》虽然提道："南海蕃舶，本以慕化而来……其岭南、福建及扬州蕃客，宜委节度观察使常加存问，除舶脚、收市、进奉外，任其来往流通，自为交易，不得重加率税。"但当中并未明确提及市舶使、司，同时文献又乏外国商船径赴扬州的记录，致使学界对于唐代扬州是否设置有市舶使或市舶司这样的官员和机构有所争议。[163] 因此，设若"黑石号"果真由扬州出港，将可以具体的考古例证来说明唐代扬州可能存在的市舶事务机关。

从《唐会要》载唐大历十四年（779）发布之禁制有"令王公百官及天下长吏，无得与人争利，先于扬州置邸肆贸易者罢之"，[164] 以及前述扬州旧城区发掘的推测是瓷器店铺卸货清仓时所遗留的大量长沙窑器，不难想象扬州栉比鳞次的商铺为"黑石号"沉船的物资取得提供了便捷的途径。另一方面，我们应留意"黑石号"沉船两件白釉绿彩陶盘铭记所透露出的相关讯息。白釉绿彩陶盘的铭记均是于施釉入窑烧造之前镌刻于圈足底，其中一件刻记"进奉"（图108-a、b、c），另一件则阴刻"盈"字款（同图81）。按唐代自开元年间（713~741）以来即设有"大盈""琼林"两个内藏库供帝王宴私赏赐之用，前者主要收纳钱帛绫绢诸物，后者收纳有金银锡器、绫锦器皿等杂物，除了各地土贡诸物之外，亦有地方官大举搜刮民间财货以进奉之

161　何翠媚（佐佐木达夫等译），同注（72），页37。

162　家岛彦一，同注（119），页217及同注（134），页129。另外，注（119）一文提到文献记载每年纳贡给巴格达伊斯兰教主的地方特产当中亦包括尸罗夫产的陶器。

163　朱江：《唐代扬州市舶司的机构及其职能》，《海交史研究》1988年1期，页81-84；严仁：《唐代扬州的市舶事务与"所由"》，《海交史研究》1989年1期，页57-59。

164　桑原骘藏，同注（148），页128。

名遂天子之私。¹⁶⁵ 因此，白釉绿彩陶等陶瓷上的"盈"和"进奉"铭刻，极有可能是表示贡奉至"大盈"内库的贡瓷。¹⁶⁶ 其次，沉船伴出的一件铭文明记系乾元元年（758）铸造于扬州扬子江心的百炼铜镜（图109-a、b），虽不排除系就近购自扬州，但也有可能即文献所载扬州贡给皇帝的著名"江心镜""百炼镜"。¹⁶⁷ 此外，沉船所见金器或银鎏金等器皿或许亦具同样的贡品性质，这从中国考古发掘出土的刻有某某官"进""进奉"等铭文的银器或银铤亦可得知唐代金银的进奉之风。¹⁶⁸

如前所述，白釉绿彩陶的产地有巩县窑等不同说法，但从部分作品的造型特征，以及"盈"字款目前均见于邢窑系白瓷，故有理由推测其或是来自河北邢窑系窑场所生产。唐李吉甫《元和郡县志》载巩县窑曾于开元间贡白瓷器，宋欧阳修《新唐书》则载邢州巨鹿郡土贡瓷器，河南府土贡埏埴碗、缶¹⁶⁹。王永兴认为《新唐书·地理志》所载土贡时间约是在长庆四年（824）或稍后，又可称之为"长庆贡"。¹⁷⁰ 由于内藏库物还可经由赏赐、供军、马市等方式而流通¹⁷¹，故不排除装载有宝历二年（826）纪年长沙窑瓷的"黑石号"沉船中的"进奉"铭白釉绿彩陶，可能即长庆年间的贡品之一。文献不乏唐代波斯、大食使节来华进献的记录，¹⁷² 但《资治通鉴》所载长庆四年有波斯人李苏沙进献沉香亭材予敬宗修葺宫室，则可确定是乘船由海路而来，¹⁷³ "黑石号"所属波斯商贾或许亦如李苏沙般在进献方物的同时，经由皇帝赏赐或与朝廷指派的"宫市使"进行交易等多种途径，¹⁷⁴ 获致原本收纳于大盈内库中的器物，这从中国出土的"盈"款陶瓷并不限于宫廷遗迹一事亦可窥知其同时具有的商品性质。无论如何，从伊拉克萨马拉遗迹出土之白釉绿彩陶或绿釉陶均只发现于教主大宫殿或后宫房舍，可知这类彩

---

165 室永芳三：《唐末内库の存在形态について》，《史渊》101（1969），页93-109。
166 谢明良：《有关"官"和"新官"款白瓷官字涵义的几个问题》，《故宫学术季刊》5卷2期（1987），页11。
167 孔祥星：《中国古代铜镜》（北京：文物出版社，1984），页177-179。
168 卢兆荫：《从考古发现看唐代的金银"进奉"之风》，《考古》1982年2期，页173-179。
169 王永兴编：《隋唐五代经济史料汇编校注》第一编下（北京：中华书局，1987），页413、423、447、467。
170 王永兴：《唐代土贡资料系年——唐代土贡研究之一》，《北京大学学报》1982年4期，页60-65转页59。
171 中村裕一：《唐代内藏库の变容—进奉を中心に》，《侍兼山論叢》4（1971），页160-162，表二。
172 方豪：《中西交通史》（台北：华冈出版有限公司，1953），页133-138。
173 中村久四郎：《唐时代の广东》（三），《史学杂誌》28篇5号（1917），页491-492。
174 《资治通鉴》卷235贞元十三年（797）十二月条载："先是，宫中市外间物，令官吏主之，随给其值，比岁，以宦者为使，谓之宫市。"

釉陶颇受伊斯兰教主的青睐。[175] 其次，十一世纪波斯历史学家贝伊哈齐（Bayhaqi，995～1077）记述哈里发哈仑（Caliph Harun，786～806）在位期间，呼罗珊总督阿里·本·爱薛（Ali b. Isa）曾向巴格达的哈里发贡献了两千件精美的日用瓷器，其中包括二十件（俄文本译二百件）哈里发宫廷也从没见过的"中国天子御用的瓷器"（Chini Faghfuri）[176]。虽然后者作品的具体面貌已不得而知，但"盈"和"进奉"铭陶瓷正是唐代皇帝的御用陶瓷之一。

尽管从"黑石号"的沉没地点和文献所记录的航道，可以大致地复原"黑石号"沉船原本预定完成的航程。但应留意的是，从"黑石号"沉没地点勿里洞岛的地理位置，以及苏门答腊西南部 Bengkulu 遗迹据说亦曾出土唐代青瓷等看来，[177] 亦不排除"黑石号"沉船原本或拟采行穿越巽他海峡（Selat Sunda）航行苏门答腊南部的航线，[178] 但此还有待日后进一步的资料来解决。另外，输往波斯湾的唐代物资所采行航线亦不一而足，特别是如泰国南部 Ko Kho Khao 和 Laem Pho 遗址发现的唐代陶瓷，[179] 或许有可能是采用自个罗国（马来半岛西岸，今吉打）北上哥谷罗国（克拉地峡西南岸），沿岸航行的路线。值得一提的是，泰国林文波等遗址出土的陶瓷与"黑石号"沉船及波斯湾沿岸等遗迹出土陶瓷种类颇为相近，其不仅见有伊斯兰釉陶，且包括有长沙窑彩瓷、越窑青瓷、广东窑系青瓷、邢窑系白瓷、巩县白瓷和白釉绿彩陶；越南惠安外岛守岛（Cu Lao Thu）也曾出土唐代白瓷、青瓷、长沙窑和伊斯兰青釉陶器[180]，再次表明上述陶瓷是九世纪中国输往南海各国的基本组合。与此相对，东北亚日本虽屡见长沙窑、越窑、邢窑系白瓷和伊斯兰釉陶器，却基本未见唐代广东窑系作品。其次，九州福冈市柏原 M 遗迹既出土与萨马拉遗址

175　Friedrich Sarre，同注（67），页 230。

176　张广达：《西域史地丛稿初编》（上海：上海古籍出版社，1995），页 451。

177　三上次男，同注（70），页 338。

178　足立喜六曾经指出贾耽在提及诃陵国后，所说"又西出硖三日至葛葛僧祇国"之"硖"系指巽他海峡（Selat Sunda），进而主张九世纪中国与印度海上主要航路是采用苏门答腊岛南部路线（参见同氏：《九世紀に于ける蘇馬達島南の航路に関する研究》，《史学雜誌》49 篇 4 号，页 1-32；49 篇 5 号，页 48-93，1938 年）。虽然，其他地名的考释颇多误植而招致批判（参见山本达郎：《足立喜六氏の"九世紀に于ける蘇馬達島南の航路に関する研究"を讀む》，《史学雜誌》49 篇 11 号，页 75-91, 1938 年），但此一航线值得留意。

179　何翠媚（田中和彦译），同注（151），页 53-80。另外，何氏观察到 Laem Pho 遗址出土中国陶瓷数量多，伊斯兰陶器少见；相对地，Ko Kho Khao 遗址则伊斯兰陶器量大而中国陶瓷少，进而推测商船需一度于 Laem Pho 靠岸，转经陆路再由 Ko Kho Khao 出港。另外，近年青柳洋治《南海の陶磁贸易—西から東，東から西へ》，《季刊考古学》66（1999），页 55 亦有类似的看法。我对于这样迂回的货物转运方式持保留的态度。

180　长谷部乐尔：《陶磁器の東西交涉》，《出光美術館館報》114（2001），页 11。

类似的晚唐多彩铅釉陶和白釉绿彩陶（图110），[181]著名的鸿胪馆迹亦曾出土白釉绿彩陶。[182]此外，从平安朝文献《经国集》收录的《和出云太守茶歌》之"起巩县埦商家盘"诗文内容，推测日本遗迹出土的白瓷当中应包括部分的巩县窑白瓷碗在内。[183]因此，就日本遗迹所见唐代陶瓷的种类组合以及中日交通航线看来，扬州无疑也是日方取得陶瓷等物资的重要据点之一，而主要从事南海贸易的广州则和日本关系相对淡薄。

虽然唐代陶瓷的造型或装饰曾受到金银器的影响已是学界的常识，但"黑石号"沉船则以具体的共伴例证再次说明该一事实。如与沉船四曲银杯或金杯（图111）相同的器形亦见于同船的越窑（同图34）和长沙窑（图112）；白釉绿彩四花口碗之造型及碗心的模印贴花饰（同图64）也和沉船的花式口银碗一致（图113），至于数量庞大的长沙窑注壶壶肩模印贴花上施以团扇形褐斑之装饰意念，无疑也是意图模仿银器鎏金的效果。相对于初唐和盛唐时期陶瓷经常于器上装饰仿金银器捶揲的模印贴饰，中晚唐时期陶瓷除仍继承此一装饰技法之外，另出现了不少以刻划技法勾勒纹样的作品，而前述白釉绿彩陶等作品上的菱形花叶纹划花图样（同图68）之原型，可能即来自盛唐三彩模印贴花的类似图纹（图114），[184]后者之祖型则又是来自金银器的捶揲工艺。[185]沉船金器当中包括有以錾刻技法装饰图纹的作品，可推测中晚唐陶瓷上的刻划花技法或许也是得自金银器饰的启示，如沉船中带阴刻纹样的越窑青瓷四方花口碟（同图19）的器形和装饰作风，就和沉船的金碟大体一致（图115）。其次，白釉绿彩陶的菱形花叶纹饰于北宋早期的铅釉陶上亦可见到（图116），[186]至于在器胎阴刻纹饰而后施罩多彩铅釉的所谓辽三彩，也有可能是承袭晚唐以来刻线纹铅釉陶器的传统进一步发展而来的。

另一方面，历来有不少学者曾指出刻线纹彩釉伊斯兰陶器是受到唐三彩的影

181　山崎纯男：《福冈市柏原M遗迹出土の唐三彩》，《九州考古学》58（1983），页4，图2。
182　福冈市教育委员会：《鸿胪馆迹4—平成四年度发掘调查概要报告》，福冈市埋藏文化财调查报告书第372集（1994），卷头图版一之（2）。
183　谢明良：《日本出土唐宋时代陶瓷及其有关问题》，《故宫学术季刊》13卷4期，（1996）页111。
184　佐藤雅彦等编：《世界陶磁全集》11（东京：小学馆，1976），页135，图117。
185　三上次男：《唐三彩鳳首パルメット文の水注とその周辺》，《国華》960（1973），页5–10及页8，插图3。
186　内蒙古自治区文物工作队（李逸友）：《和林格尔县土城子古墓发掘简介》，《文物》1961年9期，页1图1。矢部良明认为该作品是五代至北宋初河北省以南窑场所生产。参见同氏：《晚唐、五代の陶磁》，收入佐藤雅彦等编：《世界陶磁全集》11（东京：小学馆，1976），页288。

响才出现的（图117）。[187] 就目前伊斯兰陶器的编年看来，该类刻线纹彩釉陶约始于十世纪，[188] 由于萨马拉遗址或估计是航向波斯湾的"黑石号"沉船均见刻线纹白釉绿彩陶，而盛唐三彩又几乎未见以线刻技法勾勒具体图纹的作品。因此，更正确的说法应该是，伊斯兰刻线纹彩釉陶器乃是受到晚唐铅釉陶器的启示。此外，学界对于分别见于中国和伊斯兰陶瓷的所谓夹耳罐之祖型来源亦存在着不同的见解。[189] 中国制造的夹耳罐虽曾见于湖南长沙窑窑址，[190] 其中，见于正式发掘报告书的廖家坝窑址地层已经扰乱，只能推测得知其相对年代是于晚唐咸通以后至五代间。就此而言，九世纪前半"黑石号"沉船所出长沙窑青釉夹耳罐（图118）就显得至为重要。由于伊斯兰陶夹耳罐有不少饰有"虹彩"（lustre）（图119），而后者之年代约于九世纪末至十世纪，[191] 故可推测伊斯兰陶器夹耳罐可能是受到中国的影响。不过，就如"黑石号"沉船所见构思极为巧妙的长沙窑夹耳罐是中国前所未见的新器式，同时长沙窑烧制的带流瓷灯采用盏唇搭柱的燃灯方式明显又是受到外来灯具的影响，[192] 因此也不排除长沙窑的陶工是心系中近东地区销售市场的品位好尚而创造出的罐式。

　　[本文部分内容原本是为可望于近期出版的英文版"黑石号"沉船调查报告书所撰写的解说，承蒙沉船发掘单位的好意，在此略作增补先行以中文发表。原载《台湾大学美术史研究集刊》第13期，2002；后又由水上和则氏译成日文，刊载于《亚洲古陶瓷研究》No.Ⅰ（亚洲古陶瓷学会，2004）]

187　三上次男：《ペルシア陶器》（东京：中央公论美术出版社，1969），页59。
188　佐佐木达夫：《初期イスラム陶器の年代》，《東洋陶磁学会会報》15（1991），页3。
189　谢明良：《略谈夹耳罐》，《故宫文物月刊》184（1998），页16–31。
190　长沙市文化局文物组（萧湘），同注（25），图版五之8（廖家坝出土）。此外，从长沙窑课题组编：《长沙窑》（北京：紫禁城出版社，1996），页40，得知蓝岸嘴和谭家山窑址亦出土了夹耳罐，蓝岸嘴作品线图参见同书页47图45。
191　佐佐木达夫，同注（188），页3；同注（100），页78。
192　孙机：《摩羯灯——兼谈与其相关的问题》，《文物》1986年12期，页76。

记"黑石号"（Batu Hitam）沉船中的中国陶瓷器   113

图 1　广东窑系青瓷双系带流罐"黑石号"

图 2-a　广东窑系青瓷四花口碗"黑石号"

图 2-b　同上底部

图 3　广东窑系青瓷褒底钵"黑石号"

图 4　广东窑系青瓷碗"黑石号"

图 5　青瓷四花口碗
　　　广东梅县水车窑窑址出土

图 6　邢窑系白瓷执壶 "黑石号"

图 7　邢窑系白瓷碗 "黑石号"

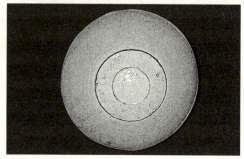

图 8　邢窑系玉璧形足白瓷碗 "黑石号"

图 9　邢窑系白瓷杯 "黑石号"

图 10　邢窑系白瓷托 "黑石号"

图 11　邢窑系白瓷碗
　　　　广州姚潭墓（858）出土

图 12　邢窑白瓷碗
　　　　河北临城邢窑窑址出土

图 13　长沙窑青瓷茶盏 "黑石号"

图 14　长沙窑 "开成三年" 铭青瓷碗
　　　　东京国立博物馆藏

图 15　长沙窑贴花褐斑纹青瓷注壶 "黑石号"

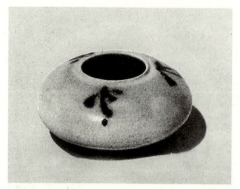

图 16　长沙窑青瓷小盂"黑石号"

图 17　长沙窑露胎青瓷碟"黑石号"

图 18　越窑青瓷玉璧形足碗"黑石号"

图 19　越窑青瓷划花四方碟"黑石号"

图 20　越窑青瓷唾壶"黑石号"

图 21a　长沙窑青瓷碗"黑石号"

记"黑石号"(Batu Hitam)沉船中的中国陶瓷器   117

图 21b "宝历二年七月十六日"铭

图 22 长沙窑青瓷碗"黑石号"

图 23 长沙窑青瓷花卉纹碗"黑石号"

图 24 长沙窑青瓷云纹碗"黑石号"

图 25 长沙窑青瓷凤纹碗"黑石号"

图26 长沙窑青瓷鸟衔绶带纹碗"黑石号"

图27 长沙窑青瓷摩羯鱼纹碗"黑石号"

图28 长沙窑青瓷卷发人物纹碗"黑石号"

图29 书有"石渚盂子"字铭的长沙窑碗

图30 越窑青瓷划花四花口碗"黑石号"

图31 越窑青瓷执壶"黑石号"

记"黑石号"(Batu Hitam)沉船中的中国陶瓷器　119

图32　越窑青瓷盖盒"黑石号"

图33　越窑青瓷划花鱼形穿带壶"黑石号"

图34　越窑青瓷四花口钵"黑石号"

图35　越窑青瓷折沿盆
陕西扶风法门寺地宫出土

图36　越窑青瓷镂空熏盒"黑石号"

图37　越窑青瓷带系盆"黑石号"

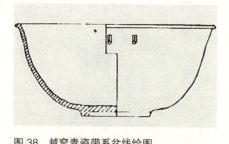

图 38　越窑青瓷带系盆线绘图

图 39　越窑青瓷执壶
浙江绍兴王叔文夫人（810）墓出土

图 40　越窑青瓷划花穿带壶
河南三门峡市张弘庆墓出土

图 41　越窑青瓷划花穿带壶"黑石号"

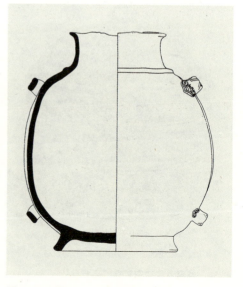

图 42-a　白釉绿彩穿带壶"黑石号"

图 42-b　同 42-a　线绘图

记 "黑石号"（Batu Hitam）沉船中的中国陶瓷器

图 43　邢窑系白瓷穿带壶 "黑石号"

图 44　邢窑系白瓷盖罐 "黑石号"

图 45　邢窑系白瓷带流壶 "黑石号"

图 46　白瓷盖罐
　　　　河南巩义市薛府君（851）
　　　　墓出土

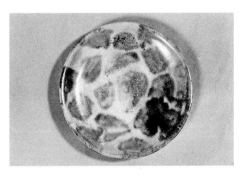

图 47　白釉绿彩盘 "黑石号"

图 48　白釉绿彩杯 "黑石号"

图 49　绿釉执壶 "黑石号"

图 50　白釉绿彩盖罐 "黑石号"

图 51-a　白釉绿彩盖盒 "黑石号"

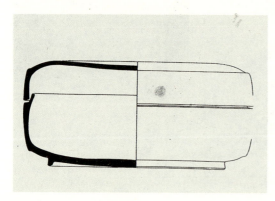
图 51-b　同 51-a　线绘图

图 51-c　同 51-a　盖面划花纹饰

记"黑石号"(Batu Hitam)沉船中的中国陶瓷器   123

图 52　白釉绿彩杯 "黑石号"

图 53　白釉绿彩四花口盘 "黑石号"

图 54　白釉绿彩碗 "黑石号"

图 55　绿彩钵 "黑石号"

图 56-a　白釉绿彩盆 "黑石号"

图 56-b　盆底所见三叉支烧具痕迹

图 57-a　白釉绿彩三足盖盂 "黑石号"

图 57-b　同 57-a　线绘图

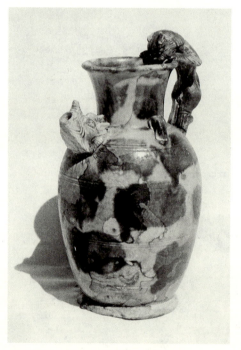

图 58-a　白釉绿彩执壶 "黑石号"

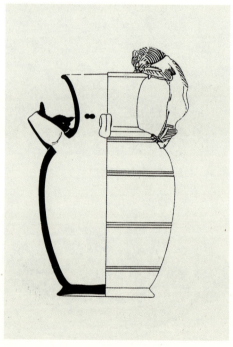

图 58-b　同 58-a　线绘图

图59 白釉绿彩执壶
　　　河南安阳薛家庄出土

图60 黄釉执壶
　　　山西长治市宋嘉进（792）墓出土

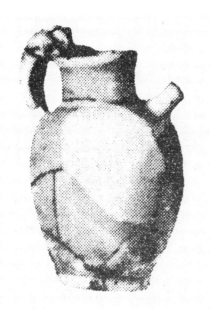

图61 白瓷执壶
　　　西安白鹿原第十四号唐墓出土

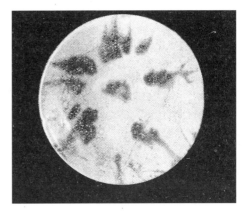

图62 白釉绿彩四花口碟
　　　扬州唐城遗址出土

图 63 白釉绿彩四花口碟 "黑石号"

图 64 白釉黄绿彩贴花龙纹碗 "黑石号"

图 65 白釉黄绿彩贴花龙纹碗
扬州唐代遗址出土

图 66 白釉绿彩盆
扬州唐代遗址出土

记 "黑石号"（Batu Hitam）沉船中的中国陶瓷器

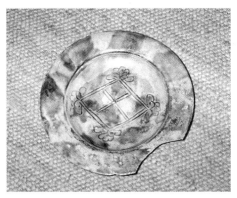

图 68-a　白釉绿彩折沿盘 "黑石号"

图 67　白釉绿彩折沿盘
　　　扬州唐代遗址出土

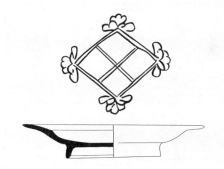

图 68-b　同 68-a　线绘图

图 69-a　白釉绿彩四花口碟 "黑石号"

图 69-b　同 69-a　碟心划花纹饰

图 70-b　同 70-a　壶身划花纹饰（局部）

图 70-a　白釉绿彩高足把壶
　　　　"黑石号"

图 71-a　绿釉龙首椁 "黑石号"

图 71-b　白釉绿彩高足把壶
　　　　和绿釉龙首椁

图 71-c　日本法隆寺传世的镀金、银铜瓶

记"黑石号"(Batu Hitam)沉船中的中国陶瓷器   129

图72-a　白釉绿彩大罐"黑石号"

图72-b　同72-a　罐身阴刻纹饰

图73　伊斯兰锡釉陶　九世纪
　　　Victoria and Albert Museum 藏

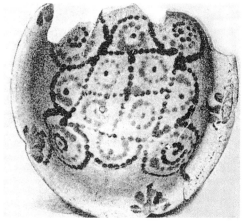

图74　长沙窑釉下彩绘碗　长沙窑窑址出土

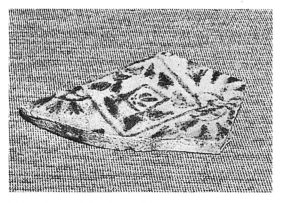

图75　唐青花瓷片　扬州唐代遗址出土

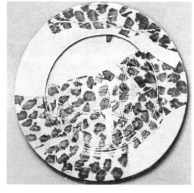

图76　白釉绿彩菱形花叶划花纹折沿盘
　　　伊拉克萨马拉遗址出土

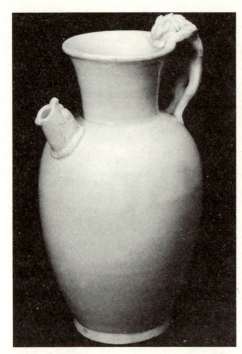

图 77　白瓷执壶
　　　　台湾私人藏

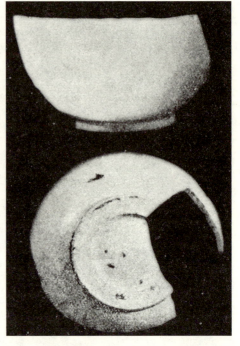

图 78　邢窑白瓷碗
　　　　河北内丘邢窑窑址出土

图 79　白釉绿彩碗
　　　　"黑石号"

图 80　白釉绿彩碗所见玉璧形足

记"黑石号"（Batu Hitam）沉船中的中国陶瓷器   131

图 81-a　绿釉花口碗 "黑石号"

图 81-b　同 81-a
外底所见 "盈" 字款

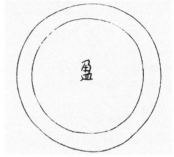

图 81-c　同 81-b　线绘图

图 82　邢窑白瓷 "盈" 字款残片
河北内丘邢窑窑址出土

图 83　白釉绿彩杯

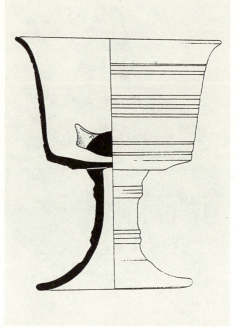

图 84-a 白釉绿彩高足杯 "黑石号"　　　　图 84-b 同 84-a 线绘图

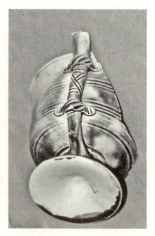

图 85-a 白釉绿彩吸杯 "黑石号"　图 85-b 同左　　图 85-c 同左

记 "黑石号"（Batu Hitam）沉船中的中国陶瓷器   133

图 86-a 白釉绿彩吸杯
　　　　"黑石号"

图 86-b 同 86-a 俯视图

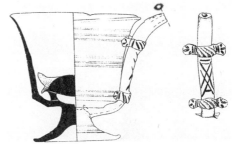

图 86-c 同 86-a 线绘图

图 87 绿釉吸杯 Guimet Museum 藏

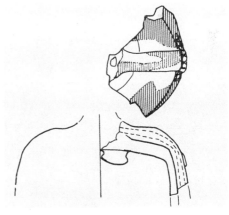

图 88 白釉绿彩吸杯残件线绘图

图89 青花瓷盘"黑石号"

图90 青花瓷盘"黑石号"

图91 青花瓷盘"黑石号"

图93 巩县窑系白瓷碗"黑石号"

图92 青花瓷残片
　　　扬州唐代遗址出土

记"黑石号"(Batu Hitam)沉船中的中国陶瓷器　　135

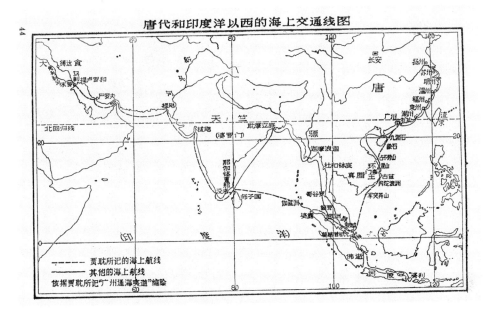

图 94　唐代和印度洋以西的海上交通线图

图 95　青釉带系大罐
　　　　巴基斯坦 Banbhore 遗址出土

图 96　青釉带系大罐
　　　　"黑石号"

图97　白釉绿彩残件线绘图

图98　长沙窑青瓷犬
"黑石号"

图99　长沙窑酱釉瓷狮
扬州唐代遗址出土

图100　玻璃瓶
"黑石号"

图101　青瓷带系带流罐
扬州出土

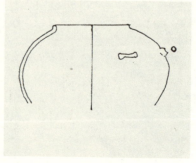
图102　青瓷带系带流罐线绘图

记 "黑石号"（Batu Hitam）沉船中的中国陶瓷器　　137

图 103　白釉绿彩碗碗心所见龙纹贴饰
　　　　伊朗 Nishapur 遗址出土

图 104　伊斯兰翡翠蓝釉陶罐 "黑石号"

图 105　伊斯兰翡翠蓝釉陶罐 "黑石号"

图 106　伊斯兰翡翠蓝釉陶罐　扬州出土

图107 伊斯兰釉陶罐
伊朗 Siraf 遗址出土

图108-a 白釉绿彩折沿盘
"黑石号"

图108-b 同108-a
外底"进奉"字铭

图108-c 同108-b 线描图

图109-a 八卦纹铜镜
"黑石号"

图109-b 同109-a 局部

图 110　晚唐多彩铅釉陶和白釉绿彩陶残片
　　　　日本福冈市柏原 M 遗迹出土

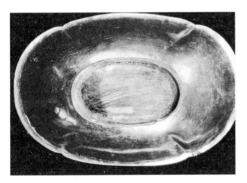

图 111　四花口金杯
　　　　"黑石号"

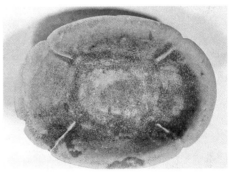

图 112　长沙窑绿釉四花口杯
　　　　"黑石号"

图 113　鎏金银碗
　　　　"黑石号"

图 114　唐三彩凤首把瓶
　　　　日本私人藏

图 116　铅釉盘口穿带瓶
　　　　内蒙古和林格尔出土

图 115　四方金碟"黑石号"

图 117　伊斯兰三彩划花纹碗

图 118　长沙窑青瓷夹耳罐
　　　　"黑石号"

图 119　伊斯兰虹彩夹耳罐
　　　　Chicago Art Institute 藏

清宫旧藏日本和东南亚陶瓷

记台北故宫博物院所藏的伊万里瓷器

陶瓷作为文明交流的物证之一，其在当今史学领域所扮演的积极角色，早已为人们熟知。有关中国陶瓷的输出盛况及给予外国窑业的影响或中国陶瓷在国外各消费地之文化史考察，几十年来已经累积了丰硕的成果，使得我们对于中国历代外销瓷的理解和定位逐步深入，并且获益良多。

另一方面，就与中国有关的贸易陶瓷之研究而言，却也不难察觉到前辈学者的诸多业绩均集中于外国出土或传世中国陶瓷的讨论，对于外国陶瓷曾经传入中国一事，除了近年由考古发掘得知福建福州、江苏扬州、广西容县和桂林出土有波斯釉陶器，[1] 浙江杭州、江苏扬州、河北石家庄市等地发现有高丽青瓷等少数例子之外，[2] 其余研究可说付之阙如。虽然从历史的经验可以轻易地理解到，文明间的交往固有强弱势之分，却很难止于单向式的传播，可惜中国本土极少出土这类资料，同时也乏流传有绪的传世实物，难为无米之炊，遂形成研究史上的空白。

数年前，我有幸参与台北故宫博物院的文物清点工作，才意外得知在台北故宫博物院所藏两万余件陶瓷当中，事实上包括了若干欧洲、东南亚、朝鲜半岛和日本的作品，其中又以日本陶瓷的数量最多。后者包括了京都地区生产的所谓京烧系陶瓷、石川县江沼郡山中町的九谷烧，以及九州佐贺县有田町一带所烧造的伊万里烧等作品。其中又以伊万里瓷的数量最多，作品的存续时代也最长，足以

---

1 何翠媚（佐佐木达夫译）:《9-10世纪の東、南アジアにおける西アジア陶の意義》,《贸易陶磁研究》14（1994），页35-59。

2 Feng Xian Ming, *Prerasian and Korean Ceramics Unearthed in China*, Orientation, 1986, May, pp.47-53. 扬州博物馆等:《扬州古陶瓷》（北京：文物出版社，1996），附图5。河北省文物研究所（王会民等）:《石家庄市后太保元代史氏墓群发掘简报》,《文物》1996年9期，页52，图17。后者高丽青瓷出土于一号墓，报告书推测墓是1275年史天泽墓。

反映台北故宫博物院所藏日本陶瓷的年代跨幅及其主要内容。因此，本文拟以当时参与清点时所做的粗略笔记为基础，随处参酌日本陶瓷史的研究成果，尝试将台北故宫博物院收藏的伊万里陶瓷做一初步的介绍。此外，为避免涉及藏品时行文过于突兀，以下拟采取将个别作品置于陶瓷史之发展脉络中进行观察的叙述方式，并略做必要的背景交代。

一、故宫博物院的成立

为了明确故宫博物院所藏包括伊万里瓷器在内的陶瓷均属清宫旧藏，以便作为讨论的基础，不能不先就故宫博物院的设置和文物典藏历史做一说明。众所周知，辛亥革命（1911）成功后建立的中华民国所属之教育部于民国二年（1913）已设置历史博物馆筹备处于国子监，民国三年（1914）内务部成立古物陈列所，将沈阳故宫、热河行宫、颐和园、静颐园的文物和南薰殿供奉的历代帝王像移至故宫外廷的文华殿及武英殿陈列展出。民国五年（1916）正式成立历史博物馆，主要收藏清内阁大库明清档案和国子监太学祭器，后又于南京成立中央博物院筹备处，并在民国二十二年（1933）将古物陈列所和历史博物馆文物拨交中央博物院。[3]

故宫博物院设立于民国十四年（1925）。民国二十年（1931）中日战争爆发，为免殃及古物，故在民国二十二年（1933）将故宫博物院、古物陈列所、国子监文物运往上海，一九三六年后南京朝天宫库房建成，又将原存上海的文物迁至南京。此后国共内战，北平故宫博物院及中央博物院理事开会决议获准于民国三十七年（1948）从中挑选较珍贵者分三批运抵台湾。最先寄存于台中台糖仓库，后在雾峰乡吉峰村的北沟倚山建库房。一九五五年，故宫、"中央联合管理处"经"教育部"改组为"故宫中央博物院联合管理处"，并在一九六五年合并两院，改称台北"故宫博物院"，院址迁至台北士林外双溪。[4] 因此现今文物主要来自北平清宫旧藏，部分则是由北平古物陈列所移交中央博物院的原属辽宁沈阳行宫和热河承德避暑山庄的藏器，所以包括了北平、辽宁、热河三个故宫收藏品。

早在迁台前的故宫博物院已成立古物、图书及文献三馆，工作的项目之一是

---

3 台北故宫博物院编撰：《故宫七十星霜》，（台北：台湾商务印书馆，1995），页147。
4 台北故宫博物院编撰：同上注，页86-92及页121、153-159、163-164。另外，有关故宫博物院的收藏史可参见张临生：《"国立"故宫博物院收藏源流史略》，《故宫学术季刊》13卷3期（1996），页1-82。

各自提取本馆保管的文物赴各馆库房整理编目，各文物代号则分别表示原收藏处所，故时至今日我们仍可幸运地从各典藏号中识别出属原中央博物院或故宫博物院的藏品，及其在清宫中的正确陈设收藏地点，并且可与故宫迁台后所接受寄赠或添购的作品区别开来。就台北故宫博物院所藏的日本陶瓷而言，绝大多数属北平清宫旧藏，少部分属中央博物院藏品，后者主要是来自北平古物陈列所。据《内务部古物陈列所书画目录》龚心湛序载："乾隆朝，剖内府所藏，分储奉天、热河两行宫，备巡幸御览"，则中央博物院藏品原亦为清宫内府藏器。[5] 无论如何，从故宫所藏日本陶瓷的典藏号可知，其均属迁台前的清宫文物，故其下限基本上不得晚于中华民国元年，即1912年。如前所述，故宫所藏日本陶瓷以所谓伊万里瓷数量最多，为了提供讨论时之必要的背景资料，以下拟先就围绕于伊万里瓷器的几个和中国陶瓷有关的问题做一梳理。

二、伊万里瓷器的出现和中日陶瓷贸易的消长

其实，所谓伊万里瓷器或伊万里烧并非来自行政地名的伊万里市所生产。就行政区划而言，伊万里地区除了大川内山、市ノ瀬山等少数瓷窑之外，[6] 绝大多数的伊万里瓷器均来自江户时期佐贺藩西部、有田及其邻近地区（今九州佐贺县有田町）瓷窑所烧制。由于有田瓷器多由伊万里港装载泛洋，遂被当时的瓷商或消费地人们冠以伊万里烧之名。换言之，该一称谓是因消费地、装运地点而得名。从京都金阁寺住持凤林和尚《隔蓂记》宽永十六年（1639）闰十一月十三日条载："今利烧实染渍之香合"，或宽永十五年（1638）俳谐师松江重赖之《毛吹草》在介绍诸国古今名产时，提到肥前有"唐津今利ノ烧物"[7]，所谓"今利"（Imari）即"伊万里"（Imari），可知该称呼由来已久，其又与唐津烧被统称为肥前陶瓷。[8]

---

5 蒋复璁：《故宫博物院的收藏》，原载《国魂》260期，收入同氏《珍帚斋文集》（台北：台湾商务印书馆，1985），页165。

6 前山博：《伊万里烧流通史の研究》（佐贺县：诚文堂，1990），页15。

7 矢部良明：《日本陶磁の一万二千年》（东京：平凡社，1994）页372；另前山博，前引书，页31-32。

8 大桥康二：《肥前磁》（东京：ユーサイエンス社，1989），页6。此外，应该指出的是部分西方学者对于"伊万里"的分类与日方学者略有不同，亦即将柿右卫门样式以外的彩绘瓷称为"伊万里"；并以"有田"一名概括肥前的青花瓷器。其简短的批判可参见西田宏子：《宫廷を饰った磁器展》，收入《宫廷の陶磁器》（京都：同朋舍，1994），页307。

依据目前的通说，肥前瓷器的开窑是肇因于丰臣秀吉出兵朝鲜，后由锅岛军带领回国的朝鲜陶工于有田边研制完成的。文献记载，参与文禄、庆长朝鲜战役的九州大名锅岛直茂归国时曾带回数名烧瓷巧匠[9]，其中即包括了发现泉山瓷矿，成功地烧造出瓷器被尊为有田烧陶祖的朝鲜归化人李参平。

传说陶工李参平的日文名为金ケ江三兵卫。文化二年（1805）多久古文书《金ケ江三兵卫由绪之事》或文化四年（1807）《金ケ江诉愿书》记载，往来各地探寻佐贺领内瓷土矿的金ケ江三兵卫，最后终于在泉山发现陶石，同时选定立地条件优良、拥有烧窑所需松木燃料的上白川天狗谷筑窑制瓷。[10] 锅岛家内库所之《皿山金ケ江三兵卫高丽より罢越候书立》载录："吾（金ケ江三兵卫本人）曾侍奉随从多久大人数年，往后至今已届三十八载，丙辰三年迁往有田皿山。从多久迁赴有田者计十八人，此均系吾之子（族子？），可为陶事。"[11] 据此，推测完成于承应二年（1653）之上述记载的三十八年前正值元和二年即丙辰年（1616），故当今学者一般都以元和二年作为初代金ケ江三兵卫于上白川天狗谷窑的开窑年代，亦即日本瓷器创烧的年代上限。[12] 另一方面，一九六五年至一九七〇年六次发掘佐贺县有田町上白川天狗谷窑群，则证实了天狗谷窑至少存在六座窑炉，如果依据热残留瓷器年代测定，在时代上属第二古老的 A 窑之废弃年代约为 1614／15±12 年，故位于最下层的 E 窑之开窑年代应更早。总之，天狗谷窑的创烧年代至迟不晚于元和二年（1616），或许是因该年对于传说中以李参平为首的陶工集

9　《锅岛直茂公谱》："直茂公朝鲜归阵ノ時日本ノ宝ニ可被成卜烧物师上手头立候者六七人被召连佐嘉郡金立山ノ麓ニ召置し烧物仕候庆长ノ末伊万里乡ノ内藤ノ河内へ相移サル夫ヨリ日本人見习ヒ伊万里有田方方ニテ製造致シ候由元和ノ始ナソ"。此转引自西田宏子：《古伊万里》，日本陶磁全集 23（东京：中央公论社：1976），页 51。

10　《金ケ江三兵衛由緒之事》："长门守より請御意烧物試之蒙御免許候故御国中烧物土見巡リ於所所烧方相整候内於有田郷最上之土見出候ニ付同郷上白川と申所へ致住居烧物仕立段段繁昌云云……"《金ケ江訴願書》："其砌皿山之儀者至而深山ニ而田中村と申人家飛飛ニ有之譏之田　ニ而百姓相立居候も其末右唐人御含により段段見迴を候外今之泉山へ陶器土見當り第一水木宜敷最初者白川天狗谷に釜を立云云……"。此参见矢部良明：《伊万里》日本陶磁大系 19（東京：平凡社，1989），页 98。

11　原文为："某事，高麗ヨリ罷渡数年，长门守樣へ被召仕今年三十八年間丙辰之年ヨリ有田皿山□□ニ罷移申候多久より同前に罷移候者十八人被者共ハ某子ニ而御座候…己四月廿日，有田皿山三兵衞"，其文意有若干难解之处，此系参见三上次男的日文意译译成。见三上次男：《有田磁器と李参平》，《歴史と人物》1975 年 2 期，页 85。

12　详参见永竹威：《肥前陶磁史総論》，收入《世界陶磁全集》卷 8（东京：小学馆，1978），页 128–132。

团有着重要的纪念意义才特别予以强调。[13] 看来，天狗谷窑的开窑，即日本瓷器的起源应可早至十七世纪最初期。[14] 至于李参平其人，也由于一九六〇年代于天狗谷附近的白川墓群发现镌刻有"……祖月窗净心居士八月十一日同名三兵卫敬建之"铭文石碑，以及西有田龙泉寺过去帐之"月窗净心、上白川三兵卫、明历元年八月十一日"的记载，[15] 证明确是随锅岛直茂军归化日本的朝鲜陶工。[16]

窑址调查发掘表明，草创期的伊万里系瓷器无论在成形或装烧技法等方面都曾受古唐津系炻器的影响。白瓷、青花白瓷、青花青瓷成品不甚稳定，纹饰的表现仍具李朝样式。至十七世纪二十年代烧瓷技术渐趋完善，造型虽依稀可见李朝的影响，但纹饰的表现已开始融入中国样式，此后至四十年代宽永末期产品才趋于成熟。[17] 虽然从宽永十五年（1638）《毛吹草》的记载可知，伊万里瓷在当时已作为肥前的特产销往京都一带，但文献记载、传世作品或考古发掘都显示出中国明代天启、崇祯时期于景德镇烧制的所谓"古染付""祥瑞"等以青花瓷为主的作品，依然是京洛地区茶人憧憬的器具；[18] 近年更证实当时有不少福建平和县漳州窑作品曾销往日本。[19]

十七世纪初期将中国陶瓷运销日本的除了有葡萄牙船、日本船、中国船之外，荷兰人亦于庆长十四年（1609）在平户设置商馆之后不久的庆长十八年（1613）加入中国陶瓷输日的贸易行列，获得可观的利润。依据荷兰方面的文书记录，相对于宽永十五年（1638）之前数年，几乎每年都有动辄以万计或十万计的陶瓷输入日本，宽永十五年后却只能见到少数零星陶瓷输日，而该一情况也反映在由中国商人经手的输日陶瓷贸易活动当中。换言之，中国陶瓷的对外输出于十七世纪

13　三上次男：《天狗谷古窑址群とその磁器》，收入《有田天狗谷古窑》（佐贺县：有田町教育委员会，1972），页188–189。

14　自天狗谷窑址发掘以来，对于其烧瓷年代的起源虽推早至十七世纪初，但仍有庆长十年（1605）说和庆长十五年（1610）等不同推测。前者见永竹威：《肥前陶磁の系谱》（东京：名著出版，1974），页266；后者见矢部良明，同注（10），页100。

15　池田忠一：《陶祖、李参平の实像を追う》，《日本陶磁器の源流》（东京：产报ジャーナル，1977），页76–80。

16　详参见三上次男，同注（11），页78–88。

17　详参见矢部良明，同注（10），页101。

18　详参见西田宏子，同注（9），页51–52。

19　详见《明末清初福建沿海贸易陶瓷的研究—漳州窑出土青花、赤绘瓷与日本出土中国外SWATOW》资料集（1994）及《福建省漳州窑系陶器についてⅡ》（西田记念东洋陶磁史研究グループ等，1994）所收录的诸论文。

中期已渐处于低迷的状态。[20] 沃克（T. Volker）征引荷兰东印度公司文书记载指出，一六四四年时"由于中国内乱，瓷器产地遭战火波及，几乎没有任何精良瓷器装运上船"；一六四五年"中国内乱波及贸易，只有一千三百件的大桶由福州运往台湾"；至一六五二年"中国本土因战乱，因此连一件瓷器都未运到台湾"。[21] 这比起宽永十六年（1639）有五十四万八千件的中国陶瓷由台湾商馆运往波斯，或此前宽永十五年（1638）有八十九万余件的中国陶瓷经由台湾运往荷兰和印度一事不可同日而语。[22] 由于明末政情动荡不安影响到中国南部景德镇等瓷窑产区，致使中国陶瓷无论在质或量上均难以满足广大的海外市场，而此时正是日本瓷器生产趋于成熟的时期，日本陶瓷遂乘虚成为中国陶瓷的替代品。

以往多数学者都依据荷兰东印度公司的记录，主张日本陶瓷外销始于庆安三年（1650），一艘由长崎经台湾航向东京（今越南北部）荷兰籍商船所装载的"瓷器一百四十五件，各种粗制的盘类"。[23] 近年山胁悌二郎则认为，日本瓷器的输出应可早至正保四年（1647）由长崎经暹罗驶往柬埔寨之中国船载运的"粗制瓷器一百七十四包"。[24] 参照近年越南惠安（Hoi An）日本町或印尼万丹（Bantam）等地发现的肥前瓷器中包括有一六四〇年代作品一事看来，[25] 山胁氏的推测应较可信。此时日本运销海外的瓷器数量不多，很可能是为因应、弥补中国瓷器数量不足的代用品，并且主要是提供巴达维亚城等东南亚地区使用的粗制杂器。不过日本于万治二年（1659）输往阿拉伯半岛的瓷器已达三万余件，宣示了有田窑业已正式迈入外销时代。[26] 值得一提的是，郑成功正是于该年进攻南京，翌年南京攻略之举溃不成军而思转进台湾的传言则甚嚣尘上，致使荷兰在台长官向巴达维亚当局告急。就在这一年，日本陶瓷的外销数量更高达七万件之多。目前虽不易正

20　前山博：《17世紀における日本、中国陶磁の交易》，收入《17世紀の景德鎮と伊万里》（佐贺县：佐贺县立九州陶磁文化馆，1982），页87-90。

21　T·フオルカー（T. Volker，前田正明译）：《磁器とオランダ连合东インド会社》，之（11），载《陶说》323号（1980），页56及59-60；之（12），载《陶说》324号（1980），页73。

22　山胁悌二郎：《长崎のオランダー商馆》中公新书579（东京：中央公论社，1980），页19。

23　西田宏子，同注（9），页54；前山博，同注（20），页90。

24　山胁悌二郎：《唐、蘭船及伊万里烧输出》，收入《有田町史　商业编I》（佐贺县：有田町史编纂委员会，1988），页265。

25　大桥康二：《東南アジアに输出された肥前陶磁》，收入《海を渡った肥前のやきもの展》（佐贺县：佐贺县立九州陶磁文化馆，1990），页96。

26　T·フオルカー（T. Volker，前田正明译），同注（21）引书之（27），《陶说》349号（1982），页65-66。

确地估算出清廷为杜绝海上私贸易而颁行海禁令（1656），或企图孤立郑氏集团所采取的迁界令（1661）对中国陶瓷输出造成的影响程度，但自一六六二年（宽文元年）郑氏攻占台湾之后，日本瓷器输出呈正增长一事则不容置疑。[27] 不仅如此，往来于中国和长崎的中国船也完全被郑氏的势力掌控，并且郑氏积极参与了将伊万里瓷运往东南亚各地的贸易活动。[28] 此外，相对于有田窑户于宽永十八年（1641）至庆安元年（1648）八年间，所上缴之反映生产量的杂税急速增长了三十五倍，[29] 荷兰方面的文书则记载一六四四年中国"烧瓷匠人多有死者"。[30] 看来，日本瓷器的海外贸易确与中国国内的情势有着互为因果的关系，而以正保年间（1644～1647）为界，日本各遗迹所出中国陶瓷数量锐减，出土的属于十七世纪四十年代至五十年代的日本国产伊万里瓷器则有明显增多的倾向，[31] 也说明了此时日本窑业已渐趋繁荣。

三、从伊万里烧的变迁看故宫所藏伊万里瓷器

早在江户时代就被消费地的人们冠以伊万里（今利）之名的肥前瓷器分期研究，历来存在许多不同的看法。总括而言，既有将之概括地区分为江户初期、中期、末期，[32] 或胎动期、黄金期、烂熟期、复兴期，[33] 也有细分为瓷器创成期、初期伊万里系（含安定期、完成期二期）、古伊万里系（含前期、黄金期、烂熟期、后期、复兴期五期），[34] 以及在大量的考古资料基础之上，结合作品造型、纹饰、成形和烧造技法等各方面，由近年大桥康二氏所提出的精致的分期。[35] 尽管有关伊万里烧的分期至今仍未取得全面的共识，特别是对于以往被用来泛指十七世纪

27　山胁悌二郎，同注（22），页20。
28　坂井隆：《肥前陶磁の输出と郑氏・バンテン王国》，《东南アジア—历史と文化》22（1993），页81。另，山胁悌二郎，同注（24），页277；大桥康二，同注（25），页98等文参见。
29　大桥康二：《十七世纪における肥前陶磁の变迁—発掘资料を中心として》，*Museum* 415（1985），页19。
30　T・フオルカー（T. Volker，前田正明译），同注（21）引书之（11），《陶说》323号（1980），页56。
31　大桥康二：《肥前陶磁の流通—出土品よりみた》，《白水》10（1984），页29-36转52。
32　永竹威，同注（14），页301-306。
33　永竹威：《陶器讲座・日本Ⅲ江户前期》（东京：雄山阁，1971），页279。此后，同氏又于同注（12），页134将之称呼为完成期、最盛期、烂熟期、复兴期四期。
34　矢部良明，同注（10），页94-95。
35　大桥康二，同注（8），页59-69。

前半作品的所谓"初期伊万里"的定义及其年代界定，彼此的见解颇有出入，[36] 然而若就窑业生产的更迭及与之密切相关的瓷窑作品上的变化而言，发生于宽永十四年（1637）的窑场整顿措施，无疑是影响深远的重大事件。《山本神右卫门重澄年谱》（1590～1632）记载，窑户们因烧瓷所需燃料而大量伐木，造成山林荒芜。有鉴于此，佐贺藩锅岛胜茂遂下令驱逐八百余名陶工，进而废止伊万里乡和有田乡两地计十一处窑场，分别将其强制纳入有田黑牟田等地瓷窑。学者们早就怀疑锅岛氏该一强硬策略，极有可能是因顾虑到燃料短缺所可能引起的窑业不振的人事整顿。[37] 值得留意的是，在该一事件中遭遣散的陶工排除了由朝鲜赴日的工匠，而全属日本人陶工，结合《皿山代官旧记觉书》的记载，则遣散日本人陶工一事似乎还是肇因于朝鲜烧瓷工匠的要求，故可推测宽永十四年窑场整顿事件应是佐贺藩针对附加价值利润较高瓷器生产之保护措施，遣散废止了原来从事生产半瓷质炻器的陶工和窑场。[38]

窑址调查发掘也表明，因该事件或之前废窑的有田町西部至西有田町的原明、天神林等窑，其主要产品均属以泥块垫烧的唐津灰釉炻器，故以宽永十四年（1637）为界，有田一带所烧造的灰釉炻器业已趋于消失。[39] 因此，有理由将该事件作为分期的依据。换言之，宽永十四年（1637）之前的作品虽以青花瓷为主，间有若干白瓷、琉璃釉或青瓷釉，但其于圈足置垫泥叠烧的装烧技法则来自朝鲜。虽然此时伊万里青瓷装饰风格与中国明代末期同类作品颇有共通之处，[40] 且伊万里窑的窑炉构造或窑具也与朝鲜半岛有所不同，不过考虑到作品装烧成形等技法或前述随锅岛军渡日的朝鲜陶工李参平的事迹，以及近年肥前猿川窑址出土属于一六三〇年代之前的带有"高丽山"青花字铭标本，最初期的伊万里瓷器极有可能是受到朝鲜的影响。[41]

---

36 关于"初期伊万里"的定义及其年代界定，可参见矢部良明：《伊万里》（东京：至文堂，1979），页27；另同氏，同注（10），页112。

37 西田宏子，同注（9），页52。

38 大桥康二，同注（8），页14、23。

39 大桥康二：《肥前陶磁の変遷と出土分布—発掘資料を中心として》，收入《国内出土の肥前陶磁》（佐賀县：佐賀县立九州陶磁文化館，1984），页152-153。

40 由于此时青花纹饰作风简逸，故有系受到李朝青花影响的说法〔如永竹威，同注（12），页134〕。不过经由矢部良明等详细比对结果可知，其时的青花纹饰仍属中国样式，详参矢部良明：《初期伊万里染付の起源と展開—中國陶磁との関連から》，收入《世界陶磁全集》卷8（东京：小学館，1978），页149-183。

41 大桥康二：《肥前磁器の交流諸問題》，《東洋陶磁》25号（1996），页21。

对于伊万里烧的陶工而言，万治二年（1659）无疑是另一足以自豪的年代。就在这一年出岛的荷兰商馆一口气向肥前瓷窑场定制了三万两千余件瓷器，而肥前的陶工们也不负众望地在短短的三个月内即完成交货，说明了此时伊万里烧已经具有规模生产能力。[42] 如前所述，部分日方学者对于宽永年间锅岛氏窑场整顿之真正动机虽仍止于推测的阶段，然而就结果而言，自事件发生以来，有田烧的生产体制确实有了可观的发展。其产品虽仍以青花瓷为大宗，但白瓷、青瓷、黑釉等之生产比例已有所增多，并且开始生产不少可提供彩绘瓷所需的素白瓷，而佐贺县有田町的山边田三号窑和猿川窑也出土了属于该时期的彩绘瓷标本。[43] 此外，于明历年间（1655～1657）更出现以金银为装饰的华丽作品。[44] 至于在成形技法上，除仍承袭前期的辘轳拉坯成形法，或拉坯后另以陶范修整的技法之外，还发展出无须辘轳的模范成形法，[45] 后者既可符合量产体制的需要，也可便捷地生产各种造型奇巧的器皿。这样看来，无论是从窑业生产体制或作品本身的成形技法、装饰风格而言，我同意矢部良明等人主张的以大量输往欧洲从而带动了新样式的生产之万治二年（1659）为分界点，此前作品可概括地称为"初期伊万里"，之后则进入习称的输出时代。[46] 其次，若参照前述宽永十四年（1637）窑场整顿事件，则所谓初期伊万里似又可据此再细分为前后二期。[47]

　　十七世纪六十年代至世纪末伊万里烧主要产品有白瓷、青瓷、琉璃釉、黄釉、青花和彩绘瓷等。外销的作品虽以青花瓷为主，但以造型和纹饰取材自中国，随着时代的变迁而渐趋日本化（和样化）的柿右卫门彩绘瓷最具代表性。[48] 关于伊万里烧彩绘瓷的起源，以往都是依据酒井田柿右卫门家文书《觉》的记载，咸认为是始自正保四年（1647）之前不久。[49] 虽然《觉》文内容有若干难解

42　西田宏子，同注（9），页55。
43　大桥康二：《肥前の色絵磁器—江戸前期を中心として》，《東洋陶磁》20、21号合刊（1993），页6。
44　荒川正明：《肥前陶磁における金銀彩装飾》，《出光美術館館報》77号（1991），页38。
45　大桥康二，同注（8），页62。
46　矢部良明：《伊万里焼の染付磁器—初期伊万里焼の染付から輸出用染付磁器へ》，《古美術》79（1986），页78。
47　大桥康二，同注（8），页52以下参照。
48　矢部良明：《柿右衛門樣式色絵磁器の成立過程についての二つの考察》，*Museum* 325（1979），页15–24参照。
49　不过，斋藤菊太郎曾推测加贺前田侯之御买物师塙某早在宽永十七年（1640年）就买进"赤绘"（彩绘瓷），故主张柿右卫门彩绘瓷之创始年代要早于1640年。详见同氏：《初期柿右衛門と南京赤絵》，《古美術》14（1966），页50。

之处，日方学者的释文彼此之间也不尽相同，[50] 不过从近年的窑址发掘及消费地遗迹的调查可知，过去依据《觉》文的记载认为伊万里烧彩绘瓷起源于十七世纪四十年代的推论应属可信。[51] 作品是在施釉后入窑经高温烧成的白瓷坯上，施以红、绿、黄、青、紫等彩绘，再次入窑以低温烧制而成，日方学者经常以"赤绘"一名来概括这类彩绘瓷。调查发掘表明，十七世纪四十年代至六十年代早期的彩绘瓷仍属所谓古九谷样式，[52] 至输出时代彩绘色调通常由暗趋于明亮，具有特色的红彩也从暗红逐渐过渡到明朗的鲜红色调，到了七十年代更出现了彩绘装饰注重留白效果，具有明显日本作风的柿右卫门样式彩绘瓷。这类作品多数是在失透性的珍珠色调瓷胎上施以色调明朗的彩饰（俗称"乳白手"），与初期伊万里青花瓷的胎釉颇为不同，故过去一度被视为前述《觉》文作者，即与彩绘的研制息息相关的初代柿右卫门及其后人一门独自生产的作品。经由近年来的窑址调查得知，这类彩绘瓷普遍见于有田一带窑场，也就是说它们其实只是伊万里烧中的一种样式。[53] 台北故宫博物院所藏伊万里瓷当中也包括一件于样式上已经日式化，属于十七世纪七十年代至九十年代柿右卫门样式的五彩花口大碗（图1）。[54] 碗尺寸较大，胎壁较薄，口径近二十五厘米，底径约十一厘米，花口以下外壁各压印一条凹槽造成内壁呈微鼓的出戟，除圈足着地处之外，整体施罩乳白色釉。釉上以绿、黄、蓝、紫、红等色料彩绘红梅、棕榈、芭蕉等树石花鸟，外底心书双重方框"福"字铭。福字书体近涡状，属俗称的"涡福"；福字外沿饰四角边框也与所谓"角福"式铭款一致。伊万里烧所见"福"字铭种类不少，有的明显受到

50　鉴于《觉》的记载是讨论柿右卫门彩瓷起源最重要的古典文献，在此有必要略予引述。《觉》文载：伊万里的东嶋德左卫门于长崎向名为"しいくわん"（四官？）的中国人习得釉上彩绘的技术。而酒井田喜三右卫门在居住年木山之时，虽曾受托试作彩绘，惜未能圆满达成。后屡经试验，与"こす（吴须？）权兵卫"二人烧制彩瓷，并于"かりあん船"来航时的正保四年六月初将作品携至长崎，首度售予家贺前田家的买物师，后来又将作品卖给中国人和荷兰人。以上系采用永竹威《柿右卫门》陶磁大系20（东京：平凡社，1977，页102）所载一般通行的译文，其与近年矢部良明的译文略有出入〔矢部良明，同注（10），页132〕。此外，七十年代起从书志版本学的考察也表明该文所载内容应属可信。此参见西田宏子：《柿右卫门》日本陶磁全集24（东京：中央公论社，1978），页48；及矢部良明，同注（10），页132。

51　大桥康二，同注（43），页5。

52　过去对所谓古九谷的产地见解分歧，后来经由Soame Jenyns氏依据英国传世的一件带有宽文十一年（1671）铭的银盖把壶，提出古九谷系有田瓷场所烧制的看法，才解决了战后古九谷产地的论战。参见 Soame Jenyns, *Japanese Porcelain*, London, Fabor & Fabor, 1965, p.148.

53　林屋晴三：《柿右衛門》日本の陶磁9（普及版，东京：中央公论社，1989），页77。有关柿右卫门之简洁的研究史介绍，另可参见：西田宏子，同注（50），页45—49。

54　原定名"洋瓷梅花式碗"，现名"清五彩花鸟式大碗"。典藏号：珍一七八之1。

中国明末时期陶瓷的影响，但于双重方框内书近草体的"福"字铭，即同时具备涡福、角福形式的铭款始见于十七世纪六十年代。[55] 有田窑址所采集到的十七世纪后半柿右卫门样式标本中亦可见到该式铭款（柿右卫门 B 窑出土），[56] 后者字体格式均与故宫所藏作品一致。

其次，前述台北故宫博物院藏品还于口沿处以铁汁施加一轮褐圈。这种原是欲图模仿金属边扣的褐边装饰自宋代以来屡见不鲜，当然也常见于输往日本的华南地区明末清初的青花瓷等作品上。但又被日方称为"口红"或"缘红"的褐边装饰，于有田瓷窑则是宽永年间窑场整顿事件后才出现的新的装饰技法。从不少可判明其相对年代的传世遗物得知，褐边装饰是柿右卫门完成期，即十七世纪七十年代至九十年代碗盘类常见的加饰技法之一。如不论在造型、尺寸、铭文甚至碗心所绘对鸟图形等方面均与故宫藏品颇为类似，现藏户栗美术馆的一件同为十七世纪后半之柿右卫门样式大碗口沿即装饰有褐边（图 2）。[57] 传世的属于这一时期的柿右卫门样式作品，一般器壁较薄而造型端正，多数可能曾经素烧工序。从延宝五年（1677）所建京都西本愿寺之饰于转轮经藏的彩绘龙纹陶板板背书有"有田皿山土肥源左卫门作之"青花铭文得知，柿右卫门的素烧技法至少可上溯至十七世纪七十年代。[58] 此外，从作品本身的造型特征结合现今仍收藏于酒井柿右卫门家中的八百余件多数带有铭文的印模道具可知，包括故宫藏品在内的各式柿右卫门样式花口碗碟或花形器皿等作品，均是使用模具压印成形。

台北故宫博物院另收藏一件与前述柿右卫门样式大碗同属模具成形，并于口沿装饰褐边的多方形盖碗（图 3）。[59] 作品整体除了以青花绘饰山石之外，另以红、绿彩绘菊花和变形折枝牡丹花，呈圈足造型的盖钮中心书双重方框草体青花"福"字铭。从碗身造型与常见的十七世纪后期柿右卫门样式作品相近，推测其亦属十七世纪末有田窑场所生产。十七世纪末至十八世纪伊万里烧无疑要以俗称"染锦手"的于白地青花上施釉、上彩绘，且一般另加饰有金彩的作品（又称"色绘金襕手"）最具代表性。其产品不仅大量外销，也席卷了日本国内市场，成

---

55 大桥康二，同注（8），页 72。
56 大桥康二：《十七世紀後半における肥前陶磁の銘款について—长吉谷窯出土品を中心として》，《東洋陶磁》17（1989），页 37，图 7 之 167。
57 户栗美术馆：《酒器／柿右衞門》（东京：财团法人户栗美术馆，1988），页 81，图 26。
58 矢部良明：《伊万里》日本の美术 157（东京：至文堂，1979），页 55。
59 原定名"清五彩花鸟十方盖碗"。典藏号：珍三七四之 14。

为十八世纪伊万里烧的主流样式。如前所述，伊万里烧的金银加饰始于十七世纪五十年代，依据《觉》文记载，初代酒井田右卫门在万治元年（1658）已经习得该技法并将作品呈献藩主。荷兰方面的文献也记载，长崎商馆长于一六五九年曾定制在琉璃蓝釉上饰银彩唐草纹的作品，同时惊叹这类瓷器在极短的时间内已广为流传，但或许是由于银容易氧化变黑，故除了金彩仍持续生产，自十七世纪七十年代以后即中止生产银彩瓷器。[60]

虽然于琉璃钴蓝釉上加饰金银彩，似乎预告了染锦式瓷器于不久之后即将诞生，但与柿右卫门样式或古九谷样式彩瓷极为不同，在青花白瓷上绘釉上彩另饰以金泥或金箔的新兴华丽作品，最早见于元禄初年（1688）纪年作品，之后十八至十九世纪之作品编年，则可由窑址调查资料或传世的带有纪年铭文作品，以及藏纳作品之箱盒上的墨书得以轻易地把握。[61] 这种流行于十七世纪末至十八世纪的染锦式瓷，既是台北故宫所藏伊万里烧的主要类型，也是台北故宫日本瓷中单一种类数量最多的作品。包括造型似菊花绽开的菊瓣盘，口径二十四厘米，底径十四点五厘米（图4）。[62] 盘外壁先以青花描绘缠枝和部分叶片，而后以红、黄、绿彩绘花叶，写实地表现出缠枝铁线兰的样貌。盘内壁以金彩围出三轮圆形开光，开光内饰水仙、茶花和樱花，开光之间以红彩之状似麦束或稻草相连接，盘心绘折枝菊花，盘沿以下垂饰紫藤。相对于口沿饰一周金彩，圈足内则绘青花一周，是十八世纪前半常见的装饰技法之一。其次，若从圈足特征和足与口沿比例，以及作品的造型和装饰风格等间接资料比较来看，推测有较大可能属十七世纪末至十八世纪前半时期作品。与菊瓣盘年代大体相近的染锦式伊万里瓷还见于台北故宫所藏青花龙纹彩绘八方盘，盘口径二十二厘米，底径十四厘米（图5）。[63] 初步估计，台北故宫收藏的同式盘至少有七件之多。造型呈八方形，盘内壁以双线青花区隔为八个小单位；以位置相对的两个单位为一组，分别绘饰凤、鸟、芭蕉太湖石和在榉纹化地上饰图案化花卉等纹样，另于盘心四瓣花形开光中绘龙纹，开光外则饰红地白花。盘外壁主要饰八颗形态相近的石榴，圈足径较大，足内

60　大桥康二：《海を渡った古伊万里》，收入《海を渡った古伊万里展》（佐贺县：株式会社有田ヴイ・オー・シー，1993），页14。

61　矢部良明，同注（10），页134。

62　原定名"五彩菊瓣盘"，现名"描金五彩花卉菊瓣盘"。典藏号：一九二之2。

63　原定名"万历五彩白地方盘"，现名为"万历款五彩龙凤八方盘"。典藏号：珍三一二之7等。

书青花双圈"大明万历年制"双行楷体款。众所周知，伊万里烧经常可见中国年款，初期伊万里瓷以"大明""成化年制"较为多见，宽文以后（1661～1673）则出现了六字楷书款，常见的有"大明嘉靖年制"或"大明成化年制"等，至于"大明万历年制"款则要迟至十七世纪八十年代以后才可见到。[64]

比起"大明成化年制"等铭款，带万历年号的作品数量相对较少，一般多出现于档次较高的所谓"献上手"，亦即在青花白地上彩绘并饰金彩俗称"金襕手"中等级较高的作品。就整体风格而言，故宫所藏上述八方盘与十七世纪九十年代至十八世纪三十年代间的该类作品一致，故其相对年代也应在这一时期。

值得一提的是，故宫藏品除圈足着地处之外，整体施釉，然而圈足内另见五只呈骰子五点数般排列整齐的支钉痕。这种以小圆锥形支具支撑器底的技法出现于十七世纪五十年代，是因应盘钵类随着底径加大，器底相对趋薄，为防止烧造时底部塌陷变形而考量出的权宜之计。[65]

虽然各作品的支钉数目不尽相同，同类作品中也曾见到不使用支钉者，[66] 不过台北故宫另收藏有一件与前述青花龙纹彩绘盘同样的于外底留有五只排列整齐的支钉痕，并且也带有青花双圈"大明万历年制"款的染锦式十二方盘（图6）。[67] 盘口径三十厘米，底径近十七厘米，内壁四只对称开光，开光内绘青花描金太湖石和釉上彩菊花及藤花，开光间夹折枝茶花，盘心主纹饰则以青花、釉上彩绘和描金等技法绘制出菊花和南天等盆花。外壁近口沿处饰波涛纹，圈足外侧绘唐草纹，波涛和唐草之间为缠枝花卉。其于圈足外侧饰唐草纹的装饰风格也见于前述台北故宫所藏之菊瓣形盘（同图4），不同的只是前者属釉下青花，后者为釉上红彩。

以盆花作为内底心主要装饰内容的所谓"花笼手"，是伊万里瓷盛期，即十八世纪前半作品常见的装饰题材之一，其中历史上著名的日本陶瓷藏家萨克逊选帝侯奥古斯特一世（Friedrich August I，1670～1733）收藏的染锦式盆花纹盘，

64　大桥康二：《18世纪における肥前磁器の铭款について》，《青山考古》6号（1988），页71。

65　大桥康二：《肥前古窑の变迁—烧成室规模よりみた》，《佐贺県立九州陶磁文化馆研究纪要》1号（1986），页74。

66　以过去出版的一册伊万里烧图录为例，该图录计收录了十件与故宫藏品属同一类型，且均带有"大明万历年制"青花六字款之十七世纪末至十八世纪前半的伊万里青花彩绘瓷，有的不使用支钉，有的仅于圈足中心支一钉，有的支钉数则多达八处。参见林屋晴三：《古伊万里》日本の陶磁8（普及版，东京：中央公论社，1989），图127、132、135、137、138、140、144、146、151、155。

67　原定名"万历款五彩白地葵瓣碗"，现名"万历款五彩花卉十二方盘"。典藏号：珍三〇六之3。

更可作为伊万里瓷该一纹样流行时代的参考依据（图 7）。后者作品之外底刻有奥古斯特一世的收藏号和印记，即俗称的约翰·腓特烈号（Johanneums Nummer），是一七二一年编定王之收藏目录时所添加补入的流水账号，从而得知该盆花盘是奥古斯特一世自一七一五年开始收藏陶瓷之后不久的作品。[68]

值得一提的是，台北故宫也收藏了一件与奥古斯特一世盆花盘装饰作风类似，即同样在浓郁的青花地上留白处填以金彩花卉，装饰繁缛的染锦式大盘（图 8）。[69] 盘口径达五十厘米，底径二十六厘米，外底有多处呈不规则排列的支钉痕。盘造型系于外弧的盘壁中段部位斜直外敞，形成宽折沿，整体略呈铜钹状。该样式的盘是十八世纪初至三四十年代伊万里烧的主要产品之一，盘内壁的装饰内容题材不一但极华丽繁缛，相对地，外壁则颇注重留白效果，一般只装饰三组折枝牡丹或一周缠枝花卉，并且一律在近底处和足内分别饰一圈青花，而圈足外侧另绘两道青花。该式盘也曾大量运销海外，除了印尼巴沙伊干（Pasar Ikan）遗迹之外，[70] 著名的土耳其炮门宫博物馆（Topkapi Palace）旧藏品中也见有多件同式大盘。[71] 炮门宫博物馆馆藏该类盘中还包括了以青花于盘内壁绘六瓣变形莲瓣状的开光，盘心饰由双圈青花围绕的折枝花。折枝花系由青花叶和釉上彩绘牡丹所构成，牡丹花上方另配以一带青花叶座的彩绘花苞，颇具特色（图 9）。[72] 这样的一种具特色的花卉表现方式，却又与台北故宫所藏伊万里烧小瓷碟碟心折枝牡丹花一致（图 10）。[73] 台北故宫所藏该类小碟计十件，口径约十五厘米，碟心的青花双圈折枝花外，青花圈另围绕栏杆和对称的两组树石，口沿施褐边，近口沿处青花连续山形纹下方饰釉上彩绘折枝茶花。外壁无纹饰，只于圈足内画青花折枝花叶，其和内底心的折枝牡丹形成有趣的对照（图 10）。经由与炮门宫博物馆藏具有十八世纪前半风格大盘盘心折枝花之比较，可以推测台北故宫所藏具有类似绘制特征的折枝花小盘之年代亦应距此不远。此外，从台北故宫所藏小碟以折枝花和

68　每日新闻社：《オランダ貿易と古伊万里展》（每日新闻社，1977），图 115 及解说。

69　原定名"白地描金花果盘"，现名"清粉彩描金花卉山水大盘"。典藏号：菜八六。

70　大桥康二：《東南アジアに輸出された肥前陶磁》，收入《海を渡った肥前のやきもの展》（佐贺县：佐贺县立九州陶磁文化馆，1990），页 115，图 221。此外，有关遗迹出土陶瓷的概括介绍可参见，三上次男：《パセリカン遺跡出土の貿易陶磁》，《貿易陶磁研究》2（1982），页 111–120。

71　佐贺县立九州陶磁文化馆：《トプカプ宮殿及名品―スルタンの愛しいた陶磁器》（佐贺县立九州陶磁文化馆，1995），图 99–105。

72　佐贺县立九州陶磁文化馆，同上注，图 81。

73　原定名"五彩白地碟"，现名"清青花五彩花卉碟"。典藏号：珍三三〇之 1 等。

栏杆为组合的装饰构图,亦见于佐贺县有田町和兰贸易资料馆收藏之十八世纪染锦式楼阁花卉纹水注等作品推测,[74] 故宫该类折枝花碟的相对年代应于十八世纪。

自十七世纪初创烧瓷器成功而后取得高度发展的伊万里烧,约于十八世纪中期至后半以降,除了数量有限的作品仍经由中国、葡萄牙和英国人之手引进欧洲,基本上已逐渐退出量贩外销的历史舞台,转而集中烧制装饰繁缛的国内庶民用器,荷兰东印度公司商船也于安政二年(1855)前后中止了与长崎出岛的交往。然而,在此一情势吃紧的客观环境之下,仍有部分陶瓷贸易商长袖善舞,颇为活跃。其中最著名的要属有田皿山本幸平的田代纹左卫门了。其于幕末安政三年(1856)已曾与诸外国缔结陶瓷外销规划案,并在万延元年(1860)借着和英国贸易之名,垄断有田瓷器的输出。由于当时欧洲独钟爱平户三河内窑烧造的薄胎白釉瓷器,故田代纹左卫门不顾禁忌地在长崎奉行的默许之下,向三河内定制薄胎白釉器后又转运往有田进行釉上彩绘,作品底足则书"有田山田代制"或"肥碟山信甫造"等铭款。[75] 无独有偶,台北故宫博物院也收藏有一件底书"肥碟山信甫造"的彩绘盖盒(图11)。[76] 盒身及盖相接处设子母口,装饰繁缛,于器表、盒身及盖内壁饰釉上彩绘树石、牡丹、梅花和鸟等,底呈卧足式,内足以红彩书款,是田代纹左卫门于十九世纪三十年代至七十年代所经营贸易瓷器中的样式之一。田代纹左卫门卒于明治三十三年(1907),享年八十四岁,生前对于陶瓷贸易不遗余力,并在其弟田代庆右卫门的协力之下,先后在上海、横滨设分店(后者设置于明治七年,1874),晚年曾接受烧造朝鲜宫廷建筑用绿釉瓦的业务。[77]

另一方面,受到有田窑场影响或刺激的所谓伊万里系瓷窑则遍布于九州地区,包括了长崎、熊本、鹿儿岛、宫崎、大分、福冈等县以及与朝鲜半岛毗邻的对马等数十处窑场。[78] 其中,旧锅岛支藩谏早藩所属的今长崎市现川町所生产的现川烧,更是应用了刷釉和铜、铁、钴等彩绘技法,以其独树一帜的装饰作风而博得好评。相对于伊万里瓷器,现川烧作品则是介于西方定义陶与瓷之间的所谓炻器。种类颇为多样,除了有作为茶道具用的碗、碟、香炉之外,常见的还有造型

---

74 每日新闻社,同注(68),图81。
75 中岛浩气:《肥前陶磁史考》(熊本市:青潮社,1985年版),页530、537。
76 原定名"粉彩盒",现名"清五彩花鸟圆盒"。典藏号:金二八〇之24。
77 中岛浩气,同注(75),页607、699。
78 越中哲也:《九州地方の伊万里系磁器窑》,收入《世界陶磁全集》8(东京:小学馆,1978),页222–256。

呈方形、长方形、圆形、瓜形或船形等式样轻巧的小碟，台北故宫所藏现川烧长方形碟即为其中具代表性的作品之一（图12）。[79] 碟长边 12.5 厘米，短边 10.5 厘米，长边略向外鼓，口沿以下弧度内收，下置浅圈足；圈足着地处边径较窄，器壁亦较薄，圈足着地处以外整体施罩透明釉。碟内壁是在呈红褐色的素胎上以笔刷抹浓淡不一、呈涡卷状且具飞白效果的化妆土，上饰铁绘龙纹及白色朵云和龙爪，云龙间另饰铜绿彩。

虽然过去一度对现川烧的兴废年代有所争议，但由于谏早藩日记《日新记》（《谏早日记》）的发现，目前已可确认其开窑于元禄四年（1691）。《日新记》载该年三月二十四日"有田に罢在候御被官田中刑部左卫门彼地へ移りやき申度由申候"，透露出原本奉谏早藩之命赴有田的瓷窑官田中刑部左卫门于元禄四年（1691）迁窑至现川（矢上）筑窑烧瓷，但因经济上的因素遂在宽延二年（1749）废窑中止生产。[80] 此后要到明治二十七年（1894）才由马场藤大夫再度置窑烧瓷，并使用"现川"印铭。[81] 因此，故宫所藏现川窑长方云龙纹碟的相对年代无疑是在十七世纪九十年代至十八世纪四十年代之间。另从《日新记》的记载结合出土或传世实物的比较，特别是近年发现的一件有田柿右卫门窑模具上所刻"田中刑部左卫门"和"南川原山"铭文，不难推知现川烧与佐贺领内有田南川原系瓷窑之间的紧密关联。不仅如此，现川烧作品同时也具有京烧作风，以至于又被称为西之京烧或西之仁清，而现川烧中的一种于白胎上饰彩俗称的"白现川"，其圈足周边露胎无釉的作风更是京烧系陶瓷常见的特征之一，推测现川烧的出现和发展极有可能亦曾受到京烧系陶瓷的启示。[82]

从以上的叙述可知，故宫所藏的伊万里陶瓷虽以佐贺县有田町一带生产的彩绘瓷居绝大多数，然亦包括长崎市现川町烧制的属于伊万里窑系的现川烧。除此之外，台北故宫另藏有一件疑为伊万里市所生产，但还有待日后的实物观察比对来证实的彩绘蝉（图13）。[83] 蝉长约 8 厘米，模制成形，于白瓷胎上另饰红、黑色釉上彩。从伊万里市大川内山樋口制陶有限会社、樋口长七家旧藏，现由佐贺县

79　原定名"古瓷方洗"，现名"釉下黑彩龙纹长方盘"。典藏号：丽一一九一。
80　越中哲也，同注（78），页 227—228，引正林陶城：《现川烧の新资料　日新记の记录》，《烧もの趣味》4—10，及《现川烧の研究》（学艺书院，1940）。
81　黑田和哉：《现川烧》，《陶说》463（1991），页 52—53。
82　尾崎直人：《现川烧と京烧风陶器》，《东洋陶磁学会会报》29（1996），页 4—5。
83　原定名"清官窑瓷蝉"。典藏号：昆二一五之38。

立九州陶瓷文化馆保管的江户末期至明治时期的制陶模具中曾见与台北故宫加彩瓷蝉造型极为类似的蝉模来看（图14），不排除台北故宫作品有来自该窑的可能性。樋口家旧藏蝉模带有"目"印记，表明系明治二十六年（1893）享年五十三岁的福冈六助（樋口长七世先祖）生前烧瓷所用道具，但晚至福冈六助继承人樋口长三亦间有使用。[84]

四、清宫对日本陶瓷的态度及日瓷入藏途径的厘测

从故宫文物收藏史和作品典藏号可知，现归台北故宫博物院保管的日本陶瓷均属清宫旧藏品，各件作品的原典藏登录号也明示了其于清宫中的收藏或陈设地点。目前虽乏足够的资料可证实清宫所藏陶瓷，是否曾进行严格的分类并将之收纳于相应的处所，然依据清室善后委员会点检清宫文物的记录来看，似亦有迹可寻。如宋瓷以寿安宫收藏件数最多，古董房、咸福宫、永和宫、寿康宫东西配房等地次之；明代瓷器除了集中贮存于景阳宫、景祺阁之外，景仁宫多存成化彩瓷，而宁寿宫的东暖阁与东西两庑、皇极殿的东西南庑则一律收藏清朝各代陶瓷。至于被称为"古月轩"的珐琅彩瓷亦集中于端凝殿左右屋及小库中，与铜胎画珐琅共置一处。[85] 相对地，清宫所藏日本陶瓷的收纳地点则颇分散，虽然推定属于十七世纪末至十八世纪时期的伊万里瓷有不少属于珍字号，[86] 包括了柿右卫门样式大碗和染锦式盘等二十余件作品，不过属于同一时期染锦式盘则又被置于俗称乾隆花园的宁寿宫花园中。甚至于将约略同一时期的伊万里窑系现川烧龙纹方碟（同图12）置于"专司收贮古玩器皿"的古董房。[87] 同一时期同类作品分散各处一事，似乎透露出清宫对于日本陶瓷并未予以特别的分类保存，或者说似乎颇为陌生。

另一方面，就可判明产地的故宫所藏伊万里瓷而言，器形多限于碗盘类，比起欧洲各王室传世的伊万里瓷器种类显得单调，后者除了碗盘等器皿之外，另有

84　吉永阳三：《伊万里市大川内山民窑樋口家土型について》，《佐贺県立九州陶磁文化館研究紀要》1（1986），页46及页59图33-34。

85　台北故宫博物院编撰，同注（3），页75。

86　典藏号所示的清宫伊万里瓷的收藏地点如下：金（永寿宫）、岁（永和宫）、丽（古董房）、菜（宁寿花园）、珍（景福宫、梵华楼、佛日楼、景祺阁）。详见台北故宫博物院编撰，同注（3），页64–67。

87　（清）庆桂等编：《国朝宫史续编》，收入《中国史学丛书》28（台北：学生书局），卷73页2223。

不少尺寸既大、绘作亦精的各式瓶罐以及人物或动物塑像。虽然故宫所藏伊万里瓷器当中也包括了十七世纪后半柿右卫门样式大碗（同图1）或带"大明万历年制"款之十七世纪末十八世纪前期青花龙纹八方盘（同图5）等档次较高的作品，不过亦有不少等级平平的外销或庶民用器。如前述十七世纪末至十八世纪中期现川烧龙纹方碟，可参照《日新记》元禄四年（1691）"矢上（现川）百姓烧物土见出申候付……"的记事，[88] 推测旧锅岛支藩谏早藩之现川烧主要是生产一般庶民杂器。至于年代较晚的"肥碟山信甫造"铭盖盒（同图11）也可从相关的文献记载确认其均属量产的外销瓷器。有趣的是，相对于前述档次较高的于青花白地施加彩绘和金彩并带有万历年款的龙纹盘是置于景福宫或宫后的梵华楼、佛日楼等一般内廷建筑，故宫所藏另一件属于十九世纪末期京都锦光山宗兵卫为因应大量外销所烧制，曾被当时日方人士讥评为俗劣不堪的"锦光山"铭小瓷瓶，[89] 却被置放于雍正以来各帝王居住、召对，理应陈设珍贵文物的养心殿中。

尽管缺乏明确的文献记载，不过我们仍可从故宫登录的日本瓷器内容（当中可能包括部分二十世纪二十年代清室善后委员会和一九二九年易培基就任故宫院长后不久的文物登录评鉴结果），或清廷对于日本其他工艺品的态度，间接厘测清代宫廷之于日本陶瓷的认识程度或评价。就台北故宫藏日本陶瓷旧有品名而言，虽有个别作品已于清册中载明为日本瓷，另有少部分作品被归于所谓"洋瓷"类，绝大多数作品均止于从装饰题材或造型特征进行概括式的命名，并未提示任何有关产地的线索。特别是一件至今仍保存有清代宫廷原附黄纸墨书签条的十八世纪京烧系釉上彩绘折枝花鸟碗，签上题"二等无款欧瓷五彩罄口碗一件"，明示了清宫对于该碗的品评和窑属的判断（图15）。[90] 黄纸签条的确实年代不明，

88　越中哲也，同注（78），页227；永竹威：《陶器講座3　日本江户前期》（东京：雄山阁，1971），页347。

89　典藏号：吕一六八五之14。按锦光山为京都栗田烧的窑户，本姓小林。初代小林源右卫门于正保二年（1645）在京都三条栗田口开窑，元禄六年（1693）二代德右卫门继承祖业，主要烧造日用杂器，至延享年间（1744～1747）三代喜兵卫承袭后才于宝历六年（1756）取名"锦光山"。此后经四代、五代喜兵卫至六代宗兵卫才在明治初期烧瓷外销，并且接受欧洲订单［参见陶器全集刊行会编纂：《陶器大辞典》卷二（东京：宝云社，1934），页314-315］。特别是自明治五年（1872）和带山与兵工成功地贩瓷予神户的外国商社，开拓了海外市场，故明治十六年（1883）石田有年所著京都商品导览《都の魁》陶瓷项中首列锦光山［参见吉田光邦：《工芸と文明》（东京：日本放送出版协会，1975），页130］。明治十年（1877）前后，锦光山宗兵卫雇用了许多画师于作品上绘制既被誉为华丽精致，同时又被讥为俗劣不堪的作品外销，该类作品则多以红彩书"锦光山"铭（同上引，《陶器大辞典》，页316）。台北故宫所藏"锦光山"铭长颈鼓腰小瓷瓶即明治十年（1877）之后京都锦光山宗兵卫的作品。

90　现名"五彩饴釉花鸟小碗"，典藏号：珍一八五之1。

但似乎是乾隆以降各代记录、品鉴文物的例行做法之一。[91]

从字面上看来,所谓欧瓷似乎可以有两种推测,一指欧洲的瓷器,另一则是乾隆年间进士朱琰著《陶说》所载之明代江南常州府宜兴县的制瓷名家欧子明所烧造的"欧窑"。[92]从清宫档案奏折的记载不难得知清人多将外国货物冠以洋字,如称欧洲葡萄酒为洋酒,[93] 称日本漆器为洋漆,[94] 也经常将仿西方画法或由西方引入彩料进行釉上彩绘的陶瓷称为洋瓷或洋彩;嘉庆二十年(1815)蓝浦《景德镇陶录》亦称西洋古里国制作的铜胎画珐琅为"洋磁窑"。[95]

因此,题签上"欧瓷"一词无疑是指以擅长仿制哥窑开片釉或钧窑等"采色甚多",于清代颇负盛名的欧子明所制作品。或许是因该作品鲜丽的釉上彩绘和釉带开片等特征与传闻中的欧子明作品契合,故被张冠李戴地误认为欧窑。

虽然,清人著述经常可见"倭刀""倭缎"等日本工艺品,也曾提及日本产瓷器,[96] 然而似乎只有日本漆器("洋漆""倭漆")才引起清廷的兴趣,甚且命造办处油漆作进行仿制,[97] 而绝口不提日本陶瓷。相对地,虽然记录了英王玛丽二世(Queen Mary II,1662~1694)所藏八百余件东方陶瓷,完成于一六九七年的肯西顿宫(Kensington House)目录,是以"China"一词来概括来自中国和日本的瓷器;[98] 编修于一七二一年奥古斯特一世(Friedrich August I)藏品目录,虽曾将柿右卫门样式作品称为克拉克瓷(Karrk),但目录首章已设"日本瓷器"专篇,集

---

91 如(清)德龄:《清宫生活回忆录》,收入《笔记小说大观》七编九册,页5730 提到慈禧藏宝房:"这房间三面都是木架子,一格格地排着,从地面到屋顶,架上放着乌木的匣子,里面都藏着珠宝。每个匣子外面贴张小的黄条,写着这匣子里所收的东西"。

92 《陶说》卷三载:"明时,江南常州府宜兴县,欧姓者,造瓷器,曰欧窑。有仿哥窑纹片者,有仿官均窑色者,采色甚多,衮架诸器,旧者颇佳"。此参见尾崎洵盛:《陶说注解》(东京:雄山阁,1981),页701。另外,有关欧窑的记述还见于清人蓝浦《景德镇陶录》、唐秉钧《文房肆考》和民国许之衡《饮流斋说瓷》,后者颇详,提及其与广窑和清代景德镇仿品的区别。

93 如康熙四十八年(1709)三月二日,郎廷极《奏缴洋人殷弘绪呈洋酒折》,收入《宫中档康熙朝奏折》2(台北故宫博物院,1976),页82-84。

94 如康熙三十二年(1693)十月,李煦《苏州雨水米价并进漆器折》,收入故宫博物院明清档案部编:《李煦奏折》(北京:中华书局,1976),页2-3。

95 傅振伦:《"景德镇陶录"详注》(北京:书目出版社,1993),页97。

96 (清)魏源:《海国图志》卷十二,《日本岛附录》:"对马坐向登州,萨峒马坐向温台,地产金、银、铜、漆器、磁器……";"气候与江浙齐,产五色磁、漆器……"。类似的记述亦见于清末《粤海关志》卷30(杂识)。

97 朱家溍:《清代画珐琅器制造考》,《故宫博物院院刊》1982年3期,页71;杨伯达:《清代苏州雕漆始末——从清宫造办处档案看清代苏州雕漆》,《中国历史博物馆馆刊》4期(1982),页124。

98 西田宏子:《メリー二世の陶磁蒐集にみる日本磁器—ケンシントン・ハウス調度目録の校刊をかねて》,《東洋陶磁》1(1974),页83。

中提及了古伊万里；[99] 完成于一七六八年的有关路易十五王妃玛丽莲西卡（Marre Leczinska）生前使用物品的目录中更是明确地提及"日本制白瓷人像"或"日本窑绿釉香炉"。[100] 看来欧洲王室对于日本陶瓷的认识和珍视程度要远高于中国，并且表现出与中国迥然不同的对应态度。

此外，十七世纪以来的中国窑业虽历经波折，但景德镇陶瓷无论在质或量上早已奠立其不摇的地位。从清宫档案可知皇帝本人对景德镇的烧瓷情况或派驻的督陶官人选极为重视，[101] 同时也对本国陶瓷颇为自豪，以至于在乾隆五十八年（1793）与英王敕谕中自大地说："天朝物产丰盈，无所不有，原不藉外夷货物以通有无，特因天朝所产茶叶、瓷器、丝觔为西洋各国及尔国必需之物，是以加恩体恤，在澳门所开设洋行，俾得日用有资，并沾余润。"[102] 对于清宫用瓷而言，既有景德镇官窑提供日常所需，又收藏有大量的历代名窑珍瓷可为陈设装饰，故同为东方陶瓷而装饰作风又隐约可见景德镇影响的日本瓷器，自然显得微不足道而无立足之地。它们既未被清宫人士认识，也未成为鉴赏的对象。

观察清宫所藏日本陶瓷，其产地和档次等级不一，个别作品所属相对年代差距甚远，既有早自十七世纪后半者，也有晚迄十九世纪后期的作品，其中虽包括数十件十七世纪末至十八世纪中期左右作品，时代较为集中，但就清宫所藏日本陶瓷整体而言，显然并非一次入藏宫中。就故宫所藏十七至十八世纪日本陶瓷及清宫异国文物的取得途径而言，除了由地方官进献之外，另由外国使节直接入贡。目前虽乏条件全面清查清宫档案奏折常见的地方官吏进献的外国文物中是否包括日本陶瓷，[103] 然而若考虑到康熙二十三年（1684）清廷颁布展海令允许沿海人民出海贸易，翌年开放福建等沿海诸省与外国商船交易，将大量的中国陶瓷输往海外各地，地方官吏恐怕不至于会将与中国特产之陶瓷样式风格甚为接近的日本瓷器进献入宫。其次，日本幕府于贞享二年（1685）和正德五年（1715）相继实施的被称为贞享令和正德

99　インゲロア・メンツアウセン（Ingelore Menzhausen）:《ドレスデン陶磁美術館について》，收入西日本新闻社:《古伊万里名品展》（西日本新闻社，1975），无页数。

100　小林太市郎:《支那と佛蘭西美術工芸》（京都：东方文化学院京都研究所，1937），页 182–183。

101　有关这方面的例子甚多，如荒井幸雄:《監陶官の上奏文について》，《東洋陶磁》7（1981），页 79–133。

102　乾隆五十八年八月十九日《为请于浙江等口通商贸易断不可行事给英国王的敕谕》，收入中国第一历史档案馆编:《英使马戛尔尼访华档案史料汇编》（北京：国际文化出版社，1996），页 57。

103　但曾进献日本漆器。可参见前引《李煦奏折》。

新例的贸易限制令，也在实质上给予日本瓷器外销事业沉重的打击，加上十八世纪前期日本国内物价高腾，故很难想象商人会将成本既高、品质略逊于中国的陶瓷器运销至中国贩售，以至于为中国地方官吏所取得。另一方面，从清宫所藏伊万里瓷器中有部分属于由荷兰人经手用来外销的所谓外销型瓷器看来，似乎不能排除清宫的日本陶瓷由荷兰使节入贡的可能性。

虽然清人王士禛《池北偶谈》[104]或《大清会典事例》之《朝贡》部均记载了康熙二十五年（1686）荷兰入贡品中有疑似日本产的"倭缎"，[105]其余贡品显然均属西洋特产方物。从荷兰东印度公司的文书档案可以得知，荷兰人正是十七、十八世纪将中国陶瓷运销欧洲的最大中介商，因此若说荷兰使节会以风格仿自中国的日本瓷器作为本国特产方物进贡，恐怕也与常理不合。[106]

一般而言，日本在清人入关前数年的宽永十六年（1639）与葡萄牙断交（第五次锁国令）正式完成锁国。由于日本和清朝的正式国交要等到日清缔结友好条约的一八七一年，因此可以排除清宫日本陶瓷由日本使节进献的可能性。不过，所谓的锁国仅是幕府的政经分离政策，避免与清朝正式国交，实际上仍开放长崎港供中国和荷兰人前来贸易，或经由萨摩藩所掌控的琉球国之与清朝的册封、进贡活动，与中国进行交流。[107]考虑到当时清朝与琉球以及琉球与日本之间的关系，我以为清宫所藏十七至十八世纪日本陶瓷有较大可能是由琉球贡入的。

琉球国早自明洪武时期即与中国维持着朝贡关系。明朝覆亡后仍奉南明福王弘光帝、唐王隆武帝为正朔，故对于南明亡后清世祖派遣使者赴琉球招抚的举动，始终采取被动而消极的敷衍策略。至顺治十年（1653），在清廷怀柔政策屡次催促之下，才稍除袪"舍明事清"的疑虑，返还洪武帝所赐敕印。海外夷狄的招抚既象征着清朝的正统，同时也更加巩固了清人对国内汉民族统治的基础及合理性，故琉球的臣服确实使得世祖龙心大悦。换言之，相对于琉球入贡明朝属自

---

104 （清）王士禛：《池北偶谈》（台北：广文书局，1991）卷四《荷兰贡物》条参见。

105 《钦定大清会典事例》卷503（台北：台湾中文书局），页11764。

106 事实上，由陪同荷兰使节上京的华人通事所记录之荷使与乾隆皇帝的一段对话，也可说明荷兰进贡的贡物多属土产方物。文曰："皇帝问大使所从来，大使答曰：'荷兰'。皇帝甚形愉快，慰问其由远方进贡之劳苦。大使为奉其国王之命，带来本土物产献于陛下，同时乞皇赐收礼物"。此参见 J. J. L Duyvendak（朱杰勤译）：《荷兰使节来华文献补录》，收于《中外关系史译丛》（北京：海洋出版社，1984），页282。

107 中村质：《東アジアと鎖国日本—唐船貿易を中心に》，收入加藤荣一等编：《幕藩制国家と異域・異国》（东京：校仓书房，1989），页337、353。

发性的朝贡，其对清廷的朝贡，主要则是来自清廷的积极怀柔，并自康熙二年（1663）清封使张学礼赴琉册封，中琉始进入两年一次的定期朝贡。[108]《清实录》或《历代宝案》有关琉球朝贡贸易物品内容的记载不胜枚举，其虽以硫黄、白锡和红铜为常贡的大宗，但另有因应清帝王登极或谢恩等之庆贺方物，目前虽未见陶瓷的记载，但有不少扇子或漆鞘腰刀等据推测极有可能属日本所产。清廷对于琉球以非土产的货物充作方物进贡一事亦心知肚明，如《清圣祖实录》康熙五年（1666）条谕："至该国既称玛瑙乌木等十件，原非土产，此后免贡。"[109] 然而或在清廷怀柔政策的考量之下，双方对此似未严苛地执行。

众所皆知，由隆起珊瑚礁形成的琉球，除了土产芭蕉布、木器等外，并无任何矿物资源，故屡次进献清廷的金、银、铜、铁等物品显然非其土产，而主要是由日本萨摩藩所提供。[110] 琉球自日庆长十四年（1609）即因战败而为萨摩藩岛津氏所掌控，故萨摩在中琉的交往中实扮演了举足轻重的角色。如前述明清鼎革之际琉球对中国暧昧的外交策略即与萨摩的态度有关，而萨摩的意向则又仰承幕府的旨意。琉球且刻意对清廷隐瞒其与日本（萨摩）的交往，甚至在一六八三年清使汪楫赴琉球册封尚贞为琉球国王时，萨摩岛津氏还遣人到琉球冒充七岛人（吐喝喇列岛）与清册封使对面进物赠答，故一七二五年由蔡温编纂的《中山世谱》在记录了尚宁事迹之后还特别提到"本国孤立，国用复欠，幸有日本属岛，度佳喇商民，至国贸易，往来不绝，本国复得赖度佳喇以备国用"。[111] 毫无疑问，琉球的日本物资主要取得自萨摩，但问题是琉球将日本物品进献清宫一事，除了前述《历代宝案》等文献记载所见疑似日本所产工艺品之外，是否有其他线索可寻？就这点而言，我以为琉球使节进献日本幕府的贡品颇堪玩味。文献记载，琉球自日本宽永十一年（1634）起即多次为恭贺将军袭职或国王登基而派遣庆贺使或恩谢使赴江户，并依例献呈贡品以示效忠。贡物内容虽以芭蕉布等琉球方物为主，但也包括了中国制品，或利用中国原料于琉球加工的作品。如《旧记杂录追寻》

---

108 喜舍场一隆：《琉球国における明末清初の朝貢と薩琉関係》，收入田中健夫编：《日本前近代の国家と対外関係》（东京：吉川弘文馆，1987），页 373–406。

109 日本史料集成编纂会编：《中国、朝鮮の史籍における日本史料集成》清實錄之部（一）（东京：国书刊行会，1979），页 22。

110 宫田俊彦：《琉球・清国交渉史—二集〈歷代宝案〉の研究》（东京：第一书房，1984），页 27–28。

111 纸屋敦之：《对明政策と琉球支配—異国から"異国"へ》，收入前引：《幕藩制国家と異域・異国》，页 280–282。

所载岛津继丰提交幕府的文书中就提到，日延享二年（1745）琉使节赴江户所携贡品之中，包括了借由琉球使节赴中国朝贡之际，于北京返回福州途中所获得的物品；《琉球王使参上记》所收岛津重豪呈交幕府的文书也记载，琉球庆贺使原本预定在日宝历十二年（1762）献呈德川家治将军中国制贺礼，却由于宝历十年（1760）未获清廷允许入贡，无法取得中国物品，致使携带中国产之贺礼上江户谒见一事要迟至明和元年（1764）才如愿以偿。[112] 其次，从琉球使节赴江户的出港年，均与由中国归返的进贡船之入港年一致之事亦不难得知，赴江户所需贡品实有一部分是获自中国。[113] 上述史实表明了琉球于锁国时期的中日交流史上曾经扮演着中介的角色，以灵活的外交手腕穿梭周旋于中日双方之间，并经由与两造的进贡活动，促使中日物资得以进行间接的交流，因此有理由推测故宫所藏日本锁国时期陶瓷可能是通过琉球使节的朝贡而进入宫中。

一八七一年日清缔结友好条约，再次开始两国正式国交。《清穆宗实录》记载，就在条约签订当年，"日本使节议约事竣，来京贡成方物"；[114] 两年后（1873）也有日使副岛种臣来京呈递国书"寻进贺仪方物"。[115] 虽然《实录》等并未记明日方使节进呈"方物"的具体内容，不过现藏日本外务省的外交文书却透露了重要的讯息。依据《清国卜ノ条约本日调印ヲアセル旨等报告ノ件》所载缔约当年（1871）的八月十七日，日使节奉明治天皇之命赠送同治皇帝"磁器壹函"，慈安皇太后"磁器壹匣"，同时送给慈禧太后"磁器贰函"，而同治皇帝和两太后也礼尚往来地回赠明治天皇翠玉瓶和古铜鼎等文物，[116] 说明了清宫所藏明治时期日本陶瓷有一部分确是通过这样的外交贡呈管道才得以进入清宫。然而，从前述现藏于台北故宫博物院的十九世纪日本陶瓷之品质等级看来，很难想象日本政府会以这类档次低下的作品作为外交正式馈礼进献清朝皇帝。另一方面，于一九〇四年入宫为慈禧太后绘像的美籍女画家卡尔曾经提到，慈禧所居殿上陈设了不少外国工艺品，且均极普通，"盖斯皆为价值极贱之物，由大员在外国市间购得，而以之

---

112 宫城荣昌：《琉球使者の江户上り》（东京：第一书房，1982），页111-113。
113 宫城荣昌，同上注，页69。
114 日本史料集成编纂会编，同注（109），页270。
115 日本史料集成编纂会编：《中国、朝鲜の史籍における日本史料集成》正史之部（一）（东京：国书刊行会，1979），页373。
116 外务省编纂：《日本外交文书》四卷一册（东京：日本外交文书颁布会，1957），页230-233。

进送太后者"。[117] 其中是否包括日本陶瓷，目前已不得而知。

五、结语——兼谈台北故宫博物院所藏"中国伊万里"

自十七世纪初期有田窑业创烧瓷器以来，即以明末青花瓷或《八种画谱》等绘本为主要的模仿参考依据，烧造出在装饰风格上与中国颇有渊源关系的瓷器。[118] 十七世纪中期由于中国内乱导致外销瓷业几陷于停顿，使得伊万里瓷器乘虚而入，意图取代中国陶瓷广大的海外消费市场；日万治二年（1659）荷兰东印度公司转而向日本定制三万余件瓷器之举也宣告了有田窑业正式进入蓬勃的外销时代。当时定制的瓷器多数依荷方所提供的样本进行生产，而样本的来源即为中国瓷器，故就样式风格而言，伊万里外销瓷可说是中国陶瓷的翻版。[119] 讽刺的是，正当十七世纪中期由中国输入日本陶瓷的数量逐年递减的同时，日本由中国进口的陶瓷彩绘原料却相对增多。依据荷兰东印度公司文书的记载，自一五五〇年至一五五九年日方由中国输入原料年平均约二千五百斤，一六六〇年至一六六九年年平均约一千二百九十斤，作为日本幕府正式贸易记录的《唐蛮货物帐》（含《长崎御用留》）也记录了正德元年至三年（1711～1713）有宁波、厦门船携来二万二千七百七十斤的"茶碗药"。[120] 从寺岛良安《和汉三才图会》可知所谓的茶碗药即青花钴料。[121] 大量输日的青花钴料或作为釉上红彩发色剂的氧化铜等原料，固然反映了日本窑业蒸蒸日上的活络景况，而日本窑业就是在荷兰人提供样本，同时拥有不虞匮乏的绘制陶瓷时所需原料，顺理成章地烧制出可与中国瓷器媲美的瓷器外销。换言之，中国在某种程度上成就了日本瓷器得以顺利地取代自身拥有的海外市场。

康熙二十二年（1683），清军大举进攻台湾，郑克塽战败投降，郑氏家族被迁入内地，翌年清廷颁布展海令允许沿海人民出海贸易，并于次年（1685）开放福建等沿海诸省与外国商船贸易。相对地，日本幕府则在贞享二年（1685）和

117　卡尔：《清宫见闻杂记》，收入《笔记小说大观》十编六册，页 3647–3648。
118　矢部良明：《初期伊万里染付の起源と展開—中国陶磁との関連》，收入《世界陶磁全集》8（东京：小学馆，1978），页 157。
119　T・フオルカー（T. Volker），同注（21）引书之（27），《陶说》347（1982），页 65–67。
120　前山博，同注（6），页 713。
121　山胁悌二郎，同注（24），页 280–281。

正德五年（1715）相继实施被称为贞享令和正德新例的贸易限制令。[122] 中国瓷器再度进入外销的舞台以及日本的贸易限制法令，无疑带给日本外销窑业沉重的打击。虽然从日本明和七年（1770）皿山会所的记录和现今流传于欧洲的作品可知，日本于十八世纪后期仍有部分瓷器贩售欧洲，不过荷兰商馆文书则显示日荷于宝历七年（1757）完成了最后一笔数量仅三百件的瓷器交易。[123]

日本瓷器于十八世纪中期逐渐丧失外销的优势而淡出贸易的舞台有其主客观的种种原因。早在一六六一年日本正式进入瓷器外销时代不久，荷兰方面就不止一次地抱怨日本瓷器价钱偏高，商人姿态傲慢不易相处。[124] 后来更变本加厉罔顾商业道德，将"会漏水的瓶罐或破损的盘碟"掺杂其中，意图鱼目混珠通关外销（享和十七年，1732），[125] 并且玩弄手法，等待荷兰船欲趁季风出航前一天才将业已捆包完成的瓷器运抵港口，致使荷方措手不及，无法开封验收，只能听天由命无奈地祈祷滥竽充数的瑕疵品不致太多。[126] 新仇旧恨，再加上日本过于严苛的贸易限制，以及随着日本国内物价上扬瓷器价格居高不下，造成窑户开始生产大量的次级品等都使得荷方望而却步。荷兰商馆日记显示：日正德四年（1714）一件中形盘值八分钱，至享保四年（1719）则要价一刃五厘，涨幅约31.25%；到了享保七年（1722）又涨了7.69%，需四刃九分钱才能买到。[127] 十八世纪初东印度公司于伦敦的拍卖目录也表明日本瓷器的价格有的要高于中国陶瓷，如中国制青花带盘可可亚杯估价四便士，但日本制的同类作品则需一至二奥币。[128]

自一六五〇年代至宝历七年（1757）所完成最后一笔正式交易的一百零八年间，见于记录的由荷兰东印度公司经手销往欧洲的日本瓷器总数达一百二十三万三千四百一十八件，[129] 但蓬勃发展的日本外销瓷业由于中国陶瓷的复出和前述种种内外在原因而渐趋衰退。吊诡的是，当荷兰人于十八世纪再度向中国定

122　山脇悌二郎，同注（24），页351–356。
123　西田宏子，同注（9），页59。
124　T・フォルカー（T. Volker），同注（32），引书之（29），《陶说》349（1982），页66。
125　西田宏子，同注（9），页66。
126　オリヴアー・インピー（Oliver Impey）：《日本磁器の貿易》，收入英国东洋陶磁学会编：《宫廷の陶磁器》（京都：同朋舍，1994），页23。
127　山脇悌二郎，同注（24），页356–359。
128　オリヴアー・インピー（Oliver Impey），同注（126），页20–21。
129　山脇悌二郎，同注（24），页371。

制瓷器之际，竟要求景德镇瓷窑模仿伊万里瓷器，[130] 亦即定制生产俗称的"中国伊万里"。台北故宫也收藏有几件这类作品，其中带把椭圆形注器，口沿施褐边，近口沿处绘青花卍字连续带饰，边带间夹釉上彩菊花，器身应用青花五彩和描金技法将牡丹的正、侧面和花苞同时表现在同一画面之上（图16）。[131] 其装饰风格虽和十七世纪末至十八世纪初的伊万里染锦式瓷颇为类似，但仍可从牡丹画法等细部特征判别是十八世纪初景德镇接受定制欲售往欧洲的外销型瓷器。类似的作品较少流传于中国本土，但于欧洲王室收藏中则经常可见。这种被欧洲人称为"Bourdalou"的中国瓷器原应带盖，传说是女子为因应著名神父布鲁达（Père Bourdaloue, 1632~1704）布道时间屡屡过长，为防内急而私下准备的藏于袖中的个人溲器。[132]

就十七八世纪的窑业交流史而言，日本肥前瓷器的创烧与朝鲜半岛的渡日陶工息息相关，同时明末陶瓷也成为日方借镜模仿的参考对象。自一六〇二年荷兰成立东印度公司将大量的中国瓷器运销欧洲，一六五〇年代以后伊万里瓷器一度取代中国陶瓷席卷了欧洲市场，这些漂洋过海输往欧洲的东方瓷器受到普遍欢迎，也促使了欧洲各国窑场起而仿效并致力研发中日陶瓷般具有透光性且音声清脆的高温瓷器。当中又以为了收藏陈设大量东方陶瓷藏品而建设"荷兰宫"（"瓷器宫殿"）之著名瓷器迷萨克逊选帝侯奥古斯特一世，对于瓷器的研制最为积极热衷。奥古斯特强王首先于德勒斯登（Dresden）成立制陶厂，后迁至麦森（Meissen）的阿布兹堡（Albrechtsburg），终于在炼金师包吉尔（J. F. Bottger）的努力下于一七〇八年成功地烧造出欧洲第一件白色硬瓷，[133] 并在一七三〇年代开始生产彩绘瓷器。十八世纪麦森瓷厂除曾仿制包括德化窑白瓷或宜兴紫砂器在内的中国陶瓷，亦进行仿制日本伊万里柿右卫门样式和染锦式彩瓷。如麦森瓷厂生产的于内壁置四只开光，开光内饰牡丹，器心绘饰双凤纹的十二方形青花彩绘钵（图17），[134] 就和当时输往欧洲的伊万里烧同类作品颇为类似（图18）。[135] 值得一提的是，

130　矢部良明：《十七世紀の景德鎮と伊万里—その作風の関連》，收入佐賀县立九州陶磁文化館：《十七世紀の景德鎮と伊万里》（佐賀县：佐賀县立九州陶磁文化館，1982），页84。

131　原定名"清青花描红单把匜"。典藏号：昆二一五之25。

132　Michel Beudeley, *Chinese Trade Porcelain*, Charles E. Tuttle Company, 1962, p. 168.

133　嶋屋节子：《マイセン磁器発明の經緯》，《陶説》326（1980），页11–16。

134　ドイツ民主共和国・ドレスデン国立美術館所藏《古伊万里名品展》。同注（99）引书，"凤凰图地文牡丹四方割文角钵"（目录 No.123）。

135　西田宏子：《伊万里と柿右衛門—肥前色絵磁器の展開》，收入《世界陶磁全集》8（东京：小学馆，1978），页200，图108。

台北故宫博物院也藏有几件于内底心装饰有与上述彩绘钵之双凤纹样有共通之处的青花五彩镂空盘（图19）。[136] 盘沿饰圈环镂空一周，以下内壁饰青花唐草纹，圈足内有单圈双行六字楷体"大明永乐年制"青花款。从这件双凤纹镂空盘的造型特征和纹样布局来看，同一形式的镂空装饰既见于英国女王所藏十八世纪初伊万里青花五彩钵，[137] 双凤纹布局和绘制作风也和前述麦森以及伊万里瓷所见者相似，然而其胎釉和圈足形式则又与中国陶瓷一致。

伊万里瓷虽早自十七世纪即模仿中国年号款识，但书写永乐款者要迟至十九世纪才可见到，[138] 并且一般都省去"大明"二字；十八世纪三十年代虽亦有少数欧洲瓷窑作品仿书中国年款，然运笔稚拙且多别字，[139] 与台北故宫所藏镂空盘端整的书体迥然不同。

反观中国则于明代中末期已经出现永乐伪款，部分清雍正时期作品更可见到永乐六字款。[140] 因此，故宫所藏镂空青花五彩双凤纹盘，不论是胎釉、圈足或款识书体等各方面，均可视为十八世纪初景德镇窑生产，但其装饰风格则是属仿伊万里烧的外销型瓷器，为理解十八世纪东西窑业交流提供了有趣的例证。

众所周知，自一六〇四年荷兰人将截获自葡萄牙船凯莎琳号（Catherina）上的中国瓷器运往阿姆斯特丹拍卖后，欧洲人才逐步认识中国瓷器，并作为财富的象征和时髦的工艺品予以收藏。十七世纪末至十八世纪初，欧洲王室贵族或富裕人家更流行于居宅设"瓷器室"，主要陈设具有东方趣味的中国和日本瓷器。从现存的陈列摆设虽极注重左右对称的调和气氛，但并未将中国和日本陶瓷进行区别或分类。[141] 尽管日本陶瓷外销的中介商荷兰东印度公司曾多次抱怨日本瓷器过于笨重，十八世纪末赴日的一位西方植物学家在赞赏肥前瓷器胎土精良的同时，也不忘批评日本瓷器的粗重，造型和色调亦远较中国瓷器逊色。[142] 然而对于以大量的瓷器装饰室内的欧洲流行风潮而言，日本陶瓷和中国陶瓷同样只是扮演满足

136　原定名"永乐款洋磁五彩涤环盘"，现名"清永乐款五彩凤凰镂空盘"。典藏号：珍二二九之4等。
137　英国东洋陶磁学会编，同注（126），页214，图221。
138　大桥康二，同注（39），页157。
139　英国东洋陶磁学会编，同注（126），页269，图309。
140　李正中等：《中国古瓷铭文》（天津：天津人民出版社，1991），页1-7；及耿宝昌：《明清瓷器鉴定》（香港：紫禁城出版社、两木出版社，1993），页395。
141　オリヴアー・インピー（Oliver Impey）：《宫廷を飾った磁器》，收入英国东洋陶磁学会编，同注（126），页61。
142　吉田光邦：《やきもの》增补版（东京：日本放送出版协会，1973），页133。

欧洲人异国情趣的角色。反观清宫对日本陶瓷的认识程度似乎更显陌生，兴趣不大，也未将之视为鉴赏的对象。不过我们却也能从故宫所藏日本陶瓷辗转窥测日本锁国时期中日交往当中琉球使节所可能扮演的中介角色。

无论如何，故宫博物院收藏的日本陶瓷既是一处以往未为学界所熟知的有关日本陶瓷之宫廷收藏，同时清宫藏瓷中包括有仿伊万里瓷样式之专门外销欧洲的中国瓷器，也丰富了我们的视野。这些日本陶瓷或有可能通过多种不同途径入藏宫中，但可推测属于十七世纪后期至十八世纪时期作品，有可能是经由使节之进献，后归清宫内务府储物司之瓷器库总管而流传至今。最后应该说明的是，我虽有幸实际观察故宫所藏的部分日本陶瓷，但仍有不少作品仅仅是依据故宫清册和文物清点档案照片对其产地和年代做间接的推测，调查的范围亦限于今器物处瓷器科所保管作品，并未能确认故宫博物院是否存在日本陶瓷收藏。此外，本文的完成要感谢九州陶磁文化馆大桥康二、东京出光美术馆荒川正明两位先生以及定期于台北召开的艺术史研讨会诸成员提出的建言，特别是得到大桥学兄的许多宝贵的意见，在此一并致以谢意。

［本文为《故宫博物院所藏日本陶瓷》专题研究计划（NSC 85-2411-H-002-003）之部分成果，特此申谢。原载《故宫学术季刊》14卷3期，1997］

后　记

本文刊出之后，承蒙九州县立陶瓷文化馆大桥康二先生来信指出，拙文附图之4～8和图10是包括冲绳在内日本国内未曾出土的类型，进而认为清宫传世的伊万里瓷器也有可能是由荷兰人所呈献（1997·8·14信函）。虽然我个人仍以为日本国内用瓷和经由琉球贡献清廷的作品类型可以有所不同，故拙文的琉球使节进献说未必一定有误，不过大桥兄的指摘无疑值得参考。附记于此，请读者留意。另外，故宫博物院亦见十八、十九世纪伊万里等多种日本陶瓷（《故宫藏日本文物展览图录》，北京，2002）。其中有的和台北故宫博物院藏品极为类似，读者若能一并参照检索，当能对清宫传世日本陶瓷有更全面的掌握。

（2005年3月22日记）

记台北故宫博物院所藏的伊万里瓷器　　171

图1a　伊万里烧五彩花口碗　十七世纪后半
　　　台北故宫博物院藏

图1b　内面

图1c　外底

图2　伊万里烧五彩花口碗　十七世纪后半
　　　日本户栗美术馆藏

图3a　伊万里烧　青花五彩盖碗　十七世纪末期
　　　台北故宫博物院藏

图3b　内面

图 3b　盖面

图 4a　伊万里烧　青花五彩菊瓣盘　十七世纪末至十八世纪前半　台北故宫博物院藏

图 4b　侧面

图 4c　外底

图 5a　伊万里烧　青花五彩八方盘（"大明万历年制"铭）十七世纪末至十八世纪前半　台北故宫博物院藏

图 5b　外底

记台北故宫博物院所藏的伊万里瓷器   173

图 6a　伊万里烧　青花五彩十二方盘（"大明万历年制"铭）　十八世纪前半
台北故宫博物院藏

图 6b　侧面

图 6c　外底

图 7　伊万里烧　青花五彩盘（"N：373"刻记）
十八世纪前半
日本有田和兰贸易资料馆藏

图 8a　伊万里烧　青花五彩大盘　十八世纪前半
台北故宫博物院藏

图 8b　侧面

图 8c　外底

图 9　伊万里烧　青花五彩花卉纹盘　十八世纪前半　土耳其炮门宫博物馆藏

图 10a　伊万里烧　青花五彩花卉纹碟　十八世纪　台北故宫博物院藏

图 10b　侧面

图 10c　外底

图 11a　伊万里烧　五彩盖盒（"肥碟山信甫造"铭）　十九世纪后半　台北故宫博物院藏

记台北故宫博物院所藏的伊万里瓷器　175

图 11b　内面

图 11d　内面

图 11d　外底

图 12a　现川烧　褐绿彩龙纹碟　十七世纪末至十八世纪前半　台北故宫博物院藏

图 12b　侧面

图 13　彩绘蝉　十九世纪
台北故宫博物院藏

图 14a　蝉模　十九世纪　　　　　　　图 14b
佐贺县立九州陶瓷文化馆藏

图 15a　京烧系　五彩花鸟碗　十八世纪　图 15b　侧面
台北故宫博物院藏

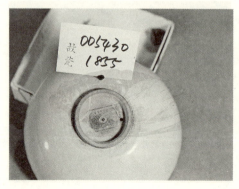 

图 15c　外底　　　　　　　　　　　　图 16a　景德镇窑　青花五彩带把杯　十八世纪
前半　台北故宫博物院藏

记台北故宫博物院所藏的伊万里瓷器　177

图17　麦森瓷厂　青花五彩双凤纹碗
十八世纪前半德国德累斯顿国立
美术馆藏

图18　伊万里烧　青花五彩双凤纹碗
十八世纪前半德国德累斯顿国立
美术馆藏

图19a　景德镇窑　青花五彩镂空盘
（"大明永乐年制"铭）十八世纪前半
台北故宫博物院藏

图19b　侧面

图19c　外底

乾隆和他收藏的一件泰国陶壶

一、外观特征

台北故宫博物院的清宫旧藏品当中，包括一件镌刻有乾隆御制诗的陶壶。陶壶于中华民国三十七年（1948）九月三日在南京开箱点检时已残破，造型呈敞口、喇叭式颈，口径约二十二厘米，肩以下部位已残，但经由破片可大致斗合出壶的最大径约在器中腹，以下弧度内收成圜底（图1-a、b、c）。壶肩腹满饰印纹，即以正反三角和短直线纹为单位的长方形模具，于颈肩处拍捺纹饰。由于各模印单位之纹饰上下位置匀整，因此在外观上有如数组水平方向的由弦纹和三角形纹所构成的连续纹饰。壶肩以下腹部同样是以拍印的方式捺印出鱼骨状的杉木纹，以下至寰底则是压印以短直线为中轴，两侧饰梳纹般斜直线的几何形连续纹饰（图1-d）。

从破片断面可以看出器胎呈片层状，胎色灰白，质地粗松并夹杂有石英细小颗粒。口颈较厚，肩部至腹部、寰底渐次趋薄。由于是以泥条盘筑成形，同时以模具拍实，故相对于壶外侧的几何形印纹，壶腹内壁则留下清晰的指头印痕迹。器表呈色较黑，推测有可能是烧成时因烟熏所致，但也不排除曾于器表施抹一层薄黑泥料再以低温烧成。

壶口内壁旋削粗弦纹一周，弦纹下方镌刻乾隆御制诗："质朴形犹古，神农缅作遗，陶成火气泯，气合道心怡，远矣当无诫，何妨有用时，谁加雕镂细，破此太初姿。"诗后并有"乾隆丁巳御题"即嘉庆二年（1797）纪年，以及"几瑕闲情"和"得佳趣"等两方闲章（图1-e）。该诗文亦收入于乾隆《御制诗文集余集》卷十三，诗题为《咏古陶器》。[1] 值得留意的是，诗文集中保留有乾隆的诗注，

---

[1] 台北故宫博物院：《清高宗御制诗文集全集》（台北故宫博物院，1976），卷14，页5-6。

即乾隆在该诗"谁加雕镂细"句后自注曰:"此器制度浑朴,自不应有花纹,想系后人复加雕刻者,但所雕文理不俗,无斧迹痕,与器同色,抚不留手,亦即三代以上所作物耳。"从而可知,乾隆依据陶壶形制朴拙这一特点,判断作品应是夏、商、周三代以前即今日所谓新石器时代遗物。其次,乾隆虽一度怀疑像是这样古老陶器上所见纹饰,可能是后人加工而成,然而,又因观察到纹饰无突兀造作之感,特别是纹饰外观呈色与陶壶其他部位一致,用手抚之也颇为平滑,而改变初衷,认为陶壶上的纹饰为原雕,非后世加工。

虽然,我们从传世的百余首乾隆咏瓷诗中可以轻易掌握乾隆鉴定古代陶瓷的方法,其鉴别观看角度包括了作品的釉光、瓷釉开片纹理、支钉痕迹、胎质、器形、成形技法等,但涉及"皮壳",即观察刻纹外观呈色、质感是否与作品其他部位相符者,仅此一例,而此一观看角度至今仍有其现实上的意义。这就像是我们可以从镌刻于陶壶内口沿部位的乾隆御制诗文字迹颜色较淡,与陶壶其他部位的外观呈色不同,而判断文字是陶壶烧成之后所加刻。

二、产地

尽管中国自新石器时代以来不乏装饰有各种几何形印纹的陶器,但均和本文所欲考察的清宫传世乾隆刻铭陶壶有较大的区别。相对地,散见于世界各地公私收藏中的一类东南亚印纹陶器,则无论在造型、纹饰、成形技法乃至于胎土等各方面特征则和前引乾隆刻铭陶壶极为一致,无疑是来自相同或相近地区所生产。目前所见这类东南亚烧制的印纹陶器之尺寸大小、造型、纹饰不尽相同,大型者通高三十余厘米,口径近三十厘米(图2);[2] 小型者通高约只十厘米(图3)。[3] 印纹装饰内容既丰富,壶造型外观、呈色也不一而足,有呈浅黄色的,也有的呈深褐色,少数作品还见有弦纹红色彩绘装饰等。但就整体而言,其造型大致可区分成长颈和短颈等两大类型。台北故宫博物院乾隆刻铭陶壶属长颈类型,从残片之复原斗合,估计器形和东京町田市立博物馆的藏品较为接近(图4)。后者口径也和故宫藏品相近约二十一厘米,通高二十六厘米,最大腹径三十三厘米[4]。以往学界

---

2 福冈市美术馆:《珠玉の東南アジア美術》(福冈:福冈市美术馆,2000),图97。
3 长谷部乐尔:《インドネシア半島の陶磁》(东京:琉璃书房,1990),图378。
4 町田市立博物馆:《インドネシア半島の陶磁器》(东京:町田市立博物馆,1990),图379。

对于该类陶壶的产地，虽曾推测是来自菲律宾或缅甸、越南、泰国等东南亚国家某一地区所生产，[5] 不过自一九七〇年代 Spinks 指出其产地是在泰国中部阿瑜陀耶（Ayudhya），即《清史·暹罗传》之"阿由提亚"，也就是华侨所谓"大城"以来，[6] 近年泰国学者也证实了阿瑜陀耶近郊帕尼亚（Paniat）即为产地之一[7]。其次，阿瑜陀耶（大城）北郊亦曾发现烧造这类印纹陶壶的窑址。[8] 如前所述，传世的该类陶壶之造型、纹饰不一，说明其可能来自复数窑场所生产。但就目前已确认的资料看来，其产地集中于泰国中部阿瑜陀耶及其邻近地区。换言之，现藏台北故宫博物院之镌刻有乾隆《咏古陶器》诗文的印纹陶壶是来自暹罗即今日泰国的制品。

三、年代

有关泰国阿瑜陀耶及其邻近地区所烧制印纹陶器之年代厘测，目前学界主要是参照（一）陆地考古遗址，以及（二）水下沉船所出同类标本来订定的。经正式考古发掘并有报告书公布于世的陆地遗址集中于日本，沉船则大多分布于东南亚海域。

出土有这类印纹陶器的日本考古遗址至少包括冲绳（首里城京之内、今归仁城、我谢）、福冈（博多）、长崎市（万才町、荣町、兴善町）、福井县（一乘谷）等诸遗迹（图5）。其中，冲绳首里京之内仓库遗迹推测因毁于一四五九年的一次火灾，故伴出标本的相对年代约于十五世纪前半期。[9] 其次，福井县一乘谷朝仓氏遗迹标本也是出土于一五七五年火灾层位堆积，故其年代约在十六世纪中期。[10] 此外，长崎市万才町、荣町、兴善町所出标本，则可从遗迹层位、性质和伴出遗

5　满冈忠成等：《南海陶磁と日本》，《世界陶磁全集》16卷·南海（东京：小学馆，1984），页249；西田宏子：《南蛮岛物—南海请来の茶陶》，《東洋陶磁》23、24（1995），页28。

6　Spinks, Charles N., The Ayuddhaya–Period Earthenwares, Some contemporary Thai Kilns, Their wares and Potting Methods. *Journal of the Siam Society*, 64-2 (1976), pp.188–189.

7　森本朝子：《博多出土のタイ陶磁について－アマラ·スリサッチア氏に聞く》，《法哈達》1（1992），页49。

8　吉良文男：《東南アジア大陸部の陶磁器—タイを中心に》，收入《東南アジアの茶道具》（京都：茶道资料馆，2002），页203。

9　冲绳县教育委员会：《首里城跡—京の内迹発掘調査報告書（Ⅰ）》冲绳県文化財調査報告集第132集（1998）页255-256。另外，龟井明德认为冲绳发现的此类泰国印纹陶的年代约在十四世纪后半至十五世纪前半，参见同氏：《琉球陶磁貿易の构造的理解》，《專修人文論集》60（1997），页62。

10　有岛美江：《博多出土のタイ·ベトナム陶磁》，《貿易陶磁研究》11（1991），页118。

物推测其相对年代约于十六至十七世纪。[11] 因此，就日本遗迹所见阿瑜陀耶印纹陶器的年代而言，是存在于十五世纪至十七世纪。

另一方面，就我所能掌握的伴出有这类陶器的沉船计有：泰国海域打捞上岸的所谓 *Koh Khram wreck*、*Pattaya wreck* 以及 *Ko Si Chang* 地区编号Ⅰ、Ⅱ、Ⅲ三处沉船遗留（图6、7）。此外，印尼发现的 *Bakau wreck* 或近年公布的马来西亚海域沉船也可见到该类陶器作品（图8）。上述沉船当中，*Ko Si Chang* Ⅰ因伴出有中国景德镇生产之带有"大明万历年制"（1573～1620）青花瓷器，可知其年代是在十六世纪末至十七世纪初；[12] 而若依据碳十四年代测定，则 *Ko Si Chang* Ⅲ年代约为1410±70，*Koh Khram wreck* 则为1520±140 和1680±270 [13]。后者 *Koh Khram wreck* 也已由 *Roxanna M. Brown* 参酌其他东南亚陶瓷资料，指出其应属十五世纪沉船[14]。

这样看来，陆上考古遗址和水下沉船资料都显示泰国阿瑜陀耶印纹陶器的年代集中于十五至十七世纪。当然，此一年代幅的意义主要是显示泰国以外地区的使用、流通之一端，绝非意味着该类印纹陶器生产的上下限，因为一直到近代，泰国土著仍然持续烧造类似的印纹陶器。我们从当代学者的田野调查文献当中甚至可以发现其使用的拍捺模具上的几何纹饰（图9），[15] 竟和本文所讨论的乾隆刻铭陶壶壶下腹纹饰（图1-d）几乎完全一致。过去，森村健一依据日本出土标本并参酌部分沉船资料，数度撰文针对这类印纹陶器进行了编年和分期而为学界屡次引用，可惜所引沉船资料既有所遗漏，同时又张冠李戴地错置作品出处，以至于出现了将伴出有万历年款青花瓷的 *Ko Si Chang* Ⅰ之印纹陶纳入同氏所谓的Ⅰ期（1450～1500），并且错误地将同样是来自 *Ko Si Chang* Ⅲ的作品分别归入Ⅰ、Ⅱ（1500～1550）以及Ⅳ（1600～　）等各个期别。[16] 虽然，目前还缺乏足够的资

11　森村健一：《日本における遺跡出土のタイ陶磁器》，《東洋陶磁》23、24（1995），页75。

12　Jeremy Green and Rosemary Harper, The Ko Si Chang One Shipwreck excavation 1983～1985, A Progress report, *The International Journal of Nautical Archaeology and Underwater Exploration*. 15-2(1986), p.105.

13　Jeremy Green and Rosemary Harper, *The Maritime Archaeology of Shipwrecks and Ceramics in Southeast Asia*, Australia Institute for Maritime Archaeology Special Publication No.4 (1987), pp.2–3.

14　Roxanna M. Brown, *The Ceramics of South-East Asia*, Oxford University, New York (1988), pl.47-c.

15　Wilhelm G. Solheim Ⅱ, Pottery Manufacture in Sting Mor and Ban Nong Sua Kin Ma, Thailand. *The Journal of the Siam Society*, 52-2(1964), pl.Ia. 另外，东南亚土著陶器概要可参见今村启尔：《東南アジアの土器》，《世界陶器全集》16・南海（东京：小学馆，1984），页254–271。

16　森村健一，同注（11），页77图9以及同氏：《十五―十七世紀における東南アジア陶磁器からみた陶磁の日本文化史―堺環濠都市遺跡出土遺物を中心にして》，《国立歴史民俗博物館研究報告》94集（2002），页277，图3。

料得以将传世的可能来自阿瑜陀耶及其邻近地区复数窑场所生产的该类印纹陶器予以编年或风格分期，但是我们既可经由陆地遗址和沉船所见类似风格的标本来交叉检验作品的可能时代，也可依据遗址出土之可大致判明年代的作品，径与传世作品进行外观比对从而掌握后者的相对年代。就前项议题而言，如日本博多第六十次发掘出土品（HKT60, M370）（图10），以往有十五世纪前半、[17] 十五世纪中期至末期、[18] 十六世纪前半[19] 以及十五至十六世纪[20] 等多种不同的看法。由于博多遗址标本之造型和印纹特征均和前引泰国十五世纪 *Koh Khram wreck* 所见同类作品类似（图11），[21] 故沉船资料可提供检视同类标本年代的线索。至于和本文密切相关的后项议题，在尚未能掌握阿瑜陀耶印纹陶器风格变迁之前，我们只能匠气地寻求和传世遗物造型或装饰类似的考古标本，以为传世作品年代的判断依据。

尽管台北故宫博物院所藏乾隆刻铭印纹陶的印纹装饰极具特色，可惜我未能在可判明大致年代的考古遗址中寻觅出同样的标本。不过，由于该印纹壶仍可大致斗合复原，因此首先可经由造型之比对而间接地推定其相对年代。

就我所能掌握的资料而言，与故宫乾隆刻铭陶壶造型相近，呈喇叭式长颈、扁圆腹、寰底器式的作品，分别见于泰国 *Ko Si Chang I、III* 和 *Pattaya wreck*，[22] 以及印尼海域打捞上岸的 *Bakau wreck* 和近年于马来西亚打捞的沉船。[23] 如前所述，*Ko Si Chang I* 的相对年代可以确定是十六世纪末至十七世纪初，该沉船既发现有和故宫乾隆铭陶壶器式相近的作品（同图6），伴出的另一件广口短颈壶腹所见形似鱼骨印纹（图12）也和故宫陶壶有类似之处（同图1）。[24] 其次，*Ko Si Chang III* 也见有该式长颈壶，尽管 *Ko Si Chang III* 之碳十四测定值为 1410±70，年代跨幅较大，不过，由于伴出的一式泰国褐釉四系罐和日本冲绳首里京之内遗迹所见相近，

17　森村健一，同注（11）页75。

18　大庭康时：《博多出土の東南アジア产陶磁器》，《考古学ジャーナル》448（1999），页18。

19　有岛美江，同注（10），页122。

20　伊藤嘉章：《日本出土の東南アジア磁器》，收入《日本出土の舶載陶磁—朝鮮、渤海・ベトナム、タイ、イスラム》，（东京：东京国立博物馆，2000），页85，图258。

21　Roxanna M. Brown，同注（14），pl.47-c。

22　Jeremy Green and Rosemary Harper, *The Excavation of the Pattaya Wreck Site and Survey of Three Other Sites Thailand*, Australia Institute for Maritime Archaeology Special Publication, No.1, 1983. p.13.

23　Roxanna M. Brown and Sten Sjostrand, *Maritime Archaeology and Shipwreck Ceramics in Malaysia*, Department of Museum and Antiquities, Kuala Lumpur, Malaysia, 2003, pl.25.

24　Jeremy Green, Rosemary Haper and Vidya Intakosi, *The Ko Si Chang Shipwreck Excavation*, Australia Institute for Maritime Archaeology Special Publication No.4, 1987, pp.18, 57.

而后者遗迹推测是毁于一四五九年火灾，故可推测 *Ko Si Chang III* 的相对年代也约于十五世纪中期。另外，印尼苏门答腊（Sumatera）东南海域勿里洞岛（Belitung）发现的 *Bakau wreck* 也存在不少类似造型的印纹陶器（图 13、14）。*Bakau wreck* 虽已由 Michael Flecker 指出系来自中国的十五世纪早期商船，但是相对于同氏是以碳十四测定值和"永乐通宝"铜钱作为沉船年代的判断依据，[25] 我因有幸亲自观察沉船所出绝大多数的遗物，故想补充指出 *Bakau wreck* 所见一式口沿略往外卷的龙泉青瓷碗（图 15），既和江苏省南京市中华门外永乐五年（1407）宋晟墓出土的龙泉窑碗完全一致（图 16），[26] 同时 *Bakau wreck* 伴出的泰国褐釉四系罐也和前述暹罗湾 *Ko Si Chang III* 沉船遗留[27]，以及烧毁于一四五〇年代之冲绳首里遗迹所出作品相近（图 17）。[28] 这样看来，*Bakau wreck* 的相对年代很可能确如 Michael Flecker 所推测的是在十五世纪早期。借由以上沉船资料的比对，虽然显示台北故宫博物院乾隆刻铭泰国陶壶与十七世纪作品相对近似，但由于十五世纪作品亦存在类似作例，在此，我保守地估计故宫藏品的年代约在十五至十七世纪间。

按理说，在初步厘清台北故宫博物院藏镌刻乾隆《咏古陶器》诗文的印纹陶壶是十五至十七世纪泰国陶器的同时，本文有义务针对清宫的入藏途径，即乾隆如何获得该一陶壶略作交待。然而，有关此方面的讯息难以正确地掌握。这是因为尽管明人著作如黄省曾《西洋朝贡录》、严从简《殊域周咨录》、张燮《东西洋考》等均设"暹罗"一节记述其国风土、物产和朝贡等事，特别是明代官修《实录》更是网罗了自明太祖洪武四年（1371）以迄熹宗天启三年（1623）暹罗遣使向明国朝贡等泰中交往等史事，然而或许是因明代陶瓷产业发达，驰名海外，因此不但见不到由暹罗进贡的物品中有陶瓷器，反倒是记录了洪武帝曾遣使赐暹罗国陶瓷，而明人《四夷馆考》甚至记载暹罗"其所用磁器缎绢皆贸自中国"。[29] 另一方面，由于暹罗国贡明的物品当中既然包括不少需

25　Michael Flecker, The Bakau wreck: an Early example of Chinese shipping in Southeast Asia, *The International Journal of Nautical Archaeology*, 30.2(2001), p.228.

26　朱伯谦：《龙泉窑青瓷》（台北：艺术家出版社，1998），页 275，图 261。

27　Jeremy Green, Rosemary Harper and Vidya Intakosi, 同注（24），页 23，图 26a。

28　冲绳县教育委员会，同注（9），页 225，图 78。

29　《明太祖实录》卷 156（洪武十六年八月乙未）"遣官赐占城、暹罗、真腊国王织金文绮各三十二匹、磁器一万九千事"。此转引自：《明实录类纂》"涉外史料卷"（武汉：武汉出版社，1991），页 838。（明）佚名：《四夷馆考》"暹罗馆"，收入《史料四篇》（台北：广文书局，1972），页 24。

要器皿装盛的宝石和珍奇香料等物品，因此不能排除这件乾隆刻铭陶壶原来是内装某种土产，于十五至十七世纪的某次赴中的暹罗使节携来而后传至清宫。由于清康熙三年至雍正十年暹罗与清国也有九次的正式往来，[30] 因此我们也可设想其有可能是此一期间暹罗入贡或地方官经由某种途径获得后再献呈清廷。此外，张燮《东西洋考》也曾记载万历十七年（1589）提督军门周详所定陆饷货物抽税中有来自外国的所谓"蕃泥瓶"。无论如何，由于以上推测均无法检证其真伪，严格说来并无太大的意义。但可确认的是，陶壶上之御制诗的纪年表明其最迟在乾隆二年（1737）已经入藏清宫。其次，我们从台北故宫博物院的千字文编号，即清室善后委员会的点检号可以追溯得知该暹罗陶壶原是清宫养心殿庋藏文物。

相对于泰国当地是以该类陶壶作为内盛椰树汁煮制砂糖的砂糖壶（sugar pot），或用以贮水、煮食的实用器，[31] 乾隆则是将其视为中国古陶予以珍藏。另一方面，日本遗址也出土不少这类标本，其中又以著名的一乘谷遗迹陶片最值得留意（图18）。一乘谷是战国大名朝仓孝景于文明初年（1469）在越前建立的首都，后毁于天正元年（1573）织田信长的征战。在该遗址出土的此类印纹陶壶残片当中包括于内壁髹漆以防止水渗漏，被作为茶道具使用之例。[32] 如前所述，这类泰国印纹陶壶尺寸大小不一，器形较大者被日本转用于茶道席中装盛洗濯茶碗、茶筅或补给茶釜用水的所谓水指；器式较小者被利用于洗濯茶碗废水的所谓建水或水翻。前者水指如传世的一件于壶颈饰印纹的作品（图19），该壶配置有日本乐家四代一入（1640～1696）所做的乐烧器盖，同时贮藏的木箱亦有"袋形 南蛮物"墨书。[33] 袋形是指壶、罐等容量较大的器物，南蛮则是其时日本对暹罗、吕宋、爪哇和南洋群岛土产或经由上述地区辗转传入日本之西欧物品的泛称。至于建水之使用例，则见于三谷宗镇（1665～1741）传世器（图20），该陶壶壶口沿有三处支烧痕，壶底以朱漆书"老の友"铭文和花押，

30　李光涛：《明清两代与暹罗》，收入凌纯声等：《中泰文化论集》（台北：中华文化出版事业委员会，1958），页58。

31　有岛美江，同注（10），页118。

32　森本朝子，同注（7），页49。另外，吉良文男提到泰国当地是以大者炊饭，小者盛汤。参见吉良，同注（8），图版98的解说。

33　茶道资料馆：《東南アジアの茶道具》（京都：茶道资料馆，2002），页261，图99。

木箱盖则墨书"ハンネラ水翻",是流传有绪的著名茶道具。[34] 所谓"ハンネラ"即"半练"是当今日本茶道界对于东南亚这类陶器的泛称。其语源出自不明,但从文化八年(1811)松平不昧(1751~1818)之《云州藏帐》(《不昧公遗物帐》)已经记载"はんねら"水指,[35] 或可推测至迟在江户时期日本茶人已能大致掌握该类陶器的可能产地。就此而言,乾隆将前述这件镌刻有其本人诗文的暹罗印纹陶壶误判为中国古代陶器,正透露出古瓷学养深厚如乾隆者,难免也因囿于上国心态,从而造成对中国以外的陶瓷懵然无知? 不过,这件泰国陶壶之所以会陈设于雍正以来各帝王居住、召对的养心殿中,恐怕也是拜乾隆鉴定失误之赐吧! 一个有趣的事实是,相对于乾隆对于泰国陶瓷的无知,此时的泰国王室却向中国景德镇等地定制具有泰国传统图纹的被称为宾乍隆(Bencharong)的釉上彩瓷器,Bencha 指"五",rong 则是意味"色",合起来即五彩之意。[36]

最后,应予一提的是,前引松平不昧遗物帐中的一件带盖"ハンネラ"水指值金三十两,光是器盖也值金十枚,但同物帐所记明代嘉靖年制龙凤纹盖盒仅值钱二十五两,[37] 此说明了日本茶人对于此类粗制印纹陶壶的喜爱程度并不亚于中国的细瓷。故宫乾隆刻铭陶壶壶盖已佚失,不过我们从陆地考古遗址或沉船遗物都可见到这类壶盖,壶盖细部造型不一,但盖面多内凹成寰底,盖心置宝珠形或蕈状钮(图 21)。由于一六一三年沉没于大西洋圣海伦那岛(St. Helena)的荷兰籍白狮号(Witte Leeuw)亦发现此类陶盖和印纹陶片[38],据此可以推测白狮号沉船原本亦载运有该类陶壶。另外,这类陶壶有时还与携带式陶灶成双配对(图22),[39] 颇具机动性。

(原载《故宫文物月刊》21 卷 7 期,2003)

34　根津美术馆:《南蛮、岛物—南海请来の茶陶》(京都:根津美术馆,1993),页 73,图 117。
35　满冈忠成:《云州名物》,收入《茶道古典全集》12 卷(京都:淡交社,1977,3 版),页 398。
36　Bhujjong Chandavij(井垣春雄译):《タイの陶磁》,《世界陶磁全集》16(东京:小学馆,1984),页 195。
37　满冈忠成,同注(35),页 395、397。
38　G. C. Vander pijl-ketel. *The Ceramic Load of the" Witte Leeuw"* (Amsterdam: Rijks Museum. 1982). p.253.
39　Spinks, Charles N. 同注(6),pl.8.

图 1-a 台北故宫博物院藏

图 1-b

图 1-c

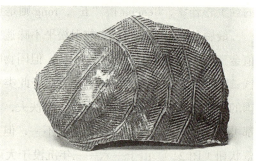

图 1-d

图 1-e

图 2-a 日本福冈美术馆藏，高 34.2 厘米，口径 29.5 厘米

图 2-b 日本福冈美术馆藏,高 34.2 厘米,口径 29.5 厘米

图 3 日本町田市立博物馆藏,高 16 厘米

图 4 日本町田市立博物馆藏

图 5 日本长崎市出土

图 6 泰国 *Ko Si Chang* I 沉船打捞器物之线描图

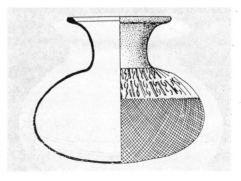

图 7 泰国 *Ko Si Chang* III 沉船打捞器物之线描图

图 8　马来西亚沉船打捞

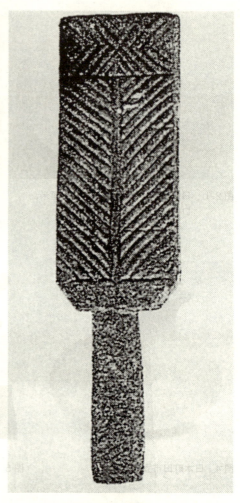

图 9　泰国土著所使用的拍具

图 10　日本博多遗址出土

图 11　泰国 *Koh Khram* 沉船打捞

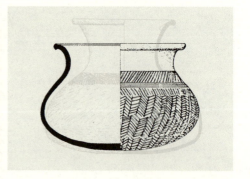

图 12　泰国 *Ko Si Chang I* 沉船器物之线描图

乾隆和他收藏的一件泰国陶壶　　189

图 13　印尼 *Bakau* 沉船打捞

图 15　印尼 *Bakau* 沉船打捞

图 14　印尼 *Bakau* 沉船打捞

图 16　江苏省南京市永乐五年（1407）宋晟墓
　　　　出土

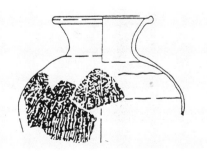

图 18　日本福井县一乘谷遗迹出土器物之线描图

图 17　印尼 *Bakau* 沉船打捞

图19 日本传世茶道水指

图20-a 日本三谷宗镇(1665-1741)传世品

图20-b 外底朱漆铭文

图22 移动式陶灶和陶壶

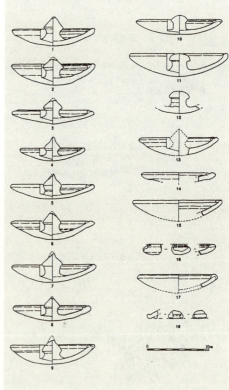

图21 日本冲绳县首里京之内遗迹出土器物之线描图

中国台湾地区出土贸易陶瓷

安平壶刍议

一九二〇年代以来，于台南安平古堡一带陆续出土了为数不少的施釉罐。这类罐的胎、釉或尺寸大小等特征不尽相同，但多数作品均呈直口、平唇、斜肩，肩以下弧度内收造型，器内外施罩灰白釉或略闪青色调的青白釉。它们于台湾的出土分布绝不限于安平一地，不过由于安平地区的出土例较早为人们所熟知，并曾引起部分人士撰文讨论，因此自然地就出现了"安平壶"这一名称，[1] 沿用至今。过去也有人将所谓的安平壶称为"宋甀""宋砸""宋硾""明磁""龙泉窑瓷瓶""荷兰青瓷"或"龟卵""龟瓮"等，后者是因传说安平古堡地占龟穴而形似龟，瓷罐既出于其地下，故有是称，具有浓厚的民间传说色彩；至于前者数例则明显予人时代或产地的暗示，然而论者却未提出足以说明其名称正当性的任何论据。虽然可能与器物类型学的命名原则不符，本文在所谓安平壶的时代和产地尚未完全厘清之前，暂且沿用安平壶这一广为人知的概括性称呼。

研究者曾针对安平壶的时代、产地和用途等方面，做过种种的推测，然而见解却颇为分歧。笔者认为，这类经常被台湾的考古工作者作为判别遗址相对年代的标准器之一，并且被视为"代表汉文化的传入而进入历史时期"[2] 的重要证物，其年代既然涉及台湾早期开拓史上的一个关键时刻，故其具体年代是值得深究的。

总括台湾前辈学者对于安平壶的年代厘测，大致上有元代以前说、[3] 明代以前说、[4]

---

[1] 国分直一氏曾经提道："当发掘热兰遮城就会出土俗称的安平壶。"参见同氏《壶を祀る村》（东京：三省堂，1944），页111。看来"安平壶"一名至迟在日本对台湾侵占和殖民统治时期已广为人知。

[2] 宋文薰等：《台中县水尾溪畔史前遗址试掘报告》，《考古人类学刊》3期（1954），页37。

[3] 刘良佑：《从台澎出土之部分贸易瓷标本探讨其相关窑口的几个问题》，收于《中国古代贸易瓷国际学术研讨会论文集》（台北：历史博物馆，1994），页231。

[4] 石旸睢：《明郑营盘考》，《南瀛文献》1卷1期（1953），页27。

明代初期说、[5] 荷据时期以前说、[6] 荷据时期说以及郑成功携来说等各种不同的见解。[7] 本文的目的，就是拟先整理安平壶在台湾的出土或发现情况，进而结合其他国家的出土实例和研究成果，试着厘清安平壶的正确年代并谈谈与之有关的几个问题。

一、台湾地区的分布概况

由于过去台湾考古调查和发掘的主要对象多集中于史前遗址，因此安平壶的发现实例，绝大多数只是来自乡土工作者的地表采集，其中甚至包括报道者自身的见闻阅历，绝少有正式的考古发掘报告书。这不仅是台湾考古事业中的憾事，无疑也会降低本文据以论说之资料的可靠性。衡量现实的情况，对于这类报道本文基本上采取信任的立场；而就笔者目前所掌握的调查资料来看，不难窥见若干引人留意的现象。

由北到南，发现安平壶的地点计有：基隆社寮岛；[8] 台北县瑞芳镇、贡寮乡、[9] 淡水红毛城；[10] 新竹新丰乡明新工专操场；[11] 台中县外埔乡、[12] 大甲东；[13] 嘉义民雄；[14] 台南安平古堡、广济宫、南县新丰区大湾、市区土城子、关帝庙、永乐路、五全街、六安医院、成功大学光复校区；[15] 高雄县左营清代凤山县旧城内；[16] 小琉球乌

5　刘益昌：《台湾北部沿海地区史前时代晚期文化的分布与互动关系》，《平埔族群研究学术研讨会论文》（台北："中研院"，1994），页13。

6　林鹤亭：《安平壶与大陆交通》，《台北文物季刊》9卷2、3期（1960），页34。

7　连雅堂：《台湾考古录》，原载1932年台南《三六九小报》，此转引自朱锋：《宋硐（安平壶）》，《台南文化》2卷1期（1952），页51；另陈信雄：《宋元海外发展史研究》（台南：甲乙出版社，1992），页112、144。此外，连氏于《台湾漫录》（沈云龙主编，近代中国史料丛刊10辑，《连雅堂先生文集·余集》，台北：文海出版社），页150，亦曾将安平壶径称为"荷兰瓮"。

8　朱锋，同注（7），页52。

9　盛清沂：《台湾省北海岸史前遗址调查报告》，《台湾文献》13卷3期（1962），页60-152，及附图21、24、27、28、32。

10　黄士强等：《台闽地区考古遗址普查研究计划第一期研究报告》（台北：中国民族学会，1993），页28。

11　1993年6月由当时台湾大学人类学系研究生黄信凯君采集得到。

12　黄士强等：《全省重要史迹勘察与整修计划—考古遗址与旧社部分》（台北：交通部观光局，1980），页12。

13　宋文薰等，同注（2），页34。

14　蔡堃元：《安平壶》，《雄狮美术》30期（1973），页62。

15　台南地区出土安平壶的报告参见：连横：《雅言》，收入沈云龙主编：《近代中国史料丛刊》51辑（台北：文海出版社），页76；朱锋，同注（7），页52；江家锦：《西拉雅族的信仰》，《台北文物季刊》7卷1期（1958），页117；林鹤亭，同注（6），页34等文。另外，成功大学光复校区出土安平壶一事，承蒙艺术学院美术研究所赖依缦同学的教示，赖君原就读于成功大学历史系。

16　臧振华等：《左营清代凤山县旧城聚落的试掘》，《"中研院"历史语言所集刊》64本第3部分（1993），图版93。

鬼洞、番仔厝；[17] 以及澎湖的中屯、[18] 马公、[19] 通梁和风柜尾[20] 等地。此外，据说北县八里和宜兰亦有发现，可惜未见文字报道，详情不明。[21] 上述发现地点明显以台南地区最为集中，这点亦可由五十年代调查俗称平埔族的西拉雅族（Siriya）居民之阿立祖（Arit）公廨祭坛，或个人宅邸阿立祖神座时，仍存在不少以安平壶作为神灵凭灵处所的传世实例得到旁证。西拉雅族人世居于安平（大员社）和台南（赤崁社），后因荷兰人占据台湾南部才迁徙至台南县境内各地，故可推测台南县左镇隙子口、北门佳里或北头洋等地祭坛传世的安平壶，[22] 极有可能是得自台南地区。

除了部分难以判别遗址性质的表采标本之外。就安平壶发现地的性质而言，至少包括聚落址、城寨址和海岸港湾等。聚落住居或城寨立地因经常亦濒临海岸河口，两者有时不易予以明确地区别归类；可确认的是，目前未见出土于墓葬者。至于西拉雅族的祭坛祀壶则有较大可能是获得后的二次性利用物，情况特殊，不宜作为原始出土地点而相提并论。由于绝大多数的发现例均属地表采集，缺乏层位依据，故除了能从报道中得知发现地点经常伴随有史前陶片，或语焉未详、具体特征不明的所谓近代瓷片，详情不得而知。虽然如此，如前所述过去台湾的研究者亦曾试图对安平壶的年代作出推测，其中又以荷据时期和明郑时期的看法最为人们所熟知。多数持这一看法的人的主要依据，恐怕是基于热兰遮城（安平古堡）曾出土较多的安平壶之事实，以及热兰遮城的筑城年代和汉人大批

17　国分直一：《台湾先史考古学における近年の工作》，原载《民族学研究》18卷1、2期（1954），收入同氏《台湾考古誌》（东京：法政大学出版局，1979），页31。但国分氏虽指明乌鬼洞出土有安平壶，然对于番仔厝出土的陶瓷片则仅以"白瓷片"概括之。不过从同氏的文意和用字遣词可以推测番仔厝的白瓷片包含了安平壶。此外，同氏又称基隆社寮岛出土有白瓷片，此或亦即安平壶标本？

18　刘良佑，同注（3），页240，图二下。

19　此为澎湖潜水俱乐部黄加进氏等人，近数年来于马公港附近打捞得到。作品大都保存完好，笔者实见十余件。

20　标本现收藏于澎湖县立文化中心和台湾大学艺术史研究所资料室。其中又以县文化中心所藏风柜尾采集得到的数量最多，后者并包括带有圈足的极为少见的标本。初步估计，遗留在澎湖海岸的安平壶标本至少有数百件。

21　该一情报系由台湾大学艺术史研究所王淑津同学所提供。王君的资料来源是采访"中研院"历史语言所刘益昌氏的访谈记录。

22　朱锋：《安平拾锦》，《台南文化》3卷3期（1953），页14-15；江家锦：《从祀壶来谈西拉雅族的信仰》，《南瀛文献》3卷1、2期（1955），页19；琐琅山房旧稿（林永梁译）：《飞蕃墓与阿立祖》，《南瀛文献》1卷3、4期（1953），页62；陈春木：《访头社村"阿立祖"的祭仪》，《南瀛文献》17期（1972），页56；国分直一：《台湾南部平埔族の壶神追跡记》，原载《民博通信》76期（1979），收入同氏《台湾考古民族誌》（东京：庆友社，1979），页310-320等文。

移民台湾的时期之历史考量。笔者认为，要厘测安平壶的可能时代，梳理发现地存在遗迹的历史沿革或地缘传说，确实是必要的基础工作。在前人田野调查的基础之上，笔者有幸拥有相对丰富的安平壶发现资料，以下结合早期台湾开发史，试着对安平壶的出土或发现地点做一初步考察。

二、发现地的历史沿革和传说

在观察安平壶出土或发现地时，有一极为突出的现象，即多数地点均与西班牙人、荷兰人在台所筑要塞城址、主要活动范围以及郑成功在台湾的开发经营地域有关，特别是与荷兰人有较为密切的关系。众所周知，西班牙人于公元一六二六年抵台湾北部三貂角（Santiago），后入鸡笼港（今基隆），并于港内社寮岛（今和平岛）举行占领仪式，筑城名曰圣救主（San Salvador）。一六二八年又在淡水建造圣多明哥城（Santo Domingo），至一六三四年其势力已延伸至东北部的噶玛兰（今宜兰）一带，[23] 直到一六四二年荷兰人攻占鸡笼才完全铲除北部西班牙人的势力。引人注目的是，前述社寮岛、淡水红毛城和宜兰地区都曾发现安平壶。

一六〇四年六月荷兰人韦麻郎（Wybrant Vanwoeryk）率船队欲往澳门，因中途遇风遂航向澎湖，至同年十二月撤离澎湖已经与中国沿海私商进行贸易。[24] 一六二二年荷兰舰队司令雷约兹（Cornelis Reijerszn）带领舰队入澎湖妈宫港（今马公港），同年派遣船只航向大员（今安平地区），并且开始在澎湖西南端的风柜尾构筑城堡。[25] 一六二四年荷兰人自毁澎湖城寨转赴大员北端的高地建筑城堡，初称奥伦治城（Fort Orange），一六二七年奉总公司命令改称热兰遮城（Fort Zeclandia），城堡本城在一六三二年已大体竣工，同时以热兰遮城为中心建立起殖民统治，将势力范围从大员一带逐渐扩张至南部、中部、北部和东部，但仍以台南、凤山等南部地区为中心。一六五三年赤崁区（今台南市）建立了另一个街市，

23　曹永和：《荷兰与西班牙占据时期的台湾》，原载《台湾文化论集》（1954），同氏《台湾早期历史研究》（台北：联经出版社，1979），页25-44；另参照姜道章：《台湾淡水之历史与贸易》，《台湾经济史》10集（1966），页155-179。

24　《明史·和兰传》："又潜载贸易往市"，说明中国沿海私商已与荷兰人进行私贸易。此转引自杨彦杰：《荷据时代台湾史》（南昌：江西人民出版社，1992），页12。

25　张天泽（姚楠等译）：《中葡早期通商史》（香港：中华书局，1988），页148。另可参见Williem Ysbrantsz Bontekoe（姚楠译）：《东印度航海记》（北京：中华书局，1982），页78。

取名普罗文查市（Provintia）迁徙汉人居住，并构筑荷兰人的宿舍、仓库、医院，另增建名为普罗文查城的高楼城堡，成为荷兰人在台湾的另一个据点。[26] 此后要到一六六二年郑成功攻占热兰遮城，翌年荷兰人投降，才结束其在台湾的统治。

郑氏以台湾为反清复明及贸易基地，祖孙三代在台湾共二十二年（1661~1683），基本是延续荷据时期的开发致力开垦，改赤崁地方为东都明京，设一府二县，开垦区域虽南至恒春，北及基隆、淡水，不过仍以现今台南为中心。[27] 如前所述，安平壶的发现地点即是以台南地区最为集中，而经常以安平壶祭祀阿立祖神灵的平埔族亦散居于台南地区。其中南市关帝庙安平壶出土地点，据说邻近荷兰梳妆楼址，附近原是荷据时代将官宿舍所在地。[28] 外岛澎湖所见安平壶以风柜尾发现的数量最多，而风柜尾则是荷兰前来最初构筑城堡之地。出土有安平壶的基隆社寮岛岛上的红毛城，虽曾于一六八〇年因郑经命令一度捣毁，但翌年旋由北路总督何佑进行修复，表明郑氏势力亦到达此地。事实上，早在此前数年的一六七五年已有郑氏部将洪士昌等人偕同家属居住于淡水和基隆，[29] 其确切居地不明，但淡水也是安平壶的发现地之一。北部地区属于考古学上旧社系统的台北县瑞芳镇深澳遗址和同县贡寮乡旧社遗址，传说昔为凯达格兰族三貂社地区，西班牙人首至该地区的福隆再转进鸡笼，后亦属荷兰人与郑氏的势力范围。[30]

发现安平壶的新竹明新工专位于新丰乡，新丰乡旧称红毛港庄。[31] 依据《新竹厅志》的记载，荷兰人和郑成功曾寄泊此地，荷兰人并于一六四六年由此港上岸驻留。[32] 至于浊水溪与大甲溪之间的中部地区于郑氏时期亦有所开发，[33] 出土安平壶的台中县外埔乡和大甲东（水尾溪）大致上近于该一范围。嘉义地区的开垦据传始于随同郑氏来台出身闽澳的士兵；[34] 出土安平壶的嘉义民雄原称打猫，原

26　村上直次郎（韩石麟译）：《热兰遮筑城史话》，《台南文化》3卷3期，页11-13（1953）；及3卷4期（1954），页45-48。另参照中村孝志（吴密察译）：《荷兰的台湾经营》，《台湾风物》41卷1期（1992），页73-76。

27　曹永和：《郑氏时代之台湾垦殖》，原载《台湾银行季刊》6卷1期（1953），同氏前引书收，页285。

28　朱锋，同注（7），页52。

29　曹永和，同注（27），页278。

30　盛清沂，同注（9），页101。

31　陈正祥：《台湾地名辞典》（台北：南天出版社，1992二版），页277，"新丰乡"条。

32　伊能嘉矩：《大日本地名辞書續篇》第三、台湾（东京：富山房，1901），页55-56 "红毛港"条。

33　松田吉郎（雷慧英译）：《郑氏时代台湾的开发》，收入《郑成功国际学术会议论文集》（南昌：江西人民出版社，1989），页254-257。

34　松田吉郎，同注（33），页257。

为平埔族居地，附近为郑氏屯田处所。³⁵ 此外，作为首次经正式的考古发掘并有报告书公之于世的高雄左营清代凤山县旧城内安平壶出土遗址，传说是郑氏所设军屯前锋尾所在。凤山地区既是荷据时期暨明郑时期水利设施的集中区域，也是郑氏时代的渔业中心。³⁶

现今屏东县琉球屿上所谓乌鬼洞以及洞窟北方之番仔厝亦发现了安平壶残片。有关乌鬼洞的居民历来存在种种的传说，如有学者认为是荷据时期黑人系奴隶的居住地。³⁷ 不过从最近可靠的研究得知，乌鬼洞的居民属西拉雅系一支的平埔族，因与荷兰人发生纠纷遂于一六三六年惨遭荷兰人暴虐野蛮的大屠杀而至消灭殆尽。在此一惨绝人寰的事件之前，荷兰帆船金狮子号（*Gouden Leeuw Eiland*）曾寄泊此岛，依据《热兰遮城日记》的记载，一六三三年当荷兰人征伐该岛并于岛上进行搜索时，发现了一六三一年驶往中国却遇风失踪的快船 *Beverijck* 号的遗留物；大屠杀之后的一六三九年，荷兰人更将岛屿出租给汉人从小琉球运输椰子到大员贩售。³⁸

因此，就目前的资料来看，安平壶的出土或发现地点绝大多数都与西班牙人、荷兰人或郑氏势力活动范围有着直接或间接的关联，而各遗迹安平壶之发现频率和数量，也与各自的开发程度及其在当时台湾政经军事领域所扮演的角色轻重成正比。换言之，以当时首善之地的台南地区出土数量最多，分布也最为密集，而军事要塞安平古堡出土较多安平壶一事，亦是值得留意的现象。如果上述推测无误，则安平壶之相对年代应在荷据及郑氏时期的十七世纪中期前后。

三、安平壶的种类

为了便于讨论并厘清台湾出土安平壶的种类和特征，有必要将安平壶予以初步的分类。然而如前所述，台湾发现的标本多属地表采集，除了台南地区之外，其他遗址极少见到完整的作品。早期的调查报告既多未揭载图版，文字叙述亦较简略，

---

35 安倍明义：《台湾地名研究》（台北：杉田书店，1938），页225。

36 松田吉郎（雷慧英译），同注（33），页248。

37 国分直一：《乌鬼蕃伝说とその遗迹》，收于同氏《台湾考古民族誌》（东京：庆友社，1981），页260-264。

38 以上均参见曹永和：《小琉球原住民哀史》，《平埔族群学术研讨会论文》（台北："中研院"台湾史研究所筹备处，1994），页1-38。

无从得知其具体的细部特征。不过在大陆古物尚未大量流入台湾的一九五〇年代已经入藏台南市历史馆、省立博物馆等地藏品，相传是出土于台湾。特别是省立博物馆所藏作品乃是接收自日本对台湾侵占和殖民统治时期原有收藏，依据留存于该馆个别安平壶内的简易登录标签，记明是出土于新竹。[39] 以下即依据上述两馆和台南安平文化中心等地藏品，辅以刊载有图版的其他发现报告，随处结合笔者自身的见闻，试着对安平壶做一粗略的归类。

依据安平壶的造型和胎、釉特征，可以将之区分为三类（参照插图一）。A类Ⅰ式，造型呈直口平唇，弧肩或斜直肩，最大径在器肩处，肩以下弧度内收，平底或平底微内凹，多数作品于器底均留有明显的辘轳旋削痕。除了底足厚胎无釉，口沿和器壁胎均较薄，施罩灰白或白中略带黄色调的薄釉，露胎处呈灰白色，但个别作品釉呈青白色调。Ⅱ式的胎釉与Ⅰ式完全相同，但于腹下方近底处略向外敞，外观上略呈假圈足。两式作品有的于锷形平口沿上方刮削出一轮涩胎，通高十五至二十厘米，并可见到部分高达三十厘米的大型作品。B类Ⅰ式，呈直口平唇，平肩或斜直肩，肩以下斜直内收，平底内凹，或旋削成倒锥形的凹底。最大径亦于器肩处，厚胎，通高在十五至二十厘米。Ⅱ式，造型特征或器壁厚度和尺寸大小等均与Ⅰ式相同，但为圈足底。两式作品一般施灰白或白中略闪青色调的青白釉，个别作品如台南市立安平文化中心所藏Ⅰ式作品釉色则与青瓷相近。除了器底露胎之外，内外施釉到底，绝大多数作品并于旋削成锷形的宽平口沿进行刮釉处理，露出涩胎。C类壶的胎釉特征与B类壶大体相同，Ⅰ式作品造型亦与B类壶一致，但尺寸较小，通高在八至十厘米。Ⅱ式尺寸与Ⅰ式同，不过肩部下方器身部则呈筒状直腹，腹下方置微内凹的饼形假圈足。

以上三类六式作品有一共通的特征，即不论尺寸大小或器壁厚薄，均是以两段接合成形，故于器身中部留下明显的接痕；做工不甚讲究故在器肩腹随处可见辘轳旋削痕迹。其次，口沿外侧亦多进行切削，形成锷形平口，而该一旋切工序于器下方近着地处亦可见到。除了少数作品之外，绝大多数作品底径均略小于口径，器口沿有的刮釉露胎，从部分作品口沿涩胎部位残留有瓷渣等情形推测，应是入窑烧造时摞叠的装烧工艺有关。因此除了叠烧时置于最上方的作品之外，其

---

[39] 1980年笔者调查省立博物馆旧藏陶瓷时所见。

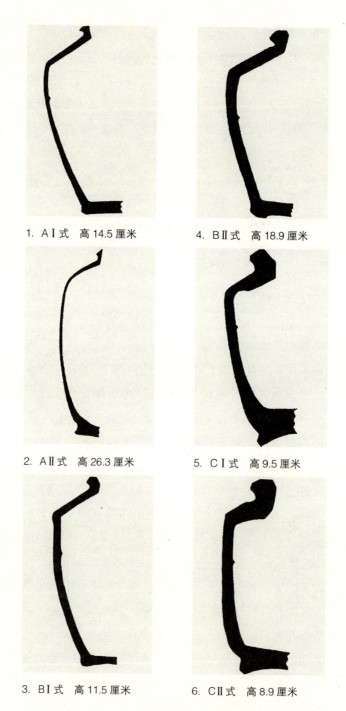

插图一　据藏品所绘线描图
（2. 白狮号沉船遗物　3. 福建定海遗物　4. 历史博物馆藏，余为台湾私人藏品）

余均需刮去口沿上的釉料，避免上下叠置的作品出现黏结现象而造成废品。就目前已知的台湾地区安平壶的发现例而言，以 B 类 I 式最为常见，可确认的作品如北县旧社遗址、新竹明新工专（图 1 下）、高雄左营、澎湖马公、中屯、风柜尾、通梁（图 2、3）或传为台南出土的许多流传于世的作品均属此类。B 类 II 式最为少见，但澎湖风柜尾采集标本中包括数件该式作品，其与 B 类 I 式共存于同一遗迹；台湾历史博物馆于一九八〇年代初期入藏的一件安平壶亦属该式，其圈足宽矮，近于所谓的玉璧形足（图 4、5）。[40] A 类壶亦相对较少，但如台北县深澳遗址曾经出土（图 6）。其次，依据朱锋氏的报道，安平地区所出作品似乎以 A 类壶最为普遍，其与台南其他地区所见多为 B 类 I 式壶形成鲜明的对照，前述"省立博物馆"所藏传新竹出土的数十件残标本亦属 A 类，不过同馆所藏近十件出土地不明，造型完整的安平壶则多属 B 类 I 式；[41] 澎湖打捞上岸的作品中亦包括有 A 类 I 式。目前虽然未见 C 类壶出土的确切资料，不过台南市历史馆（图 7）、台南市立安平文化中心等公私藏品中包括不少该类作品，传说亦是出土于台南地区。[42] 绝大多数的安平壶均无任何图样花纹，但个别作品如一九五〇年代入藏台南市历史馆的一件 B 类 I 式壶，壶身以釉下青花书写"云友"二字（图 8）；[43] 前述台湾历史博物馆藏之 B 类 II 式壶壶身亦以青花料钤一字迹已难判读的方形印（图 4）；台湾私人藏品中的一件 B 类 I 式壶，也于壶肩加饰呈暗绿色调但成分不明的四足爬兽（图 9）。后者因属釉上加彩，故其是否为原彩，仍有待确认。

文献记载，永历十九年（康熙四年，1665）郑经咨议参军陈永华"教匠取土烧瓦"，起盖庐舍，才逐渐改善台湾斩茅为屋的简陋住居。[44] 并且到清中叶嘉庆（1796~1820）前期才于南投、嘉义或莺歌设窑烧陶瓷。[45] 因此，就安平壶可能所属时代之台湾窑业生产水准而言，并无烧制高温施釉瓷的能力。从康熙年间黄叔

40　该作品曾于 1980 年代初台湾历史博物馆公开陈列。登录号为 38605 号。

41　台湾省立博物馆：《馆藏陶瓷图录》（台北：省立博物馆，1981），图 70。

42　参见《台南文化》4 卷 4 期（1955）"历史馆专刊"所载图版；蔡堃元，同注（14），页 62，附图及说明。另见台南市政府：《民族文物馆藏品选集》（台南，1979），图 14-15。

43　该作品最早见于朱锋氏的报道，见同氏注（22），页 17。另外，清晰图版可参见台南市政府编印：《民族文物馆藏品选集》（台南市政府，1989），页 7，图 14。

44　方豪：《台湾史上的"易茅以瓦"》，收于《方豪六十自定稿》（台北：撰者自印，1969），页 738-743。

45　张炳伦等：《台湾省通志》（台北：台湾省文献委员会，1971），卷 6，学艺志艺术篇，页 141-142；潘荣懋：《台湾之陶瓷工业》，《台湾银行季刊》26 卷 12 期（1975），页 190。

璩《台海使槎录》记载由福建装载砖瓦或磁器来台贸易等不难窥见,[46] 当时台湾使用的瓷器,主要来自大陆沿海地区窑场。[47] 结合台南市历史馆"云友"字样安平壶所显现的汉文化圈陶工集团生产品,或以下将叙及的大陆出土实例,所谓的安平壶无疑是来自大陆窑场所生产。然而台湾所见安平壶的种种外观的差异,到底是肇因于时代的因素,还是由于同一时代不同地区的窑场所造成,抑或只是同一窑场同时并存的因应不同用途而生产的相异样式,值得略加探讨。

四、大陆发现的安平壶

经正式公布的大陆发现的安平壶,依据报告书发表年顺序,计有以下三处。(1)一九五〇年代和一九七〇年代初期发掘清理的广东省潮安县城潮州镇东方的宋代笔架山窑址(图10)。[48](2)一九七五年由广东省博物馆和海南行政区文化局于西沙群岛进行文物调查时,于北礁的采集品。[49](3)一九八〇年代初期以来在黄岐半岛南部,闽江口与敖江口交汇处之福建省连江县筱埕乡定海海域的打捞品(图11)。[50] 除了后者定海打捞文物中至少包括两件安平壶之外,其余均只一件。从图版观察,上述作品当中,福建定海包括有A类I式和B类I式,余均属本文的B类I式。依照报告书所记述的内容,潮州笔架山窑址附近发现的安平壶,因其造型、胎质特征均与窑址标本完全一致,故被确定为宋代笔架山窑作品。其次,西沙群岛北礁所采集的安平壶,于一九八〇年代初的报告书中判断系元代浙江龙泉窑作品,而这一看法至一九九〇年代仍未改变。[51] 至于福建定海海域打捞上岸刊载有图版的两件各属于B类I式和A类I式的作品,则分别被定年为宋代(编号DHS 327, 1988)和元代(编号DHS 3237, 1988);后又经当地专家鉴定,一方面将原本定为元代的A类I式壶(DH3237)改定年于宋代,同时又将B类I式壶(DHS327)标

---

46 黄叔璥:《台海使槎录》(台北:台湾银行,1957),页47–48。
47 除了江西景德镇作品之外,福建平和县漳州窑瓷片也散见于台湾不少历史时期遗址。
48 广东省博物馆编:《潮州笔架山宋代窑址发掘报告》(北京:文物出版社,1981),页36,及图版二十七之6。
49 广东省博物馆等:《广东省西沙群岛北礁发现的古代陶瓷器——第二次文物调查简报续篇》,《文物资料丛刊》6期(1982),页159,及页157,图7之6。
50 中澳合作水下考古专业人员培训班定海调查发掘队(俞伟超):《中国福建连江定海1990年度调查、试掘报告》,《中国历史博物馆刊》总18-19期(1992),图版一之3、6。
51 广东省文物管理委员会等编:《南海丝绸之路文物图集》(广东:广东科技出版社,1991),页113图下。

示于元代，并认为其产地可能在福州地区。[52]

由于中国的窑址或其他遗址出土资料，经常是判别流传于世同类作品产地或年代的重要依据，因此自中国方面的报告书公布以来，确曾引起若干的回响，如研究者在处理马来西亚出土的安平壶时，就引用了笔架山窑址出土资料，认为其可能由广东地区窑场所生产。[53] 近年来更有依据笔架山窑址安平壶资料结合澎湖中屯遗址的层位判断，主张中屯遗址出土的安平壶标本的年代应在宋元之间。[54] 果真如此，我们要如何来面对前述台湾安平壶发现地及其历史沿革所显现的相对年代？换言之，要怎么样来对待这三百年以上的年代差距并自圆其说呢？难道是输入地的台湾由于某种原因造成一度传世而后废弃的吗？从台湾出土安平壶各遗址所呈现的年代之一致性看来，传世的可能性恐怕不大。事实上，如果详细检验报告书内容，不难发现所谓宋代笔架山窑出土的安平壶，其实只是征集自附近民众的采集品，窑址标本之中目前也不见任何与之相似的作品，其胎质特征也与一般所见笔架山窑作品不同，故其定年和产地比定显然极为粗率。至于西沙群岛北礁和福建定海的打捞上岸的安平壶，更无任何年代依据。前者打捞文物的年代早自南朝晚迄清代、民国；后者定海的陶瓷亦由宋迄清代。其既未出示任何定年依据，见解混乱，但笔者猜想两处打捞上岸的安平壶之定年或许正是受到前述所谓笔架山窑址资料的影响。

五、其他地区安平壶资料

安平壶在其他国家或地区亦曾被发现，这就为理解安平壶的存在时代提供了重要线索。除了前述马来西亚的两件安平壶残标本，遗留在印尼苏门答腊当地人将之作为盛盐容器的"盐罐"，据说原是十七至十八世纪时由中国盛装药油输入的，从图版可以确认所谓的盐罐即安平壶（图12）。[55] 其次，一九六○年代之前韩槐准氏自南洋原住民处搜集得到的所谓宋代龙泉窑青瓷壶中，亦包括有安平壶，[56]

---

52 林果：《连江定海出水文物》，《福建文博》1993年1、2期合刊，页105，图3之6。

53 Southeast Asian Ceramic Society, *A Ceramic Legacy of Asia's Maritime Trade* (Malaysia, The Southeast Asian Ceramic Society, 1985), p. 120. pl. 225.

54 刘良佑，同注（3），页231。

55 Sumarah Adhyatman, *Antique Ceramics Found in Indonesia* (The ceramics Society of Indonesia, Jakarta, 1981), p. 366. pl. 325.

56 韩槐准：《南洋遗留的中国古外销陶瓷》（新加坡：青年书店，1960），页9，及图版七。

上述安平壶均属B类。此外，依据相关论文的间接引述，印尼爪哇西部的万丹（Bantem）地区也出土了安平壶，[57]但详情不明。或许是由于南洋地区经常出土这类壶，并于一九三〇年代有不少作品辗转流入日本，因此小山富士夫氏遂将个人收藏的一件安平壶定名为"安南花瓶"。[58]

随着日本考古发掘工作的开展，已有若干遗址出土安平壶标本。就笔者目前所能掌握的资料，日本至少有四处遗址曾经出土。由于均系正式发掘，存在明确的遗址层位叠压关系，从而可掌握同一地层共伴遗物的具体情况，甚至可结合文献的记载判明遗址的正确所属。四处遗址均位于九州长崎县，其中平户市荷兰商馆遗迹的一件安平壶底部残标本（A类I式？）出土于商馆边墙建造时的土层中（D层），报告者依据共伴的陶瓷和层位堆积年代结合相关文献记载，推定该层的年代约在一六一三年至一六一八年。[59]众所周知，日本与荷兰的正式通交始于一六〇九年七月一日荷兰船 *Roode Leeuw* 号和 *Griffioen* 号两艘船入港平户，旋即于同年九月二十日获得德川家康同意，于平户设立联合东印度公司商馆，初期作为与葡萄牙人、西班牙人抗衡所需之战略基地，后发展成贸易据点，至一六四一年六月二十五日由幕府下令将商馆迁至长崎出岛为止，被称为平户时代。[60]

出岛是日本宽永十三年（1636）筑造完成的人工岛，自一六四一年荷兰人在此设置商馆，通过锁国时期直到明治时代一直是日本对外交通的重要港口。[61]位于长崎县南西端的长崎市出岛商馆遗址亦于一九八〇年代中期进行发掘，同时在遗迹IX区和X区分别出土了安平壶口沿肩部及腹底部残片（B类I式？）。IX区

57　坂井隆：《肥前陶磁の輸出と鄭氏・バンデン王國》，《東南アジア―歴史と文化》22期（1993），页79。从大桥康二等：《アジアの海と伊万里》（东京：新人物往来社，1994）页191所载图版可知，万丹地区出土的安平壶多属B类I式。此外，现陈列于雅加达美术馆（Fine Arts Museum）传出土于爪哇岛的安平壶亦为同式壶（笔者实见）。

58　小山富士夫：《安南の陶磁》，《陶器講座》21卷（东京：雄山阁，1939），页6及插图3。此外研究者最近亦曾于头顿巴丽亚省（Baria-Vung Tau）化德岛（Condao）之遗址中采集到包括安平壶在内的推测属十七世纪末的中国陶瓷，参见森本朝子：《日本出土のベトナムの陶磁とその產地》，《東洋陶磁》Vol. 23, 24（1993.94-95），页49。笔者也于越南胡志明市私人藏品中实见若干安平壶（B类I式），传说出于头顿港附近。

59　平户市教育委员会：《平户和蘭商館跡―現状変更（家屋改築）に伴なう発掘調査の報告》（1988年3月），页54，图24之72。

60　加藤荣一：《平户时代日蘭交涉史におけるオランダ商館の献上進物について》，《阿蘭陀》（东京：根津美术馆，1987），页94-105。

61　山胁悌二郎：《長崎のオランダ商館》中公新书579（东京：中央公论社，1980），页198-200参照。

出土物以十七世纪后半至十八世纪前半的输出用肥前瓷器数量最多,但亦伴随有十六世纪末至十九世纪的中国青花、五彩瓷,十七世纪后半至十八世纪初的三彩盘,以及十七世纪的德国陶瓷。X 区遗物亦包括十七至十八世纪肥前瓷器和十六世纪末至十九世纪中国陶瓷。[62] 伴随出土的安平壶标本具体年代虽不易确认,但可从荷兰人在此设置商馆的时间,以及全体遗物未见有早于出岛筑造完成之一六三六年以前日本陶瓷一事推测,安平壶的上限不应早于十七世纪。关于这点,报告书的撰述者大桥康二氏亦已指出其可能为明代作品,类似的作品还可见于 Witte Leeuw 沉船文物中。[63]

继平户、出岛荷兰商馆遗迹,近年来长崎市铜座町遗迹和荣町遗迹也出土了平安壶。前者位于中岛川与铜座川汇流入长崎港之要冲,其对岸即为出岛荷兰商馆所在地,所出两件安平壶标本属 B 类 I 式。[64] 后者荣町以前又有袋町、本绀屋町、酒屋町之称,日本庆长二年(1597)以来陆续建设外町,上述三町和材木町即为最初的四外町,此后至一九六〇年代才因町界名的重新划分成为现在的荣町。遗迹所在地位于本绀屋町之内,两件安平壶(图 13)分别出土于第二十九和五十六号探方,伴随出土的中日两国陶瓷以十六世纪后半以降作品占绝大多数,其与文献所载本绀屋町建设于庆长二年(1597)一事吻合,[65] 故安平壶的年代亦应在此之后。就目前所知经正式发掘的日本四处出土有安平壶的时代看来,正与台湾各发现地所显现的相对年代大体一致。

在考察安平壶的年代时,近年打捞公之于世的沉船文物,更是不容忽视的贵重资料。如前述被作为判断出岛荷兰商馆出土安平壶时代之依据的"白狮号"(Witte Leeuw)沉船,即为其中的一例(图 14)。"白狮号"是于一六一〇年由荷兰出发航向印尼的巴达维亚,一六一二年十一至十二月于爪哇岛万丹满载胡椒和中国陶瓷等货品,同年十二月与各两艘荷兰东印度公司及英国船只组成船队欲返回荷兰。船队于一六一三年赴大西洋中南部的圣海伦那岛(St. Helena)补给物

---

62 长崎市教育委员会:《国指定史跡出島和蘭商館跡範囲確認調査報告書》(1986 年 3 月),页 8–19,及页 87,图 37 之 5、6。

63 长崎市教育委员会,同注(62),页 29。

64 长崎市埋蔵文化财調査協議会:《銅座酊遺跡—十八銀行本店敷地埋蔵文化財発掘調査報告書》(1993 年 3 月),图版 10 之 66、67。

65 长崎市埋蔵文化财調査協議会:《榮町遺跡—ビル建設に伴う埋蔵文化財発掘調査報告書》(1993 年 9 月),页 85,及图版十五之 67、68。

资时遭遇葡萄牙船只，双方交战结果"白狮号"于一六一三年十一月一日被葡萄牙船击沉；从船体的损坏情况或所运载陶瓷的破损方式等推测，可能是因引燃火药库而爆炸沉没的。一九七六年打捞的沉船文物中，即包括有安平壶（A类Ⅱ式）。[66] 这说明了沉船安平壶应是在一六一三年之前不久的遗物。

安平壶年代的另一重要参考资料，是一九九一年以来于菲律宾八打雁（Batangas）地区幸运岛附近海域打捞上岸的西班牙旗舰"圣迭戈号"（San Diego）所见大量遗物。[67] 该船计打捞出三万四千件包括中国、泰国、缅甸和日本文物。文献记载"圣迭戈号"是于一六〇〇年十二月十四日清晨因遭到荷兰旗舰"毛里西斯号"的炮击而沉没。[68] 时任菲岛司法行政院最高审议官兼此次战役的舰队总司令安东尼奥·摩鲁卡（Antonio de Morga）于一六〇九年出版的《菲律宾诸岛志》一书，更是生动地描述了该战役的种种细节。[69] "圣迭戈号"沉船发现的安平壶（A类Ⅰ式），是目前所知有确切年代可考的时代最早的作品（图15），属一六〇〇年或稍前时期。

此外，1989年于越南头顿港（Vung Tau）以南一百海里的化德岛（Condao）也发现了一艘载有二万八千件中国陶瓷的荷兰沉船，因沉船地点邻近头顿港而被发掘者命名为"头顿号"（Vung Tau Cargo）。化德岛自古以来即是北越和中国东南沿海船只渡暹罗湾赴印尼西北诸岛时，最终的淡水补给站之一。"头顿号"所见至少十余件B类Ⅰ式安平壶（图16）和其他中国制各类陶瓷的绝对年代虽不易确认，不过从沉船中出土的若干康熙（1662~1722）铜钱和一方带有干支纪年的墨块推测，其相对年代约于一六九〇年，该船可能是在前往印尼爪哇岛之巴达维亚（雅加达）途中遇难沉没的。[70] 沉船出土的安平壶实例，还可见于梵克氏（S. J. Vainker）著作中所引用的一艘推测属于一六四〇年代沉船中的打捞文物之中（图17）。[71] 从同船伴随的青花盖盒的造型或纹饰均与一九八三年哈察氏发现的所谓"哈

66　C. L. Van der Pijl-ketel, *The Ceramic Load of the 'Witte Leeuw'* (Rijksmuseum Amsterdam, 1982), pp. 215-216。另可参见森村健一：《'Witte Leeuw'号の陶磁器》，《贸易陶磁研究》7期（1987），页49-60等文。

67　Jesus T. Peralta, *Saga of the San Diego* (Manila, National Museum Philippines, 1993), p. 87, pl. 29.

68　森村健一：《福建省漳州窯系陶磁器（スワトウ・ウエア）の編年》，《福建省漳州窯系陶磁器について Ⅱ》（西田紀念東洋陶磁史研究グループ等，1994），页128-129参照。

69　Antonio de Morga（神吉敬三等译）：《フイリピン諸島誌》（东京：岩波书店，1966），页202-212。

70　Christie's Amsterdam B.V., *The Vung Tau Cargo Chinese Export Porcelain* (Amsterdam, 1992), Nos. 940-956.

71　S. J. Vainker, *Chinese Pottery and Porcelain* (London, British Musuem, 1991), pp. 152-153.

察号"（*Hatcher Junk*）打捞的作品对比来看，笔者推测该安平壶（A 类 I 式）极有可能出自"哈察号"沉船。经由哈察号沉船打捞上岸的两万余件中国陶瓷的风格，以及带有"癸未春日写"干支铭文青花盖罐等线索，推测癸未相当于崇祯十六年（1643），即一六四〇年代的沉船。[72] 无论如何，与该安平壶同出于同一沉船的遗物中，除了前述青花盖盒之外，另有一件盘心画花鸟、盘内壁开光绘饰折枝花卉的所谓克拉克瓷青花盘（图 17），与后者青花盘类似的作品可见于近年来江西广昌发现的崇祯四年（1631）江西进士唐可敬墓中。[73] 从这里也可窥知前引安平壶的相对年代约于一六四〇年代。

从沉船或日本考古遗址等可大致确认时代的资料来看，安平壶的相对年代约于十七世纪；而该年代正与台湾出土或发现的安平壶之遗址所属时代相符。就目前所见安平壶的造型种类而言，相对于国外出土例目前大多属 A 类 I、II 式和 B 类 I 式，台湾发现例则包括了 A～C 类三种类型。A 类壶以一六〇〇年"圣迭戈号"或一六一三年"白狮号"沉船遗物的时代最早，而属于一六四〇年代的沉船中亦可见到尺寸相对较小的同式壶，因此就目前有限的纪年资料来看，A 类壶的相对年代约于十七世纪前半期。B 类壶的最早绝对年代不明，但晚迄推测属一六九〇年代的头顿号沉船中仍可见到。后者既伴随出现大量的康熙早期青花瓷器，并考虑到日本出岛等出土有 B 类壶遗址的时代，推测其相对年代不会晚于十七世纪。C 类 I 式壶除了尺寸较小之外，其造型特征与 B 类壶相同，并且于台湾发现例中常见 B 类与 C 类壶存在着共伴关系，故 C 类壶有较大可能与 A、B 类壶同属十七世纪遗物。上述安平壶年代的观点，既可印证数十年前部分台湾前辈学者的推测，同时可纠正近年来由于大陆出土实物的错误定年而衍生的谬误。

此外，从沉船纪年遗物结合若干可大致判明相对年代的遗址出土的安平壶，亦可观察出 A～C 类壶虽共存于十七世纪，互有交叠，不过 A 类壶的出现时代似乎较早，相对的 B 类壶的延续时代则更长。过去，朱锋氏曾经比较安平、台南两地出土安平壶的外观差异，指出安平地区作品均属底平薄胎施浅白釉（本文

---

[72] Sheaf and Kilburn, *The Hatcher Porcelain Cargoes* (Phaidon, Christie's Oxford, 1988), pls. 12、18。不过也有研究者怀疑"哈察号"沉船可能混入若干时代较晚的中国陶瓷，即打捞上岸的文物有可能来自复数的沉船。但均不会晚于十七世纪。参见三杉隆敏：《海のシルクロード大航海時代のセラミック・アドベンチヤ》（东京：ぎょうせい，1989），页 138-142。

[73] 孙敬民：《江西广昌发现明代崇祯纪年墓》，《江西文物》1990 年 4 期，页 70，图 2。

A类），而台南地区作品则为底凹厚胎，施罩浓淡不一的青釉（本文B类Ⅰ式），进而主张安平壶是由厚胎浓釉发展至薄胎淡釉，台南出土的作品要早于安平。[74] 然而就目前的资料来看，薄胎淡釉的作品经常要早于厚胎浓釉者，即安平A类壶可能要比台南B类壶的时代更早，而该年代序列也正与荷兰人首先于安平筑城而后发展至台南地区的台湾早期开发史实相符。如前所述，荷兰人于一六〇九年在日本平户设置商馆，一六四一年迁商馆至出岛，检查报告书所揭示的线绘图，前者所出安平壶有较大可能属A类Ⅰ式；后者出岛出土的作品属B类Ⅰ式；若笔者的上述观察无误，则可再次印证薄胎淡色釉的A类壶是所谓安平壶中较早出现的形式。虽然纪年资料仍极有限，安平壶的产地亦待确认，不过比较一六〇〇年"圣迭戈号"（图15）和一六〇三年"白狮号"沉船（图14）发现的A类壶，似乎可以推测A类壶的造型有可能是由圆弧腹逐渐演变成略直的弧腹；器肩亦由弧肩发展成肩腹区隔明显的斜直肩。前述梵克氏所介绍的一件一六四〇年代沉船的A类壶（图17），可能即是由此进一步演变而成。后者除釉色和口沿、器壁厚度之外，整体造型则与B类壶一致。值得留意的是，除了难以判别整体器形的残标本之外，可确认其具体器形的传台湾出土A类壶，目前似未见如一六〇〇年"圣迭戈号"所出呈圆弧腹、弧肩者，相对地，多数作品器形大体与B类壶相近。结合一六四〇年代沉船资料，说明了遗存于台湾的A类壶可能主要是以一六四〇年左右的作品居多。但其详细的编年，特别是B类壶的年代上限，和A类壶的下限问题还有待日后进一步的资料来解决。

有关安平壶的产地问题，历年来已有种种的推论，[75] 我们虽可经由台湾出土情况或其于大陆的发现地点，进而将之与中国沿海地区瓷窑作品的胎釉特征进行比较，可大致推测它们有可能来自福建或广东地区窑场，另从当时大陆与台湾主要来往港湾，甚至郑氏父子的地缘关系等间接资料判断其以福建窑场的

74　朱锋，同注（22），页14–15。

75　主张来自广东地区的有：林鹤亭，同注（6），页36；广东省博物馆编，同注（48），页36；Southeast Asian Ceramic Society，同注（53），页120；Jesus T. Peralta，同注（67），页87。认为是福建地区所生产的有：林果，同注（52），页107；坂井隆，同注（57），页79。主张是浙江龙泉窑产品的有：广东省博物馆等，同注（49），页159；石旸睢，同注（4），页27。其次，小山富士夫，同注（58），页6则以为是越南的作品。另外，前引注（56）韩槐准氏得自南洋的安平壶因素与其他瓮罐刊载于同一图版，故过去叶文程氏虽曾指出该图版之"水坛"是福建泉州碗窑乡宋元时期制品，但是否指"安平壶"？不明。叶氏文参见：《晋江泉州古外销陶瓷初探》，《厦门大学学报》1979年1期，页108。

可能性最大，然而窑址未经证实，目前仅止于臆测的阶段。不过从现存作品之间所呈现出的相异胎、釉和造型特征（图18），不难想象其应是由复数窑场所生产。

相对而言，遗址调查发现或流传于公私收藏的台湾出土的安平壶不仅种类丰富、数量庞大，出土频率亦极高，遍布于台湾南北许多遗址，表明其与台湾有着更为密切的关联。安平壶的存在时代正是西班牙人、荷兰人或郑氏父子于台湾的活动时期，特别是以荷兰人和郑氏最为活跃。一六〇二年荷兰人设立了拥有完备贸易组织的东印度公司，早期以万丹（Bantem）和北大年（Patani）为基地，不久迁至巴达维亚（Batavia），并于一六二四年在台湾的赤崁设立贸易据点。从《巴达维亚城日志》或遗留于荷兰的其他文书档案得知，台湾在当时曾扮演了陶瓷贸易转运站的重要角色，如一六三五年三月三十一日至七月三十一日四个月，由台湾商馆运往巴达维亚的中国陶瓷计十三万六千六百六十四件；同年八月十八日至三十一日，自台湾运抵长崎商馆的陶瓷有十三万五千九百零五件；一六三八年更由台湾载运八十九万三百二十八件陶瓷往巴达维亚欲销售到荷兰和印度，[76] 转运陶瓷的数量颇为惊人。另一方面，当时叱咤东亚海上的郑成功对于陶瓷贸易亦不遗余力，既以台湾安平为据点将中国货物运销日本或东南亚国家，同时将日本佐贺、长崎县一带肥前国烧制的陶瓷运销东南亚。[77] 日本九州长崎县或印尼爪哇巴达维亚、万丹出土有安平壶一事，正与荷兰人和郑氏父子以台湾为据点的东亚主要商业活动范围相符合。不过考虑到发现有安平壶的"白狮号"和"头顿号"沉船属荷兰籍，"圣迭戈号"为西班牙旗舰，则安平壶并非是某一特定集团的专属货物，上述沉船的航路既未必非经由台湾不可，其时代有的还早于荷兰人据台时间（1624~1662）或郑氏父子在台时期（1661~1683）。然而遗存于台湾的安平壶数量极多，经证实的发现地当中有不少又与荷兰人的驻居地有关，特别是以荷兰人筑造的安平古堡一带出土最多，结合长崎荷兰商馆的出土实例可以推测，部分安平壶极有可能是经由荷兰人或郑氏父子之手经台湾转运至各地。前引遗存于小

76　山胁悌二郎：《唐、蘭船のイ万里焼輸出》，收于《有田町史商業編1》（佐贺县：有田町史编纂委员会，1988），页267。

77　坂井隆，同注（57），页67–91。另同氏 *The Hizen Ware Trade: The Relationship of the Zheng* 郑 *Kingdom to the Banten Sulatanate*, Sophia university, Japan, 1994, pp.1–5.

琉球岛鬼洞的安平壶，恐怕也非过去所推测是小琉球原住民的遗留品，[78] 而有较大可能是荷兰人携至岛上的。

历来对于安平壶的用途见解有分歧。[79] 现存的荷兰文书中虽记载了不少经由台湾转运各地的各具用途的瓶壶类，如一六三七年十一月四日由台湾驶往巴达维亚的瓷器中包括有大口罐和贮藏用壶；一六四二年十月经台湾运抵巴达维亚的瓷器中有泡菜罐；一六四五年二月十五日记载拟运往荷兰的台湾库存陶瓷清单中也可见到白釉贮物罐和各类花瓶；[80] 一六三一年三月二十三日长崎商馆长致台湾长官的书简也要求购买酿造啤酒用的瓶罐。[81] 然而文献记载对于考察所谓安平壶的用途并无实质上的助益。因此在安平壶是否具有贸易瓷性质，还是装盛物品的容器，抑或兼具两者功能一事仍未确认之前，着意考察其具体功能并无太大的意义。目前可确认的是，西拉雅系平埔族将之作为阿立祖神凭灵处所的用法，应是获得后才赋予的新用途（图 19）。在考察安平壶的可能用途时，台湾出土情况有一值得留意的现象，即除了地表采集发现无层位共伴关系的例子之外，发掘出土的安平壶，一般似未伴随出土其他可确认属贸易用的陶瓷，安平古堡一带发现的安平壶也未闻伴随有其他贸易陶瓷。唯一经正式考古发掘的左营清代凤山县旧城遗址虽伴出若干十七世纪中国对外输出的青花瓷器，[82] 但数量较少，属聚落遗留。因此，安平壶在台湾的出土分布和遗址性质以及遗物共伴关系，似乎说明了安平壶有较大可能是装盛物品的容器，它们虽曾与内容物一道被转运至其他地区，然而并非当时经由台湾转口运销输出之贸易

78　曹永和，同注（38），页 32。

79　朱锋，同注（7），页 52（食料酱物罐说）；Sumarah Adhyatman，同注（55），页 66（药油壶说）；小山富士夫，同注（58），页 6（花瓶说）；坂井隆，同注（57），页 86–87（矿物或食物容器说）；国分直一，同注（1），页 117（贸易品说）；琱琅山房（林永梁译），同注（22），页 62（药品或火药罐说）；连雅堂，同注（7），及注（15），页 76（火药罐说）；林鹤亭，同注（6），页 36（不限于单一用途的容器说）等。

80　分别参见 T. Volker（前田正明译）：《磁器とオランダ連合東インド会社》之（9），《陶説》321 号，1979 年 12 月，页 53；之（10），《陶説》322 号，1980 年 1 期，页 69；之（11），《陶説》323 号，1980 年 2 期，页 58–59。

81　西田宏子：《茶陶の阿蘭陀》，收于《阿蘭陀》（东京：根津美术馆，1987），页 78。

82　如藏振华等，同注（16）所载图版 25、26、40 青花叶纹盘之纹样，即与越南海域打捞推测属 1690 年代的头顿号（Vung Tau）沉船青花盘相近［图参见：Christie's Amsterdam B. V. 同注（70），Nos. 883–886］。其中前引左营遗址出土的青花叶纹盘当中还包括一件带有"乙卯冬记"青花干支铭记作品［同注（16），图版 40］，参考头顿号沉船资料，乙卯年极有可能相当于 1675 年；而该年代亦与江西省南昌出土同类纹饰青花盘及伴出的其他陶瓷之相对年代大体吻合（南昌出土报告参见余家栋：《江西南昌发现一批窖藏瓷器》，《文物》1984 年 8 期，图版五之 7）。

陶瓷的主要内涵；安平古堡等地遗址所见大量安平壶则明示了，当时台湾对于其内容物的需求要远大于其他地区。连雅堂曾提及在清代的火药局内还可见到尚未开封的安平壶，[83] 若属实，则可和台湾部分发现地经常与城寨军事要地有关联系起来，间接地推测其有可能是火药罐。特别是出土数量最多的安平地区，荷兰人曾于此建造地下火药库。[84] 不过作为安平壶可能产地的福建地区，未闻盛产火药以供输出。[85] 目前所见安平壶的尺寸大小亦不尽相同，不必限于单一用途。如前述日本长崎市本绀屋町遗迹，所谓绀屋即染坊，意指染坊汇集的街市，安平壶出于其中亦颇耐人寻味。

十六世纪末至十七世纪以来，由于台湾的地理位置，不仅是中日贸易或日本航向南洋的重要基地，也是中国船只前往菲律宾或顺着黑潮往返于墨西哥、菲律宾的西班牙船等诸航路上的据点之一。十七世纪的台湾更是荷兰人和郑成功往来于日本和东南亚贸易商船的主要转运站，[86] 并为荷兰人博取甚大的利润。[87] 前述高雄左营清代凤山县旧城这一曾经正式发掘的台湾历史时期考古遗址，既出土了安平壶（图20）以及经常由巴达维亚转运各地而得名的俗称之巴达维亚瓷，更重要的是该遗址同时出土了二百余片报告书中所称的褐釉粗陶。从图版观察，所谓的褐釉粗陶事实上包括了无釉唇口素烧陶盆（图21）、[88] 褐釉平口罐（图22）[89]和褐釉双檐罐（图23）[90]等许多不同标本。其中，褐釉平口罐曾见于传台南出土现藏于台南市历史馆藏品中（图24）。[91] 同类作品于日本中世著名贸易港堺环濠都市遗迹亦可见到（图25），后者出土于庆长二十年（1615）烧土层，

83　参照连雅堂，同注（7）；及朱锋，同注（7），页51。
84　村上直次郎（韩石麟译），同注（26），3卷4期，页45；中村孝志（吴密察译），同注（26），页74等。
85　此亦可从输入日本的物品间接窥测得知。据永积洋子编：《唐船输出入品数量一览1637〜1833》（东京：创文社，1987），第II部，《唐船输入目录—唐船货物改帐》，虽然于1656年有一艘广南船载运有作为火药原料的硝石输日，但并非主要的贸易项目。另外，郑氏的硝石来源亦多由暹罗进口。此可参见郑瑞明：《台湾明郑与东南亚之贸易关系初探——发展东南亚贸易之动机、实务及外商之前来》，《师大历史学报》14卷（1986），页76、85。
86　曹永和：《環シナ海域交流史における台湾と日本》，收于箭内健次编：《鎖国日本と国際交流》（东京：吉川弘文馆，1988），页625、631。
87　全汉昇：《再论十七八世纪的中荷贸易》，《"中研院"历史语言研究所集刊》63本第1分（1993），页37。
88　臧振华等，同注（16），图版94。
89　臧振华等，同注（16），图版96左。
90　臧振华等，同注（16），图版96右及98右上。
91　作品现陈列于台南市历史馆，笔者实见。

推测是越南所烧制的输出陶瓷。⁹² 其次，高雄左营清代凤山县旧城址出土的唇口素烧陶盆和褐釉双檐罐亦见于国外公私收藏（图 26、27），⁹³ 而唇口素烧陶盆既见于澎湖采集标本，⁹⁴ 并曾由嘉义地区渔民于台湾海峡打捞上岸（图 28）。从其胎质等特征判断，推测其有可能亦属越南陶瓷。台湾遗迹出土有越南陶瓷一事既开阔了我们的视野，弥补以往认识的不足，更可证诸文献记载使台湾早期贸易史之研究得到考古学上的依据。高雄左营清代凤山旧城遗迹，传说是郑成功所设军屯前锋尾所在，而郑氏对于东南亚的贸易有着极大的兴趣，如一六五五年，他亲自派遣二十四艘船赴东南亚各地，其中两艘赴东京（今越南北部），另有四艘抵广南（今越南中部）。⁹⁵ 在此之前，日本朱印船亦经常往返于台湾和南洋进行贸易，⁹⁶ 其中又以侨寓日本平户的华人领袖李旦最为活跃。自一六一四年至一六二五年间由李旦及其胞弟华宇派往东京、交趾、吕宋、台湾的计二十三艘朱印船中，有十一艘抵台湾；⁹⁷ 凤山旧城遗址出土的越南陶瓷，或许就是以台湾为据点往返东南亚的贸易船所携回。其次，考虑到当时台湾与日本的贸易活动，以及两地出土越南陶瓷种类有雷同之处，不能排除前述日本出土或传世的越南陶瓷当中，有一部分是经由台湾而后转运到日本的可能性。

笔者曾粗略统计，沃克氏（T. Volker）《磁器与荷兰东印度公司》一书所载自一六二四年荷兰于台湾设立贸易瓷转运站，迄一六五七年因中国方面基本停止供应陶瓷而开始向日本购买瓷器的三十年，经由台湾、澎湖转运至巴达维亚销往欧洲的中国陶瓷总数近三百万件，并于一六三五年在台湾制作木制的样

92　续伸一郎：《堺環濠都市遺跡出土の貿易陶磁（1）—出土陶器の分類を中心として》，《貿易陶磁研究》10 号（1990），页 148 及页 147，图 4 之 31；另根津美术馆：《南蛮・島物—南海請来の茶陶》（东京：根津美术馆，1993），页 92，参考图 2-2。有趣的是，最近于越南头顿化德岛的一处推测是十八世纪初英国东印度公司设施的遗址中，既采集到不少褐釉平口罐标本，同遗址还伴随有安平壶以及十七世纪末的其他中国陶瓷。报告参见森本朝子，同注（58），页 49 及页 64，图 22。其安平壶与平口罐的共伴组合，也见于左营清代凤山县旧城遗址。

93　根津美术馆，同注（92），图 33、44、123 等。

94　台大艺术史研究所所藏资料。

95　村上直次郎译注、中村孝志校注：《バタヴィア城日誌》3 卷（东京：平凡社，1975），所收中村孝志氏之"序说"，页 10。

96　据岩生成一氏的统计，自庆长九年（1604 年）至宽永十二年（1635 年）三十二年间，日本幕府派遣往南洋贸易的朱印船计三百五十五艘，其中驶往台湾的船只达三十六艘，参见同氏：《朱印船と日本町》（东京：至文堂，1962），页 35-38。另可参见长尾政宪：《年次別・地方別・階層別渡航朱印船船數表》，箭内健次等编：《海外交渉史の視点》2 卷（东京：日本书籍株式会社，1976），页 300-301。

97　参照岩生成一：《明末日本僑寓支那人甲必丹李旦考》，《東洋学報》，23 卷 3 期（1936），页 78-79。

本以供中国瓷商生产符合欧洲人趣味纹饰的各类陶瓷。[98] 以台南安平地区大量出土而得名的所谓安平壶，亦在一个侧面上反映了当时以台湾为据点的热络商业景象；而安平壶年代的确定，无疑也可作为今后判别台湾出土有类似标本遗址年代的有力线索。然而不知何故，曾于十七世纪陶瓷贸易中扮演举足轻重角色的台湾，却未见出土因应欧洲市场而定制生产的贸易瓷。时至今日，在期盼台湾历史时期考古能有进一步开展的同时，我们似乎也只能透过安平壶来遥想当年的盛况了。

（本文的完成，承蒙日本堺市立埋藏文化财中心森村健一、佐贺县立九州陶瓷文化馆大桥康二两位先生的教示并惠赐资料，谨在此致上笔者深挚的谢意。原载《台湾大学美术史研究集刊》第2期，1995）

后　记

本文自发表以来，陆续得见不少与安平壶有关的资料，我也曾于一九九六年撰文增补了部分新的考古发掘标本，[99] 然而并不全面。所以我想借着书写《后记》的机会披露我个人目前对于安平壶的一点理解。

有关安平壶之用途，历来众说纷纭，未有定论。其中又以前引火药罐说，即连横所提到的清代火药局内还可见到尚未开封的安平壶之说法最广为人知。另外，最近陈国栋也曾针对安平壶提出一个饶富趣味的说法，他指出江树声已怀疑法伦退音（Valentijn）说"三烧"（Sampsoe）即"中国啤酒"（Chinese Beer）的说法，因此在翻译《热兰遮城日志》时，将之译成"麦酒"。陈氏在此提示之上，结合西文"Shamsoo"即"三烧"，也就是经过三次蒸馏的米酒的说法，认为安平壶就是《热兰遮城日志》所载"烧酒"的容器。[100] 应予以留意的是，前引一六九〇年代"头顿号"沉船（Vung Tau Cargo）曾打捞出以黑色胶状物包裹壶口，而后再以藤茎捆

98　T. Volker（前田正明译），同注（80）引书之（12），《陶说》324号，1980年3期，页76。
99　谢明良：《左营清代凤山县旧城聚落出土陶瓷补记》，《台湾史研究》3卷1期（1997）。收入本书第三篇第二章。
100　陈国栋：《"安平壶"与"三烧酒"》，《台湾文献》别册8（2004），页2–9。

绕壶颈加固的安平壶标本（附图1）。[101] 如果说头顿号沉船的包裹方式代表了安平壶是某种外销物品的外容器，那么台湾平埔族西拉雅人（Siriya）以安平壶作为阿立祖（Arit）公廨祭坛神灵凭灵的道具，以及日本小滨宝遗迹出土之于罐内置骨质圣母玛丽亚像、长崎市竹町遗迹罐内填充铁屑等事例，则是消费地对原产国器物功能的改动，即二次性的用途改变和利用。另外，近年发掘的台湾宜兰淇武兰遗址的安平壶则是作为死者的随葬物。[102] 其实，在原产地对安平壶的使用也不限于单一用途，也就是说除了"头顿号"沉船所见装盛什物外销之外，安平壶还被作为一种简略的墓志替代品，于烧成后的壶身釉上凿刻出死者姓名或生卒年陪葬入墓。这类凿刻铭文的作品目前不见于正式的考古发掘报道，但由大陆走私流入台湾古物市场的数量却不少。由于铭文是烧成之后才加刻，因此很难完全排除近人伪刻的可能性，但若考虑到明代后期至清代中国东南沿海地区既流行于青花瓷盘外底墨书志文，也常见在青花盖盒盒内凿刻墓志文，由于后者凿刻技法与前述刻铭安平壶一致，因此或可将上述安平壶刻铭诸例理解为中国民间就近将唾手可得的日常陶瓷转用于墓葬仪物之例。就我个人的见闻而言，安平壶所见刻铭纪年最早的是明代正德（1506～1521）年间（附图2），但亦可见到晚迄乾隆（1736～1795）甚至嘉庆（1796～1820）的刻铭纪年（附图3）。

由于所谓安平壶的存在年代跨越近三个世纪，因此，今后我们有必要将遗址出土的作品进行器式分类，而不能像过去那样只以安平壶一名来笼统地概括器式相异的作品群。就此而言，国外沉船打捞品或日本江户时期遗迹出土的安平壶既可作为同类壶式编年的参考依据，也可当作检验中国考古出土例定年之正确与否时的重要参考素材。[103] 虽然台湾热兰遮城、左营凤山或宜兰淇武兰等遗址作品之

---

101 Michael Flecker, Excavation of an Oriental Vessel of c. 1690 off Con Dao, Vietnam, *The International Journal of Nautical Archaeology* (1992) 21–23, p. 233. 另外，清楚彩图可参见：Christiaan J. A. Jörg, Michael Flecker, *Porcelain from the Vung Tau Wreck. The Hallstrom Excavation*, Sun tree Publishing Ltd. UK, 2001, p. 151.

102 陈有贝等：《宜兰县淇武兰遗址出土的近代陶瓷》，收入《台湾地区出土瓷器资料研究论文发表会》（"中研院"考古学研究专题中心，2003），页25，图86、87。

103 随着大陆考古发掘的进展，遗址出土安平壶类型标本的数量亦逐渐增多。不过，大陆学界对于此类标本的定年多和我的理解相去甚远。除了本文前引诸例之外，近年于内蒙古敖汉旗宝国吐乡西沟"辽代"墓葬，也出土了安平壶类型青釉折肩罐（图参见邵国田：《敖汉文物精华》，呼伦贝尔：内蒙古文化出版社，2004，页146，图右下）。从图版所见作品的造型特征看来，这件被定为辽代的青釉罐，有较大可能是中国南方明代制品。但还有待日后进一步的资料来证实。

器形符合十七世纪时期的特征，但传世作品中包括不少壶身略呈筒状、尺寸相对较小、我以前将之归入 C 式的安平壶。结合刻铭纪年资料，我推测这类作品的年代很可能要晚迄十七世纪后期至十八世纪，而从个别作品曾见嘉庆初年刻铭，不排除此式安平壶的年代可延续至十八世纪末期至十九世纪初期。

（2004 年 12 月 7 日记）

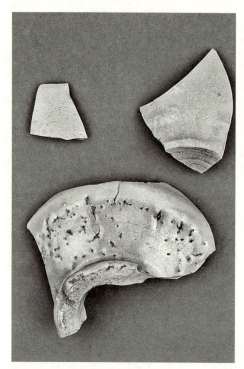

图2 澎湖采集标本（BⅠ式）
台大艺术史研究所藏

图1 上，安平古堡采集（AⅠ式）
下，新竹明新工专采集（BⅠ式）

图3 同图2内面

图4 台湾历史博物馆藏（BⅡ式）

图5 同图4底部

安平壶刍议 217

图6 台北县瑞芳镇深澳遗址出土（AI式）

图7 台南市历史馆藏（CⅡ式）

图8 台南市历史馆藏（BI式）

图9 台湾私人藏（BI式）

图 10　潮州笔架山窑址附近采集（BⅠ式）

图 11　福建定海海域打捞品（BⅠ式）

图 12　印尼出土（BⅠ式）

图 13　日本荣町遗迹出土（BⅠ式）

安平壶刍议　　219

图 14　1613年"白狮号"（*Witte Leeuw*）沉船遗物（AⅡ式）

图 15　1600年"圣迭戈号"（*San Diego*）沉船遗物（AⅠ式）

图 16　1690年"头顿号"（*Vung Tau*）沉船遗物（BⅠ式）

图 17　1640年代沉船遗物（AⅠ式）

图 18　台湾私人藏（由左至右，BⅠ式、CⅠ式、CⅡ式、AⅡ式）

图 19　台南县佳里镇北头洋的阿立祖神坛

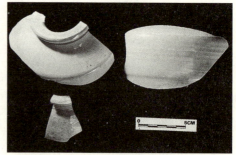

图 20　高雄左营清代凤山旧城遗址出土（BⅠ式）

图 21　高雄左营清代凤山旧城遗址出土

图 22　高雄左营清代凤山旧城遗址出土

图 23　高雄左营清代凤山旧城遗址出土

图 24　台南市历史馆藏

安平壶刍议 221

图 25 日本堺环濠都市遗迹出土

图 26 日本私人藏

图 27 日本私人藏

图 28 台湾海峡打捞遗物
　　　台大艺术史研究所藏

图 29 1930 年代张长庚氏于台南摄影展入选作品

附图1 口部有胶状物包裹的安平壶
Vung Tau Cargo

附图2 刻有"大明正德"铭文的安平壶
台湾私人藏

附图3 刻有"乾隆四年"铭文的安平壶
台湾私人藏

左营清代凤山县旧城聚落出土陶瓷补记

一九八八年由"中研院"史语所着手发掘的高雄县左营清代凤山县旧城聚落遗址，是台湾难得一见的经正式考古发掘的历史遗址。依据报告书所引用《高雄市旧地名探索》，左营清代凤山县旧城内传说即郑成功所设军屯前锋尾之所在地。旧城目前仍残存数段城垣和三座城门，此次发掘的两处探方，选择在东门与南门之间，主要也是考虑到该区域与郑氏军屯前锋尾的地理位置最为接近。

两处探方除了出土若干铁器、玻璃器、金属胎珐琅、铜钱和史前陶片之外，以总数达三千七百余片的陶瓷标本，构成遗址出土物的主要内容。包括后者在内的遗物，已由负责发掘工作的臧振华、高有德、刘益昌三位先生，参酌出土层位，进行了科学的分类和大致的年代判断，并由臧氏撰写报告书公开发表。[1] 数年前，我在此一研究基础上，结合国外所见相关考古资料，初步考察了遗址出土所谓安平壶的所属类型及其相对年代。[2] 尔后屡次接悉国外有关安平壶的出土报道，觉得有补充的必要，同时也感觉到凤山旧城聚落所出土的其他陶瓷，可能还隐含着探讨台湾早期对外交流的重要线索，故在此试做补记。

一、安平壶的年代和产地

因大量出土于台南安平古堡一带而得名的安平壶，在台湾的分布颇广，北自基隆社寮岛，南达高雄左营清代凤山县旧城聚落遗址（图1），甚至外岛小琉球和澎湖都有出土，其中又以台南地区最为集中，数量也最多（参照表一）。虽然我们可以

---

[1] 臧振华等：《左营清代凤山县旧城聚落的试掘》，《"中研院"历史语言研究所集刊》64本3分（1993），页763–865。

[2] 谢明良：《安平壶刍议》，《台湾大学美术史研究集刊》2期（1995），页75–105。

将安平壶的发现地点,结合该地区的历史沿革或传说,辗转厘测安平壶的年代约为明末清初,而且发现地点似乎又多与荷兰人、西班牙人或郑氏的活动范围有直接或间接的关联,可说是探索台湾早期历史极为重要的物证之一。然因缺乏可靠的纪年遗物,故在凤山县旧城聚落遗址,在依据层位和共伴遗物推定其大体的相对年代之前,有关厘定安平壶的年代均止于臆测的阶段。特别是大陆方面,自一九八〇年代起,陆续公布的安平壶发现例及其所属的年代,与台湾遗址所显现的相对年代差距甚大,这就使得有关台湾早期开发的安平壶年代之确认,愈形迫切。

表一:中国台湾地区遗迹所见安平壶

编号	发现地	备注及文献出处
1	基隆社寮岛	朱锋,《台南文化》2卷1期(1952)
2	台北县(瑞芳镇、贡寮乡、仁里、旧社)	盛清沂,《台湾文献》13卷3期(1962);刘益昌,《凯达格兰族文化资产保存——抢救核四厂遗址与番仔山古迹》(台北:台北县立文化中心,1995)
3	台北县八里	王淑津女士采访"中研院"史语所刘益昌先生的记录
4	淡水红毛城	黄士强等,《台闽地区考古遗址普查研究计划第一期研究报告》(台北:台湾中国民族学会,1993)
5	宜兰县	(同编号3)
6	新竹新丰乡明新工专	1996年3月黄信凯先生采集
7	台中县外埔乡	黄士强等,《全省重要古迹勘察与整修计划——考古遗址与旧社部分》(台北:交通部门观光局,1980)
8	台中县大甲东	宋文薰,《考古人类学刊》3期(1954)
9	嘉义民雄	蔡堃元,《雄狮美术》30期(1973)
10	台南(安平古堡、广济宫、新丰区大湾、市区土城子、关帝庙、永乐路、五全街、大安医院、成功大学光复校区等)	连横,《雅言》(台北:文海出版社,1978);朱锋,《台南文化》2卷1期(1952);江家锦,《台北文物季刊》7卷1期(1958);林鹤亭,《台北文物季刊》9卷2、3期(1960);另成大光复校区出土情报系依据赖依缦女士的实见
11	高雄县左营清代凤山县旧城聚落	臧振华等,《"中研院"历史语言研究所集刊》64本第3分(1993)
12	小琉球(乌鬼洞、番仔厝)	国分直一,《民族学研究》18卷1、2期(1954)
13	澎湖(中屯、中西村、马公、通梁、风柜等)	台湾大学艺术史研究所所藏标本

依据报告书发表年序,大陆的安平壶发现例计四处(参照表二)。报告书认

为：笔架山窑址附近所采集的安平壶是该窑宋代作品；[3] 西沙群岛北礁所采集者属元代浙江龙泉窑制品；[4] 福建定海海域打捞上岸的数件安平壶的年代，分别属于宋代和元代。[5] 至于邵城青云窑址所出标本之年代，于报告书中未具体涉及，不过该窑虽可能延续到明代，但盛烧于元代。[6] 此外，依据我个人的实际见闻，现陈列于厦门大学人类学博物馆的一件安平壶，被标示为宋代骨灰罐（图2）；福建德化陶瓷博物馆也展示了一件被定为德化碗坪仑窑宋元之作的安平壶（图3）……

表二：中国大陆遗迹所见安平壶

编号	发现地	数量	文献出处
1	广东省潮安县城潮州镇东宋代笔架山窑址	1	广东省博物馆：《潮州笔架山宋代窑址发掘报告》（北京：文物出版社，1981）
2	西沙群岛北礁	1	广东省博物馆等：《文物资料丛刊》6期（1982）
3	福建省连江县筱埕乡定海海域	2+	中澳合作水下考古专业人员培训班定海调查发掘队：《中国历史博物馆馆刊》18、19期（1992）；林果，《福建文博》1、2期（1993）
4	福建省邵武县四都青云后门山窑址	1+	傅宋良等，《福建文博》1期（1988）

由于大陆的窑址或其他遗址的出土资料，经常是判别流传于世同类作品产地和年代的重要依据，因此我们要如何来面对两地安平壶之三百年以上的差距并自圆其说呢？先不论遗留在台湾的安平壶，是否可能曾经传世，而后于某一时期同时遭废弃，也暂不细究俗称安平壶的这类施釉罐，是否可能延续烧造数百年而不变其造型和施釉特征，以及成形技法，只要仔细审视大陆方面安平壶的发现情况，可以得知报告者也只是就安平壶的造型及伴出的其他遗物，进行间接的年代推定，并无任何有效的直接证据。本文不拟深究其定年的细节，但想就台湾和大陆以外发现的安平壶做一梳理，以作为安平壶编年的参考依据。

3　广东省博物馆编：《潮州笔架山宋代窑址发掘报告》（北京：文物出版社，1981），页36及图版27之6。
4　广东省博物馆等：《广东省西沙群岛北礁发现的古代陶瓷器——第二次文物调查简报续篇》，《文物资料丛刊》6期（1982），页159，及页157，图7之6。
5　中澳合作水下考古专业人员培训班定海调查发掘队（俞伟超）：《中国福建连江定海1990年度调查、试掘报告》，《中国历史博物馆馆刊》总18、19期（1992），图版1之3、6；林果：《连江定海出水文物》，《福建文博》1、2期（1993），页105，图3之6。
6　傅宋良等：《邵武四都青云窑址调查简报》，《福建文博》1期（1988），页20，图1之6。但应说明的是，报告书只揭载安平壶的线绘图，但线绘图与我的实物观察结果略有出入。本文所用图版是由坂井隆先生所提供。

如表三所示，安平壶的相对年代，均为十七世纪，其中又以沉没于一六〇〇年的西班牙旗舰"圣迭戈号"（*San Diego*；图4）、一六一三年荷兰籍"白狮号"（*Witte Leeuw*；图5），以及依沉没地点而命名的一六九〇年代荷兰籍"头顿号"（*Vung Tau*；图6）共三艘纪年沉船中的安平壶最引人注目。就目前所见安平壶的器形种类和尺寸而言，大致可区分为高近三十厘米的大型作品、高近十厘米的小型作品，以及最常见的通高在十五至二十厘米的中型作品。其中，大型者均属薄胎、弧肩，小型者均属厚胎，中型者兼有薄胎和厚胎二式。而不论器壁厚薄，中小型者肩部多呈斜折肩。一般而言，薄胎作品多施罩灰白或白中略带牙黄色调的薄釉，露胎处呈灰白色；厚胎作品多施灰白或白中闪青的青白釉，除了灰白胎之外，亦见灰色胎。如果结合沉船纪年作品，并参照可判明相对年代的遗址出土的安平壶，似乎可以认为如"圣迭戈号"或"白狮号"之大型薄胎安平壶的相对年代，约为十七世纪初期，中型薄胎作品，有的可早自十七世纪三十至四十年代，而同属中型的厚胎作品的最早绝对年代不明，但晚迄一六九〇年代的"头顿号"沉船中仍可见到。至于小型厚胎作品因曾与中型厚胎者共伴出土，故其年代亦应为十七世纪。换言之，厚薄两式作品的年代虽互有重叠，但薄胎作品的出现似较早，而厚胎作品的延续时代则更长，并且至迟于一六四〇年代已由弧肩圆弧腹，过渡至肩腹区隔明显的斜直肩。

就台湾所见的安平壶而言，目前未能确认有属于大型薄胎弧肩者，而以中小型折直肩作品最为常见。其次，安平地区的安平壶多属中型的薄胎灰白釉器，台南市区的安平壶，一般为中型的厚胎青白釉器，[7] 结合荷兰人首先于安平筑城，而后发展至台南市区的台湾早期开发史实，亦可检证经由国外发现例所得之上述二式安平壶的年代序列大体无误。无论如何，由以上的安平壶年代观之，既可印证数十年来，部分台湾前辈学者的推测大致正确，同时可纠正近年来由于大陆出土例的错误定年而衍生的谬误。

虽然有关安平壶的用途，以往有着种种的推测，不过从其尺寸大小不一及造型特征来看，似有多种各适其所的功能，不宜一概而论。另从目前所见的安平壶的胎釉特征以及器足旋修技法等，推测安平壶应来自复数的窑场，前述福建邵武青云后门山窑址，是现今唯一经确认烧造有安平壶的窑场，该窑烧制的作品属中型薄胎灰白釉类型（图7）。

7　朱锋：《安平拾锦》，《台南文化》3卷3期（1953），页14–15。

表三：中国大陆和台湾地区以外遗迹所见安平壶

编号	发现地	时代	数量	备注及文献出处
1	南洋		1	韩槐准：《南洋遗留的中国古外销陶瓷》（新加坡：青年书店，1960）
2	印尼（Sumatera）		1+	Sumarah A dhyatman, *Antique Ceramics Found in Indonesia*（Jakarte: The ceramics society of Indonesia, 1981）
3	圣海伦那岛（St. Helena）"白狮号"（*Witte Leeuw*）沉船	1613	2	G. L. Vander Pijl-Ketel , *The Ceramic Load of the "Witte Leeuw"*（Amsterdam: Rijks Museum,1982）
4	马来西亚		1	Southeast Asian Ceramic Society, *A Ceramic Legacy of Asia's Maritime Trade*（Malaysia: the Southeast Asian ceramic Society, 1985）
5	日本长崎市出岛荷兰商馆（Ⅸ区）	1634～	1	长崎市教育委员会：《国指定史跡出島和蘭商館跡範囲確認調査報告書》（长崎市：长崎市教育委员会，1986）
6	日本长崎市出岛荷兰商馆（Ⅹ区）	1634～	1	同上
7	日本平户市荷兰商馆边墙土城（D层）	1613～1618	1	平户市教育委员会：《平户和蘭商館跡—現状变更（家屋改築）に伴う発掘調査の報告》（平户市：平户市教育委员会，1988）
8	哈察号（*Hatcher Juck*）沉船	1640年代	?	S. J. Vainker, *Chinese Pottery and Porcelain*（London : British Museum, 1991）
9	日本长崎市万才町（松尾宅遗迹）		1	长崎市埋藏文化财调查协议会：《朝日新聞社長崎支局敷地埋藏文化財発掘調査報告書》（长崎市：长崎市埋藏文化财调查协议会，1992）
10	越南"头顿号"（*Vung Tau Cargo*）沉船	1690年代	17+	Christie's, Amsterdam B. V., *The Vung Tau Cargo Chinese Export Porcelain*（Amsterdam: Christie's, 1992）
11	日本长崎市铜座町		2	长崎市埋藏文化财调查协议会：《銅座町遺跡十八銀行本店敷地埋藏文化財発掘報告書》（长崎市：长崎市埋藏文化财调查协议会，1993）
12	日本长崎市荣町（29号探方）		1	长崎市埋藏文化财调查协议会：《栄町遺跡—ビル建設に伴う埋藏文化財調査報告書》（长崎市：长崎市埋藏文化财调查协议会，1993）
13	日本长崎市荣町（56号探方）		1	同上
14	菲律宾"圣迭戈号"（*San Diego*）沉船	～1600	3	Jesus T. Peralta, *Saga of the San Diego, Philippines*（Manila: National Museum Philippines, 1993）

续表

编号	发现地	时代	数量	备注及文献出处
15	印尼（Banten Lama）		31	大桥康二等：《アジアの海と伊万里》（东京：新人物往来社，1994）
16	日本天草河浦町崎津小高滨（小滨宝遗迹）			罐内置骨质圣母玛丽亚像。《天草切支丹馆资料目录》，转引自坂井隆：《東南アジア考古学》15（1955）
17	日本长崎市内遗迹			坂井隆：《東南アジア考古学》15（1995）；另同氏，《東南アジア—歴史と文化》25（1996）
18	日本长崎市内遗迹		9	同上（1995）
19	越南顺化（Hue）		?	同上（1995）
20	越南会安（Hoi An）		?	同上（1995）；另，菊池诚一：《東国史论》12（1997）
21	越南昆仑岛（Con Dao）	1686～1702	5	森本朝子：《東洋陶磁》23、24（1995）
22	印尼（Banten Girang）	～1682	?	坂井隆：《東南アジア考古学》15（1995）
23	印尼（Tirtayasa）	1660～1682	1	同上
24	印尼（Selayar）		?	同上
25	日本长崎市筑町遗迹（I区烧土I层）	～1663	2	长崎市教育委员会：《築町遺跡—築町別館跡地開発に伴う埋蔵文化財発掘調査報告書》（长崎市：长崎市教育委员会，1997）。其中一件内装填铁屑。

二、关于"太平年兴"题记和"宣明"款青花瓷器的问题

左营清代凤山县旧城聚落遗址两处探方所出土的青花瓷器，计一千四百余片，约占出土遗址历史时期陶瓷总数的四成。就报告书所揭载的图版来看，青花瓷的年代跨幅颇大，既有早自十七世纪的遗物，也包括了二十世纪初晚近时期的作品。由于报告书并未详细提示个别作品的出土层位，及具体的遗物共伴情况，同时也缺乏以大陆为主的纪年墓葬资料等比对材料，因此目前仍难针对旧城聚落遗址所出土大量的青花瓷器进行编年。不过，遗址所出两件饶富趣味带有题记的青花叶纹盘，则提供其烧造年代的珍贵线索。两件盘均于口沿以铁汁施加褐边形成铁口，其中一件于内壁饰一叶片及"太平年兴"双行草体题记，题记下方另描绘一状似带框福字，但双重方框印铭已难正确判读（图8）。另一件残缺较甚，但仍可从残片清楚地观察到青花叶纹旁有"太平年兴、乙卯冬记"双行题记（图9）。

另从报告书揭载的图版可知，类似的青花叶纹盘标本，至少还有两件，但不知是否亦带有题记。[8]

以叶纹兼题记作为主要的装饰内容，是十七世纪清代初期青花瓷器常见的绘饰题材之一。如前引伴出有安平壶的一六九〇年代"头顿号"沉船，即发现有不少该类青花盘。后者器形与旧城聚落出土作品相近，口沿亦施加褐边，但盘内壁除有叶纹和题记之外，另绘一折枝花叶。可分二式，一式于枝叶旁书"一叶传芳"，并绘一单方框"秋"字印记；另一式则题曰："一叶约秋气，新春再芳菲"，部分该式作品另钤一单方框"福"字印（图10）。[9] 此外，一九八〇年代初江西省南昌市发掘的一处窖藏，也出土了几件器形与旧城聚落同类作品相近，且同样于口沿施加褐边的青花叶纹题记盘，题记内容包括："梧桐一叶落，天下尽皆秋"和"红叶传书信，寄与薄情人"。[10] 从伴出陶瓷的造型装饰，及部分作品底足粘有垫砂等具有时代特征的烧制技法，我同意报告者将窖藏的年代定为明末至清康熙年间的看法。其次，从窖藏伴出有"康熙年制"款青花龙纹杯等作品来看，其又以康熙时期的可能性最大。结合前述"头顿号"沉船纪年资料，则旧城聚落所出"太平年兴、乙卯冬记"青花叶纹盘上之乙卯干支，很有可能为一六七五年（清康熙乙卯年），而该一年代恰巧与同遗址所出，推测属十七世纪后半的厚胎安平壶之年代，不谋而合。

其实，左营旧城聚落遗址，也出土有其他类型的十七世纪青花瓷器。如一类以略呈灰暗色调的青花钴料，于器外壁绘减笔缠枝菊花纹的深腹碗（图11），[11] 其造型、纹饰或圈足形式等各方面，均与福建翰苑的窑尾仑窑窑址标本颇为类似（图12），[12] 而窑尾仑窑的该类青花写意缠枝菊花碗，则又和一九六〇年代同省晋江县一六九六年（清康熙三十五年）水师提督施琅墓出土作品完全一致，[13] 看来旧城聚落遗址所出同类碗之相对年代，也应属于这一时期。值得一提的是，同属福建安溪窑系的龙涓珠塔窑，也生产青花叶纹题记盘。龙涓珠塔窑的该类青花盘绘

8　臧振华等，同注（1），图版25、26、40。

9　Christie's Amsterdam B. V., *The Vung Tau Cargo Chinese Export Porcelain*（Amsterdam: Christie's, 1992），Nos. 883–886.

10　余家栋：《江西南昌发现一批窖藏瓷器》，《文物》1984年8期，图版5之7。

11　臧振华等，同注（1），图版27、28。

12　安溪县文化馆（叶清琳）：《福建安溪古窑址调查》，《文物》1997年7期，页63，图12之2。

13　叶清琳：《安溪青花瓷器的初步研究》，收入 Ho Chui mei edited, *Ancient Ceramic Kiln Technology in Asia*（Hong Kong: Centre of Asian Studies University of Hong Kong, 1990），p81。

饰题材内容丰富，既有与"头顿号"沉船完全相同，于叶片旁另饰折枝花，且青花发色浅淡的作品；也有仅于叶片旁书："太□年兴"，下方另绘一方印记，青花色调浓艳的作品（图13），后者则与旧城聚落遗址作品一致。就目前的资料来看，"头顿号"沉船与旧城聚落所见青花叶纹盘，虽有较大可能来自安溪地区的窑场，不过若考虑到近年发现的福建平和县漳州窑系之五寨乡通坑窑，曾出土器形既相近，口沿亦施褐釉边，内底书"一叶传芳，合兴佳器"字样的叶纹盘；[14] 广东水尾窑址，也发现了带"太平年兴"题记的青花叶纹盘，[15] 则这类流行于十七世纪中国沿海各省的青花盘的精确产地比定，似还有待日后进一步的资料来解决。

另一方面，这类具有吉祥意涵、诗情画意的流行题材，也影响到日本九州佐贺县有田町一带窑场烧造的所谓"肥前陶瓷"。如佐贺县撰分遗迹或东京都旧芝离宫庭园遗迹，都曾出土该类青花叶纹盘，后者亦带题记，时代相当于十七世纪末至十八世纪中期。[16] 众所周知，清廷为杜绝海上走私贸易，同时孤立郑氏集团，既于一六五六年颁行海禁令，又在一六六一年采取了强硬的迁界措施，对中国陶瓷的海外输出事业造成不小的影响。相反，有田瓷窑场自一六五九年（日万治二年）接受出岛荷兰商馆定制烧造三万余件瓷器以来，已正式迈入蓬勃的外销时代，并逐渐取代中国原有的海外陶瓷市场。[17] 早在十七世纪初，有田瓷窑由朝鲜归化陶工李参平研制陶器成功，旋即以明末青花瓷或《八种画谱》等绘本，作为主要模仿参考的依据，烧造出在装饰作风上与中国陶瓷异曲同工的作品。[18] 不仅如此，佐贺县山内町烧瓷于十七世纪三十年代至五十年代的窑ノ辻窑，更出现了书写"大明成化年制"等中国年号的作品。随着十七世纪后半肥前瓷器的大量外销，作品的铭款种类也趋于丰富，除了有"大明嘉靖年制""宣德年制""大明年制"等之外，更出现了将宣德的"宣"字、大明之"明"字两字复合而成的"宣

14　以上为笔者实见，标本藏于平和县文化馆。
15　杨少祥：《广东青花初探》，收入 Ho Chui mei edited，前引书，页4，图版1之8。
16　佐贺县立九州陶磁文化馆：《国内出土の肥前陶磁》（佐贺县：佐贺县立九州陶磁文化馆，1984），页80，图858，页121，图243。前者撰分遗迹标本属1700～1780年代作品；后者旧芝离宫庭园遗迹标本被定年于1700～1760年代之间。本文据近年大桥康二：《肥前陶磁の交流諸問題》，《東洋陶磁》25（1996），页33，将旧芝离宫庭园出土标本的年代定于十七世纪末至十八世纪前半。
17　西田宏子：《古伊万里》（日本陶磁全集23，东京：中央公论社，1976），页54～55。
18　矢部良明：《初期伊万里染付の起源と展開—中国陶磁との関連》，《世界陶磁全集》，8卷（东京：小学馆，1978），页157。

明年制"，或只书"宣明"的合成款识（图 14、15）。[19] 后者"宣明"款青花标本于旧城聚落遗址亦曾出土（图 16）。[20] 从佐贺县有田町长吉窑所见带有该一款识青花碗的编年可知，其时代约在十七世纪六十年代至八十年代，[21] 亦即属于清廷实施迁界令（1661）日本瓷器乘虚而入取代中国陶瓷海外市场，至一六八三年（清康熙二十二年）清军进攻台湾，郑克塽战败投降，翌年（1684）颁布展海令允许沿海人民出海贸易之间的作品。台湾出土有十七世纪后半肥前瓷器一事，既透露了当时台湾与日本之间交往的重要史实，也为研究肥前瓷器的海外输出，提供了一处前所未知的考古遗址，值得重视。

三、遗址出土"褐釉粗陶"的产地厘测

旧城聚落遗址除了出土有安平壶和青花瓷器等作品，另伴出了二百余片报告书所称的褐釉粗陶标本。就报告书图版揭示的所谓褐釉粗陶而言，至少包括了无釉唇口素烧陶盆（图 17）、褐釉平口罐（图 18）和褐釉双檐罐（图 19）等各类作品。[22] 其中，褐釉平口罐于传台南出土现归台南市历史馆收藏作品中也可见到；同类的作品，并曾出土于日本中世著名贸易港堺环濠都市遗迹（图 20）。后者出土于一六一五年（日庆长二十年）烧土层，一般认为是越南所烧制的外销陶瓷。[23] 其次，越南头顿巴丽亚省（Baria Vung Tau）化德岛（Condao）一处推测是十八世纪初英国东印度公司设施的遗址中，也采集到不少同类褐釉平口罐标本（图 21），而该遗址也伴出了安平壶，以及十七世纪末期的其他中国陶瓷。[24] 安平壶与褐釉平口罐的共伴组合同时见于左营清代凤山县旧城聚落遗址，是应予留意的现象。

此外，旧城聚落遗址出土的唇口素烧陶盆和褐釉双檐罐，亦见于国外公私收藏（图 22、23），日本学者依其胎釉等特征，认为其亦属越南陶瓷。[25] 同类的

19　大桥康二：《十七世纪后半における肥前磁器の銘款について—長吉谷窯出土品を中心として》，《东洋陶磁》17（1989），页 25-27。

20　臧振华等，同注（1），图版 11。

21　大桥康二：《肥前陶磁》（考古ライブリー 55，东京：ニユーサイエンス社，1989），页 70。

22　臧振华等，同注（1），图版 94、96、98 右上。

23　续伸一郎：《堺環濠都市遺址出土の貿易陶磁（1）—出土陶器の分類を中心として》，《貿易陶磁研究》10（1990），页 148、页 147，图 4 之 31。

24　森本朝子：《日本出土のベトナムの陶磁とその産地》，《東洋陶磁》23、24（1995），页 49、页 64，图 22。

25　根津美术馆：《南蛮岛物—南海请来の茶陶》（东京：根津美术馆，1993），图 33、44、123 等。

唇口素烧陶盆于台湾经常可见，除出土地点不明的私人收藏品之外，于外岛澎湖和台湾海峡亦曾发现。[26] 由于越南本土的窑址发掘调查工作，至今未能全面展开，故有关旧城聚落等地遗址出土的褐釉平口罐等作品的产地，目前仍限于从作品本身的外观特征进行间接的厘测，未有明确的窑址出土资料可资比对，特别是常见于台湾各地遗迹的唇口素烧陶盆，是否确属越南所烧制，颇有讨论的余地。其次，近年来于江苏省宁沪高速公路苏州段清代初期墓葬（D125M3）中也出土了与旧城聚落遗址所见褐釉平口罐造型类似的作品，[27] 后者胎釉特征不明，但提示了中国于清代初期也曾烧制相近器形的陶瓷。尽管如此，如果考虑到台湾在当时南海贸易中的枢纽地理位置，以及旧城聚落传说是郑成功所设军屯前锋尾的所在地，而郑氏亦积极参与东南亚的贸易等看来，若说台湾出土有越南等东南亚陶瓷，毋宁是极为自然的事。事实上，就个人的实际见闻而言，台南地区的古董铺偶可见到据说是台湾海峡打捞上岸的越南青花和泰国铁绘瓷；台南市立安平文化中心也陈列有年代可早自十五世纪的越南青花大盘，后者据说亦得自台湾海峡。此外，日本学者亦曾提到在开凿台南、安平之间运河时，曾出土大量的泰国青瓷，[28] 可惜详情不明。

四、小结

传说是郑成功所设军屯前锋尾所在地的高雄县左营清代凤山县旧城聚落遗址，同时出土有十七世纪的中国和日本瓷器，以及推测属越南烧制的陶瓷，是值得留意的现象。相对于大陆遗迹未能见到这样的陶瓷出土组合，类似地伴随有安平壶和越南陶瓷的遗址，以往曾见于日本长崎市荣町，[29] 和推测可能与十八世纪初

---

26 台湾大学艺术史研究所所藏标本。另，台湾历史博物馆：《澎湖海域古沉船发掘初勘报告书》（台北：历史博物馆，1996），页119。

27 苏州段考古队（丁金龙等）：《宁沪高速公路苏州段考古调查与发掘报告》，收入《通古达今之路——宁沪高速公路（江苏段）考古发掘报告文集》（《东南文化》增刊二号，南京：南京博物院，1994），页186，图13之9。

28 小西雅德：《タイ陶磁器の輸出地域について》，《国学院大学考古资料馆纪要》3（樋口清之博士喜寿纪念，1987），页228。

29 长崎市埋藏文化财调查协议会：《荣町遗迹——ビル建設に伴う埋蔵文化財発掘調査報告書》（长崎市：长崎市埋藏文化财调查协议会，1993），参见图版15–17。

英国东印度公司有关的越南头顿巴丽亚省化德岛等地遗迹。[30] 其次，旧城聚落遗址还见有一类大陆东南沿海地区窑场所生产的于器外壁施紫金釉，内壁绘饰青花的作品（图24）。[31] 由于该类作品常经由巴达维亚转贩各地，故又被称为巴达维亚瓷（Batavia ware），而前已提及的位于中岛川与铜座川汇流入长崎港的要冲，对岸即出岛荷兰商馆的日本长崎市铜座町遗迹，既出土了这类作品，[32] 同时伴出了安平壶和肥前瓷器，其陶瓷的组合情况和旧城聚落所见标本颇有共通之处。此外，发掘雅加达湾西部沿岸叭沙伊干（Pasar Ikan）荷兰东印度公司仓库群和旧河道遗迹时，除出土有所谓的巴达维亚瓷（图25）和肥前瓷器，伴出的青花菊花缠枝碗，也和前述旧城聚落同类作品一致（图26）。[33] 这样看来，旧城聚落遗址出土，属于十七世纪的陶瓷组合特征，虽与大陆方面遗迹所见者截然不同，却和日本或东南亚地区遗址所出作品组合有共通之处，而日本和东南亚遗迹有的又与荷兰东印度公司遗构有关，结合当时东亚情势，旧城聚落遗址之陶瓷组合情况，或可说是当时以台湾为据点的东亚贸易交流于考古学上的反映。

十六世纪末至十七世纪，由于台湾的地理位置，不仅是中日贸易或日本航向南洋的重要基地，也成为大陆船只前往菲律宾或顺着黑潮往返于墨西哥、菲律宾的西班牙船等诸航路上的据点之一；十七世纪的台湾更是荷兰人和郑成功往来于日本和东南亚贸易商船的主要转运站。[34] 据沃克（T. Volker）《瓷器与荷兰东印度公司》一书所载，自一六二四年荷兰人于台南设置贸易据点，迄一六五七年因中国基本停止供应陶瓷转而向日本购买瓷器的近三十年间，经由台湾转送巴达维亚销往欧洲的中国陶瓷总数达数百万件之多。不仅如此，由台湾运往日本的中国陶瓷数量亦颇可观，如一六三五年八月，装载着十三万五千余件陶瓷的船只，由台湾出发赴日本。[35] 另一方面，日本自一六五〇年代以来，窑业迅速扩张并一度取代了中国陶瓷原有的海外市场，也经常是以台湾为据点而后转运至东南

30　森本朝子，同注（24），页49。
31　臧振华等，同注（1），图版32。
32　长崎市埋藏文化财调查协议会：《铜座町遗迹——十八银行本店敷地埋藏文化财发掘调查报告书》（长崎：长崎市埋藏文化财调查协议会，1993），图版10之63。
33　三上次男：《パサリカン遺跡出土の貿易陶磁》，《貿易陶磁研究》2（1982），图12-15。
34　曹永和：《環シナ海域交流史における台湾と日本》，箭内健次编：《鎖国日本と国際交流》（东京：吉川弘文馆，1988），页625、631。
35　T. Volker著、前田正明译：《磁器とオランダ連合東インド会社》之（25），《陶説》344（1981），页71。

亚和其他地区。如一六六一年十二月由出岛经台湾航向巴达维亚的船只装载有瓷器三万八千余件；一六六九年十一月有一万八千余件陶瓷由出岛运抵台湾；一六八二年出岛驶往台湾的船只也装运有一千余件另四百包的陶瓷器。[36] 众所周知，郑成功是在一六六一年登陆台湾，翌年二月与荷兰签订开城协约，驱逐了荷兰在台势力，至一六八三年（清康熙二十二年）清军大举进攻台湾，郑克塽战败投降，郑氏祖孙三代在台湾共二十二年（1661～1683）。因此，不能排除前引一六六〇年代至八十年代初期，由日本运往台湾的陶瓷交易或有可能是由郑氏集团所主导。无论如何，旧城聚落遗址出土的十七世纪六十年代至八十年代的"宣明"款肥前青花瓷器，既透露出台湾据点之于日本外销瓷业所曾经扮演的积极角色，也提供了理解郑氏贸易内容的珍贵线索。

事实上，近年来学者已经怀疑日本肥前瓷器的海外输出，与郑氏集团关系密切，在肥前瓷器的外销盛期（1650～1682），由中国船所运送的肥前瓷器数量要远高于荷兰船。[37] 而郑氏也曾介入经营南洋贸易，如《热兰遮城日志》一六五五年三月九日条记载，有从安海来台湾的船只所获消息称，有二十四艘国姓爷的船只由中国沿海赴各地贸易，其中有两艘赴东京（越南北部），四艘抵广南（越南中部）；[38]《十七世纪台湾英国贸易史料》也记载："台湾王有五至六只船，每年一月开往马尼拉，在或五月开回，然后开往日本"。[39] 在此之前，以侨寓日本平户的华人领袖李旦为首的日本朱印船，亦经常往返于台湾和南洋进行贸易。[40] 因此，尽管目前已难确认旧城聚落遗址出土的推测属越南所生产的陶瓷，到底是由何人携入台湾，若考虑到日本当时获取南洋物资的途径，或可推测日本出土的东南亚陶瓷当中，可能有一部分是经由台湾而后转送到日本的。旧城聚落遗址中的肥前瓷器，和中国沿海地区瓷窑作品，以及疑是越南陶瓷的出土组合，不仅是十七世纪以台湾为据点之一的东亚贸易史的缩影，"宣明"款青花瓷器的出土似乎也提示了郑氏

---

36 T. Volker 著、前田正明译：前引书之（29），《陶说》349（1982），页66；之（32），《陶説》352（1982），页68；之（35），《陶説》356（1982），页64。

37 坂井隆：《肥前陶磁の輸出と鄭氏・バンテン王国》，《東南アジア—歷史と文化》22（1993），页67-91。

38 曹永和：《从荷兰文献谈郑成功之研究》，《台湾早期历史研究》（台北：联经出版社，1979），页377。

39 林仁川：《试论著名海商郑氏的兴衰》，郑成功研究学术讨论会学术组编：《郑成功研究论文选续集》（福州：福建人民出版社，1984），页197。

40 岩生成一：《明末日本僑寓支那人甲必丹李旦考》，《東洋学報》23卷3期（1936），页78-79。

集团曾在清廷实施迁界令（1661），至颁布展海令（1684）之间，即肥前瓷器的输出盛期，以台湾为据点介入了日本陶瓷的外销事业。总之，就遗址出土部分陶瓷的相对年代及组合特征看来，以往认为高雄左营清代凤山县旧城聚落是郑氏所设军屯前锋尾之所在的传说，或许并非无稽之谈。

最后，我应声明，以上补记有部分内容与数年前发表的拙文雷同，这是为了避免行文时过于突兀，有略作背景交待的必要，不得已才采行的权宜书写方式，请读者海涵。

（原载《台湾史研究》3卷1期，1996）

图1 左营清代凤山县旧城聚落遗址出土的安平壶

图2 厦门大学人类学博物馆所藏安平壶

图3 福建德化陶瓷博物馆藏安平壶

图4 San Diego 沉船安平壶

图5 Witte Leeuw 沉船安平壶

图6 Vung Tau 沉船安平壶

图 7　福建邵武青云窑窑址出土的安平壶

图 8　青花叶纹盘
　　　左营清代凤山县旧城聚落遗址出土

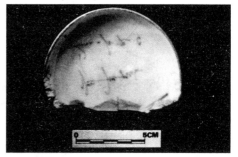

图 9　青花叶纹盘
　　　左营清代凤山县旧城聚落遗址出土

图 10　青花叶纹盘　Vung Tau 沉船

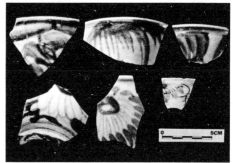

图 11　青花菊花纹碗
　　　左营清代凤山县旧城聚落遗址出土

图 12　青花菊花纹碗线绘图
　　　福建翰苑窑尾仑窑窑址出土

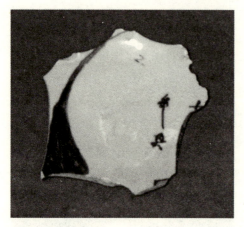

图 13　青花叶纹盘
　　　　福建安溪龙涓珠塔窑窑址出土

图 14　日本肥前青花瓷 "宣明" 款

图 15　日本肥前青花瓷 "宣明" 款

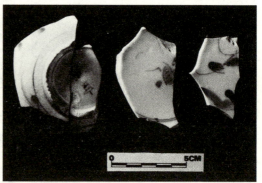

图 16　"宣明" 款肥前青花瓷
　　　　左营清代凤山县旧城聚落遗址出土

图 17　唇口素烧陶盆
　　　　左营清代凤山县旧城聚落遗址出土

图 18　褐釉平口罐
　　　　左营清代凤山县旧城聚落遗址出土

图 19　褐釉双檐罐
　　　左营清代凤山县旧城聚落遗址出土

图 20　褐釉平口罐
　　　日本堺环濠都市遗迹出土

图 21　褐釉平口罐
　　　越南化德岛（Condao）出土

图 22　唇口素烧陶盆
　　　日本根津美术馆藏

图 23　褐釉双檐罐
　　　日本私人藏

240　贸易陶瓷与文化史

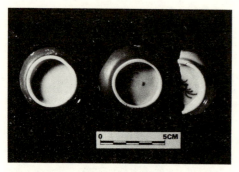

图24　内青花外紫金釉的所谓巴达维亚瓷
　　　左营清代凤山县旧城聚落遗址出土

图25　印尼 Pasar Ikan 遗址出土巴达维亚瓷

图26　青花菊花纹碗
　　　Pasar Ikan 遗址出土

附图1　台湾古厝所见越南陶瓷

附图2　日本堺环濠都市遗迹出土的越南陶瓷

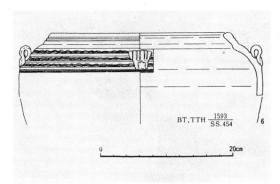

附图3　越南惠安（Hoi An）地区窑址出土标本

附图4　"南蛮水指"日本三井文库藏

附图5　台湾古厝所见泰国四系罐

附图6　1613年"白狮号"（*Witte Leeuw*）沉船所见泰国四系罐

附图7 台湾热兰遮城遗址出土的泰国四系罐　　附图8 日本堺环濠都市遗址出土的泰国四系罐

附记　遗留在台湾民间的东南亚陶瓷

　　虽然《热兰遮城日志》等十七世纪文献记录了郑成功所拥有的船只曾经赴东京（越南北部）、广南（越南中部）等地贸易，日本的朱印船也经常往返于台湾和东南亚，因此若说作为联结当时中国大陆、东南亚、日本之间贸易据点的台湾岛出土有东南亚陶瓷，或许也是理所当然。不过，由于越南的窑址发掘调查工作至今未能全面展开，故有关旧城聚落等地遗址出土的褐釉平口罐等作品的产地（同上文图 18），目前仍限于从作品本身的外观特征进行间接的厘测，未有明确的窑址出土资料可资比对。拙文曾依据中国清代初期南方地区墓葬亦见类似的褐釉平口罐，认为以往日本学者所主张的越南说，有重新检讨的必要。而近年森本朝子也已谨慎地再评估类似的褐釉平口罐的产地，认为有可能来自中国窑场所生产。[41]

　　无论如何，尽管左营旧城遗址是否出土越南陶瓷仍有待证实，但是留存在台湾民间古厝的东南亚陶瓷的数量似乎不少，只是以往未能将它和台湾或中国、日本的陶瓷区分开来，进而辨识其产地。尽管这些作品并非考古发掘所得，其具体流传过程亦多难以查证，不过民间学者的访察记录仍然为探索十七世纪台湾和东南亚的贸易往来留下重要的线索。

　　我们只要翻阅一九七〇年代出版的刘文三著《台湾早期民艺》，就会惊讶地发现，由作者走访台湾民间亲自拍摄甚至收购的陶瓷器当中，就包括了越南和泰国的陶瓷。比如说，一件高温素烧的广口四系溜肩平底罐，口沿略呈唇口，口部下方肩部部位饰三道凸弦纹，弦纹之间阴刻波状梳纹，并于对称部位安四只系耳。系耳和凸弦纹下方另饰四道阴刻复线纹，复线纹之间装饰有浅阴刻的波形梳纹（附图 1）[42]。类似的标本于日本长崎市荣町遗迹[43]或堺环濠都市遗迹[44]亦曾

41　森本朝子：《ベトナム陶磁研究の現状―近年の古窯址発掘の成果を中心に》，收入《東南アジアの茶道具》（京都：茶道资料馆，2002），页 190。

42　刘文三：《台湾早期民艺》（台北：雄狮图书公司，1978），页 61 彩图。

43　长崎市埋藏文化财调查协议会：《榮町遺跡―ビル建設に伴う埋藏文化財発掘調査報告書》（长崎市埋藏文化财调查协议会，1993），页 16 之 16。

44　续伸一郎：《堺環濠都市遺跡出土のベトナム陶磁器》，收入樱井清彦等编：《近世日越交流史》（东京：柏书房，2002），页 290–291。

出土（附图 2）。就目前的资料看来，其应是十七世纪越南窑场所生产[45]，特别可能来自越南中部惠安（Hoi An）地区窑场（附图 3）。[46]由于该类作品输入日本之后颇受茶道界的欢迎，因此也成了日本茶道的用具之一，如室町三井家传世现藏三井文库的一件与前述台湾民间所见四系罐造型、装饰一致的所谓南蛮水指，即是著名的茶道具（附图 4）[47]。"南蛮物"或"岛物"是室町（1395~1573）后期至江户时期（1615~1867）对暹罗（泰国）、吕宋（菲律宾）、爪哇和南洋群岛土产或经由上述地区输入日本之西欧物品的泛称，并据此与主要意指中国的"唐物"予以区别。考虑到十七世纪台湾和东南亚、日本的贸易，同时台湾传世或日本考古遗址所见越南陶瓷种类有雷同之处，我推测日本出土或传世的东南亚陶瓷当中，可能有一部分是经由台湾而后转运到日本的。事实上，日本安政元年（1859）田内梅轩著《陶磁考》就提道：由于当时日本经常无法辨别来自吕宋（菲律宾）、交趾（越南）以及台湾诸地的陶瓷，因此就将上引各地陶瓷以"嶋物"（岛物）或"南蛮物"概括之，以便和"唐物"进行区别。

越南陶瓷之外，台湾民间古厝亦见泰国陶瓷的踪迹，如前引刘氏著作中的一件广口四系罐即为一例（附图 5）[48]。就目前的资料来看，其主要是由泰国中部阿瑜陀耶（Ayudhya，即大城）一带窑场所烧制。[49]该类四系罐曾见于泰国湾打捞上岸的 *Ko Si Chang I* 等沉船，[50]从 *Ko Si Chang I* 等沉船伴出的所谓克拉克瓷（Kraak Porcelain）可轻易得知此式四系罐的相对年代应在十六世纪末至十七世纪前期。关于这点，我们还可从伴出有安平壶的一六一三年沉没之荷兰"白狮号"*Witte Leeuw*[51] 或一六〇九年"模里西斯号"*Mauritius*[52] 等沉船中也发现同类四系罐一事

45　森本朝子：《ベトナムの古窯址》，收入《南蛮、島物—南海請来の茶陶》（东京：根津美术馆，1993），页 139。

46　菊池诚一：《ベトナム日本町の考古学》（东京：高志书院，2003），页 224，图 6 之 6 参照。

47　茶道资料馆，前引《東南アジアの茶道具》，页 32，图 26。

48　刘文三：前引《台湾早期民艺》页 57，图 7。

49　吉良文男：《東南アジア大陸部の陶磁器—タイを中心に》，收入前引《東南アジアの茶道具》，页 202–203。

50　Jeremy Green, Rossmary Harper and Vidya Intakosi, *The Ko Si Chang Shipwreck Excavation,* Australia Institute for Maritime Archaeology Special Publication no. 4, 1987. p. 26. fig. 29.

51　G. C. Vander pijl-ketel, *The Ceramic Load of the "Witte Leeuw"* (Amsterdam: Rijks Museum, 1982). p.239.

52　M. L'Hour and L. Long, The wreck of an 'experimental' ship of the 'Oost-Indische companie': The Mauritius (1609), *The International Journal of Nautical Archaeology*, 19–1(1990), p.68. fig.4g.

得到必要的检证（附图6）。令人振奋的是，"中研院"刘益昌考古团队接受台南市政府委托正式发掘热兰遮城遗址时也出土了同类四系罐标本（附图7），其系出土于遗址第三号探坑最底层，与安平壶残片共伴发现。参酌热兰遮城筑城史事，可知标本的相对年代约于十七世纪。[53]

如前所述，十七世纪的台湾是荷兰人和郑成功往来于日本和东南亚贸易商船的主要转运站。一六二九至一六三四年任荷兰东印度公司暹罗商馆长之凡弗利特（Van Vliet）著《暹罗国志》就记载："粗细瓷器及其他中国货乃由公司之船只从台湾（Tajouan）或由两三艘戎克船从漳州（Chin Scheeuw）每年运抵此地。"可知暹罗所使用的陶瓷器皿有的是仰赖进口，另一方面，暹罗土产香料、槟榔子或硝石则被转销往日本及中国等地。依据英国东印度公司驻暹罗职员怀特（George White）于一六七八年向伦敦本公司所提出的报告，"每年有大批硝石由厦门王（King of Amoy，即郑经）及交趾支那王（广南阮王）之代理商运返其国"以供前者对鞑靼人（满族人），后者对东京人之长期战争使用[54]。荷兰暹罗商馆于一六六一年十一月十七日的报告也说："今年有三艘戎克船来到暹罗，而受了国姓（Coxin）的命令，回归中国……均装载硫黄、硝石、铅、米和其他各种干粮回去"，[55]则暹罗产硝石是郑氏家族军需火药的来源之一。应予留意的是，前述日本堺环濠都市遗迹中的仓库遗迹所出土的五件和台湾古厝造型特征大体一致的十七世纪泰国四系罐当中，有两件罐中仍装盛有琉黄（附图8）。若结合前引郑氏家族向暹罗购进硝石、硫黄一事看来，不排除遗留在台湾的该类四系罐有的或是由暹罗所进口之内装硝石一类的外容器，不过，目前仍难确认堺环濠都市仓库遗迹四系罐的使用方式是否为消费地改变用途所致，其

53　傅朝卿、刘益昌、李德河：《第一级古迹台湾城残迹（原热兰遮城）城址初步研究计划成果报告书》。台南市政府委托成功大学发展基金会，2003年。笔者受邀担任该计划的协同研究，参与陶瓷标本的鉴识。标本现暂存"中研院"考古学专题研究中心。在此要感谢计划主持人刘益昌教授在标本尚未整理完毕的阶段，就概允我先行发表这一资料。另外，有关台湾发现的泰国古陶瓷，可参见谢明良：《遗留在台湾的泰国古陶瓷——从几张老照片谈起》，台北故宫博物院等：《回顾与前瞻：东南亚艺术研习会》（2005.4.11）会议论文。

54　以上两条文献是转引自陈荆和：《十七世纪之暹罗对外贸易与华侨》，收入凌纯声等编：《中泰文化论集》（台北：中华文化出版事业委员会，1958），页153及页175。

55　曹永和：《从荷兰文献谈郑成功之研究》，收入《台湾早期历史研究》（台北：联经出版社，1979），页179。

次，我们也不应忽视泰国暹罗湾沉船发现的同类壶中内装鱼干的这一事实。[56] 无论如何，我们可以确定的是，四系罐中的内容物才是当时贸易的项目，四系罐本身应该只是作为商品的外容器，而非鉴赏收藏的对象。

（2004 年 11 月 16 日记）

56　森村健一：《十六至十七世紀初頭の堺環濠都市遺跡出土のタィ四耳壺―タィでの窯跡、沉没船の出土例》，《貿易陶磁研究》9（1989），页 140。

记热兰遮城遗址出土的十七世纪欧洲和日本陶瓷

热兰遮城是一六二四年荷兰人在今台南安平建筑的城堡，初称奥伦治城（Fort Orange），一六二七年奉荷兰东印度公司总公司命令改名热兰遮城（Fort Zeelandia）。城堡本城于一六三二年已大体竣工，并以城堡为中心建立起荷兰在台湾的殖民统治，迄一六六二年郑成功攻占热兰遮城驱逐荷兰人之后，郑氏仍长驻于此，并改地名为安平[1]。一六八三年清军大举攻台，郑克塽战败投降，清廷仍以热兰遮城为军装局。但热兰遮城因一八六九年英军炮轰安平火药库而毁损部分城墙，一八七四年二鲲身修筑炮台（亿载金城），也从城堡取走不少建材。热兰遮城于日本统治台湾时期曾经加以整建，既在城内构筑海关长官宿舍，又于一九三〇年将宿舍改建成具拱廊形式的展览馆。战后，城堡改称"安平古堡"，并增建瞭望塔和史迹公园。

二〇〇三年，台南市政府委托成功大学进行《第一级古迹台湾城残迹（原热兰遮城）城址初步研究计划》，同年八月计划共同主持人刘益昌在参酌成功大学土木工程系李德河教授利用透地雷达探勘热兰遮城遗址所得数据，对遗址进行了考古发掘。[2] 目前已发掘三个地点，编号为第一、二、三号探坑。所出遗物的质材种类颇为丰富，而以陶瓷的数量最多。初步观察，陶瓷器的年代早自十七世纪，晚迄近现代，其时代跨幅基本上涵盖了荷兰、明郑、清朝、日本以及战后台湾等各个时期。

就此次热兰遮城遗址出土的十七世纪陶瓷的产区而言，无疑是以中国制品的数量居最大多数。除了著名的安平壶标本之外，至少还包括了江西省景德镇的克

---

1 有关热兰遮城筑城的经纬，可参见村上直次郎（韩石麟译）：《热兰遮城筑城史话》，《台南文化》3-3（1953），页11-13；3-4（1954），页45-48。

2 财团法人成大研究发展基金会：《第一级古迹台湾城残迹（原热兰遮城）城址初步研究计划成果中报告书》（台南：台南市政府，2003）。我很荣幸受邀担任该计划的协同研究，参与出土陶瓷标本的鉴识工作。

拉克瓷（Kraak Porcelain）（图1），以及分别来自福建省漳州、德化、安溪或浙江省温州等地瓷窑所生产的青瓷（图2）、青花瓷和釉上彩瓷等作品。此外，另有为数不少但窑口尚待辨认的施罩褐色、黑褐色釉的铁釉系标本。虽然，台湾外岛澎湖风柜尾等地不止一次地采集得到十七世纪景德镇克拉克瓷或漳州窑等标本[3]，可惜均属表采而缺乏正式的考古发掘手续。因此，此次热兰遮城遗址出土的标本，是首次经由考古发掘证实台湾，特别是台湾本岛确实存在这类装饰布局来自欧洲人设计的所谓克拉克青花瓷器，值得重视。不过，本文的讨论对象则是此次发掘出土的十七世纪欧洲和日本陶瓷。选定这个题目的原因，不仅仅是因为十七世纪欧洲陶瓷是台湾本岛考古的首次发现，让人耳目一新，更重要的是热兰遮城所见分别来自日本、中国大陆、东南亚和欧洲这样的陶瓷共伴组合，正是利用考古资料来印证文献所载当时以台湾为据点的东亚贸易交流的具体例证。其次，相对于众人耳熟能详的中国陶瓷，对于欧洲或日本陶瓷似乎较为陌生，故有将资料公之于世的必要性和迫切性。以下，本文即依恃手头所有的几乎是令人汗颜的少数资料，针对热兰遮城遗址出土的欧洲和日本陶瓷做一介绍。

一、遗址出土的荷兰陶瓷

热兰遮城第一号和第二号探坑出土的荷兰陶瓷可大致区分为二类。一类是属于广义的马约利卡（Majolica）系作品。此类标本计二件（TP1. Ⅲ. I. L3e；TP2. V2. L3d），胎质松软，呈淡黄色调。其中一件内外施釉，外壁于胎上施罩白色失透性锡釉，而后在釉上以钴蓝进行彩绘，釉层较厚，会剥釉（图3）。其外观蓝彩虽可媲美青花瓷器，所不同的是，青花瓷器是直接于器胎以钴料绘饰而后施罩透明釉用高温一次烧成。

一般而言，马约利卡是对意大利锡釉陶的泛称，其语源来自西班牙之马约利卡岛。由于十五世纪所谓 Hispano-Moreque Ware，即西班牙所烧造的伊斯兰风格锡釉陶常经由马约利卡岛输入意大利，因此马约利卡原是指此类外观带特殊虹彩（Lustre）的陶器，至于将意大利锡釉陶称为马约利卡则要迟至十六世纪

---

3 《377年 风柜尾红毛城遗址确定》、《1623年台风损堡 荷人强掳渔民修缮 遗址发现大批青花瓷器碎片为修堡人员餐具或清军留下尚待鉴定》，《联合报》1999.11.10；卢泰康：《澎湖风柜尾荷据时期陶瓷遗物之考证》，《故宫文物月刊》19卷5期（2001），页116–134。

后半[4]。十五至十六世纪是意大利锡釉陶的鼎盛期，并影响到尼德兰地区（the Netherlands），位于该地区的今荷兰德尔夫特（Delft）瓷场亦约于十六世纪开始烧造此类因传输转运站而命名的锡釉陶器，[5]即所谓的荷兰马约利卡陶器。

热兰遮城遗址出土的两片马约利卡陶虽仅存残片，但仍可观察出是辘轳拉坯成形的瓶罐类，从器形推测，其中一件很可能就是被称为膏药罐（Albarello）的罐身部位残件（图3右）。法国特华（Troyes）市立医院附属药局即有多件十七世纪的此类膏药罐传世至今（图4）。[6]就目前的资料来看，这类器高十余厘米的小罐很可能是随着荷兰人势力的扩张而携至各地，如一六一三年沉没于大西洋圣海伦那岛（St. Helena）的荷兰籍"白狮号"（Witte Leeuw）沉船即见有这类小罐，[7]而荷兰东印度公司在亚洲的重要据点印尼万丹（Banten）遗址也曾出土这类作品（图5）。[8]

另一方面，除了传世作品之外，至一九九〇年代日本遗址所见荷兰十七至十八世纪陶瓷标本计约十九件（片），半数以上属此类膏药壶。[9]其次，依据二〇〇一年松本启子的统计，则分别来自日本八处遗址，统计二十九件的马约利卡陶器当中，所谓膏药罐亦占二十一件之多。[10]其中，年代最早的标本见于长崎县大村市庆长三年（1598）建成的玖岛城址，[11]以及堺环濠都市日本庆长二十年（1615）地层；[12]不仅如此，在调查增上寺历代德川将军墓时也于卒殁于元和九年（1623）的德川秀忠墓发现同类作品（图6）[13]。结合出土有该类作品之其他遗址之

---

4 森本义之：《マヨリカ陶器》，《世界陶磁全集》22（东京：小学馆，1986），页180。

5 Frits Scholten：《オランダのマヨリカ陶と初期デルフト陶器》，收入朝日新闻社文化企划局编：《The Edwin Van Drecht Collection オランダ陶器》（东京：朝日新闻社，1995），页106。

6 Liliane Sfeir Fakhri：《リヨンとイタリア、ルネサンスのマジョリカ陶器：日本の遺跡から出土したイタロニフランス様式のリヨンのアルバレロ》，收入イタリア・ファエンシャ国際陶芸博物館所蔵：《マジョリカ名陶展》（东京：日本经济新闻社、2001），页160。不过，该文作者将作品年代定在十六世纪末。

7 G. C. Vander Pijl-Ketel, *The Ceramic Load of the "Witte Leeuw"* (Amsterdam: Rijks museum, 1982), p. 249.

8 大桥康二等：《インドネシア・バンテン 遺跡出土の陶磁器》，《国立歴史民俗博物館研究報告》82集（1999），页76及图版9之12。

9 铃木裕子：《日本出土のオランダ陶器—17, 18世紀を中心に》，收入前引《The Edwin Van Drecht Collection オランダ陶器》，页138。

10 松本启子：《大阪城下町出土マジョリカ陶について》，收入前引《マジョリカ名陶展》，页169，表一。

11 川口洋平：《大村、玖岛城出土のオランダ陶器》，《考古学ジャーナル》462 (2000,8)，页29，图2。另据同文页31注（2）称，遗物下限约为1610年代。

12 松本启子：《大阪出土のオランダ色絵壺》，《草火》45（1993），此转引自铃木裕子，同注（9），页141。

13 铃木尚等编：《增上寺德川将軍墓と遺品、遺体》（东京：东京大学出版会，1967），此转引自西田宏子：《茶陶の阿蘭陀》，收入根津美术馆编：《阿蘭陀》（东京：根津美术馆，1987），页73。

性质或地望,则除了将军墓、城、大名居宅之外,明显集中于获得幕府同意可与外国交易的"五所商人"所在地之长崎、堺、大阪、京都,以及出岛荷兰商馆遗址。[14] 这样看来,作为荷兰东印度公司连接东南亚印尼诸国或东北亚日本重要基地的热兰遮城遗址出土有十七世纪荷兰陶瓷似乎也是理所当然之事。此外,由于日本堺市是因朱印船贸易而繁荣的都市,而台湾即是日本朱印船赴东南亚贸易时的据点,长崎代官末次平藏也于宽永三年(1626)获得朱印状得以派遣船只至台湾贸易。[15] 值得一提的是,在一六三六年五月三十日由巴达维亚总督寄予末次平藏的信函中提道:"陶器和生丝的样本或模型,收悉。我等遵循阁下的希望,拟将之送往祖国或其他地方制作。并且在接获时随即送往贵处。"结合一六三三年五月十三日巴达维亚总督捎予松浦肥前守的书简也提道:"关于荷兰陶器,在新年将模型送往荷兰于同地制作,"均属日本向荷兰订制陶瓷的珍贵记事。[16] 因此,不能排除台湾据点也参与了此一陶瓷订制时样本或成品交付等运送事宜。除此之外,一六三一年三月二十三日荷兰商馆长予台湾长官普特曼斯(Putmans)的信也说:"阁下明年如果方便的话,请为我等考虑黑砂糖少许、酿造啤酒用的瓶、饭桌所使用的上等和粗制陶器"。西田宏子认为,此一记事是日本荷兰商馆向台湾请求荷兰陶瓷之证。[17] 但事实如何?已难确认。其实,对于相信安平壶即啤酒壶的部分学者而言,[18] 此一记事或许也可释读为日本荷兰商馆向台湾请求烧造于中国但热兰遮城以及日本平户市和长崎市出岛荷兰商馆均曾出土的安平壶?而台湾原住民部落遗址经常出土安平壶一事,或许也可以安平壶为盛酒容器之脉络来予以理解。

另一方面,《巴达维亚城日志》记载一六三九年台湾有"作为膏药用给理发师的cangan布";《热兰遮城日志》也提到郑成功攻陷热兰遮城时发现三百名病患正在医院就诊。虽然,当时的医院概念和今日的情况大不相同,也就是说以当时欧洲而言,外科医生其实是由理发师所兼任,然而我们仍可藉由一幅十八

---

14 松本启子,同注(10),页171。
15 永积洋子:《朱印船》(东京:吉川弘文馆,2001),页179。
16 以上两则档案均转引自西田宏子,同注(13),页78-79。
17 西田宏子,同注(13),页78。
18 陈国栋曾经指出,江树声已怀疑法佗退音(Valentijn)说"三烧"(Sampsoe)即"中国啤酒"(Chinese Beer)的说法,因此在翻译《热兰遮城日志》时,将之译成"麦酒"。陈氏在此一提示之上,结合西文"Shamsoo"即"三烧",也就是经过三次蒸馏的米酒的说法,认为安平壶就是《热兰遮城日志》所载"烧酒"的容器。参见陈国栋:《十七世纪的荷兰史地与荷据时期的台湾》,《台湾文献》54卷3期(2003),页114–115。

世纪绘画所见置放于外科医生诊疗室中的所谓 Albarello 罐（图7）及其他用具，而得以遥想热兰遮城理发兼外科医生的工作和医院的情景。[19] 如前所述，欧洲不少医院仍保存有这类膏药罐，同时荷兰阿姆斯特丹[20]或法国南部里昂（Lyon）特洛广场（Terreaux Place）等十七世纪遗址也都出土了同类标本。[21] 依据目前的资料来看，包括 Albarello 膏药罐在内的所谓荷兰马约利卡陶器的烧造地点，除了荷兰北部（Noord-Nederland）、荷兰南部（Zuid-Nederland）之外，如安特卫普（Antwerpen）等欧洲其他地区亦有生产，[22] 但详情还有待日后进一步的资料来补充。可确定的是，中国台湾地区或日本、印尼等地遗址出土的这类作品应该是由荷兰所携来的。

二、遗址出土的德国陶瓷

热兰遮城第二号探坑出土的德国陶瓷是来自该国莱茵（Rhineland）地区窑场所烧制的盐釉陶瓷。探坑所出此类标本计有壶把、器身以及器身所饰模印贴花等部位残片（图8，TP2-AL2C），据此可以复原得知作品至少包括了俗称"胡须男"（Bartmannskrug, Baardman）的带把酒壶（图9）。酒壶以辘轳拉坯成形，壶颈肩部位浮雕络腮胡人面，同时经常于颜面下方以及壶腹侧面装饰各式纹章，"胡须男"一名即来自壶颈肩部位装饰的人面图纹。作品的制作工序是：于拉坯成形的器身饰模印贴花，而后整体施抹一层褐色化妆土，待入窑烧至约一千两百摄氏度高温时，投盐入窑，以氧化焰烧成。如此一来，盐与自然灰就结晶形成所谓的盐釉。[23]

---

19 大桥康二：《輸出した伊万里の医療品》，《目の眼》283（2000.4），页54-55。另外，正当我为巴城日志中所谓膏药用的"Cangan 布"到底指的是什么而烦恼不已，并四下向人打听时，很庆幸地从台大艺术史所博士生王淑津处得知"中研院史语所"陈国栋教授已考证"Cangan"主要是指中国制造的粗棉布，荷兰人拿来销往东京、广南、柬埔寨和菲律宾群岛；1625年荷兰人在台湾向新港社买到的第一块土地就是用十五匹Cangan 交换得到的。参见陈：《转运与出口：荷据时期贸易与产业》，《福尔摩沙——十七世纪的台湾、荷兰与东亚》（台北故宫博物院，2003），页69-70，以及同氏：《十七世纪初期东亚贸易中的中国棉布——Cangan与台湾》，庆祝曹永和院士八十大寿国际学术研讨会《近代早期东亚海洋史与台湾岛史》（"行政院文化建设委员会"，2000）。承蒙国栋兄惠赐论文影本，谨志谢意。

20 东京都江户东京博物馆：《掘り出された都市—江戸・長崎・アムステルダム・ロンドン・ニューヨーク》（东京：东京都历史文化财团等，1996），页120，图1-98。

21 Liliane Sfeir Fakhri, 同注（6），页160-165。

22 松本启子，同注（10），页168。

23 前田正明：《西洋陶磁物语》（东京：讲谈社，1980），页154-167。

莱茵地区"胡须男"样式酒壶延续至近代仍有烧造,但主要烧制于十五至十七世纪,当中又以科隆(Cologne)及其近郊的弗勒亨(Frechen)等两处窑场制品最为著名。一般而言,科隆类型之浮雕颜面生动,表情夸张,同时又于壶身贴饰华缛的浮雕植物花卉;弗勒亨类型的浮雕贴花则显得简略,多数作品除了人面下方或壶腹两侧的纹章贴花之外,留白无其他装饰。此外,同样位于莱茵地区的卫斯特维德(Wasterwald)窑场作品则又多加饰钴蓝彩。[24] 此次热兰遮城出土的残片当中虽亦见装饰有钴蓝彩的标本(同图8),不过从其花纹平板、贴花印纹简略以及整体釉质看来,热兰遮城遗址目前所出标本均属弗勒亨地区窑场所生产。[25] 应予一提的是,前述出土有荷兰马约利卡陶的印尼万丹,[26] 或日本长崎出岛荷兰商馆等遗址也都出土有莱茵地区"胡须男"酒壶标本(图10)。[27] 特别是日本至公元二〇〇二年为止的多处考古遗址所出总数达一百一十五件(片)的标本只见弗勒亨类型。[28] 换言之,截至目前可确认之东方遗址所出莱茵地区"胡须男"酒壶,似乎限于弗勒亨类型,不久前公布的台湾外岛澎湖风柜尾表采的残片,[29] 也属同一类型。

就印尼和日本考古遗址出土该类标本的年代而言,前者之万丹遗址因伴出土十七世纪的安平壶、克拉克瓷、漳州窑等中国陶瓷和日本肥前瓷窑残件,故总数约四十个体的弗勒亨类型标本之相对年代约于十六世纪后半至十七世纪。[30] 至于日本出土有该类标本的考古遗迹则限于长崎县境内,如伴出有荷兰马约利卡膏药罐的兴善町遗迹八尾邸就曾出土弗勒亨类型"胡须男"酒壶标本,[31] 但是无疑还是以荷兰商馆所在地的出岛出土数量最多,长崎市街和平户市亦见出土

---

24 David Gaimster, *German Stoneware 1200~1900 Archaeology and Cultural History*, London, British Museum Press, 1997, pp. 251–253.

25 有关莱茵地区盐釉陶瓷的分区以及科隆、弗勒亨等窑场作品的样式特征参见:David Gaismter, 前引书,页191–193;208–211。另外,弗勒亨盐釉窑址出土标本可参见:Karl Göbels, *Keramik-Sdjerben aus Frechen*, Rheinland–Verlag Gmbh, Köln, 1980。以上这笔德文资料承蒙台北故宫博物院陈玉秀女士提供,她还为我翻译了部分文字,谨致谢意。

26 大桥康二等,同注(8),页77。

27 长崎市教育委员会,国指定史迹《出岛和蘭商館迹—護岸石垣復元事业に伴う発掘调查及び工事报告书》(长崎市:长崎市教育委员会,2001),页64,图38之60。

28 桜庭美咲:《須德利》,《国華》1295号(2003),页27。

29 卢泰康,同注(3),页128。

30 大桥康二等,同注(8),页77。

31 东京都江户东京博物馆,同注(20),页84,图2之17。

例。后者平户荷兰商馆年代下限为一六四一年，故商馆遗迹出土之"胡须男"酒壶标本的相对年代应在一六四一年之前。[32] 这样看来，目前东亚考古遗址所见德国莱茵地区烧制的所谓"胡须男"酒壶既限于弗勒亨类型，其相对年代亦集中于十七世纪，不仅如此，其考古遗迹也都和荷兰人的势力范围密切相关。如前所述，热兰遮城是荷兰人自毁外岛澎湖风柜尾城堡于一六二四年拆迁至安平构筑的城堡，而上述两座城堡遗址均发现有弗勒亨类型陶瓷，这很难说是偶然，而应该说台湾出土例亦如同印尼、日本般，透露出此类德国陶瓷与荷人的紧密关联。关于这点，我们从一六〇九年沉没于几内亚湾南部的"毛里求斯"（*Mauritius*）沉船，[33] 或前引发现有荷兰马约利卡陶的一六一三年"白狮号"等两艘荷兰东印度公司沉船都打捞出弗勒亨类型"胡须男"酒壶，[34] 可以推测印尼、日本等国和中国台湾地区考古遗址所见德国莱茵地区陶瓷应是由荷兰人所带来的。此一推测也符合以往学界推测德国莱茵地区陶瓷，于十七世纪荷兰社会所扮演的举足轻重的角色，即荷兰国内考古发掘已证实中世纪末期荷兰陶瓷器用颇多是由莱茵地区窑场所输入，并且其中就包括不少弗勒亨类型的"胡须男"酒壶。[35]

或许是由于首先出现于德国莱茵地区的"胡须男"酒壶外观所呈现出的诙谐装饰趣味，深受欧洲人们的欢迎，致使比利时或英国等地的窑场起而仿效，烧制类似的作品。但另一方面，莱茵地区的窑场似乎也接受订制，故传世的不少"胡须男"样式酒壶上的贴花纹章内容，除见有英国、丹麦或奥地利等国王室家徽，还可见到科隆甚或阿姆斯特丹市的市徽。[36] 后者阿姆斯特丹市市徽乃是由三个垂直排列的"×"所构成，分别表示阿姆斯特丹市的三个克星：水、火和黑死病，是该市十六世纪以来迄今日的市徽（图11）；也是阿姆斯特丹市市民自我期许的英勇、果敢、慈悲之人格禀赋。值得留意的是，台南热兰遮城第二号探坑出土的弗勒亨类型"胡须男"样式酒壶壶身所见贴花纹章虽已残缺不全，但仍可清晰地辨识出纹章的主题乃

32　樱庭美咲，同注（28），页27。另外，有关日本遗址出土"胡须男"酒壶标本的考察，可参见同氏：《江户时代に舶载されたライン炻器について―试论》，《武藏野美术大学研究纪要》30（1999），页101-114。

33　M. L'Hour and L. Long, The wreck of an 'experimental' ship of the 'Oost Indische Companie': The Mauritius (1609), *The International Journal of Nautical Archaeology and Underwater Exploration* 19-1 (1990), p. 68。

34　G. C. Vander Pijl-Ketel，同注（7），页246-247。

35　Jan M. Baart，《アムステルダムの歴史と考古学》，收入小林克编：《掘り出された都市―日蘭出土資料の比較》（东京：日外アソシエーツ，2002），页281～282。

36　前田正明，同注（23），页163。另外，图版可参见：David Gaimster，同注（24），页214，图53，页215，图56，页216，图57，页218，图62，页220，图67等。

是由"×"纹所构成（同图 8 右）。若参照国外收藏之具有类似贴花纹饰的作品，[37] 可以确认此次热兰遮城遗址出土的德国莱茵地区陶瓷当中，正巧包括装饰阿姆斯特丹市市徽的作品在内。虽然流传于世的装饰有阿姆斯特丹市市徽的弗勒亨类型"胡须男"酒壶不止一件，彼此的相对年代也不相同，其既包括十六世纪中期（同图 9，1560）、十六世纪后期（图 12）的作品，也有可晚到十七世纪早中期的例子，不过现藏日本神户市立博物馆之饰有阿姆斯特丹市市徽的作品（图 13），由于市徽周边之细部装饰图纹亦和热兰遮城遗址所出同类标本之纹饰完全一致，因此可以认为两者属于同一时期、相同窑场所烧制。其次，从神户市立博物馆藏品壶口沿部位由欧洲金工师所装镶的具有时代风格的金属壶盖看来，学界推测该盐釉壶应系一五九〇年至一六二〇年间莱茵瓷场售往荷兰的典型作例。[38] 此一年代观，可以作为订定热兰遮城遗址出土同类标本的年代参考依据。

三、遗址出土的日本陶瓷

热兰遮城遗址所见日本陶瓷，是热兰遮城第三号探坑出土的十七世纪九州肥前地区的唐津烧（TP3-B-IV.2L3d；TP3-A-II.2L3f）。出土残片为盘类器壁部位，内壁以白色化妆土刷抹波浪形复线纹饰带，再于上方饰以铜呈色的绿彩和以铁为发色剂的褐彩而后施罩透明釉烧成，匠心独运，是肥前地区具有特色的产品，一般称为"二彩唐津"（图 14）。

唐津烧开窑于十六世纪八十年代甚或更早的十六世纪中叶，[39] 很可能与丰臣秀吉出兵朝鲜所掳回陶工在今佐贺、长崎两县松浦地区筑窑烧瓷的传承有关。以地域划分，唐津烧可区别成松浦系、武雄系、多久系和平户系等几个窑系，[40] 其中松浦系之椎の峰等少数窑址虽亦见加饰褐、绿两彩的作品，但所谓"二彩唐津"主要烧造于

37　Keramik Museum Frechen 收藏有年代分别在 1560 年（A95）、1594 年（A242）之饰有阿姆斯特丹市市徽的"胡须男"酒壶。详参见该馆网址资料（www.rheinische-keramik.de）。此感谢台北故宫博物院陈玉秀女士和弗勒亨陶瓷博物馆研究员 Kleine 女士的教示。另外，David Gaimster，同注（24），页 220 亦揭示一件相对年代在 1600~1650 年的作品。

38　《特别展　阿蘭陀—鎖国下のエキゾチシズム》（たばこと塩の博物館，1996），图 69。樱庭美咲，同注（28），页 27，及图版 6。神户市立博物馆编：《神户市立博物馆馆藏品目录》美术の部 10 工艺品（神户市立博物馆，1993），页 10，第 61 号。

39　大桥康二：《肥前陶磁》（东京：ニューサイエンス社，1976），页 6-7。

40　佐藤雅彦编：《唐津》日本陶磁全集 17（东京：中央公论社，1976），页 53-54。

武雄系的川古窑の谷新、烧峰上、内田大谷、弓野山、庭木山、小田志山、黑牟田和槛ノ木等窑场；唐津烧同时也肩负了十七世纪日本陶瓷外销的任务，于印尼、泰国、柬埔寨、婆罗洲、文莱等东南亚国家都曾出土（图15）。[41] 其中，印尼万丹遗址曾出土荷兰马约利卡陶和德国莱茵地区弗勒亨类型之"胡须男"酒壶一事，已如前所述。应予一提的是，尽管唐津烧的装饰技法丰富，但东南亚国家出土例则限于所谓的刷毛目和二彩唐津，[42] 此次台湾热兰遮城遗址出土标本亦不例外，属当中的二彩类型，这似乎显示了当时台湾与东南亚国家特别是印尼的紧密联系，致使两地遗址出土的陶瓷组合较为相近，甚至连个别瓷窑作品的种类也有雷同之处。

依据近年的编年成果，二彩唐津始见于一六一〇年至一六五〇年（Ⅱ期），但印尼和泰国等东南亚国家出土的二彩唐津和刷毛目等大盘则是属一六五〇年至一六九〇年（Ⅲ期）的作品。[43] 大桥康二在作品编年的基础之上，结合东南亚以西未见此类作品出土例等现象，指出东南亚遗址所出二彩唐津，恐非经由荷兰船舶所运达。[44] 关于这点，我们不应忘记，在此次热兰遮城遗址出土二彩唐津之前的一九八〇年代，高雄县左营清代凤山县旧城聚落遗址曾发现日本肥前陶瓷，并且是属于十七世纪六十至八十年代的青花瓷标本；[45] 而新近公布的台南县新市乡社内遗址也出土了十七世纪后半日本肥前青花瓷器。[46] 野上建纪亦撰文指出，上述两处遗址以及最近在台南市南安路地下街工地采集得到的肥前青花瓷器的年代均在一六六〇年至一六八〇年，标本并可区分出：主要销往东南亚地区的绘有鱼跃龙门的所谓"荒矶纹"碗，以及多输往欧洲或西亚地区的克拉克样式青花盘等两种类型（图16）。[47] 众所周知，一六六一年郑成功登陆台湾，翌年与荷兰签订开城协约，驱逐了荷兰在台势力，因此遗留在台湾的一六六〇年代至一六八〇年代

41　中里太郎右卫门：《唐津》，收入《世界陶磁全集》7（东京：小学馆，1980），页159-161。

42　中里太郎右卫门，同上注，页161。

43　盛峰雄：《陶器の编年》，收入《九州陶磁の编年—九州近世陶磁学会10周年纪念》（佐贺县：九州近世陶磁学会，2000），页11-12。

44　大桥康二：《東南アジアに输出された肥前陶磁》，收入：《海を渡った肥前のやきもの展》（佐贺县：九州陶磁文化馆，1990），页112。

45　臧振华：《左营清代凤山县旧城聚落的试掘》，《"中研院"历史语言研究所集刊》64:3（1993），图版11；以及谢明良《左营清代凤山县旧城聚落出土陶瓷补记》，《台湾史研究》3-1（1997），页237-238。

46　李匡悌：《三舍既社内遗址受相关水利工程影响范围抢救考古发掘工作计划期末报告》（台南县政府，2004），页33，图27，页50，图75。感谢遗址发掘计划主持人李匡悌兄惠赐报告书。

47　野上建纪等：《台南出土の肥前磁器—17世纪における海上交易に关する考察》，《金大考古》48（2005），页6-10。

的日本陶瓷不会是由荷兰船自日本所携至的。值得留意的是，上述左营等遗址发现的日本青花瓷的年代正巧属于清廷为杜绝海上走私贸易，同时孤立郑成功而于一六六一年采行迁界措施，至一六八三年清军进攻台湾，郑克塽战败投降，翌年颁布展海令允许人民出海贸易这一期间的作品。换言之，正是日本肥前陶瓷因中国纷乱的局势而顺势取代中国陶瓷外销市场这一期间的作品。左营清代凤山县旧城聚落遗址相传是郑成功所设军屯前锋尾的所在地，而社内遗址推测或为平埔族西拉雅之新港社，看来上述几处遗址所出十七世纪后半的日本陶瓷，很可能和当时以台湾为根据地的郑氏集团有关。事实上，坂井隆曾指出郑氏集团及其后继者才是十七世纪日本陶瓷外销的最大功臣，[48] 近年同氏又援引一六八一年英国东印度公司伦敦总部给厦门商馆长的书信，证实郑氏商船确曾赴日本购买陶瓷。[49] 就此而言，热兰遮城和左营遗址会留下此一时期的日本陶瓷或许可说是极为自然之事。此外，台南市民族文物馆亦藏有五十至七十年代的日本伊万里青花小瓷罐（图17），[50] 结合前述考古发掘遗物，表明十七世纪日本的陶瓷似有不少是先运抵台湾而后再外销至东南亚或欧洲等地，泰国 Thao Khot 遗址即曾出土与前引台南市民族文物馆完全一致的作品（图18），[51] 但其是否经由台湾所辗转传入，目前已不得知。

四、小结

以上，本文粗略地介绍了新近发掘之热兰遮城遗址所出十七世纪欧洲和日本陶瓷。结论是：热兰遮城遗址所见以中国陶瓷为主轴但亦包括部分来自日本和欧洲、东南亚等国陶瓷的组合特征，可说是如实地反映了当时的台湾在东亚贸易网络中所扮演的角色，同时也是荷兰人、郑氏集团及其后继者在台活动营生的具体遗留。

相对于中国考古遗址目前未见这样的陶瓷组合，东南亚印尼等地遗址所见陶瓷种类则和台湾有着惊人的类似性。比如说，发掘雅加达湾西部沿岸叭沙伊干（Pasar Ikan）荷兰东印度仓库和旧河道遗迹时，不仅出土有和热兰遮城遗址类似

---

48 坂井隆：《肥前陶磁の輸出と鄭氏、ハシテシ王国》，《東南アジア—歴史と文化》22（1993），页82。
49 坂井隆：《"伊万里"からアジアが見える》，講談社選書メチエ（東京：讲谈社，1998），页236–237。
50 台南市政府民政局编：《民族文物馆藏品选集》（台南市政府，1989），页6，图12；另外，作品的年代可参见大桥康二：《鄭成功とイマリ》，《目の眼》261（1998），页66。
51 佐贺县立九州陶磁文化馆，同注（44）引书，页151，图350。

的德国弗勒亨类型酒壶和日本二彩唐津，伴出的中国克拉克瓷和漳州窑系作品也和热兰遮城遗址标本相近。[52] 其次，印尼万丹遗址既见弗勒亨酒壶、二彩唐津或荷兰马约利卡陶，也出土了克拉克瓷、漳州窑，以及热兰遮城遗址最为常见的来自中国福建的所谓安平壶，[53] 台湾地区与东南亚考古遗址出土陶瓷的类似性委实让人印象深刻。此外，遗留在台湾地区民间古厝的十七世纪越南和泰国陶瓷，也说明了当时台湾和东南亚之间活络的贸易往来。[54]

另一方面，台湾地区与日本遗址出土陶瓷也颇有雷同之处，而就与本文主旨相关的欧洲陶瓷而言，莱茵地区弗勒亨陶瓷标本集中出土于荷兰商馆所在地的长崎县，而热兰遮城遗址大量出土的安平壶于日本的出土分布也是集中于长崎地区，这表明上述两类商品应和荷兰人直接相关。不过，本文所关心的，还在于日本获得欧洲陶瓷的过程中台湾所扮演的角色问题。如前所述，荷兰东印度公司档案表明，日本不止一次地主动向荷兰要求购买特定器形种类的陶瓷，当中既有德尔夫特瓷厂作品，还包括德国莱茵地区科隆瓷厂的水注。[55] 不仅如此，还屡次托付样本模型要求荷兰瓷厂依样制作，后者计有各式碗和带把杯。除此之外，西田宏子等日本学者还认为在所谓膏药壶的作品当中，包括一类口径和底径超过十厘米，壶身经常绘饰几何纹或烟草叶纹（图19），被日本茶道界用来在茶会时，装盛洗濯茶碗、茶筅废水或补给茶釜用水的"水指"，即是日本向荷兰订制的特殊茶道具，故目前除了日本遗迹之外，包括原产国荷兰在内的欧洲各国均未见到。[56] 尽管西田氏的订制说略有武断之嫌，不过热兰遮城遗址出土的荷制马约利卡膏药罐虽仅存瓶身残片，但仍可识别出瓶身系绘饰烟草叶纹（同图3右）。值得留意的是，台湾博物馆却收藏了一件该馆于一九四〇年代接收自台湾总督府博物馆，

52　三上次男：《パサリカン遺跡出土の貿易陶磁》，《貿易陶磁研究》2（1982），页111-120。

53　大桥康二等，同注（8），页47-81。另外，印尼Sulawesi岛wolio城遗址亦见安平壶、德国盐釉炻器、日本肥前陶瓷等标本，参见シルクロード学研究センリー：《海のシルクロードの據点バンテン・ティルタヤサ遺跡の貿易磁の研究》，《シルクロード学研究》20（2004），页185，图3、图4等。

54　谢明良：《陶瓷所见十七世纪的福尔摩沙》，《故宫文物月刊》242（2003），页24-39。另外，热兰遮城日志中也有许多相关的记载，如1632年装载有鹿皮和两千余件粗瓷器等货物由暹罗赴日本贸易的戎克船，即因季风关系而停泊台湾。参见江树生译注：《热兰遮城日志》第一册（台南：台南市政府，2000），页93。

55　西田宏子，同注（13），页82-83。

56　西田宏子，同注（13），页84以及同氏：《阿蘭陀—日本伝世のオランダ陶器》，收入前引《The Edwin Van Drecht Collection オランダ陶器》，页125-126。不过，松本启户或Cristiaan J. A. Jörg等人并不同意西田氏的订制说。详见松本：《大阪城下町出土のオランダ壺の源流をもとめて》，《大阪市文化協会研究紀要》2（1999），页350。

底径复原超过十厘米，尺寸较大足堪作为水指使用的荷兰制马约利卡陶残片（图 20，AH368-424）。台湾总督府博物馆创立于一九〇八年，至一九四五年积极从事台湾自然、人文标本的搜集工作，[57] 因此该残片虽乏确实的出土或采集记录，但从原收藏单位的性质看来，其极可能是得自台湾岛。如果此一判断无误，则日本出土的此类尺寸特殊的茶道水指中，可能有一部分是经由台湾荷兰据点而后再转运抵达的。这不由得会让我们再次地联想到前述一六三六年向荷兰订制陶瓷的长崎代官末次平藏，[58] 他同时也是继著名的李旦和华宇兄弟之后，获得朱印状得以派遣船只来台湾的朱印船贸易家。

以上本文粗略地考察了二〇〇三年发掘热兰遮城遗址出土的十七世纪欧洲和日本陶瓷。在此要提请读者留意的是，遗址所出陶瓷标本仍然是以中国陶瓷占绝大多数，与此同时，也包括少数几件东南亚泰国等地陶瓷标本。其次，就热兰遮城遗址出土的欧洲陶瓷而言，除了本文已涉及的十七世纪标本之外，亦可见到晚迄十九世纪的作品。众所皆知，郑成功是在一六六一年登陆台湾翌年与荷兰签订开城协约，驱逐了荷兰在台势力，至一六八三年（康熙二十二年）清军进攻台湾才结束了郑氏祖孙三代在台统治。清朝治理台湾百年之后又因日清甲午战争，清军溃败而于一八九五年和日本订定《马关条约》割让台湾予日本，直到一九四五年结束日本的台湾殖民统治。因此，热兰遮城遗址所出十九世纪欧洲陶瓷到底是经由何种途径而传入，此一涉及消费群的议题值得探讨。以台大艺术史所博士生王淑津在大量的出土遗物中识别出的两件白陶烟斗为例，其中一件属烟管（stem）部分残件（TP1-I4, L3f），管部压印有"ⓒLAS囗"阴纹字铭（图21）。我很幸运地检索到日本东京新桥车站遗址出土带"DAVIDSON GLASGOW"完整铭记的同类白陶烟斗（图22-a），可知热兰遮城遗址出土的"ⓒLAS囗"字铭应是GLASGOW的残部，亦即均是一八六二年至一九一一年设厂于英国格拉斯哥（Glasgow）之Thomas Davidson公司出产的陶烟斗。[59] 热兰遮城遗址出土的另外一件白陶烟斗亦仅存部分火斗（bowl）和一小截残柄（图23，TP3B- IVL3g, F6-L2），但仍可轻易地观察出

---

[57] 有关台湾总督府的角色和功能，可参见李子宁：《殖民主义与博物馆—以日据时期台湾总督府博物馆为例》，《台湾省立博物馆年刊》40（1997），页241-273。

[58] 近年 Liliane Sfeir Fakhri 认为日本出土的膏药罐是由法国里昂的耶稣会士赴日传教时所携入。参见注（6），页165。但由于同氏并未出示任何证据，本文不予采信。

[59] 福田敏一：《新橋駅発掘—考古学からみた近代》（东京：雄山阁，2004），页154-155。

作品系模制成形，断面胎土洁白细腻略泛黄色调。另从填塞烟草的火斗器表留有多道纵向捻磨痕迹可知作品曾经打磨工序，故打磨部位微泛木头般温润的光泽。这类俗称为 Clay Pipe 的陶烟斗最早出现于十六世纪后半的英国，但由于英国的禁烟政策造成陶烟斗制造业移往荷兰发展，十七世纪的阿姆斯特丹（Amsterdam）已成为欧洲最重要的陶烟斗制造和交易中心。[60] 另一方面，随着一六六八年位于海牙附近的豪达（Gouda）市当局宣布营运烟斗市场以来，到了十八世纪豪达已取代阿姆斯特丹的地位成为世界陶烟斗制造都市。尽管十七世纪初期英国和荷兰生产的陶烟斗之造型相近，不易区别，但之后于荷兰制造的陶烟斗既可经由火斗的造型和尺寸大小予以年代区分，[61] 至于经常见于火斗下方突出之跟部上方的认证标志，以及跟部截面所见作坊商标（heel with heel marks）更是提供编年的绝对依据（图24）。就此而言，此次热兰遮城出土的白陶烟斗跟部即镌印有豪达市政府的认证标记，另从跟部底面所饰鱼形作坊标志，可知其是来自豪达市的以鱼形为品牌的作坊所生产。其次，从豪达市标记下方另见一小凸圆点，结合烟管部分所施加的绳纹印花装饰，可以推测标本的年代约在一八五〇年至一九四〇年之间。[62] 换言之，上述两件热兰遮城遗址出土的白陶烟斗的相对年代在清朝治理台湾后期至日据时期。然而，到底是清人抑或日本人才是此一白陶烟斗的使用者？关于这点，我们从日本九州出岛荷兰商馆遗址以至关东地区不少遗址均出土有十八至十九世纪荷兰白陶烟斗可知，日本当时颇风行以白陶烟斗吃烟的习俗，故不排除热兰遮城遗址所出来自荷兰豪达市或英国格拉斯哥的白烟斗是由日本人辗转携入台湾的。换言之，出土标本的消费者或可指向日本人。另外，我们也应留意热兰遮城所出豪达市白陶烟斗是属于该市制品中所谓"'fijne'pipe"，即以玛瑙石研磨器表使之产生温润光泽的仅次于最高级"'procelleyne'pipes"的上级品，而若依据一七〇〇年豪达市烟斗制造工会的规定，此一等级陶烟斗的烟柄长度不得短于五十三厘米（图22），[63] 这对于复原热兰遮城标

---

60 谷田有史：《日本のきせるとクレイパイプ》，收入前引：《掘り出された都市－日蘭出土資料の比較》，页223。

61 Wiard Krook：《オランダで発掘されたクレイパイプ》，收入前引《掘り出された都市－日蘭出土資料の比較－》，页236–237。

62 Don Duco, *Merken van Goudse Pijpenmakers 1660～1940*, Cochem/ Poperinge, 1982, p. 111. 此转引自谷田有史，同注（57），页225以及小林克：《オランダからきたクレイパイプ》，收入江户遗迹研究会编：《甦る江戸》（东京：新人物往来社，1991），页281，图16。

63 Wiard Krook，同注（61），页249–250。

本器形甚至判定消费族群的经济能力或亦有所助益。最后，我想以提问的方式作为本文的结束。那就是：从一九九七年至一九九八年度日本发掘出岛荷兰商馆遗址时出土的白陶烟斗火斗部位标本即达六百余件（图26），烟柄残件更有数千件之多。[64] 由于陶烟斗容易毁损，因此铃木达也推测当时在日荷兰商馆员每人一年间所消费的烟斗约十支，[65] 应该算是合理的估算。就此而言，姑且不计荷兰在台士兵，仅就郑成功和荷兰签订开城协约时大员议会人员暨单位主管人数计四十八人，设若当中有半数人吃烟再加计荷兰据台三十多年，则荷兰商馆员在台消费毁弃的陶烟斗至少有七千件。然而，此次发掘热兰遮城遗址却未发现属于十七世纪的烟斗残件，这似乎暗示了荷兰商馆员的主要活动地点仍有待考古发掘来证实。

后 记

本文得以完成，首先要感谢主持此次热兰遮城考古发掘工作的"中研院史语所"刘益昌教授，以及他的两位助理：王淑津（台大艺术史研究所博士生）和颜廷伃女士（台大人类学系博士生）。事实上，我和他们三人曾经合作并共同具名于史语所主办的《台湾地区出土瓷器资料研究论文发表会》宣读了一篇标题和内容都和本文相近的文章，本文即是在此一共同研究的基础之上增补而成的。在增补的过程当中，我很幸运地从扇浦正义先生所惠赐的大作中间接获知有关白陶烟斗的相关著述；又承蒙台湾博物馆李子宁组长惠赐该馆珍藏的荷兰膏药罐彩图；故宫博物院器物处陈玉秀女士教示我德国弗勒亨陶瓷博物馆的网址并惠赐窑址报告；王淑津和彭盈真两位同学则又在她们赴日考察期间为我影印论文。如果没有以上诸位的帮助，本文是无法完成的。

（原载《台湾大学美术史研究集刊》第 18 期，2005）

---

64 岩崎均史：《出島和蘭商館跡（平成9、10年度）出土のクレイパイプ》，收入国指定史迹：《出島和蘭商館跡—道路及びカピタン別荘跡発掘調査報告書》（长崎市教育委员会，2002），页187。

65 Bert van der Lingen：《1998、1999出岛発掘作业による出土のクレイパイプ調査報告》，收入上引：《出島和蘭商館跡》，页242 铃木达也的解说。另可参见铃木达也：《オランダ商館内消費財としのタレイ・パイプ—VOCの供給開始とキセルからの展換》，《日蘭学会会誌》28-1（2003），页59–79。

记热兰遮城遗址出土的十七世纪欧洲和日本陶瓷　261

图1　克拉克样式青花瓷
　　　热兰遮城遗址出土

图2　漳州窑划花青瓷盘残片
　　　热兰遮城遗址出土

图3　荷兰Majolica，右为膏药罐（Albarello）残片
　　　热兰遮城遗址出土

图4　法国特华（Troyes）市立医院传
　　　世的Albarello

图5-a　印尼万丹（Banten）出土的Albarello

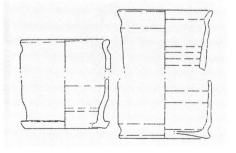

图5-b　同左　线绘图

图6 德川秀忠将军墓（1623）出土的 Albarello

图7 十八世纪绘画所见外科医院中的 Albarello

图8 贴饰阿姆斯特丹市市徽的德国盐釉酒壶 热兰遮城遗址出土

图9 德国"胡须男"（Bartmannskrug）盐釉酒壶（1560）Keramik Museum Frechen 藏

图10 "胡须男"盐釉酒壶破片 日本长崎县兴善町遗址出土

记热兰遮城遗址出土的十七世纪欧洲和日本陶瓷　　263

图11　带有荷兰东印度公司VOC公司徽章和阿姆斯特丹市市徽的麻袋　局部

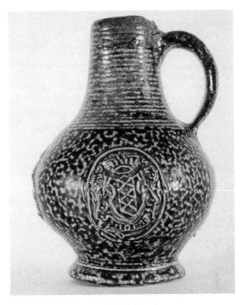

图12　德国"胡须男"盐釉酒壶　1594
　　　Keramik Museum Frechen 藏

图13-a　德国"胡须男"
　　　　盐釉酒壶　侧面

图13-b　同左　正面

图13-c　同13-a　局部
　　　　神户市立博物馆藏，
　　　　（彭盈真摄影）

图 14-a 肥前二彩唐津
热兰遮城遗址出土

图 14-b 同 14-a 背面

图 15 二彩唐津
泰国 Nakon si Thammarat 出土

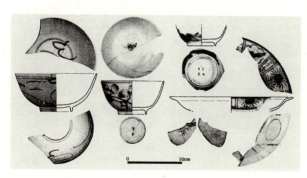

图 16 台南出土肥前青花
瓷及其线绘图
1660~1680

记热兰遮城遗址出土的十七世纪欧洲和日本陶瓷　　265

图 17　台南市民族文物馆旧藏青花小罐

图 18　泰国 Thao Khot 寺出土青花小罐

图 19　饰烟草纹的 Albarello（漆盖为后加）

图 20-a　台湾博物馆藏接收自台湾总督府博物馆的 Albarello（图片由同馆李子宁组长提供）

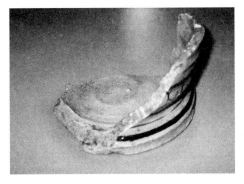

图 20-b　同 20-a　断面

图 20-c　同 20-a　器底

266　贸易陶瓷与文化史

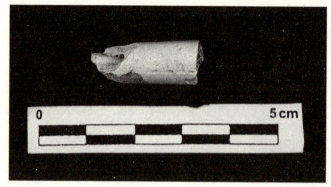

图 21　陶烟管
　　　热兰遮城遗址出土

图 22-a　陶烟斗
　　　　东京新桥车站遗址出土

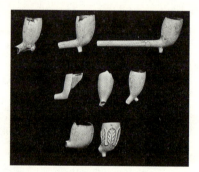

图 22-b　东京汐留遗迹出土
　　　　的陶烟斗

图 23-a　陶烟斗　热兰遮城遗址出土

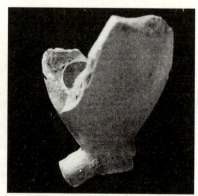

图 23-b　同 23-a　跟部

记热兰遮城遗址出土的十七世纪欧洲和日本陶瓷　　267

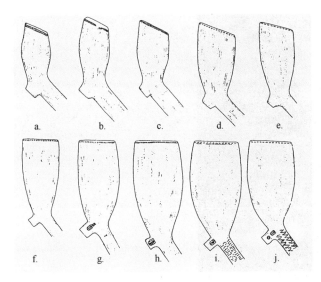

图 24-a　陶烟斗　线绘图

图 24-b　豪达市市徽

图 25　十七世纪荷兰静物画中的陶烟斗

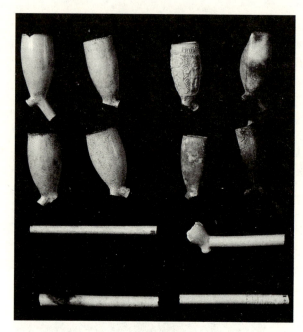

图 26　日本出岛荷兰商馆遗址出土的陶烟斗

图 27　荷兰人吃烟图（1801～1804）たばこと塩の博物馆藏

对于嘉义县新港乡板头村遗址出土陶瓷年代的一点意见

一九九九年，由自然科学博物馆着手发掘的嘉义县新港乡板头村（厝）遗址，可说是继"中研院史语所"正式调查澎湖群岛宋元遗迹和高雄左营清代凤山县旧城聚落以来，台湾历史时期考古的另一盛举。依据《嘉义县新港乡板头村遗址考古试掘报告》（以下简称《试掘报告》），[1] 遗址位于北港溪南岸，当地耆老相传此地即清代诸罗县笨港县丞署旧址所在。此次发掘所开探坑计二十八个，初步确认了遗址范围内包括有建筑基址、墓葬、建材废弃堆和垃圾堆等遗迹。出土文物内容以材质区分，计有铜器（钱币、发簪、烟斗、手环、镊子）、玻璃器（围棋子、发簪、珠、瓶）、石器（印材）、牙骨器（牌九、烟嘴）和陶瓷器等。如果依照《试掘报告》的分类，则总数达五千余件（片）的瓷器标本当中，以青花瓷的数量最多（3525件），以下依次为白瓷（878件）、粉彩（670件）、黄彩地（132件）、红彩（43件）、褐釉（25件）、绿彩（19件）、红地描金（15件）、祭蓝釉（11件）、五彩（9件）、斗彩（5件），青瓷最少，只发现三件。其次，所谓的陶器标本也有三千余件（片），其器形和数量分别是：缸瓮（1185件）、小罐（1764件）、火炉（229件）、烟囱（37件）以及鸟塑像（2件）和人像（1件）等。看来板头村遗址出土文物是以陶瓷器的数量占绝大多数，其器式种类也最为丰富。

《试掘报告》主要也是依据出土陶瓷及其在探坑的叠压关系来订定标本的相对年代。也就是说，于个别的探坑中（T6P10），一件带嘉庆年款的瓷器下方平铺有一层瓦片，瓦片之下则又发现不少乾隆款瓷标本，层位明显。其次，由于遗址范围内出土有一件"大清雍正年制"款黄釉碗（T7P14AL11），而又未发现任何可确切判定属嘉庆以后遗物，故《试掘报告》认为板头村遗迹和遗物的年代虽不排

---

1 何传坤等：《嘉义县新港乡板头村遗址考古试掘报告》（嘉义县：财团法人新港文教基金会，1999）。

除有上溯至雍正时期的可能，但下限并不晚于嘉庆时期，也因此遗址的相对年代是在一七三〇——一八二〇年，即雍正八年至嘉庆二十五年之间。[2] 基于此一判断，《试掘报告》进而又指出该一年代观恰巧和文献记载嘉庆年间北港溪泛滥成灾的时间相符。[3] 似乎是暗示板头村遗址系因遭水灾而废弃。无论如何，此一年代判断从今天的资料看来，并不合乎事实。

就中国陶瓷史的研究现状而言，清代陶瓷的研究多偏重于对景德镇官窑制品的考察，而于清代民间瓷窑作品的研究，除了主要是输往欧洲的外销瓷另成一个专题之外，对于窑址分布广袤、数量庞大的民窑制品之风格变迁或编年迟迟未有进展。其主要原因是中国已公布的清代民窑窑址和墓葬资料均极为有限，故除了部分具特定样式的作品之外，以往学界一般只能就作品本身的外观特征大体推测其可能的相对年代和产地。就此而言，《试掘报告》以层位叠压关系来掌握标本的可能所属年代，应予高度的尊重和评价。不过，自《试掘报告》刊行之后，国外陆续发表了若干与清代民窑之编年息息相关的新资料，本文的目的主要即是拟借由这些资料针对板头村遗址出土陶瓷之年代做些必要的补充，并附带点出外国考古信息往往亦能对中国陶瓷史的研究提供助益。可以设想，撰述《试掘报告》的考古学家或许也已拥有本文即将引述的全部或部分资料，果若如此，希望他们能够包容我自以为是的鲁莽。

一、紫砂器

板头村遗址出土的紫砂器标本计十二片，推测其分别属于四个壶的残片。其中一件壶仅存圈足和壶底，圈足内钤带框"潘子□制"篆体铭记；另一件壶亦只见壶底残片，外底正中捺印"乾隆年制"纪年篆款。由于上述二壶残缺过甚，已难复原其原来器形。

相对地，出土于遗址垃圾堆（T8P3A）的属于同件壶个体的四块残片，因仍留存有把手和壶腹部位（图1-1），故《试掘报告》遂参酌传世的紫砂壶式予以复原（图1-2）。该壶造型和装饰较具特色，于壶口下方壶流上方装饰一道凸弦纹，弦纹以竹节为饰，其与呈三竹节形的壶把取得谐调。传世的这类紫砂竹节式把壶

---

[2] 何传坤等：《嘉义县新港乡板头村遗址考古试掘报告》，页89。
[3] 何传坤等，同上注，页89。

数量不少，但其精细的年代不易订定。就此而言，一九八一年由著名海底寻宝者哈契尔（Michael Hatcher）打捞上岸的"盖尔德麻尔森号"（*Geldermalsen*）沉船遗物当中既见类似的紫砂壶（图1-3）[4]，值得予以参考。从荷兰东印度公司档案可知，"盖尔德麻尔森号"是于一七五一年十二月十八日自广州载运黄金和陶瓷等物资航向尼德兰，却不幸在十六天之后，即一七五二年一月三日，因误撞暗礁而失事沉没，故由哈契尔打捞出的总数达十五万件的沉船陶瓷之年代，不晚于一七五一年（乾隆十六年）。但应留意的是，从图片观察"盖尔德麻尔森号"竹节式把壶壶体略呈长方委边的椭圆形，而板头村遗址出土壶则近于圆形。两壶上述细部差异是否可视为同一时代并存的两种壶式，抑或时代因素所造成？目前不明。

板头村遗址另出土一件阴刻"孟臣"款的紫砂小壶。该壶壶盖保存良好，壶底残片刻记"亭月……人……孟臣"（图2-1）。《试掘报告》已经指出，所谓"孟臣"原是指明崇祯至康熙年间宜兴出生之紫砂壶制作名家惠孟臣。但惠孟臣所制紫砂壶真品传世极少，故板头村遗址"孟臣"款壶可能是十八世纪初期的仿品。[5] 关于这点，我们可经由哈契尔近年发现的"的惺号"（*Tek Sing*）沉船中的"孟臣"款紫砂壶（图2-2），[6] 得以把握板头村遗址同式壶的相对年代。依据英国东印度公司的文书，"的惺号"是于道光二年（1822）一月自中国厦门出港，原来拟航向荷兰在东方的据点巴达维亚（今雅加达），却于同年二月五日失事沉没在苏门答腊岛海域。此次打捞上岸的文物包括总数达三十余万件的中国陶瓷和一方"道光二年"纪年石墓碑。"的惺号"沉船一批"孟臣"款紫砂壶壶式颇为丰富，镌刻于壶底的诗句内容亦不一而足，但考虑到板头村出土壶无论是在造型、题诗落款位置，甚至于字迹等方面均酷似"的惺号"沉船作品（图2），故有理由认为两者的年代应较接近。换言之，板头村遗址"孟臣"款壶的年代约于道光二年（1822）前后不久。

二、青花瓷器

板头村遗址出土陶瓷以青花瓷数量居多，约三千件（片）。从《试掘报告》

4　Colin Sheaf & Richard Kiburn, *The Hatcher Porcelain Cargoes*, Phaidon. Christie's, 1988, p.150. pl.198.

5　何传坤等，同注（1），页36-37。

6　Nagel Auctions, *Tek Sing Treasures*, Germany, 2000, p.277. TS243.

所附《青花瓷器纹饰与器形一览表》可知，标本器形有各种尺寸的碗、盘、碟、杯和汤匙等；青花纹饰题材多样，除了山水、人物、龙、凤之外，另有多种植物花卉或吉祥文字等。其次，书写在作品外底的款识更是丰富，包括有"大明成化年制""大清嘉庆年制"等年款；"若深珍藏"私家款；由笔、灵芝和银锭图形所构成的寓意"必定如意"的吉祥花押；以及"兴记""和珍""美玉"等许多推测可能是窑场作坊铭记等款识。[7]

叶文程《福建陶瓷》一书认为，晋江流域安溪等地瓷窑多使用第二字为"珍"的作坊标记；德化窑则多以第二字为"兴"或"玉"的字铭以为作坊铭识，[8]《试掘报告》即是依据叶说而认为板头村遗址陶瓷款识既和晋江流域瓷窑商号铭相符，故遗址出土陶瓷当中，除了部分带有帝王年款者可能来自景德镇民窑，绝大部分应属晋江流域瓷窑作品。[9]不过，这样的归纳或推论方式虽亦有一定程度的可信度，却不宜一概而论。如广东地区清代民窑青花标本即有"顺兴""美玉""珍玉"等字铭，[10]因此，瓷窑产地的判断，恐怕还需结合作品的器形、纹饰和胎、釉等特征一并考察。就板头村遗址青花瓷的造型和纹饰而言，确有不少与近年公布的德化窑标本颇为类似，其至少包括圈点纹碗、鱼纹碗、灵芝纹碗和盘，以及花篮纹盘、鱼纹碟、冰梅纹碟或带"晨兴半炷香"题记的人物盘等作品，[11]据此可以检证《试掘报告》所主张遗址出土陶瓷有的即来自福建德化窑所生产的说法应该是正确的。

然而，窑址标本虽是判断其他遗址出土作品产地的重要依据，却无法提供有效的编年方案。尽管板头村遗址青花瓷有的书写有明代宣德或成化等年款，但由于明代中期以迄清末陶瓷均存在不少这类伪款仿古瓷，同时若结合《试掘报告》所临摹的年款书迹，我同意报告书所指出的其可能均属清代仿品。另一方面，板头村遗址部分标本所见款识铭记却也透露出若干与作品年代有关的讯息。比如说遗址所出数件绘饰有寓意"必定如意"的花押，以及一件在双方框正中书一"正"字，字四周分别绘涡纹、芒纹、扇贝纹余填横直线纹的款识，就常见于雍

7　何传坤等，同注（1），页77–82。

8　叶文程：《福建陶瓷》（福州：福建人民出版社，1993），页392。

9　何传坤等，同注（1），页35。

10　杨少祥：《广东青花瓷器初探》，收入 Ho Chui Mei edited, *Ancient Ceramic Kiln Technology in Asia*. Centre of Asian Studies University of Hong Kong, 1990, p.7.

11　陈建中：《德化民窑青花》（北京：文物出版社，1999），页29–58彩版。

正时期的青花瓷上。[12] 特别是后者青料发色佳，盘心凤纹和花卉卷草纹的构图布局方式与传世的雍正官窑青花瓷有共通之处，推测有可能是当时景德镇民窑仿官制品。此外，遗址所出底书"若深珍藏"青花标本也是康熙和光绪时期景德镇民窑常用的字铭，可惜《试掘报告》未揭示图版，故无法从作品的装饰风格或款识书迹等来判断其可能的所属年代。

应予留意的是，部分可判断其相对年代的国外考古遗址当中亦曾发现与板头村遗址出土陶瓷类似的标本，故可援用以资参考比较。如板头村遗址青花冰梅纹折沿碟造型（图3-1）就和日本大阪住友铜吹所遗迹出土作品相近（图3-3）。[13] 后者遗迹设施建于日宽永十三年（1636），毁于享保九年（1724）大火，故知其相对年代约于十七世纪后半至十八世纪初期。虽然，就目前的资料看来，所谓"冰梅纹"是清初特别是康熙年间流行的装饰图纹，但仍不宜贸然据此作为作品的定年依据。

板头村遗址所出于盘心绘提篮花纹的折沿盘（图4-1）之确切年代亦不易订定，不过东京江户遗迹曾出土被定年于十八世纪第四四半期和第十九世纪第一四半期的同式盘（图4-4、5），[14] 英商库柏（John B. R. Cooper）一八二六年定居加州蒙特利尔的旧居（Cooper-Molera Adobe）发现的青花盘之相对年代也在一八二五年（图4-6）[15]；结合前述道光二年（1822）"的惺号"沉船亦见同类遗物（图4-3），[16] 以及江西省发现的一件带"嘉庆丁丑"（1817）纪年铭文的作品（图4-2），[17] 可以推测板头村遗址青花花篮纹盘的年代约于十八世纪末至十九世纪前期。

板头村遗址的青花灵芝纹碗（图5-1）和盘（图6-1），不仅见于道光二年"的惺号"（图5-2, 6-3）[18]，或嘉庆二十二年（1817）原拟航向马德拉斯却失事沉没的英国商船"黛安娜号"（*Diana Cargo*）等沉船遗物（图6-4），[19] 也和中国出土

12　耿宝昌：《明清瓷器鉴定》（香港：紫禁城出版社、两木出版社，1993），页401。
13　松尾信裕：《大坂住友銅吹所跡》，《季刊考古学》75（2001），页79，图25。
14　堀内秀树：《江戸遺跡出土の清朝陶磁》，《贸易陶磁研究》19（1999），页8，图3之28。
15　Jean McClure Mudge, *Chinese Export Porcelain in North America*, Clarkson N. Potter, New York, 1986, p.186. pl.292.
16　Nagel Auctions，同注（6），页213。
17　余家栋：《江西陶瓷史》（开封：河南大学出版社，1997），图226。
18　Nagel Auctions，同注（6），页115。
19　*The Diana Cargo*. Christie's. Amsterdam, 1995, p.127.

的带"乾隆乙卯年"(1795)铭的作品相类似(图6-2)。[20] 此外，日本长崎万才町遗迹(SK30)和筑町遗迹也分别出土了同类灵芝纹碗(图5-5)[21]和盘(图6-6)。[22] 依据日方学者的编年，前者碗的年代约于一八一〇年至一八六〇年；后者盘的年代约在十八世纪中后期。虽然我无能力明确地判断上述各标本纹饰和器形上的细部异同到底是来自时代因素，抑或区域作坊风格，但参酌以上资料，可以推测板头村遗址青花灵芝纹碗和盘的年代可能是在乾隆到道光之间，即十八世纪中后期至十九世纪前期。

板头村遗址青花圈点纹碗也是日本遗迹常见的标本之一(图7-1)。以长崎市铜座町遗迹(图7-3、4)[23]和平良市住屋遗迹(图7-2)的标本为例，[24] 前者之相对年代在十七世纪后半至十八世纪，后者被定年于十八世纪。其次，道光二年"的惺号"沉船亦见类似遗物(图7-6)。[25] 相对于"的惺号"作品口沿下方圈纹之中无任何纹饰，前引日方遗迹所出该类青花碗圈纹当中则另饰车辐状交叉线纹，其纹饰特征要更接近于板头村遗址标本。此外，在板头村遗址范围曾发现数枚铸造于十八世纪的越南铜钱。[26] 无独有偶，越南惠安(Hoi An)旧市街地遗址也出土了推测属十八世纪的青花圈点纹碗(图7-5)。[27] 考虑到清代复数民窑均曾生产同类纹饰作品，其图纹亦往往承先启后，流行了一段时期而未有显著的变化，因此我保守地估计板头村青花圈点纹碗的相对年代约于十八世纪至十九世纪初期，而以十八世纪的可能性较大。

板头村遗址的青花花卉卷草纹汤匙(图8-1)，也酷似长崎市荣町遗迹

20　余家栋：同注(17)，图221。

21　宫崎贵夫：《長崎萬才町遺跡K13、30、177—清青花、色繪、西洋陶器、肥前》，《季刊考古学》75(2001)，页81，图1。

22　长崎市教育委员会：《築町遺跡—築町別館跡地開發に伴う埋藏文化財発掘調査報告書》(长崎市：长崎市教育委员会，1997)，页44，图32之38。

23　长崎市埋藏文化财调查协议会：《銅座町遺跡　十八銀行本地敷地埋藏文化財発掘調査報告書》(长崎市：长崎市埋藏文化财调查协议会，1993)，页30，图20之59、60。

24　大桥康二：《住屋遺跡出土の陶磁器》，收入平良市埋藏文化财：《住屋遺跡》I，平良市埋藏文化财调查报告书4(1999)，页100，图59之181。

25　Nagel Auctions，同注(6)，页226-231。

26　何传坤等：《嘉义县新港乡板头村遗址考古试掘报告》，页40。

27　平井圣：《ベトナム・ホイアン考古学調査報告書》昭和女子大学国际文化研究所纪要4(1997)，页139，图74之27。

（图8-5）[28]和筑町遗迹（图8-4）[29]所出标本。遗物编年显示前者标本年代约于十八世纪后半至十九世纪；后者标本年代是在十八世纪后半至十九世纪中期。由于道光二年（1822）"的惺号"沉船亦见大量同类青花汤匙（图8-2），[30]据此可判断板头村遗址标本年代也应在十八世纪后期至十九世纪前期。此外，"的惺号"沉船打捞出的青花松鹤纹盘（图9-3），[31]也和板头村遗址出土的作品颇为相近（图9-1），故后者之年代可能也约于十九世纪前期。

三、釉上彩瓷和单色釉瓷

板头村遗址出土的釉上彩绘瓷当中，计有十余件于器底以青花铭记"大清乾隆年制"或"乾隆年制"年款，而就报告书揭载有图版的作品而言，其器形似乎集中于敞口、浅腹的圈足碗（图10-1、2）。该类圈足碗足径约为口径的二分之一，口沿外卷略呈尖细唇口。应予留意的是，其造型特征和同遗址所出青花灵芝纹碗有共通之处（同图5-1）。如前所述，后者的相对年代约于十八世纪中后期至十九世纪前期，由于此一年代幅度较大跨越乾隆、嘉庆和道光三朝，因此我们无法据此判断板头村遗址的乾隆款釉上彩瓷是否确属乾隆时期制品，抑或嘉道年间的民窑伪款瓷。虽然日本平良市住屋遗迹曾出土推测属十八世纪之类似器形的釉上彩绘碗（图10-3）；[32]东京江户遗迹之相对年代约于十八世纪，底书"大清乾隆年制"的敞口、深腹釉上彩杯（图11-3），[33]其杯式除口沿边线相对较窄之外，余和板头村遗址黄釉轧地釉上彩杯略同（图11-1、2）。但目前还缺乏可对上述釉上彩作品进行精密定年的可靠资料。

与此相对地，板头村遗址出土的部分单色釉陶瓷的年代则较明确。如遗址所出绿釉残烛台，（图12-1）就和道光二年"的惺号"沉船作品完全一致（图12-2），[34]

28　长崎市埋藏文化财调查协议会：《荣町遗迹—ビル建设に伴う埋藏文化财発掘调查报告书》（长崎市：长崎市埋藏文化财调查协议会，1993），页58，图37之60。

29　长崎市教育委员会，同注（22），页45，图33之44。

30　Nagel Auctions，同注（6），页192-193。

31　Nagel Auctions，同注（6），页92。

32　大桥康二，同注（24），页138，图228。

33　堀内秀树，同注（14），页8，图3之31、32。

34　Nagel Auctions，同注（6），页290。

后者既可作为判断板头村烛台年代的可靠依据，也提供了标本的正确复原方案。其次，板头村遗址的短直口、耸肩，肩以下斜直内收成平底的褐釉瓮（图13-1），或一件柄端反折成挂钩的褐釉匙（图14-1），也都和"的惺号"沉船作品极为类似（图13-2，14-2），[35] 应属同一时期相近产区的产品。此外，板头村遗址所见一件造型呈唇口，口沿以下置喇叭式粗短颈的残陶瓮（图15-1），也和"的惺号"沉船上的陶瓷有共通之处（图15-2）。[36] 另外，由于板头村遗址有不少陶瓷标本与"的惺号"陶瓷颇为一致，故不排除前者遗址所出压印有诗词和作坊名称的陶火炉（图16-1）之原来器形，或即"的惺号"所见同类作品（图16-2）[37]。该类陶炉亦曾输往日本，成为日本江户、明治时期煎茶道的道具。[38]

综合以上叙述，我认为嘉义县新港乡板头村遗址出土陶瓷的年代跨度较大，既存在可能早自清初雍正时期的遗物，也包括晚迄清后期道光年间的作品。因此，《试掘报告》将遗址年代范围定在雍正八年至嘉庆二十五年（1730—1820），其年代的上下限虽说正巧吻合文献所载诸罗县笨港县丞署的设置年代，以及嘉庆年间北港溪水泛滥成灾的故实，然而和遗址出土陶瓷所显现的年代不符，故《试掘报告》的年代判断有修正的必要。换言之，板头村遗址虽于嘉庆年间遭受水害侵袭，但出土陶瓷表明了聚落并未因此而废弃，居民仍旧持续在此活动营生。

最后，我应说明，本文虽参考了部分已发现的可大致掌握其相对年代的陶瓷标本来订定板头村遗址同类标本的时代，但由于可资比对的纪年遗物不多，故目前难以从样式变迁的角度来明确地说明个别作品的年代上下限。因此，本文对于陶瓷标本的年代判断只具参考价值，而非确定无疑的论断。

（原载《台湾史研究》9卷2期，2002）

35　Nagel Auctions，同注（6），页347、361。
36　Nagel Auctions，同注（6），页353左下。
37　Nagel Auctions，同注（6），页313。
38　爱知县陶磁资料馆：《煎茶とやきもの—江户・明治の中国趣味》（爱知县：爱知县陶磁资料馆，2000），页16，图23。

对于嘉义县新港乡板头村遗址出土陶瓷年代的一点意见　　277

图 1-1　板头村遗址

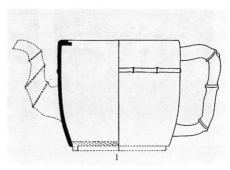

图 1-2　同左　线绘图

图 1-3　*Geldermalsen*　1752

图 2-1　板头村遗址

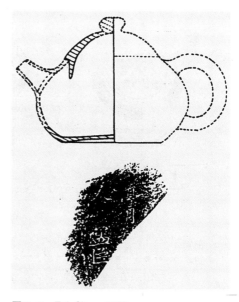

图 2-2　*Tek Sing*　1822

图 3-1　　　　　　　　　　　图 3-2

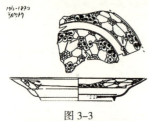

图 3-1　板头村遗址
图 3-2　福建德化窑址
图 3-3　日本大阪住友铜吹所遗址
　　　（约 17 世纪后半至 18 世纪
　　　初期）

图 3-3

图 4-1　　　　　　　图 4-2　　　　　　　图 4-3

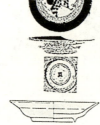

图 4-4　　　　　　　图 4-5　　　　　　　图 4-6

图 4-1　板头村遗址　　　　　　　图 4-4　日本东京江户遗址
图 4-2　江西省发现　　　　　　　　　　　约 1800～1825
　　　"嘉庆丁丑"铭　1817　　　图 4-5　日本东京江户遗址
图 4-3　Tek Sing　　　　　　　　　　　约 1775～1800
　　　1822　　　　　　　　　　图 4-6　美国 Cooper-Molera Adobe
　　　　　　　　　　　　　　　　　　　1825

对于嘉义县新港乡板头村遗址出土陶瓷年代的一点意见　　279

图 4-7　福建德化窑址

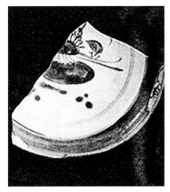

图 4-8　福建德化窑址

图 5-1

图 5-2

图 5-3

图 5-4

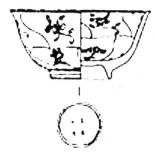

图 5-5

图 5-1　板头村遗址
图 5-2　*Tek Sing*
　　　　1822
图 5-3　日本江户遗址
　　　　约 1800~1825

图 5-4　日本长崎筑町遗址
　　　　约 18 世纪后期半至 19 世纪中期
图 5-5　日本长崎万才町遗址
　　　　约 1810~1860

图 5-6 日本长崎万才町遗址
约 1810～1860

图 5-7 日本江户遗址
约 1800～1825

图 5-8 日本江户遗址
约 1850～1875

图 6-1

图 6-2

图 6-3

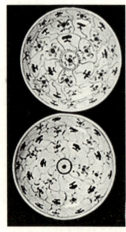
图 6-4

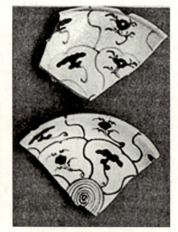
图 6-5

图 6-6

图 6-1 板头村遗址
图 6-2 江西省发现
"乾隆乙卯"铭 1795
图 6-3 Tek Sing 1822
图 6-4 Diana 1817
图 6-5 福建德化窑址
图 6-6 日本长崎筑町遗址,约 18 世纪中后期

对于嘉义县新港乡板头村遗址出土陶瓷年代的一点意见　281

图 7-1

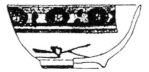
图 7-2

图 7-3

图 7-4

图 7-5

图 7-6

图 7-7

图 7-1　板头村遗址
图 7-2　日本平良市住屋遗址
　　　　约 18 世纪
图 7-3　日本长崎铜座町遗址
　　　　约 17 世纪后半至 18 世纪
图 7-4　日本长崎铜座町遗址
　　　　约 17 世纪后半至 18 世纪
图 7-5　越南 Hoi An 旧市街地遗址
　　　　约 18 世纪
图 7-6　*Tek Sing*
　　　　1822
图 7-7　福建德化窑址

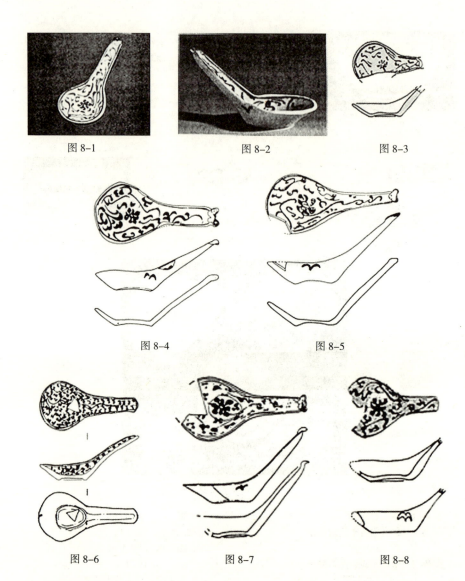

图 8-1　板头村遗址
图 8-2　*Tek Sing*
　　　　1822
图 8-3　日本江户遗址
　　　　约 1775～1800
图 8-4　日本长崎筑町遗址
　　　　约 18 世纪后半至 19 世纪中期
图 8-5　日本长崎荣町遗址
　　　　约 18 世纪后半至 19 世纪
图 8-6　日本江户遗址
　　　　约 1825～1850
图 8-7　日本江户遗址
　　　　约 1800～1825
图 8-8　日本江户遗址
　　　　约 1850～1875

对于嘉义县新港乡板头村遗址出土陶瓷年代的一点意见　283

图 9-1　板头村遗址

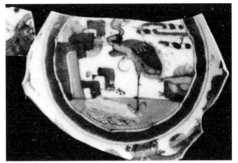

图 9-2　福建德化窑址

图 9-3　*Tek Sing*
　　　　1822

图 10-1　板头村遗址

图 10-2　板头村遗址

图 10-3　日本平良市住屋遗址　约十八世纪

284 贸易陶瓷与文化史

图 11-1 板头村遗址

图 11-2 板头村遗址

图 11-3 日本江户遗址
　　　 约 1775～1800

对于嘉义县新港乡板头村遗址出土陶瓷年代的一点意见　285

图 12-1　板头村遗址

图 12-2　*Tek Sing*　1822

图 13-1　板头村遗址

图 13-2　*Tek Sing*　1822

图 14-1　板头村遗址

图 14-2　*Tek Sing*　1822

286　贸易陶瓷与文化史

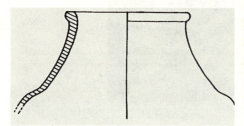

图 15-1　板头村遗址

图 15-2　*Tek Sing*　1822

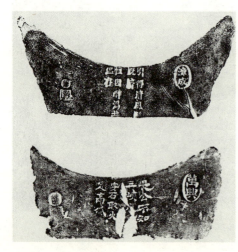

图 16-1　板头村遗址

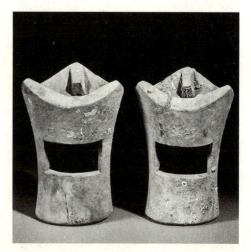

图 16-2　*Tek Sing*　1822

台湾海域发现的越窑系青瓷及相关问题

台湾海域发现来自浙江省的越窑系青瓷一事，可说已属旧闻。早在一九七〇年代，台湾古物市场就屡次出现传说是台湾海峡打捞上岸的唐宋时期越窑系青瓷；现归台湾大学艺术史研究所收藏的三十余件器形大体完整的越窑碗、盘等器皿，也是在一九八〇年代初期循古董贩子所提供的线索购自台湾西部嘉义东石、布袋一带的渔民。回想我当时访谈渔民所得到的粗略印象，陶瓷等海捞文物集中见于网虾业者，这可能和网虾下网较深一事有关，网获的地点大约是在东石外海与外伞顶洲之周边地区。东石沿岸有海防单位监控，所以我是在好几年之后才在张幸真（现为台湾大学物理系博士后研究）同学的安排下获得海防部队的通融，雇船赴外伞顶洲一窥究竟，但沙洲上除了少数几件近代青花瓷片之外，别无其他古瓷标本。

另一方面，台湾外岛澎湖也曾发现不少越窑系青瓷标本，其中又以陈信雄《越窑在澎湖——五代十国大量越窑精品的发现》一书所载录的标本最为人们所熟知，数量也最为庞大，据说有三千余件。[1] 虽然陈氏并未公布标本的具体采集地点，不过台大艺术史所收藏的另一批总数三十余件的越窑系青瓷残片，则是一九七〇至一九八〇年代陆续采集自澎湖中西村沿岸地表，部分标本得自中屯屿，后者有的夹杂于宋元时期瓷片堆积层中。

本文的目的，是拟针对台大艺术史所收藏的上述两群得自台湾海域且尚未正式对外公布的越窑系青瓷，做一分类介绍。其次，在分类的基础之上，随处检讨台湾海域越窑系标本的年代问题。

---

1 陈信雄：《越窑在澎湖——五代十国大量越窑精品的发现》（台南：文山书局，1994），页168。

一、台湾海域发现的越窑系青瓷

如前所述，台大艺术史所收藏的该类遗物计二群。其中台湾海峡打捞品器形大致完整，以碗类居多；另一群澎湖采集品虽也是以碗、盘类占多数，但均属残片。为了方便叙述以及编年上的需要，有必要先对两群标本进行分类。尽管当今学界充斥了仅仅依据自身的偏好或习惯性的观察重点的五花八门、令人眼花缭乱却乏实质意义的分类方案，我仍然深信合理的分类不仅可以概括、突显作品的特征，同时还能和学界以往的分类成果接轨，以便促进彼此的沟通并勉力将特定的器形分类予以补强或完善化。就此而言，分类方案本身即是学者心血的结晶，我虽极乐意援引前贤的分类成果，但因各地遗址出土标本不尽相同而难以生搬硬套。以下本文的分类即是考量台湾遗存标本的现存情况，着重参考森田勉的方案,[2] 而森田勉方案可说是在龟井明德的分类基础上的进一步完善,[3] 并由山本信夫做了必要的补充和修正。[4]

台大艺术史所收藏的台湾海峡打捞品计三十五件，器种分别是碗（三十二件）、洗（二件）和盘（一件）；澎湖采集标本总数近三十件，可确定属碗盘类的标本计二十四件，注子二件，其余或因残片器形或窑属特征不明显，在此只好割爱，不予讨论。姑且不论偶然的成分，台大艺术史所收藏的台湾海域发现的越窑系青瓷，显然以碗盘类占绝大多数，而从作品施釉和装烧方式看来，基本上可以区分为三类，即 I 类，除了圈足着地处之外，整体施釉；II 类，除了圈足着地处之外，器内底有呈环状排列的迭烧泥痕；III 类，整体施满釉，仅外底心有支烧泥痕。

2　横田贤次郎、森田勉：《大宰府出土の输入中国陶磁について—型式分类と编年を中心として》，《九州歷史資料館研究論集》4（1978），页 1-26；森田勉：《毛雕文样のある二、三の青磁について》，原刊于《古文化論叢》6（1979），页码不详，后收于中岛恒次郎、森田レィ子编：《大宰府陶磁器研究—森田勉氏追悼論文集》（福冈：森田勉氏遗稿集・追悼集刊行会，1995），页 101-108；森田勉：《北九州地方から出土する越州窑青磁の樣相》，《考古学ジャーナル》临时增刊号（1982），页 15-21。

3　龟井明德：《日本出土の越州窑陶磁器の諸問題》，《九州歷史資料館研究論集》1（1975），页 51-97，后收入于氏著：《日本贸易陶磁史の研究》（京都：同朋舍，1986），页 49-93。

4　山本信夫：《北宋期越州窑系青磁の檢討》，收于中岛恒次郎、森田レィ子编：《大宰府陶磁器研究》，页 181-197；山本信夫：《大宰府出土施釉陶器の编年について》，《国立歷史民俗博物館研究報告》82（1999），页 123-202。

（一）I 类

碗，四件（台湾海峡打捞二件，澎湖采集二件）。从圈足造型特征可予以中分类（1型），再依据口沿或器身的花口等装饰予以小分类（a、b式）。则四件足端之外余施满釉的I类碗，足端均较宽，介于璧形足与细圈足之间，即所谓的环形足（1型）。其中，澎湖采集品仅存器底残片，无法判明口沿和器身原貌，可暂列入a式，至于台湾海峡打捞品则于口沿切割成花式口（b式）。后者I_{1b}式碗碗外壁花口正下方另捺划竖棱，故内壁相对部位隆起凸棱。澎湖采集的二件I_{1a}式碗釉色偏黄；台湾海峡的二件I_{1b}式碗则施罩青绿色釉，胎土致密，呈青灰色调，经复原可知为五花式口，其中一件口径15厘米、底径6.8厘米、高6.2厘米（图1）。

参酌以往学者的分类方案，则本文的I_{1a}式、I_{1b}式碗相当于龟井明德A II$_1$、森田勉I_2、山本信夫I_2和土桥理子 I B1 等碗式。[5] 就可确定其相对年代的日本出土例而言，福冈县大宰府藏司遗迹标本属九世纪前半作品，[6] 但集中见于长冈京右京九条三坊南方 SK6901，[7] 大宰府右京五条四坊、[8] 大宰府学校院东边部等九世纪后半至十世纪遗迹。[9] 个别标本，如年代约于十一世纪的平安京左京四条三坊五町出土例，[10] 则可能为传世后所遗弃。

另一方面，尽管在口沿和器腹等细部特征彼此之间仍有差异，但和台湾海峡I_{1b}式碗器大致相近出土例亦见于中国考古遗址，如江苏镇江第二十号晚唐墓之外，[11] 洛阳后梁开平三年（909）高继蟾墓。[12] 上述中国出土例的相对年代和日本遗

---

[5] 龟井、森田、山本的分类请参见同注（2）-（4）引文。土桥理子的分类可参见土桥理子：《日本出土の古代中国陶磁》，收于橿原考古学研究所附属博物馆编：《贸易陶磁—奈良、平安の中国陶磁》（京都：临川书店，1993），页 211–249；土桥理子：《初期贸易陶磁器》，收于中世土器研究会编：《概说中世の土器、陶磁器》（京都：真阳社，1995），页 457–469。为免繁琐，以下除非必要，不再重复注明上述分类方案的文献出处。

[6] 九州历史资料馆：《大宰府史跡 昭和54年度発掘调查概报》（福冈：九州历史资料馆，1980），页52，图35之71。

[7] 大山崎町教育委员会：《大山崎町埋藏文化财调查报告集》4（京都：大山崎町教育委员会，1984）。此转引自橿原考古学研究所附属博物馆编：《贸易陶磁》，页247。

[8] 九州历史资料馆：《大宰府史跡 昭和60年度発掘调查概报》（福冈：九州历史资料馆，1986），页17。

[9] 九州历史资料馆：《大宰府史跡 昭和56年度発掘调查概报》（福冈：九州历史资料馆，1981），页72。

[10] 京都市埋藏文化财研究所：《京都市埋藏文化财调查概要（昭和57年度）》（京都：京都市埋藏文化财研究所，1984）。此转引自橿原考古学研究所附属博物馆编：《贸易陶磁》，页248。

[11] 刘建国：《江苏镇江唐墓》，《考古》2（1985），页134，图5之12、15。

[12] 朱亮等：《洛阳后梁高继蟾墓发掘简报》，《文物》8（1995），页54，图3之5。

迹所见大致相当，即约于九世纪后期至十世纪的晚唐、五代时期。

（二）Ⅱ类

碗，计一百三十九件。这类足端无釉，内部底留有迭烧泥痕的Ⅱ类碗，可以依据支烧痕迹进行中分类（1、2、3型），并依口沿特征归纳小分类（a、b式）。

Ⅱ$_1$式碗，计十八件（台湾海峡打捞两件，台大澎湖采集九件，陈氏澎湖采集七件）。该式碗底足亦呈环足，碗心泥点呈松子状，泥点个数不一。以两件台湾海峡打捞品为例，内底心泥点分别为十处和十二处。相对于足墙上方与外底接处角度和缓，外底心往往修整成平齐内凹的小镜面。碗壁造型不一，一件敞口弧腹，釉色青中偏黄褐，口径16.8厘米、底径8.3厘米、高5厘米（Ⅱ$_1$①式）（图2）；另一件深腹碗（Ⅱ$_1$②式），碗壁斜直，釉色灰绿，口径16.6厘米、底径8.3厘米、高7厘米。另外，近年台湾历史博物馆发掘澎湖中屯遗址（ATP1）出土的越窑系青瓷碗（编号 CUT-A10110p069）也属本文的Ⅱ$_1$式。[13]

类似的作品，分别见于龟井AⅢ、森田Ⅰ$_2$、山本Ⅰ$_{2a}$和土桥Ⅰ$_c$等各碗式。早在一九七〇年代森田勉已经指出，该式碗于日本国分寺遗迹虽是和八世纪后半的土师器共伴出土，但流行于十世纪。[14] 山本信夫在归纳诸多考古实例之后，也认为该式碗于日本始见于八世纪末期遗迹，流行于九世纪后半至十世纪中期。[15] 除了日本大宰府右京五条四坊、[16] 福冈县下山门等遗迹之外，[17] 中国亦见类似造型的青瓷碗式，如会同五年（942）耶律羽之墓[18] 和浙江临安板桥五代墓，[19] 可惜后两例发掘报告书未提及碗内底是否亦见支烧泥点。

墓葬之外，越窑上林湖窑址（Y51，EⅡ式碗）[20] 和寺龙口窑址（T4⑤a，B型Ⅲ

---

13 台湾历史博物馆历史考古组：《澎湖内垵中屯历史考古研究成果报告》（台北：历史博物馆，2003），页75；页147，图版106-108。
14 横田贤次郎、森田勉：《大宰府出土の输入中国陶磁について》，页23。
15 山本信夫：《北宋期越州窯系青磁の検討》，页192。
16 九州历史资料馆：《大宰府史迹 昭和60年度発掘調查概報》，页17。
17 福冈市教育委员会：《下山门遗迹》（福冈：福冈市教育委员会，福冈市埋藏文化财调查报告书第23集，1973）。此转引自橿原考古学研究所附属博物馆编：《贸易陶磁》，页59，图84。
18 内蒙古文物考古研究所（齐晓光等）：《辽耶律羽之墓发掘简报》，《文物》1（1996），页16，图55。
19 姚仲沅：《浙江临安板桥的五代墓》，《文物》8（1975），页71，图5。
20 慈溪市博物馆编：《上林湖越窑》（北京：科学出版社，2002），页37，图14之7。

式)[21]亦曾出土器形相近，且内外底均有支烧泥点的作品。依据报告书的分期，前者上林湖窑址标本属后段四期，年代在八世纪后半至九世纪中期；后者寺龙口窑址标本属该窑第二期，相当于五代吴越国早中期（907～960）。这样看来，日本和中国考古资料均表明，与本文 II_1 式碗器式相近的作品之年代，虽可上溯至八世纪后半，但较常见于九世纪至十世纪前半遗址。值得一提的是，波斯湾著名的对东方贸易港尸罗夫（Siraf）遗址亦见同类碗式，其内底心不仅有十处环形排列的松子状泥点，外底心亦旋修出小圆形镜面（图3）。[22] 由于是和长沙窑彩绘瓷共伴出土，可知其相对年代应在九世纪。关于这点，我们从尸罗夫遗址出土的上述四花口碗之四花装饰较流行于唐代，并曾见于上林湖四期（八世纪后半至九世纪中期）标本，[23] 亦可间接推测得知。另一方面，早在一九七〇年代，三上次男就表露出对于该类碗式的高度兴趣，并指出尸罗夫遗址出土品应属浙江婺州窑系东阳象塘窑所烧制。[24] 虽然象塘窑址出土青瓷碗内底亦见环形排列的松子状泥点，其碗式亦和尸罗夫遗址标本相近，[25] 但详情仍有待日后进一步的调查资料来解决。

II_2 式碗。由于分类不同，因此除了台湾海峡五件以及台大澎湖采集八件之外，陈信雄得自澎湖的五十三件"多条短线支烧痕的圈足碗"和四十一件"六段支烧痕的圈足碗"当中，有一部分作品是相当于本文的 II_2 式碗，但确实数目不明。

该式碗底足着地处无釉，足端呈环形，内底有圈形排列的迭烧泥痕，其与 II_1 式碗的区别所在是前者泥痕呈条状。以台湾海峡打捞上岸器形大体完整的作品为例，造型和尺寸各不相同，器壁有的斜直外敞（图4），也有的于口沿以下弧形内收，前者釉色青灰，口径17.5厘米、底径8.4厘米、高6.8厘米，后者釉带黄褐色调，露胎处呈灰白色，口径19.2厘米、底径8.7厘米、高8厘米。作品底足旋修规整，足墙上方与外底一交接处往往切削锐利，略呈直角。II_2 碗式约相当于龟井 AII_2、森田 I_2、土桥 I_{B2} 各式，龟井认为其年代约于十世纪中期，森田等的编年也显示其相对年代在九世纪后半至十世纪。除了福冈县大宰府或鸿胪馆等著名遗址之外，福冈市德永遗址更出土数十件完整器，报告者从共伴遗物推测，认

---

21 浙江省文物考古研究所等编：《寺龙口越窑址》（北京：文物出版社，2002），页63，图37之4。
22 David Whitehouse, "EXCAVATIONS AT SĪRĀF Fourth Interim Report," *IRAN* vol. IX (1971), pl. IXa.
23 慈溪市博物馆编：《上林湖越窑》，页104-105。
24 三上次男：《イラン発見の長沙銅官窯磁と越州窯青磁》，《東洋陶磁》4（1977），页18。
25 朱伯谦：《浙江东阳象塘窑址调查记》，《考古》4（1964），图版六之4、9。

为其年代约于九世纪中期至后半期。[26]

II_3式碗。除了台湾海峡十件，台大澎湖采集两件之外，陈氏澎湖采集的总计九十四件"多条短线支烧痕"和"六段支烧痕"圈足碗当中，有的亦属本文的II_3式碗。该式碗的环形足端无釉，内底心亦见间断式圈形排列的泥条支痕，其装烧特征和本文II_2式基本相似，不同的是II_3式碗碗心与碗壁接处设阴刻弦纹一周，碗心形成大镜面与碗壁明显区隔。该式碗的碗壁造型和尺寸不尽相同，但以敞口、弧腹造型居多，釉色青灰或泛黄褐，足端旋修不够规整，环足着地面宽窄不一。可确认的作品多于外底留下小脐眼。依据口沿和碗壁特征，又可细分为直口无装饰的II_{3a}式碗（图5）和口沿切割出五花口的II_{3b}式碗（图6）。III_{3a}式和II_{3b}式碗基本可涵盖龟井A–III、森田I_2以及土桥I_c式碗或I_2式盘。日本福冈县海的中道遗迹，[27] 多多良込田遗迹[28] 曾出土内底碗壁下方阴刻弦纹形成镜面的标本。越窑上林湖窑址亦见类似碗式，后者之相对年代约在八五〇至九〇〇年之间。[29]

（三）III类

整体施满釉、仅外底心有支烧泥痕的III类标本数量不少，可分为两群，一群是台大艺术史所的台湾海峡打捞品（十三件），另一群则是澎湖采集品（台大采集四件，陈氏采集2344件）。由于澎湖采集品数量大，种类丰富，所涉及的议题相对较多，故拟留待次章节再予以讨论，以下仅先就台湾海峡打捞品做一介绍。

碗，十件。满釉，仅外底心有造型不一的或呈条状或略呈松子状的支烧泥痕，可确认的作品之支烧泥痕均为四处。细高圈足，足墙上厚下窄，旋修规整，内底与器壁接处饰弦纹一周。直口，口沿尖薄，以下弧度内收，露胎处呈灰白色（图7）。类似的碗式大致相当于山本IIIA、土桥I_3皿以及越窑上林湖窑址报告书

---

[26] 福冈市教育委员会：《德永遗迹 国道202号线今宿バイパス関係埋蔵文化財調査報告II》（福冈：福冈市教育委员会，福冈市埋蔵文化財調査报告书第242集，1991），页111。

[27] 福冈市教育委员会：《福岡市海の中道遺跡》（福冈：福冈市教育委员会，福冈市埋蔵文化財調査报告书第87集，1982）。此转引自橿原考古学研究所附属博物馆编：《贸易陶磁》，页36，图51之29。

[28] 福冈市教育委员会：《福岡市多々良込田遺跡II 福岡市東区多の津所在遺跡群の調査》（福冈：福冈市教育委员会，福冈市埋蔵文化財調査报告书第53集，1980）；福冈市教育委员会：《福岡市多々良込田遺跡III 福岡市東区多の津所在遺跡群の調査》（福冈：福冈市教育委员会，福冈市埋蔵文化財調査报告书第121集，1985）。此转引自橿原考古学研究所附属博物馆编：《贸易陶磁》，页39，图54、6。

[29] 森达也：《越窑青瓷碗的两个体系—玉璧底碗和圈足碗》，《浙江省文物考古研究所学刊》5（2002），页144，表No.13。

所分类的Ⅰ式碗和Ⅲ式盏，后者上林湖标本的相对年代约在十世纪后半至十一世纪后半。[30] 由于与本文Ⅲ式碗圈足造型完全一致的作品当中，有的于圈足内阴刻"太平戊寅"（978）年款（图8），可知其相对年代也约于十世纪后半。其次，依据山本信夫的排序，其可能是从同氏所分类的碗Ⅰ$_{2b}$ア，即本文所分类的Ⅱ$_1$式碗逐渐发展而来的。[31]

盘，一件。薄胎，敞口，口沿以下弧度内收成平底，底部近器壁处旋修出凹面，形成低浅的卧足。内底与器壁接处阴刻弦纹一周，外壁口沿下方及近底处亦饰弦纹。剥釉严重，但仍可看出原施罩满釉，釉青中偏灰色调，足端内围有支烧泥痕，外底心釉下阴刻"吉"字（图9）。类似造型的越窑青瓷浅卧足盘曾见于浙江临安五代墓，[32] 越窑寺龙口窑址出土的相对年代在北宋早期（960～1022）的Ⅰ式碟，以及于盘底阴刻"太平戊寅"款的 AC 型Ⅰ式盘之造型特征（图10-1、10-2、10-3），[33] 基本上也和本文这件Ⅲ类盘一致。

洗，二件。可依纹饰的有无再区分为 a 型（素面）和 b 型（带纹饰）。Ⅲ$_a$式洗，薄胎，露胎处呈青灰色。直口外翻成折沿，口沿以下弧度内收，底置向外翻卷的细高圈足。从圈足造型特征结合偶可见到器足脱落的国外公私单位所藏类似作品，可知圈足与器身是分别制成后再接合而成，也因此足壁往往留下略显变形的按捺整修痕迹。满釉，釉色青绿，内底以弦纹做出镜面，外底有六处环形排列的泥条痕，底正中釉下阴刻"汝"字（图11）。类似造型的折沿洗见于龟井皿Ⅱ$_b$、森田Ⅲ类等十世纪中期标本，前引浙江临安五代墓[34]和越窑上林湖、[35] 寺龙口窑址[36]亦见类似标本（图12-1、12-2、12-3）。其中寺龙口窑址标本有的于外底阴刻"太平"字款，结合不少底刻"太平戊寅"款的圈足部位残件，其圈足造型因亦和本文Ⅲ$_a$式洗基本一致，可知"太平"款应是"太平戊寅"的省写。

30　慈溪市博物馆编：《上林湖越窑》，页100，图53之5，彩图13之6；页110。
31　山本信夫：《北宋期越州窑系青磁の检讨》，页184；页185，图2之1。
32　浙江省文物管理委员会：《杭州、临安五代墓中的天文图和秘色瓷》，《考古》3（1975），页191，图9之1。
33　浙江省文物考古研究所等编：《寺龙口越窑址》，页120，图71之2；页368，图180之4。
34　浙江省文物管理委员会：《杭州、临安五代墓中的天文图和秘色瓷》，页191，图9之2。
35　慈溪市博物馆编，同注（20），页75，图37之6。
36　浙江省文物考古研究所等编：《寺龙口越窑址》，页368，图180之2。

Ⅲ_b 式洗。带细线刻花装饰的Ⅲ_b 式洗，直口外翻成折沿，以下弧形内收，器底置外卷的圈足，从足墙上厚下窄的造型特征看来，整体应是以辘轳一次旋修而成。器外壁粗线阴刻仰莲瓣一周，内底细线阴刻花卉波涛纹。剥釉严重，但仍可看出原系满釉，外底有环形排列的支烧痕（图13，图14-1）。浙江鄞县窑址曾出土类似造型和划花装饰的作品（图14-2）；[37] 日本大宰府汤纳遗迹亦见类似的越窑系细线刻划花青瓷标本，依据共伴出土的土师器编年可知其年代不早于十世纪中期。[38] 另外，菲律宾浦端（Butuan）出土的类似作品亦被视为十世纪后遗物（图14-3），[39] 山本信夫在考案诸多出土实例后，认为该类作品的相对年代约在五代至北宋初。[40]

（四）Ⅳ类

碗，一件（台湾海峡打捞品）（图15）。饼形实足，外底心内凹，足壁略向外敞，器胎筛洗不纯，灰色胎中夹有明显的黑色杂质，器身施抹化妆土，施釉不到底，内底心有呈环形排列的支烧垫痕。这类成形整修粗糙、釉质较差的作品于日本九州鸿胪馆遗迹等大宰府辖内出土不少，相当于过去龟井明德、森田勉等人所分类的Ⅱ类，即所谓的越窑粗制品。不过，相对于越窑目前并未出土类似青瓷，近年田中克子等人则于邻省福建福州怀安窑址发现了同类标本，证实了此类粗制青瓷应是福州怀安窑所生产。其相对年代约在唐至五代时期（图16）。[41] 另外，近年的调查结果也表明怀安窑系青瓷标本不仅于福州市内遗迹经常可见，其于泰国（Ko Kho Khao）、婆罗洲（Trusan Kupang）、印尼（Karawang）或越南等地亦曾出土。[42]

---

[37] 浙江省文物管理委员会（朱伯谦等）:《浙江鄞县古瓷窑址调查纪要》,《考古》4（1964），页185，图5之1（Ⅰ式钵）；李辉柄:《调查浙江鄞县窑址的收获》,《文物》5（1973），页33，图7之1（ⅩⅦ式碗）。

[38] 森田勉:《毛雕文樣のある二、三の青磁について》, 页103，图2；页106，注7。

[39] Wilfredo P. Ronquillo and Rita C. Tan, Yue, "Yue—Type Wares And Other Archaeological Finds In Butuan, Philippine", in Chuimei Ho ed., *New Light On Chinese Yue and Longquan Ware* (Hong Kong: Centre of Asian Studies, The University of Hong Kong, 1994), p. 263, pl. 2-c.

[40] 山本信夫:《東南アジアの9-11世紀貿易陶磁器》,《貿易陶磁研究》11（1991），页5，图3之11。该图为森田勉实测，见中岛恒次郎、森田レイ子编:《大宰府陶器研究》, 页173。

[41] 郑国珍、栗建安、田中克子:《福州怀安窑贸易陶磁研究》,《博多研究会志》7（1999），页137-196，中文另见《福建文博》2（1999），页11-54。

[42] 山本信夫:《日本、東南アジア海域における9-10世紀の貿易とイスラム陶器》,《国立歴史民俗博物館研究報告》94（2002），页118。

二、考古所见越窑细线划花装饰
——兼谈澎湖采集细线划花标本的定年问题

如前所述，台大自澎湖采集得到的Ⅲ类标本，即整体施满釉，仅外底留有支烧泥痕的碗盘类残片计四件，且均属无纹饰的 a 型。另一方面，依据《越窑在澎湖》一书的文字叙述，结合图版所示标本的外观特征，初步统计可归入本文Ⅲ类的碗盘类标本至少有二千三百四十四件。其中，符合本文Ⅲ类 b 型，即带刻划花纹饰的标本有四百余件，若再结合壶、罐等其他器式，则陈氏独力采集自澎湖的总计三千一百五十三件标本中，有六百七十五件可归入带有纹饰的Ⅲ$_b$式。以装饰技法而言，绝大多数属于所谓的细线划花。历来对于越窑青瓷的细线划花之年代，见解分歧，有唐至五代说、[43] 五代说、[44] 五代至北宋说[45] 和北宋说[46] 等几种不同的看法。从研究史来看，主张越窑细线划花属唐或五代时期作品的说法，集中于一九八〇年代以前，一九八〇年代以后则以五代至北宋说，特别是北宋说较为普遍。由于细线刻划花装饰的年代既和如何评估五代或北宋越窑一事息息相关，也直接影响到台澎海域所见类似作品的断代问题。因此，我想应有必要从研究史的角度结合新近的考古发掘成果，对此议题做些说明。

（一）辽代墓葬出土越窑细线划花青瓷的省思

作为中国南北方交流的例证，辽墓出土的越窑青瓷很早就为学界所留意，如近年于内蒙古阿鲁科尔沁旗发现的会同五年（942）耶律羽之墓出土的越窑青瓷，就是学界耳熟能详的考古实例。[47] 但是，相对于上引纪年墓出土的素面青瓷，装饰细线划花与本文论旨密切相关的非纪年佚名墓葬出土品，就未必会得到足够的重视。

早在一九五〇年代，发掘辽宁义县清河门四号墓（嵩德宫铜铫墓）时，曾见到报告者推测是"汝窑青瓷"的细线刻划花碟。[48] 作品满釉，圈足壁薄略往

43　长谷部乐尔：《十世紀の中國陶磁》，《東京国立博物館研究紀要》3（1967），页37，图版3。
44　陈万里：《越器图录》（上海：中华书局，1937），页34-36。
45　冯先铭：《三十年来我国陶瓷考古的收获》，《故宫博物院刊》1（1981），页6。
46　朱伯谦：《越窯》（京都：上海人民美术出版社＋中乃美，中国陶瓷全集4，1981），页178。
47　内蒙古文物考古研究所（齐晓光等），同注（18），页25，图53、54。
48　李文信：《义县清河门辽墓发掘报告》，《考古学报》8（1954），页194，图24之3。

外卷,足内部有五处长条形垫烧痕,碟面刻划和澎湖采集品极为类似的龟荷纹(图17-1)。这件并未引起学界注意的作品,无论在造型、装烧技法、刻划花风格或纹饰母题等各个方面,均与越窑窑址所出标本一致,所以我认为其无疑是来自南方越窑的制品。报告者李文信曾就义县清河门墓群之一号墓萧相公墓志所载:"次曰慎微,崇德宫副部署"志文,结合该墓墓主萧相公卒葬于辽重熙十三年(1044),推定伴出之带崇德宫铭文的四号墓年代应约在十一世纪。[49] 值得一提的是,出土有越窑龟荷纹碟的四号墓另伴出辽窑白瓷长颈瓶,而著名的内蒙古辽开泰七年(1018)陈国公主暨驸马墓也出土了造型特征完全一致的同类长瓶,[50] 故可说明义县清河门四号墓之相对年代确是在十一世纪前期。

众所皆知,陈国公主墓也出土了越窑青瓷,除了一件底刻"官"款的缠枝花卉盘之外,亦见盘心饰对蝶纹的六花口盘(图18-6)。[51] 虽然前述推测年代约在十一世纪前期的义县清河门四号墓或陈国公主墓的越窑青瓷均采类似的细线刻划花技法进行装饰,然而这是否意味着两墓所出越窑划花青瓷烧造于十一世纪前期?

就目前的资料看来,越窑细线划花龟荷纹于浙江余姚上林湖黄鳝山、[52] 绍兴上灶官山等越窑系窑址中都曾发现(图17-2、17-3)。[53] 尽管从以往窑址调查报告书来看,装饰着包括龟荷纹在内的细线划花青瓷标本,均未带纪年款识,然而冯先铭曾提到上林湖窑址曾采集到一件底部刻"太平戊寅"纪年铭的龟荷纹盘。[54] 一九八一年于香港举办的"中国古代窑址展"当中确实有一件上林湖窑址采集得到的外底阴刻"太平戊寅"〔太平兴国三年(978)〕、内底心细线阴刻龟荷纹的标本,[55] 由此可知越窑细线刻划花纹饰于北宋初期,即十世纪七十年代已经出现,可惜带"太平戊寅"款龟荷纹饰标本只刊载外底图版,故目前还难就其纹饰特征和

49　同注(48),页201-202。另外,近年今野村树亦从墓室结构等着手将四号墓的年代定于所谓的Ⅲ期,即10世纪末至11世纪前半。参见今野村树:《辽代契丹墓の研究—分布、立地、構造について》,《考古学雑誌》87:3(2003),页21、23。

50　内蒙古自治区文物考古研究所等:《辽陈国公主墓》(北京:文物出版社,1993),页53,图32之1。

51　同上注,页56,图33之1、2。

52　金祖明:《浙江余姚青瓷窑址调查报告》,《考古学报》3(1959),页115,图6之3。

53　绍兴市文管会:《绍兴上灶官山越窑调查》,《文物》1981年10期,页44,图4之4。

54　冯先铭:《三十年来我国陶瓷考古的收获》,页6。

55　P. Hughes-Stanton and Rose Kerr, *Kiln Sites of Ancient China* (Hong Kong: Oriental Ceramic Society, 1981), p. 13; p. 122, fig. 63.

辽墓所出同类作品进行细致的比较。

另一方面，近年来的考古资料却也显示于器内底阴刻对蝶纹的越窑青瓷标本中，有的还于外底刻记"太平戊寅"年款（图18-2）。[56] 从已公布的图版和线绘图看来，其和陈国公主墓的对蝶纹大同小异，由于对蝶纹饰又见于越窑上林湖、白洋湖、古银锭湖、寺龙口等窑址标本（图18-1），[57] 甚至于同一窑区出土的对蝶纹样亦不尽相同。因此，我个人实在无法参透陈国公主墓和"太平戊寅"刻铭标本所见大同小异对蝶纹饰所透露出的玄机。换言之，义县清河门四号墓和辽开泰七年（1018）陈国公主墓所见繁密的细线划花越窑青瓷若非传世品，则应是越窑细线划花技法和相同的装饰母题几乎一成不变地延续了约四十年。

内蒙古哲里木盟（今通辽市，下同）奈林稿木头营子一号壁画墓出土的越窑青瓷也是一些未引起注意但值得探究的作品，器形包括青瓷花口碗、折沿盆和内底饰绶带四花纹的小碗。[58] 虽然发掘报告中只约略提到木头营子一号壁画墓的年代早于吉林哲里木盟一号辽大康六年（1080）墓，[59] 但我们仍可依据同墓出土的越窑青瓷花口碗和折沿盆既和洛阳后梁开平三年（909）高继蟾墓，[60] 或浙江临安后晋天福四年（939）吴越国恭穆皇后康陵[61] 所出越窑同类作品造型基本一致，得知其相对年代约于十世纪前期。其次，由于木头营子一号壁画伴出的青瓷碗碗心所饰细线划花绶带四花纹（图19-1），又和浙江东阳南市塔出土的青瓷盘内底装饰有共通之处（图19-2），而后者南市塔建于北宋建隆二年（961），[62] 故可推测奈林稿木头营子一号墓有较大可能为十世纪前中期墓葬。

---

56 慈溪市博物馆编：《上林湖越窑》，页140，图69之3、彩图15之1。
57 同上注，页70，图34之11；页73，图35之1；页140，图68之4等。浙江省文物考古研究所等编：《寺龙口越窑址》，页84，图51。
58 郑隆：《内蒙古哲里木盟奈林稿辽代壁画墓》，《考古学集刊》1（1981），页235，图7之4、5、7。另外，学界对于奈林稿木头营子一号墓的年代，意见并不一致，如彭柯就将该墓出土的皮囊式壶列入辽代晚期前段，即兴宗（1031～1055）间的作品；彭柯：《蒙东、辽西地区辽墓分期与分区探讨》，收于陈克伦编：《文博研究论集》（上海：上海古籍出版社，1992），页273。董新林也是从该墓伴出的皮囊式壶入手，认为墓葬年代应在圣宗、兴宗阶段（982～1055年）；董新林：《辽代墓葬形制与分期略论》，《考古》8（2004），页67。杨晶则将该墓皮囊式壶的年代定于辽代穆宗（951～969）至景宗（969～982）之间；杨晶：《略论鸡冠壶》，《考古》7（1995），页637。我认为该墓所出横梁式皮囊壶属辽代早期的器式，详见谢明良：《记皮囊式壶》，《故宫文物月刊》205（2000），页48。
59 陈相伟等：《吉林哲里木盟库伦旗一号辽墓发掘简报》，《文物》8（1973），页13。
60 朱亮等：《洛阳后梁高继蟾墓发掘简报》，页54，图3之5、11，彩图2。
61 张玉兰：《浙江临安五代吴越国康陵发掘简报》，《文物》2（2000），封里图1；页22，图34。
62 贡昌：《浙江东阳南市塔出土青瓷》，《考古》1（1985），页96，图1之5。

值得留意的是，北京辽韩佚夫妇墓［韩佚，统合十五年（997）葬；妻王氏，统合二十九年（1011）合葬］也出土了一件碗心饰绶带四花纹的越窑青瓷碗（图19-4）。[63] 而类似母题于越窑寺龙口窑址第二和第三号探沟第三层标本亦可见到（图19-5、19-6），后者依据层位等资料判断其年代约于北宋神宗元丰年至钦宗时期（1078～1127）。[64] 在此我想强调的是，尽管上述诸例母题类似，然而相对于十世纪前中期奈林稿木头营子一号墓作品所见规整而具象的图纹，十一世纪后半至十二世纪前半期越窑址标本，已经简化成复线四瓣花图纹，原本夹缠于绶带间的四朵花也简约成寓意不明的锯齿状物，而年代在十世纪末或十一世纪初的韩佚夫妇墓所见绶带四花纹之造型则正好介于两者之间。这也就是说，韩佚夫妇墓绶带上的花朵虽已不若奈林稿木头营子一号墓般具象写实，却仍旧可识别出原型，并未失真，但原本应呈绞索状交互缠绕成四瓣花形的绶带，于韩佚夫妇墓则简化成单调的双钩四花形边廓。如果我的这一观察无误，就可以从样式变迁的观点来说明越窑细线划花纹不仅延续存在至十世纪末或十一世纪初期，并且顽强地保留了十世纪中期的装饰风格，未有太大的改变。就此而言，前述相对年代在十一世纪前期的义县清河门四号墓和陈国公主墓所见越窑青瓷，会不会也因相同的理由致使我们无法和十世纪中期的作品进行明显的样式区隔？换言之，两墓所出作品有可能并非一度传世而后入圹的古董，至少我个人很难想象两墓竟会不约而同地在相近时段以越窑的传世古物来陪葬。关于这点，河南巩县北宋咸平三年（1000）太宗元德李后陵所伴出的同样刻饰有细线图纹的越窑青瓷（图20-1），[65] 也可作为此时越窑细线划花纹的参考例证。

（二）对于几件带纪年铭文越窑青瓷的检讨

在讨论越窑细线划花作品的年代问题时，不得不留意到还有一些在一九五〇年代常为学者提及，而后几近销声匿迹的器底刻有十世纪中期干支纪年款的作品。特别是由 Max Loehr 披露的几件具细密划花且带有太平兴国年间纪年铭款的越窑作品，铭款均镌刻于器底，其包括"太平丁丑"（977）铭盖盒（图21-1、21-2）以

63　黄秀纯等：《辽韩佚墓发掘报告》，《考古学报》3（1984），页366，图6之1、6。
64　浙江省文物考古研究所等编：《寺龙口越窑址》，页173，图96之2；页179，图100之7；页351。
65　孙新民：《宋太宗元德李后陵发掘报告》，《华夏考古》3（1988），页38，图16之1。

及"太平戊寅"（978）铭水盂（图22）。[66] 此外，就我所知，牛津大学亚述摩博物馆（Ashmolean）收藏有"太平己卯"（979）铭碗，[67] 上海博物馆[68] 和日本逸翁美术馆[69] 亦各典藏一件"太平戊寅"（978）铭盖盒（图23-1、23-2）。上述几件作品的刻铭有一共通的特色，即字体较方，笔画工整，刻痕锐利，同时器底支烧痕多呈泥团或花生状，各支烧点不相接续，但间隔有序地分布排列于器底周围，泥团质地较坚硬，脱落后支烧痕迹有的深入胎骨，而这些都和考古资料所见可靠的唐宋时期越窑青瓷标本的支烧方式有很大的不同。以近年来最为重要的两处越窑窑址发掘资料为例，著名的上林湖窑址所见装饰对蝶、龟荷等细线划花的标本，器底均以垫圈支撑再置于匣钵内烧造，器底和垫圈则以长条形泥条间隔；[70] 而寺龙口窑址北宋早期标本也是以垫圈支撑外底，垫圈与器之间亦以泥条间隔。[71] 结合传世的大量遗物，可以认为类似的装烧方式和泥条造型是五代北宋时期即本文的Ⅲ类标本的共通特征。不仅如此，用以间隔的泥条也极少例外的是采用含硅砂的白细泥，用指甲可以刮落，细泥外观多呈细长条形，有时呈长团形，但无论如何均是以头尾相接即与圈足平行的形式环绕器底，绝未见到呈泥团或花生造型且以身相接即头尾与圈足垂直的例子。就是这个缘故，一九九〇年代，冯先铭在台北的一次演讲中也针对前引 Max Loehr 公之于世现藏波士顿美术馆的水盂提出质疑。他认为该件水盂底部以泥坨支烧的方式与越窑条状的支具痕不同，若结合其胎釉特征，无疑是民国初年的仿制品，[72]

---

66 Max Loehr, Dated Pieces of Yüeh Ware, *Far Eastern Ceramic Bulletin*, vol. Ⅱ no.6, 1950, p.243, pl. x. fig1-4.另外，"太平戊寅"款水盂的清楚图版可参见座右宝刊行会编：《世界陶磁全集》12·宋（东京：小学馆，1977），页198，图175、176；"太平丁丑"盖盒，一度归 Eugene Bernat 夫妇收藏，参见：*Important Chinese Ceramic and Works of Art, The Collection of Mr. and Mrs. Eugene Bernat*, Sotheby Parke Bernet, New York, 1980, fig. 39.

67 笔者实见。感谢台北故宫博物院施静菲女士和 Ashmolean 博物馆的 S. J. Vainker 女士带领我进入库房特别参观。

68 汪庆正等编：《中国·美の名宝》（东京：日本放送协会，1991），页99，图107；盖盒侧面图见汪庆正主编：《越窑·秘色瓷》（上海：上海古籍出版社，1996），图55。

69 逸翁美术馆：《ゆたかな日々の彩り 中国陶磁》（大阪：读卖新闻大阪本社，1992），页28，图40。

70 慈溪市博物馆编：《上林湖越窑》，页102-108。

71 浙江省文物考古研究所等编：《寺龙口越窑址》，页353-361。

72 我亲耳听闻此次演讲的大概内容后来以"仿古瓷出现的历史条件与种类"为题，刊载于《中华文物学会年刊》[冯先铭：《仿古瓷出现的历史条件与种类》，《中华文物学会年刊》（1992），页31]，又收于冯先铭：《古陶瓷鉴真》（北京：北京燕山出版社，1996），页23。另一方面，截至近年仍有人未加质疑地全面采信波士顿美术馆和上海博物馆的上述带"太平戊寅"款作品，如陈克伦就据此作为越窑编年的依据。见陈克伦：《宋代越窑编年的考古学考察——兼论寺龙口窑址的分期问题》，《上海博物馆集刊》9（2002），页235。

我完全同意这个看法。

另外,尽管上海博物馆的陶瓷鉴识名家辈出,我仍想指出该馆所典藏的底刻"太平戊寅"年款盖盒盒面所装饰的细线划花双鹤纹,虽亦实行常见于越窑青瓷上的"一整二破"布局,然而制造者似乎对此构图不甚熟稔,以至于笔势既显犹豫,双鹤嘴颈部位理应营造出的中心圆亦嫌勉强,甚至略去当中一只鹤鸟的双足,而这样的情况也是北宋越窑青瓷所未曾见到的。因此,从我目前主观的认知来看,以上几件在铭文字体、装烧方式等均迥异于考古发掘标本的传世作品,有较大可能均属近代仿品,而从上述几件盖盒刻铭字体看来,甚至不排除可能是出自同一作坊的仿制品。

(三)澎湖采集越窑系细线划花标本的年代问题

澎湖所见越窑系细线划花标本(III$_b$式)主要见于陈信雄《越窑在澎湖》专书。依据该书的记述,采集的三千余件越窑青瓷标本当中,计有六百七十五件带有纹饰,参酌同书"澎湖越窑纹饰统计表",可知纹饰内容包括同氏所称的"龙纹"(五件)(图20-5)、"波涛纹"(六件)、"鸟纹"(一百五十五件)、"花卉纹饰"(六十四件)、"双蝶纹"(六十九件)(图18-3)、"龟荷纹"(九十六件)(图17-4)、"缠枝四荷纹"(四十二件)(图19-3)、"莲瓣纹"(一百一十四件)(图24-4),以及见于壶身、壶嘴等部位的花卉等纹饰。[73]在进入正式讨论之前,我想指出陈信雄在为澎湖采集越窑标本定年时,也提及前述北京韩佚夫妇墓(995~1010)和陈国公主暨驸马墓(1018)两座纪年墓出土的细线划花越窑青瓷,却在未经任何考证或说明的情况之下,即先判断两墓所出越窑青瓷"并非制作之年",[74]并以此为前提,依据"三项证据,可以进而推论澎湖越瓷之可能年代"。[75]

以下,我想先引述陈氏据以定年的"三项证据",而后依序逐一检证。陈氏的三项证据分别是:(1)河北静志寺塔基出土的内底刻划双蝶纹,外底露胎

---

[73] 陈信雄:《越窑在澎湖》,页169。但是该重要发现也有一些让人感到困惑不解之处。比如说,自该书出版以迄今日的十年间,陈氏为报纸、期刊、专书甚至研讨会等各种场合,屡次发表与此一发现相关的议论,但是其所呈现引用的图片,都只是重复同氏早已发表过的少数几件标本。另外,对于采集地点秘而不宣,不符学术惯例。

[74] 同上注,页127。

[75] 同上注,页127。

处墨书"太平兴国二年"(977)纪年铭文的定窑白瓷盘(图18-5);[76](2)越窑上林湖窑址采集得到的刻饰龟荷纹样,且带有"太平戊寅"[太平兴国三年(978)]年款的标本;(3)美国波士顿美术馆(Museum of Fine Arts, Boston)曾展出之外底镌刻"太平丁丑"[太平兴国二年(977)],器表装饰繁密细线划花纹饰的青瓷盖盒(同图21)。陈氏认为:既然静志寺塔基已出现烧造于太平兴国二年的划花双蝶纹定窑白瓷,那么越窑青瓷同类母题装饰之年代就不晚于这一时期,因为前者是受到后者的影响。[77]其次,"太平戊寅"款作品既见龟荷纹饰,"太平丁丑"款盖盒亦见类似划花技法装饰,故包括澎湖标本在内的越窑之繁密细线划花技法应早在太平兴国二年(977)业已出现或流行。不仅如此,同氏进而结合澎湖所见二百余件越窑标本器底均镌刻"丁"字一事,主张"丁"即"丁丑"年之简易书写方式。[78]换言之,其于澎湖采集得到三千余片越窑青瓷标本的绝对年代是在太平丁丑年[太平兴国二年(977)],即吴越忠懿王钱俶进献其领地降宋的前一年。[79]

然而,我想说明的是:(1)认为河北静志寺塔基出土,带北宋太平兴国二年(977)墨书纪年之定窑白瓷双蝶纹划花装饰是受到越窑同类技法的影响,其实是冯先铭早在一九七〇年代初期就已提出的看法。[80]但问题是,这类呈头部相向展翅的所谓对蝶纹,至迟在唐代元和七年(812)惠昭太子陵出土的石盖盒之盒面上已可见到(图25),[81]看来定窑和越窑的对蝶纹饰显然均是承袭自唐代工艺品,特别可能是金银器上的图纹。因此冯氏所谓定窑划花受到越窑影响的说法,有修正的必要;(2)带"太平戊寅"年款且装饰龟荷纹细线划花的标本,

---

76 定县博物馆:《河北定县发现两座宋体塔基》,《文物》8(1972),图版七之3。清楚图版可参见冯先铭:《定窑》(京都:上海人民美术出版社+美乃美,1981,《中国陶瓷全集》9),图49。

77 陈信雄:《越窑在澎湖》,页129。

78 同上注,页131。

79 同上注,页165。

80 冯先铭:《我国陶瓷发展中的几个问题—从中国出土文物展览陶瓷展品谈起》,《文物》7(1973),页25。另外,冯氏的此一看法于近年又为江松氏所继承和发扬,参见江松:《再论越窑对定窑的影响》,《上海博物馆集刊》8(2000),页302-317。江文同时认为陈国公主墓出土的越窑对蝶纹盘"应为五代末至宋初物",但未提示任何证据,页303。附带一提,江文对于作品的窑口判断并不正确,如错误地将龙泉窑和耀州窑制品视为越窑青瓷,应予修正。

81 陕西省考古研究所等编:《唐惠昭太子陵发掘报告》(西安:三秦出版社,1992),页5,图4。另外,关于对蝶纹在工艺品上的表现情况,可参见谢明良:《略谈对蝶纹》,《故宫文物月刊》22:8(2004),页24-39。

至多只能说明该类纹样年代可上溯太平戊寅年（978年），却不能据此推演其他同类纹样标本的年代上下限。这也就是说，在未能依据风格变迁而拟定出作品的上下限之前，个别纪年作品很难作为订定类似纹样标本精密年代时的绝对依据；(3)陈氏所引"太平丁丑"纪年盖盒即前述（同图21）Max Loehr 公之于世的那件本文认为的近代赝品，因此在未能明确交代作品所见种种疑点之前，不足为据，更不宜将之作为澎湖三千余件越窑烧制于太平丁丑（977年），即吴越亡国之前一年的关键证据。

三、有关北宋越窑和"永"款越器的几个问题

从作品的外观特征参酌可判明相对年代遗址出土的类似标本，同时结合以往学者的研究成果，可以将台湾海域发现的越窑系青瓷区分为Ⅰ、Ⅱ、Ⅲ三类。Ⅰ类和Ⅱ类标本较常见于国外九至十世纪遗址，Ⅲ类则集中见于十世纪中期遗迹或墓葬。

由于装烧技法的改变往往促使作品外观发生变化，而陶工为追求作品的某种造型或装饰效果，同样也会勉力考案窑具等装烧道具并予以改进，而此一相辅相成，彼此不断要求、相互改进的进程有时也成了时代的烙印，具有编年、分期时的参考价值。因此，以下我想参考近年越窑寺龙口窑址的发掘成果及其颇得要领的简要归纳，[82]对台湾海域越窑系青瓷的装烧工艺和造型以及年代关系做些必要的说明。即足端以外施满釉的Ⅰ类，釉色精纯，应是于匣钵内单件烧成，但因作品与匣钵之间的间隔用泥条系置于圈足上，故圈足着地处较宽，呈环形足。其次，足端之外内底亦见迭烧泥痕的Ⅱ类标本，姑不论其是否使用匣钵或只是置于支具上明火裸烧？其均是以多件摞叠的方式烧成，底亦置环形足。至于整体施满釉，仅外底心留有支烧泥痕的Ⅲ类标本也是置于匣钵内烧成。但因是以垫圈支撑器物外底，故作品底部相对加厚，同时又由于作品底足于烧造时不必承担整器的重量，故器物的足端变窄，甚至以黏结的方式加装足墙细窄且向外撇的高圈足，使得圈足外观更具金银器的造型特征。当然，本文和寺龙口越窑报告书所采行的分

---

[82] 浙江省文物考古研究所等编：《寺龙口越窑址》，页353-361。但应指出的是，窑址报告书同样也是在未加说明的情况下，就全面采信陈国公主等辽代纪年墓出土越窑划花青瓷之年代相当于墓主的卒葬年，并以此作为窑址标本分期的参考。

类并不相同，但若仅就装烧技法而言，本文的Ⅰ和Ⅱ类大致相当于寺龙口窑的唐和五代期，Ⅲ类则相当于该窑北宋早期以迄南宋期。此一年代观也和本文对于三类作品的年代比定有相符之处。无论如何，Ⅰ类和Ⅱ类标本可说是相近时代并存的两类档次不同的陶瓷器，年代最晚的Ⅲ类则是于Ⅰ类的基础之上进一步提升、精炼而成的。

这样看来，台湾海域发现的越窑系青瓷显然存在有以匣钵单件装烧的高档品和采多件摞叠支烧的次级品等两种档次不同的制品。不仅如此，其年代跨幅也不小，既见九至十世纪前期晚唐五代标本，也包括十世纪中期前后五代时期，甚至晚迄十世纪后期至十一世纪初的北宋早期作品在内，后者均见于陈信雄澎湖采集品，属于本文的Ⅲ$_b$式。如前所述，经由越窑系青瓷绶带四花图纹的比较，北京韩佚夫妇墓（997~1011）出土的越窑细线划纹青瓷的年代应相当于墓主的卒葬年（同图19-4）。设若此一推论无误，则韩佚墓伴出之越窑青瓷注碗内底所见一对头尾相接的划花鹦鹉纹（图26-2），[83] 既和澎湖采集品一致（图26-3），[84] 故不排除后者的年代也应在十世纪末至十一世纪初。就此而言，一九七〇年代江苏镇江市何家门所谓五代墓出土越窑鹦鹉纹碗的年代其实也应修订在北宋时期（图26-1）。[85] 有趣的是，镇江市何家门墓和韩佚夫妇墓不仅均出土了鹦鹉大碗，同时也都出土了造型一致的注壶（图27），结合碗和壶的尺寸，可知两墓作品均属将注壶置于温碗中配套使用的酒器。值得一提的是，韩佚夫妇墓注碗除底心的鹦鹉纹之外，口沿下方另饰弦纹二道，弦纹之间刻饰简化的唐草纹，而类似的唐草纹边饰则又见于英国大卫德爵士（Sir. Percival David）[86] 和某私人收藏的越窑青瓷划花双凤纹盘（图28-1、28-2）。[87] 两件作品均属本文的Ⅲ$_2$式，即除了外底支烧泥痕之外，整体施满釉，同时又在作品外壁浮雕仰莲瓣，并于外底心阴刻"永"字款，而"永"款越器也见于前述韩佚夫妇墓伴出的人物纹注壶（图27）。就我个人所知，现存的带有明确纪年，且浮雕莲瓣的越窑作品，依年代序计有：江苏苏州市北宋建隆二年（961）建成的虎丘塔云岩寺的托

83　黄秀纯等：《辽韩佚墓发掘报告》，页366，图6之6。
84　陈信雄：《越窑在澎湖》，彩图42。
85　镇江市博物馆（刘和惠等）：《镇江句容出土的几件五代、北宋瓷器》，《文物》10（1977），页90，图3。
86　R. L. Hobson, *A Catalogue of Chinese and Porcelain in the Collection of Sir Percival David* (London: the Stourton Press, 1934), p.39.
87　小山富士夫：《支那青磁考（一）》，《陶器讲座》2（东京：雄山阁，1935），页18，图5。

碗（图24-3），[88] 寺龙口越窑窑址的带"太平戊寅"（978）铭盘底残片（图24-4），[89] 日本出光美术馆藏北宋雍熙四年（987）刻铭四系壶（图24-1），[90] 以及浙江黄岩寺塔出土的带咸平元年（998）墨书纪年的镂空熏（图24-2）。[91] 其时代自961年迄998年，而就莲瓣的外观特征而言，相对于云岩寺（961年）托碗的莲瓣形式，大卫德碗呈宽扁造型的莲瓣纹则要更接近出光美术馆（987年）和黄岩寺塔（998年）纪年作品的莲瓣纹饰。然而，尽管我个人深信以样式论的角度来考察越窑纹饰的变迁，是今后解决越窑细线刻划花作品定年、分期的有效途径，可惜如上所示，本文仍旧无法有力地说明越窑莲瓣纹上的细微差异确实肇因于时代因素，进而订定出具有此一样式特征之莲瓣纹的年代上下限。

虽然如此，"永"款越器仍提供一些值得留意的线索。自一九三〇年代陈万里《越器图录》揭载的上林湖采集的"永"款作品以来，[92] 日本根津美术馆藏上林湖窑址采集品或近年上林湖、[93] 寺龙口窑址发掘品亦见"永"款标本（图20-3、20-4、29-1）。[94] 结合前述英国旧藏品（同图28）或韩佚夫妇墓（同图27-1）出土品，可知该类作品一般釉色精纯，有素面无纹和装饰细线划花两类，后者刻饰图纹内容不一而足，计有莲瓣、波涛、龙、凤、鹦鹉和人物纹，刻工细致讲究，在可确认的总计十余件作品中，计有五件装饰龙纹或凤纹，而龙纹的造型特征则又和河南巩县宋陵石雕上的龙纹有共通之处（图20-1、20-2、20-3、20-4）。[95]

众所周知，分布于河南巩县西村、芝田、孝义和回郭镇的北宋帝陵，是北宋除了徽宗赵佶、钦宗赵恒被金兵俘虏客死五国城（今黑龙江依兰县）之外，其余七个帝王以及赵匡胤父赵弘殷所谓"七帝八陵"皆葬于此，再加上附葬于茔区的

---

88 钱镛等：《苏州虎丘云岩寺塔发现文物内容简报》，《文物参考资料》11（1957），页44，图26；南京博物院等编：《江苏省出土文物选集》（北京：文物出版社，1963），页176。
89 浙江省文物考古研究所等编：《寺龙口越窑址》，页368，图180之3。
90 弓场纪知：《北宋初期の纪年铭をもつ越州窑青磁をめぐって》，《出光美术馆研究纪要》1（1995），页137，图1。
91 浙江省博物馆编：《浙江纪年瓷》（北京：文物出版社，2000），图198。
92 陈万里：《越器图录》，图40。
93 根津美术馆编：《唐磁》（东京：根津美术馆，1988），页64，图25，页113，图1，以及页109，图87之25的说明。
94 慈溪市博物馆编：《上林湖越窑》，页210，图98之8；页211，图98之1、2、3、4、6、7；页207，"附录一"。浙江省文物考古研究所等编：《寺龙口越窑址》，页368。
95 张广立：《宋陵石雕纹饰与〈营造法式〉的"石作制度"》，收于中国考古研究编辑委员会：《中国考古学研究——夏鼐先生考古五十年纪念论文集（二）》（北京：科学出版社，1986），页263，图9；页265，图10等。

后妃、皇族或功臣墓,形成了一个庞大的陵墓群,而所有陵墓,包括前引出土越窑青瓷的太宗元德李后的永熙陵在内,均以"永"字起头命名,甚至于金人将崩于异乡的徽宗梓宫送还南宋王朝葬于会稽上亭乡,陵名亦曰"永佑",结合宋代开国皇帝赵匡胤之父赵弘殷原称"安陵",至真宗时亦更名为"永安陵"一事,[96]不难推知"永"字在宋代皇室中的重要而特殊的地位。另一方面,就宋代陶瓷史事而言,就在吴越钱氏降宋的太平戊寅年(978)之后不久的太平兴国七年(982),宋太宗即派遣前殿前承旨赵仁济赴越州监理瓷窑务,[97]爱宕松男认为所谓"越州瓷窑务"只是职司瓷器税的税务机关,不能据此作为判定越州官窑存在的依据。[98]而宋初以供奉官、殿直、承旨为三班使臣,隶属兵部宣徽院;从三班使臣的初任官一般是职掌商税务,专卖场务之监当官,[99]可以推测派赴监越州瓷务的殿前承旨极可能具商税务使的职权。殿前承旨虽仅为低阶武官,却是天子的心腹耳目,掌握行政实权,并扮演郎党的功能,监督地方中央政策的施行,是确立宋代中央极权和独裁体制的一大支柱。[100]看来,赵仁济除了可能被赋予瓷窑商税史的职掌之外,或许还兼具视察瓷窑生产、规范陶瓷造型纹饰等窑务事宜,而上林湖越窑址发现的与"太平戊寅"款陶瓷作风一致且底刻"官""官样"字铭的标本(图30),[101]应可视为宋初朝廷"制样需索"[102]的具体例证。事实上,宋代朝廷也曾颁令有司于器皿上刻字铭,以为识别之用。[103]就此而言,我认为"永"款越器所见龙、凤等纹饰

---

96 河南省文物考古研究所编:《北宋皇陵》(郑州:中州古籍出版社,1997),页6-8及页10。
97 (宋末元初)周密《云烟过眼录(卷下)》所记百衲琴铭文曰:"李公略收云威百衲琴,云和样,内外皆细纹,腹内容三指,内题:太平兴国七年岁次壬午六月望日,殿前承旨监越州瓷窑务,赴仁济(今传《云烟过眼录》记为'监杭州瓷窑务',但《说郛》本周密《志雅堂杂抄》仍记'越州'。)再补修。又云,'吴越国王宫百衲雷咸琴,极薄而轻,异物也'"。小林太市郎:《東洋陶磁鑑賞録·中國篇》(東京:便利堂,1950),页146-147;周密:《云烟过眼录》(北京:中华书局,1985)。
98 爱宕松男:《宋代、陶磁器産業の成立とその發展(上)》,《東北大學文學部研究年報》24(1974),页35-36。
99 梅原郁:《宋代の武階》,《東方學報》56(1984),页227。
100 友永植:《唐、五代三班使臣考—宋朝武班官僚研究 その(一)》,收于同氏著:《宋代の社會と文化》(東京:宋代史研究会,1983),页59。
101 慈溪市博物馆编,同注(20),页51,图23之1、2,页93,图49之7、8以及彩版3之3、11之3。
102 庄季裕:《鸡肋编》(台北:台湾商务印书馆,1966):"处州龙泉县……又出青瓷,谓之秘色,钱氏所贡盖取于此。宣和中,禁廷制样需索,益加工巧。"
103 李焘:《续资治通鉴长编》(台北:世界书局,1961),卷七五:"乙丑诏大祀酹酒银罐器止用常御者,非朕恭洁之意,其令有司造十五枚,付光禄寺别贮,仍刻字识之,勿他用。"

极有可能就是由官方所规范的所谓官样图纹。[104] 不仅如此,南宋熊克著《中兴小记》援引同朝朱胜非《闲居录》所载:"宫掖造禁缬,有匠者姓孟,献新样两大蝴蝶相对,缭以结带曰'孟家蝉',民间竞服之。"[105] 可以推测越窑所见对蝶纹可能亦为官样图纹之一,或许就是这个原因,致使对蝶纹如同龙凤纹般自宋初以来保守地延续近半世纪,在样式上没有明显的改变。

南宋胡仔《渔隐丛话》记载太宗于太平兴国二年(977)遣使造建安北苑茶,"取像于龙凤,以别庶饮,由此入贡",[106] 但是龙凤纹入宋以后地位大为提升,且为皇室所垄断的原因何在?关于这点,北宋王洙等奉敕撰的《地理新书》透露了与此相关的珍贵讯息。该书《五姓所属篇》记述了所谓"五音姓利",即将人的姓氏区分成宫、商、角、徵、羽五音,再分别对应到阴阳五行的土、金、木、火、水,值得留意的是,宋代帝王赵姓,是属于角音,而"东方木、其气生,其音角,其虫苍龙"(《五行定位篇》),[107] 这就明确地说明了龙是赵姓皇室的守护神,也因此我们才能理解诸如龙泉窑也一度为避讳龙字而改名为剑川县,[108] 并于宣和七年(1125)诏令罢减"中山府瓷中样矮足里拨盘龙汤盏一十只",[109] 命定窑减免烧制龙纹器皿。众所周知,南宋陆游《老学庵笔记》说:"故都时,定器不入禁中,唯用汝器,以定器有芒也。"同时代叶寘《坦斋笔衡》也说:"本朝以定州白瓷有芒不堪用,遂命汝州造青瓷器。"讲的都是定窑因覆烧致使碗盘口沿需留下无釉的涩圈,从而遭受到北宋宫廷以汝窑来汰换的命运。也因此徽宗朝颁令罢减定窑烧造龙纹器皿应该是和内廷对于汝窑青瓷的兴趣已凌驾于定

---

104 就我个人所知,"永"款陶瓷初见于唐代,所知两件作品均于器底墨书"永"字,且都归中华人民共和国历史博物馆收藏。其中一件是邢窑白瓷长颈瓶,图见长谷部乐尔等编:《中国陶磁百選》(东京:日本经济新闻社,1982),图 22;另一件是唐代白釉灯台,图见国家文物局图录编辑委员会:《国宝——中国历史文物精华展》(香港:香港艺术馆,1997),页 244-245。后者出土于河南陕县刘家渠墓[黄河水库考古工作队(俞伟超):《一九五六年河南陕县刘家渠汉唐墓葬发掘简报》,《考古通讯》1957 年 4 期,页 9-19]。两件作品胎釉精纯、造型端正,很可能是同墓出土的来自同一产区的作品,但此还有待证实。

105 熊克著、顾吉辰等点校:《中兴小记》(福州:福建人民出版社,1984),卷 5,页 62。

106 胡仔:《渔隐丛话》后集,卷十一(上海:上海古籍出版社,《四库全书》集部四一九,诗文评类,年代不详),页 453。

107 王洙:《地理新书》(台北:集文书局,1985,金明昌抄本),页 46。另外,最早指出这点的人可能是宿白,参见宿白:《白沙宋墓》(北京:文物出版社,1957),页 86。另可参见杨宽:《中国古代陵寝制度史研究》(台北:谷风出版社,1987),页 59。

108 浙江省地名委员会:《浙江地名简志》(浙江:浙江人民出版社,1988),页 592-593,"龙泉县"条。

109 徐松:《宋会要辑稿》(北京:中华书局,1957),崇儒七之六〇。

窑白瓷之上的趣味转换有关。[110] 无论如何，在北宋内廷所消费的众多窑口的陶瓷当中不仅经常装饰龙纹，有的甚至带有"龙"字款，如小山富士夫采集自涧磁村定窑窑址的标本当中就包括里饰龙纹，圈足内釉下阴刻"龙"款的作品；[111] 陕西耀州窑窑址宋代堆积层（中期）亦见"龙"款标本，[112] 而依据《宋史·地理志》或宋人王存《元丰九域志》："耀州土贡瓷器五十事"的记载可知，[113] 耀州窑青瓷也是北宋内廷所消费的陶瓷之一。

如前所述，宋太宗赵光义妃，真宗赵恒生母元德李后陵（1000）出土有刻饰龙纹的越窑青瓷盘（图20-1），尤可注意的是，其同时伴出了三十余件多数装饰有凤纹的定窑白瓷，后者当中又有半数底刻"官"款。这样的情形显然并非偶然，几乎是具体而微地道出：随着龙在北宋成了天子的象征，凤也相应地成了帝后的图腾。由于太宗元德李后陵已遭盗掘，因此无从估计原本是否存在"永"款越器，反倒是工部尚书韩佚夫妇墓（997~1011）出土了越窑"永"款青瓷人物纹注壶。后者不仅再次表明"永"款越器的相对年代，也说明了宋代官样陶瓷亦可流通的事实。可惜目前已难得知官样越器是否像稍后的汝窑般"唯供御拣退方许出卖"？[114] 还是朝廷拍卖"瓷器库"的存货？[115] 或许，于市肆即可轻易购得亦未可知？

无论如何，设若"永"款越器属北宋时期作品，那么该类器上所装饰的龙、凤、鹦鹉、对蝶、人物、波涛或于外壁饰莲瓣内底戳印莲子等图纹，就可提供澎湖所见类似图纹定年排比时的重要参考。依据这样的观察角度，则澎湖所采集的

110　陈万里曾经依据上引文献记载结合徐兢成书于宣和五年（1123年）的《宣和奉使高丽图经》当中已经提及"汝州新窑器"，推测汝窑烧制贡瓷的时间约在哲宗元祐（1086年）到徽宗崇宁五年（1106年）之间。虽然陈氏的臆测内容或有修正的空间，但徽宗内廷曾经使用汝窑青瓷一事则毋庸置疑。陈氏文见：《汝窑的我见》，《文物参考资料》1951年2期，页48。另外，近年伊藤郁太郎有一个饶富趣味的推测，认为"汝州新窑器"即今汝州市内的"张公巷窑"，后者亦即"北宋官窑"。参见同氏：《北宋官窑探访》，《陶说》620（2004），页71。但我认为，"汝州新窑器"是否即"张公巷窑"，是一回事；而"张公巷窑"是否就是北宋官窑，则又是另一回事。其实，徐兢"汝州新窑器"的称谓本身即已显示其非北宋官窑。

111　关口广次：《小山富士夫先生採集の定窑窑址陶磁片について》，收入《定窑白磁》（东京：根津美术馆，1983），页95，及页101，图18-5-6；页19，图5之6。

112　中国科学院考古研究所编：《陕西铜川耀州窑》（北京：科学出版社，1965），页25及图版十二之6。

113　陈万里于1950年代已依据上引文献记载指出耀州窑贡瓷器。参见同氏：《我对耀瓷的初步认识》，《文物参考资料》1955年4期，页72。

114　周辉：《清波杂志》（上海：上海书店，1984）："汝窑宫中禁烧，内有玛瑙为釉，唯供御拣退方许出卖，近尤难得。"

115　徐松：《宋会要辑稿》食货五二之三七，"瓷器库"："瓷器库，掌受明、越、饶州、定州、青州白瓷器及漆器以给用……真宗景德四年九月，诏瓷器库除拣封桩供进外，余者令本库将样赴三司行人估价出卖。"

细线划花龙纹、双凤纹或外壁浮雕莲瓣内底饰莲子等一群本文所谓的Ⅲ$_b$式作品当中之大多数标本的相对年代也约于北宋时期。但应一提的是，相对于目前可确认的"永"款越器上的龙纹呈二角五爪造型（图20-3、20-4），澎湖所采集的无款标本龙头似无二角（图20-5），这不由得会让人想起过去宫崎市定所指出，比起五爪，宋代天子似乎更在意龙头上的双角。[116] 会不会是这个原因使得主要提供皇室消费的"永"款越器上的龙纹，和用来外销的作品有所区隔？但这还有待日后进一步的资料来证实。

总结以上叙述，台湾海域发现的越窑系青瓷的年代跨幅较大，包括晚唐以迄北宋等各时期作品。其次，就目前的资料看来，唐宋时期烧造所谓越窑类型的青瓷窑，除了著名的慈溪市上林湖、鄞县东钱湖等分布于杭州湾及其邻近地区的窑群，即狭义的越窑之外，于瓯江流域温州瓯窑、金华地区婺州窑，甚至台州地区临海、黄岩等地窑址都可发现类似作风的青瓷标本，从而形成一个体系庞大、广义的越窑瓷系。[117] 而就台湾海域越窑系作品的窑口而言，除了上林湖窑区标本之外，个别作品有的和婺州地区象塘窑作风较为接近，[118] 部分作品则应是明州附近鄞县窑所烧制（图14-1）。[119] 台湾海峡打捞出的鄞县窑莲瓣纹洗则又和菲律宾浦端（Butuan）出土作品完全一致（图14-3），[120] 属本文Ⅲ$_b$式细线划花类型。应予一提的是，澎湖采集的越窑系Ⅲ$_b$式标本当中，除了细线划花类型之外，亦见一类以粗线斜刻轮廓及简单花纹的制品（图31-1、31-2），[121] 该类标本以往所见数量不多，但曾出土于日本鸿胪馆[122] 和前述菲律宾浦端（Butuan）遗址，[123] 近年印尼勿里洞岛

116　宫崎市定：《二角五爪竜について》，石田博士古稀纪念事业会：《石田博士古希記念論文集》（东京：东洋文库，1965），页472。

117　所谓越窑系的现状及其问题点，可参见任世龙：《论"越窑"和"越窑体系"》，中国古陶瓷研究会1994年会论文集：《东南文化》1994年增刊1号，页58-64；龟井明德：《越州窯と龍泉窯—転換期の青磁窯》，东洋陶磁学会三十周年纪念：《東洋陶磁史—その研究の現状》（东京：东洋陶磁学会，2002），页58-63。

118　朱伯谦，同注（25），图版六之4、9。

119　李辉柄：《调查浙江鄞县窑址的收获》，页32，图5；页33，图7等。

120　Wilfredo P. Ronquillo and Rita Tan, "Yue, Yue-Type Wares And Other Archaeological Finds In Butuan, Philippine", p. 263, pl. 2-c，以及山本信夫：《東南アジアの9-11世紀貿易陶磁器》，页5，fig. 3-11。

121　陈信雄：《越窑在澎湖》，页46，彩图62。

122　山本信夫：《北宋期越州窯系青磁の検討》，页196，图9。

123　Wilfredo P. Ronquillo & Rita Tan, "Yue, Yue-Type Wares and Other Archaeological Finds in Butuan, Philippine", p. 264, pl. 3-A, B。

（Belitung Island）附近沉船（Intan Wreck）除打捞出越窑细线划花青瓷，同时也伴出不少这类粗线划花青瓷，[124] 特别是从菲律宾私人收藏传称出土自浦端遗址的此类粗线划花青瓷，可以复原澎湖标本的整体形态，亦即包括了刻饰花鸟纹的注子（图32）。据说，浙江省的学者认为日本出土的这类标本是同省温州窑制品。[125] 果真如此，则澎湖越窑系青瓷标本当中，其实还包括少数所谓瓯窑系的制品在内，但此亦有待今后的资料来证实。

如果依据现今的考古发掘成果和文献记载，结合台大标本的采集地点，虽然可以推测遗留在澎湖中屯等地遗址的越窑系青瓷，应该不会是当地的消费品，可惜我们仍缺乏足够的证据得以判断越窑系标本到底是船只海难的偶然遗留，抑或澎湖早在晚唐时期已成为中国陶瓷外销时的中途停泊地？无论何者，从标本所属年代跨幅看来，其在澎湖可能并非一次性的遗留。当然，此一假设必须先排除许多沉船都可见到的其同时装载有不同时代的陶瓷器皿之现象。可惜目前已难检证。相对地，设若陈信雄所采集标本地点不在中屯及其周边地区，则可证明沉船不止一艘。目前可确认的是，遗留在澎湖的越窑系青瓷标本之年代，从晚唐九世纪后期持续至北宋十世纪或十一世纪初期，而以北宋初期的标本数量最多。从东北亚日本、韩国或东南亚菲律宾、印尼、泰国、越南、印度甚至中东地区伊朗、伊拉克等地都曾发现与台湾海域所见越窑系青瓷极为相近的标本，可以再次说明中国早期外销瓷的一个特色，即作为一种强势的商品，生产者或瓷器商贩并未充分顾及消费地人们的品位好尚，致使各地遗址出土中国陶瓷种类大同小异，这也提示我们，并无必要依据澎湖越窑系标本的器式种类来强行厘测其原本所拟输往的国度。唯一可以确认的是，台湾海峡澎湖水道打捞品是南下贸易船只遭受海难的遗留。

［本文是"行政院国家科学委员会"所补助《探索台湾海峡和澎湖发现的越窑系青瓷》专题研究计划（NSC 90-2411-H-002-051）之部分成果，特此申谢。原载《台湾史研究》11卷2期，2005］

---

124 作品现藏德国，笔者实见。另可参见：Michael Flecker, *The Archaeological Excavation of the 10th Century Intan Shipwreck* (Oxford, England: Archaeo press, 2002, BAR International Series 1047), p. 108。

125 山本信夫：《北宋期越州窯系青磁の検討》，页195。

310 贸易陶瓷与文化史

图 1-1　I$_{1b}$ 式碗
　　　　台湾海峡打捞标本

图 1-2　同左
　　　　背面

图 1-3　同左上
　　　　侧面

图 2-1　II$_1$ 式碗
　　　　台湾海峡打捞标本

图 2-2　同图 2-1
　　　　背面

图 2-3　同图 2-1
　　　　侧面

台湾海域发现的越窑系青瓷及相关问题 | 311

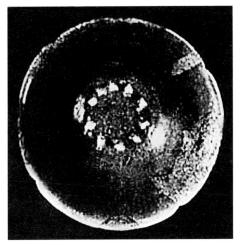

图 3　Ⅱ₁ 式碗　伊朗尸罗夫（Siraf）遗址出土

图 4-1　Ⅱ₂ 式碗
台湾海峡打捞标本

图 4-2　同图 4-1
背面

图 4-3　同图 4-1
侧面

图 5-1　Ⅱ₃ₐ 式碗
台湾海峡打捞标本

图 5-2　同图 5-1
背面

图 5-3　同图 5-1
侧面

图 6-1　II$_{3b}$ 式碗
台湾海峡打捞标本

图 6-2　同图 6-1
背面

图 6-3　同图 6-1
侧面

图 7-1　III 式碗
台湾海峡打捞标本

图 7-2　同图 7-1
内面

图 8 "太平戊寅"(978)铭残片
　　　浙江上林湖窑址出土

图 9-1 "吉"字铭盘残片（Ⅲ类）
　　　　台湾海峡打捞标本

图 9-2 同图 9-1
　　　　背面

图 9-3 同图 9-1
　　　　内面

314　贸易陶瓷与文化史

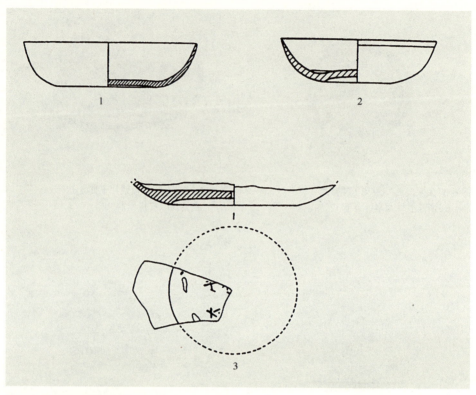

图 10　1. 浙江杭州五代墓出土
　　　2. 浙江寺龙口窑址出土
　　　3. 浙江寺龙口窑址出土

图 11-1　"汝"字铭折沿洗（Ⅲ类）
　　　　台湾海峡打捞标本

图 11-2　同图 11-1
　　　　背面

台湾海域发现的越窑系青瓷及相关问题　315

图 11-3　同图 11-1
内底

图 13-1　Ⅲ_b 式洗
台湾海峡打捞标本

图 13-2　同图 13-1
背面

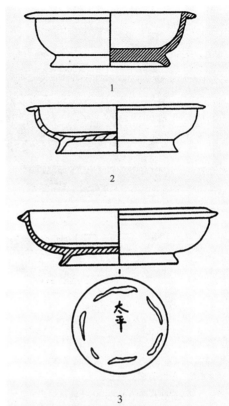

图 12　1. 浙江省杭州五代墓出土
　　　2. 浙江省上林湖窑址出土
　　　3. 浙江省寺龙口窑址出土

图 13-3　同图 13-1
内面

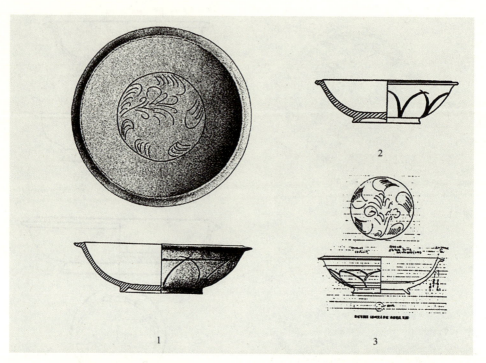

图 14　1. Ⅲ_B 式洗　台湾海峡打捞标本
　　　　2. 浙江省鄞县窑址出土
　　　　3. 菲律宾浦端（Butuan）遗址出土

图 15-1　Ⅳ类碗残片
　　　　台湾海峡打捞标本

图 15-2　同图 15-1
　　　　背面

台湾海域发现的越窑系青瓷及相关问题　317

图 15-3　同图 15-1　内面　　　　　图 16　福建怀安窑窑址出土

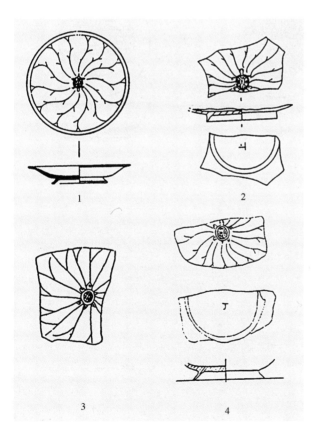

图 17　1. 辽宁义县清河门四号墓出土
　　　2. 浙江上林湖窑址出土
　　　3. 浙江绍兴上灶官山窑址出土
　　　4. 台湾澎湖采集品

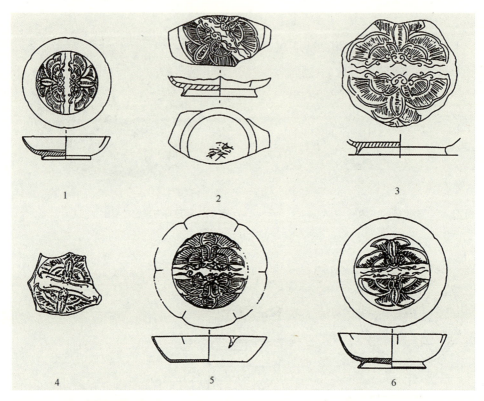

图 18　1. 浙江寺龙口窑址出土
　　　2. 浙江上林湖窑址出土
　　　3. 台湾澎湖采集品
　　　4. 浙江鄞县窑址出土
　　　5. 河北静志寺塔基出土"太平兴国二年"（977）墨书定窑白瓷盘
　　　6. 内蒙古陈国公主暨驸马墓（1018）出土越窑青瓷盘

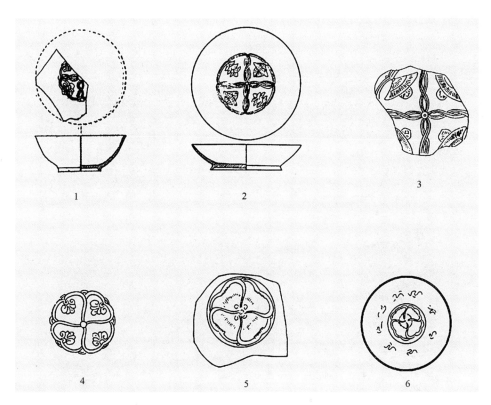

图 19 1. 内蒙古哲里木盟奈林稿木头营子一号墓出土
　　　2. 浙江东阳南市塔出土
　　　3. 台湾澎湖采集品
　　　4. 北京辽代韩佚夫妇墓（997～1011）出土
　　　5. 浙江寺龙口窑址出土
　　　6. 浙江寺龙口窑址出土

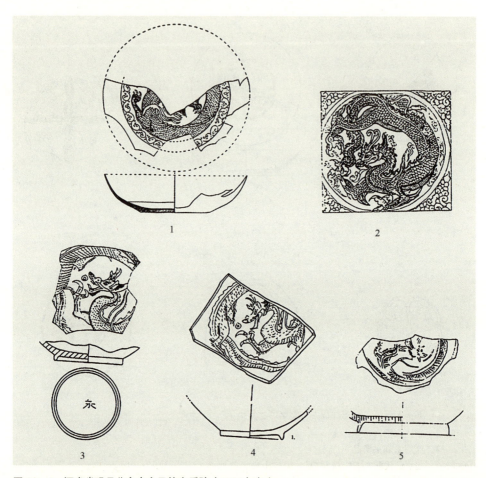

图20　1. 河南省巩县北宋太宗元德李后陵（1000）出土
　　　2. 河南省巩县北宋太宗元德李后陵（永熙陵）东列石望柱
　　　3. 浙江上林湖窑址出土
　　　4. 日本根津美术馆藏品
　　　5. 台湾澎湖采集品

台湾海域发现的越窑系青瓷及相关问题　321

图 21-1　"太平丁丑"（977）铭盖盒

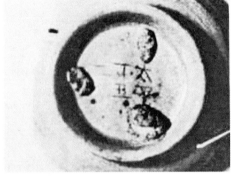

图 21-2　同左图　背面

图 22-1　"太平戊寅"（978）铭水盂　美国波士顿美术馆藏

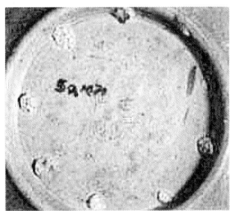

图 22-2　同左图　背面

图 23-1　"太平戊寅"（978）铭盖盒　上海博物馆藏

图 23-2　同左图　背面

322 贸易陶瓷与文化史

图 24-1　北宋雍熙四年（987）铭四系壶
　　　　　日本出光美术馆藏

图 24-2　浙江黄岩寺塔出土咸平元年（998）
　　　　　墨书镂空熏

图 24-3　江苏虎丘云岩寺塔（961）出土

台湾海域发现的越窑系青瓷及相关问题　　323

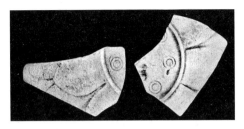

图 24-5　台湾澎湖采集品

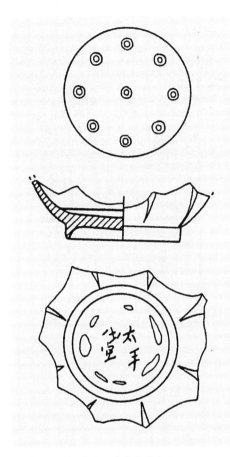

图 24-4　浙江寺龙口越窑窑址出土

图 25　陕西唐代惠昭太子陵（812）出土

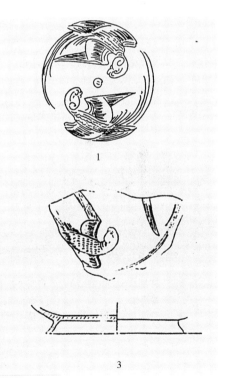

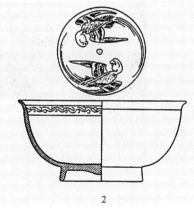

图 26　1. 江苏镇江北宋墓出土
　　　2. 北京辽代韩佚夫妇墓（997～1011）出土
　　　3. 台湾澎湖采集品

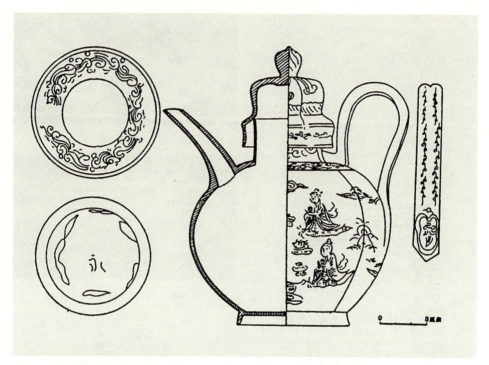

图 27-1　北京辽代韩佚夫妇墓（997～1011）出土

图 27-2　江苏镇江北宋墓出土

图 28-1　英国伦敦大学大卫德基金会（Percival David Foundation）收藏"永"字款凤纹盘

图 28-2　同图 28-1　背面

台湾海域发现的越窑系青瓷及相关问题　325

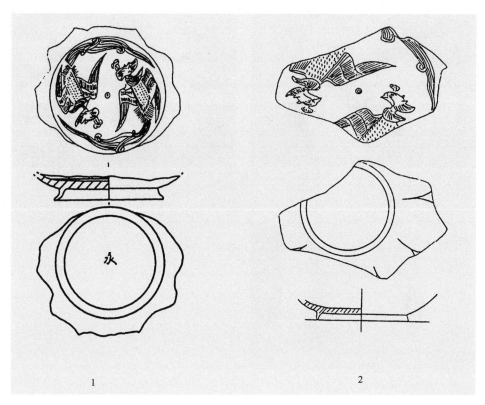

图 29　1. 浙江上林湖窑址出土
　　　 2. 台湾澎湖采集品

图 30-1　浙江上林湖窑址出土"官样"铭残片

图 30-2　残片底部

326　贸易陶瓷与文化史

图 31-1　台湾澎湖采集品

图 31-2　台湾澎湖采集品

图 32　传菲律宾浦端（Butuan）遗址出土

记澎湖"将军一号"沉船中的陶瓷器

日前，由台湾历史博物馆策划展出的"澎湖将军一号沉船水下考古展"，是难得一见的沉船文物特展。经由此前同馆编辑出版的《澎湖沉船初勘报告书》《澎湖沉船实勘报告书》《澎湖海域沉船将军一号试掘报告书》以及《海峡两岸水下考古学术研讨会论文集》等著作，[1]结合此次特展图录《澎湖将军一号沉船水下考古展专辑》，[2]我们已能大致掌握"将军一号"沉船的调查经纬和文物内容概况。

因发现于澎湖望安、将军屿和大塭间海域而因地命名的"将军一号"沉船，打捞上岸的文物计二百八十余件。其中，除了少量的金属制品、竹木器和植物果核之外，以陶瓷器的数量最多，约二百四十件（片）。依据前引沉船报告书或收录于特展专辑的几篇论文可知，该馆的研究人员根据沉船伴出的一枚"乾隆通宝"，认为"将军一号"的年代不早于乾隆时期（1736~1795），进而将沉船的年代定于清代中期。不过，由于报告书中并未列举出可作为沉船年代判断时的参考比较例证，因此其结论不免令人有些疑惑。鉴于"将军一号"所出陶瓷当中有部分作品与国外发现的沉船陶瓷颇为类似，后者有的又有明确纪年可考，因此我以下仅就手边现有的一些与此相关的零星资料，做一介绍，期望能对"将军一号"沉船陶瓷的年代判断有所助益。

一、从"的惺号"沉船中的陶瓷谈起

一九九九年于印尼苏门答腊岛暗礁发现的"的惺号"（Tek Sing）沉船，是著

---

[1] 台湾历史博物馆：《澎湖沉船初勘报告书》（台北：台湾历史博物馆，1995）；《澎湖沉船实勘报告书》（台北：台湾历史博物馆，1996）；《澎湖海域沉船将军一号试掘报告书》（台北：台湾历史博物馆，1999）；《海峡两岸水下考古学术研讨会论文集》（台北：台湾历史博物馆，2000）。

[2] 台湾历史博物馆：《澎湖将军一号沉船水下考古展专辑》（台北：台湾历史博物馆，2001）。

名的猎宝者哈契尔（Michael Hatcher）继打捞十七世纪中期"哈契尔平底帆船"（*Hatcher Junk*）、十八世纪中期"盖尔德麻尔森号"（*Geldermalsen*）等沉船后的另一重大发现。[3] 依据英国东印度公司方面的记录，"的惺号"是一八二二年（道光二年）一月自中国厦门出港航向当时荷兰之东方根据地巴达维亚（今雅加达），但不幸于同年二月五日因撞及暗礁而失事沉没。该船搭载的中国移民、客商和船员达一千六百人，打捞出的以陶瓷器为主的文物总数约三十五万件，其中包括一方带道光二年（1822）纪年的石墓碑（图1）。"的惺号"沉船所涉及的与陶瓷史相关的课题不少，但与本文直接相关的是，在"的惺号"数量庞大的陶瓷器当中，即包含部分器形特征和"将军一号"所出作品极为类似者。例如，"的惺号"所见造型呈唇口、斜肩、肩以下斜直内收成平底的陶瓷（图2），就和"将军一号"打捞上岸的作品大体相近（图3）。其次，"将军一号"中的一式被推测是"器盖"的平底浅钵（图4）亦见于"的惺号"沉船（图5）。后者与白釉蓝彩瓷娃娃及一组件的带盖深腹钵黏结一块，而深腹钵之造型以及口沿下方饰一道阴刻弦纹的做法则又和"将军一号"陶钵相近（图6），不同的只是"的惺号"陶钵钵身近底处旋修出明显的假圈足。此外，"的惺号"所见一类造型呈小口、丰肩的施釉罐，罐身虽仍黏结贝壳和珊瑚礁（图7），但仍可窥知其基本器式和"将军一号"作品（图8）是颇为接近的。

"的惺号"所见瓷汤匙的器形或釉色种类不少，其中一式白瓷匙（图9）之造型和"将军一号"一件匙柄已缺的作品如出一辙（图10）。前者匙柄端处反折做出挂钩，此可作为正确复原"将军一号"同类瓷匙时的参考依据。除此之外，"将军一号"的一件大口、平折肩，肩上贴饰四只半环形横系的褐釉罐（图11），其器形既和"的惺号"沉船作品有共通之处（图12），也和近年打捞上岸的一八一七年（嘉庆二十二年）预定驶往印度马德拉斯但失事沉没于马六甲海峡的英国商船"黛安娜号"（*Diana Cargo*）所见四系罐大体一致（图13）。[4] 但应予留意的是，"的惺号"和"黛安娜号"两艘沉船所出该式四系罐尺寸较大，通高近四十厘米，其罐肩亦较"将军一号"倾斜，而与"将军一号"作品同属平折肩的褐釉四系罐则又见于装满有两万五千件中国瓷器和茶叶，自广州出港，却失事

3　Nagel Auctions, *Tek Sing Treasures*, 2000; David Freedaman, *The Legacy of the Tek Sing*, Cambridge, 2000.

4　Christie's, *The Diana Cargo*. Amsterdam, 1995; Dorian Ball, *The Diana Adventure*, Malaysian Historical Salvors, 1995.

沉没的荷兰商船"盖尔德麻尔森号"（*Geldermalsen*）所出褐釉四系罐（图14）。[5] 从荷兰东印度公司文书得知，又被称为"南京号"（*Nanking Cargo*）的"盖尔德麻尔森号"是于一七五〇年（乾隆十六年）十二月十八日解缆出航，航行十六天后，于翌年一月三日于新加坡海域遭难沉没的，因此沉船打捞上岸的文物应不晚于一七五一年。不过，"盖尔德麻尔森号"所见该类褐釉四系罐既包括有类于"将军一号"罐般平折肩者，也存在近似"的惺号"或"黛安娜号"沉船呈斜直肩造型的作品（同图12、13）。从而可知，平折肩和斜直肩等两式带系罐有可能是同时期并存的两个样式。其次，"盖尔德麻尔森号"四系罐罐口径相对较小，故"将军一号"作品仍较接近于"的惺号"的四系罐。无论如何，设若南京号沉船并未混入晚期遗物，同时"的惺号"和"黛安娜号"两艘年代相近的沉船中之四系罐又非传世古物，则该类四系罐之器式大约流行了六七十年之久而在器形上未有显著的变化。另一方面，该类四系罐亦曾输往南非，有的甚至被加装了可开栓的出水龙头（图15），是消费地改变原产地使用方式的有趣实例。

二、"将军一号"沉船中的带把陶壶

"将军一号"沉船陶瓷当中，以一件带把手和注流的素烧陶壶最引起我的兴趣（图16）。该陶壶壶盖已失，壶口部分残缺，较为特殊的是把手和明显弯曲的注流之安装位置呈平行排列，也就是说注流出水口被陶工刻意地扭向与把手同一方向。类似风格的陶壶以往亦偶可见到，如前述一八一七年（嘉庆二十二年）"黛安娜号"沉船（图17），或一八二二年（道光二年）的"的惺号"沉船中均有发现（图18）。另从后两艘沉船所出陶壶可知，该类带把注壶壶盖造型呈平折沿，沿以下弧度内收成大平底，盖中央部位贴饰半环形系钮。

除了原本预定驶往印尼巴达维亚的"的惺号"沉船，或航向马德拉斯途中沉没的"黛安娜号"沉船之外，这类带把陶壶亦曾输入东北亚的日本，如江户后期文人椿椿山（1801～1854）即持有一件同类陶壶并传世至今（图19）。从后者壶身近中央处的接合痕迹可知，壶身系由模制的上下壶体接合而成，壶外侧无釉，

5　Christie's, *The Nanking Cargo*, Amsterdam, 1986; Colin Sheaf and Richard Kilburn, *The Hatcher Porcelain Cargoes*, The Complete Record, 1988.

但壶内则薄施铁釉；至于把手和注流基本呈平行的设计，有可能是为了省去以手提起壶把注汤的工夫，而直接以手就把向下倾倒壶内液体。[6] 有趣的是，椿椿山于日本天保八年至十年（1837—1839）的日记中也巨细靡遗地描绘了这件陶壶，并且明记曰"漳州瓶"（图20）。我同意日方学者所指出的，日本当时多以"漳州商人"或"漳州船"来泛指福建省南部的商人或商船，故所谓的"漳州瓶"不必然狭义地指称漳州地区的窑场。[7] 无论如何，该类陶壶很可能是由福建南部某处窑场所烧制，故由福建南部厦门出港的"的惺号"沉船也就近装载这类陶壶泛洋出海。

另外，就日本方面的使用方式而言，该类陶壶多和风炉配套使用，成为煎茶必备的道具之一（图21）。不过，伴出有大量的中国陶瓷和茶叶的"黛安娜号"沉船之同类壶，其于目的地印度马德拉斯是否亦将该类带把陶壶作为饮茶时的道具？目前不明。

从"将军一号"沉船陶瓷与"的惺号""黛安娜号"或"盖尔德麻尔森号"等带有明确纪年之沉船陶瓷的初步比对，可以确定"将军一号"陶瓷主要是属于十九世纪第一个四半期的遗物，故"将军一号"之相对年代应在清代中晚期的嘉庆后期至道光之间。关于这点，还可从"将军一号"所见青花瓷碗之碗式（图22）和道光二年"的惺号"青花瓷碗大体相似一事（图23），再次得到必要的检证。问题是"将军一号"沉船陶瓷到底由何处窑场所烧造？历史博物馆的林淑心女士认为该船伴出的青花瓷颇具福建安溪瓷窑特征；陶瓮或陶壶则可能和福建磁灶窑有关。[8] 虽然"将军一号"船所见于盘内壁以印花的技法装饰四只对称的青花鱼纹（图24），确实可在安溪窑址出土品中寻得类似的标本（图25）。不过，清代印花青花瓷的窑场分布颇广，除了福建复数瓷窑之外，广东地区亦有不少生产该类青花瓷的窑场。[9] 就目前正式公布的资料看来，似乎还缺乏足够的资料将各窑场作品予以明确的区分。其次，"将军一号"青花绘云凤纹碗（图26）也和福建德化窑作品颇为相近（图27）。[10] 至于磁灶窑虽然也是"将军一号"陶瓮、陶钵的最佳候补产地之一，日

6　森达也：《唐物煎茶器—茶铫、急燒、湯罐、凉爐—について》，收入爱知县陶磁资料馆：《煎茶とやきもの—江戸、明治の中国趣味》（爱知县：爱知县陶磁资料馆，2000），页111。

7　森达也：同注（6），页111。

8　林淑心：《试析澎湖古沉船出水文物》，收入前引：《澎湖将军一号沉船水下考古专辑》，页39。

9　何翠媚等：《广东および福建产の印判青花磁器》，《贸易陶磁研究》6（1986），页105-114。

10　陈建中：《德化民窑青花》（北京：文物出版社，1999），页86，图161。

方学者亦曾怀疑前述带把陶注壶或为磁灶窑所生产,[11]然此亦还有待日后进一步的资料来证实。不过,若说"将军一号"沉船陶瓷主要是来自福建南部地区窑场所生产,应该不至于会有太大的错误。

另外,应予留意的是,台湾历史时期考古遗址或原住民聚落也可见到与"将军一号"等沉船陶瓷相类似的作品,如传说是清代诸罗县笨港县丞署旧址所在地的嘉义县新港乡板头村遗址出土的残陶瓷(图28),[12]或日据时期台北帝大土俗人种学教室得自卑南族聚落的陶瓷(图29)[13]就和"将军一号"或"的惺号"陶瓷一致,后者沉船资料又可纠正当时将该类陶瓷视为卑南族、排湾族人所烧制的不正确看法。

(原载《故宫文物月刊》19卷10期,2002)

---

11 森达也:《唐物煎茶器研究の新資料—最近発見の沉没船引揚遺物を中心に》,《陶説》581(2001),页62。

12 何传坤等:《嘉义县新港乡板头村遗址考古试掘报告》(财团法人新港文教基金会,1999),页38,及图30之4。

13 宫原敦:《台湾パイワン族が焼成せりと伝える陶壺について》,《南方土俗》4卷1期(1932),页1-41。

图1　道光二年墓志　　　图2　陶瓮
　　　Tek Sing　1822　　　　　Tek Sing　1822

图3　陶瓮　"将军一号"　　　图4　陶平底钵　"将军一号"

　　　　　　　　　　　　　　图6　大口钵　"将军一号"

　　　　　　　　　　　　　　图5　瓷娃娃、平底钵和带盖钵
　　　　　　　　　　　　　　　　　Tek Sing　1822

记澎湖"将军一号"沉船中的陶瓷器　333

图 7　施釉陶罐　*Tek Sing*　1822

图 8　施釉陶罐　"将军一号"

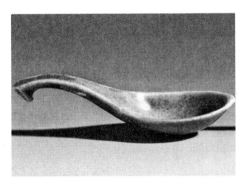

图 9a　白瓷匙　*Tek Sing*　1822

图 9b　瓷匙　*Tek Sing*　1822

图 10　白瓷匙　"将军一号"

图 11　褐釉四系罐　"将军一号"

334　贸易陶瓷与文化史

图12　褐釉四系罐
　　　Tek Sing　1822

图13　褐釉四系罐和青花瓷　Diana　1817

图14　各式褐釉四系罐　Geldermalsen　1752

图15　加装出水龙头的褐釉四系罐
　　　"William Fehr Collection"
　　　引自：Oriental ceramics at the Cape
　　　of the Good Hope 1652–1795

图16　带把陶壶　"将军一号"

图17　带把陶壶　Diana　1817

记澎湖"将军一号"沉船中的陶瓷器　335

图 18　带把陶壶　*Tek Sing*　1822

图 19　日本椿椿山（1801～1854）所使用的陶壶

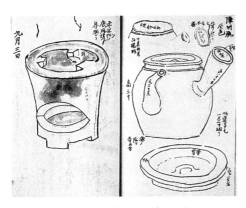

图 20　椿椿山日记所描绘的"漳州瓶"

图 21　日本《青湾茗燕图志》（1875）所见煎茶具

图 22　青花碗残片　"将军一号"

图 23　青花瓷碗　*Tek Sing*　1822

图 24　印花鱼纹青花瓷盘　"将军一号"

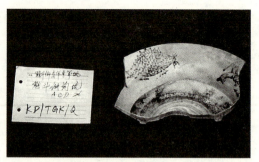

图 25　印花鱼纹青花瓷盘残片
　　　　福建安溪魁斗窑址出土

图 26　青花云凤纹碗　"将军一号"

图 27　福建德化上涌乡采集

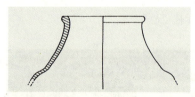

图 28　嘉义县新港乡板头村遗址出
　　　　土陶瓷线绘图

图 29　台东卑南族传世的陶瓮

陶瓷的文化史观察

十五至十六世纪日本的中国陶瓷鉴赏与收藏

以中国的帝王年号而言,十五至十六世纪两百年间正值明代永乐(1403~1424)至万历(1573~1620)前中期,而就日本的时代划分来说,则是跨越了室町(1359~1573)和桃山(1573~1614)两个时期。

一般认为,尊崇中国物品而被戏称为"唐物万能"的室町时代的文物鉴赏观,与在其后期至桃山时代,因受到日本国内侘茶道等影响,孕育出的美学品位有显著的不同。故日方学界多倾向认为,室町后朝至桃山时代是日本从接受中国式的鉴赏,过渡发展至具有自身品位好尚的转型期。就日本陶瓷史研究而言,既有将日本陶瓷模仿中国陶瓷时所羼入的日方造型或装饰要素视为"和样化"的表现之一般论述;[1] 于茶道陶瓷的鉴赏和使用方面,则是强调天正十四年(1586年)《山上宗二记》之"舍弃唐物"等记载,[2] 甚至主张其时部分窑业已从单纯的唐物模仿,逐渐发展出具有日本独特面貌的所谓"和样"。[3] 如此一来,"和样"似乎就成了与中国工艺品呈现出的"唐样"相抗衡对立的一种样式。

我无意否认"和样"的存在和成就,但若就东亚窑业交流史及东亚区域所生产的陶瓷作品而言,使用汉字的中日韩三地应可纳入同一个陶瓷文化圈。因此,本文即是尝试将十五至十六世纪日方人士从全盘接收中国陶瓷(唐物),至将日本国产陶瓷(和物)导入文物鉴赏等文化史课题,置于文化圈中区域比较的视野予以省思。在此角度下,"和样"会不会只是作为内核的"唐样"向外缘扩张发

---

1 楢崎彰一:《日本陶磁における唐樣と和樣》,《東洋陶磁学会会報》25(1995),页1–3。
2 山上宗二(1544~1590):《山上宗二记》:"惣テ茶碗ハ唐茶碗スタリ、当世ハ高丽茶碗、瀬户茶碗、今烧ノ茶碗迄也、形サヘ能候ヘハ数奇道具也",收入千宗室编:《茶道古典全集》第6卷(京都:淡交社,1978),页64。
3 林屋晴三:《茶の湯の場における请来陶磁と和物陶磁の交流》,《東洋陶磁》25(1996),页41。

展出的区域样式，而非当时日本地区所刻意营造出的要和中国陶瓷区别、对抗的风格要素？

为了达成以上所拟定的课题，有必要先简略地梳理十五至十六世纪日本区域出土、使用中国陶瓷的大体情况，进而结合文献记载，观察各阶层日用陶瓷的具体种类及与作为鉴赏对象之陶瓷的异同。其次，本文亦将以室町足利将军府收藏的中国陶瓷和《茶会记》等文献资料为线索，[4] 考察日本之中国陶瓷鉴赏观的变迁以及具体的鉴赏方式。

一、日本出土的十五、十六世纪中国陶瓷

尽管已发掘的日本十五至十六世纪（中世后期）遗迹个数庞大，发掘报告书又极难寻得，不过我们仍可由日方研究者对于室町时代出土陶瓷之编年或产地分析等专论以及展览图录，初步掌握遗迹出土中国陶瓷的大体情况。特别是从近年日本国立历史民俗博物馆汇整编辑的日本全国考古遗迹出土陶瓷调查资料，可知绝大多数的日本十五至十六世纪遗迹均伴随出土有中国瓷器。[5] 其次，一九七〇年代爱知县陶磁资料馆针对日本一都二府十八县总计八十余处城馆遗迹出土陶瓷所进行的研究展示，同样表明中国陶瓷于日本中世纪后期所扮演的积极角色。[6]

就日本中世后期遗迹出土的中国陶瓷的种类而言，主要包括青花瓷、青瓷、和白瓷三大类，偶可见到黑釉和低温三彩以及于白瓷釉上施加红绿彩绘或贴饰金箔等制品。[7] 遗迹分布范围涵盖九州、中国、四国、近畿地区、中部、关东地区、东北地区甚至北海道。具体而言，从南部九州出水郡放光寺遗迹[8] 至京都伏见城迹［文禄元年（1592）丰臣秀吉下令建造］，[9] 濑户内海富山城迹［毁于永禄十三年

---

4 《茶会记》，是记录茶会地点、日期、与会者、抹茶种类及所使用茶道具等之记事录。其又可分为参与他人茶会的所谓《他会记》见闻记录，和记载自身所举行茶会的《自会记》备忘录。

5 国立历史民俗博物館：《日本出土の貿易陶磁》西日本編1-3冊；東日本編1-2冊（千葉：国立歷史民俗博物館，1993、1994）。

6 爱知县陶磁资料馆：《近世城館跡出土の陶磁》（爱知县：图录刊行会，1984）。

7 长谷部乐尔：《日本出土の元明時代の陶磁》，收入《日本出土の中国陶磁》（东京：东京美术，1978），页129-140。

8 国立历史民俗博物館，同注（5）（西日本編3），页373。

9 爱知县陶磁资料馆，同注（6），页99-100。

(1570)宇喜多直家],[10] 关东东京八王子城迹[11] 东北浪冈城迹,[12] 甚至于北海道上之国胜山馆迹[13] 等均出土了以青瓷、白瓷和青花瓷为基本组合的十五至十六世纪中国陶瓷。也就是说,上述纵跨北纬三十二至四十一度涵盖日本南北遗迹所见中国陶瓷种类组合颇为类似。其次,《荫凉轩日录》延德四年(1492)四月二十六日条载"家具惊目,大半白磁、青磁,染著等诸色有之"[14] 也说明了其时中国陶瓷输日的主要种类分别是白瓷、青瓷和青花瓷。

就城迹出土中国陶瓷的器形而言,以各式碗和盘等日常用器为主,偶可见到用于茶道、花道和闻香之炉、盒、瓶、罐或碗托等作品。各遗迹中国陶瓷均与日本国产瓷共伴出土。以房总地区为例,和爱知县濑户美浓烧共出的城迹颇多,两者比例约为三至五比一,即中国陶瓷约为日本陶瓷的三至五倍。[15] 其次,小野正敏曾就使用、消费层面,将遗迹出土陶瓷大致分成(1)日常必用品(煮炊、贮存、饮食、灯等)、(2)茶花香(盒、炉、瓶等)、(3)与职业生产相关的器物(如寺院迹的宗教道具)三类。[16] 应予留意的是,其中包括了非民生日用的、可能作为鉴赏对象的茶花香道具。

尽管日本中世遗迹出土陶瓷的精细编年还未臻完善,但由于部分城迹之兴废年代于文献中记载甚详,故日本方面有不少研究者尝试结合中国区域等相关考古资料进行年代排序,其中又以龟井明德、[17] 森田勉、[18] 小野正敏、[19] 上田秀夫、[20] 北野隆亮[21] 等人的编年方案多为学界所引用。如果总结归纳上述诸学者的见解,则似乎可将室町时代出土中国陶瓷区分为:Ⅰ期(十五世纪前半至后期)、Ⅱ期(十五

10　爱知县陶磁资料馆,同注(6),页124–125。

11　爱知县陶磁资料馆,同注(6),页11–14。

12　工藤清泰:《浪冈城跡出土の陶器》,《貿易陶磁研究》4(1984),页57–64。

13　国立历史民俗博物馆,同注(5)(東日本编1),页37。

14　《荫凉轩日录》,收入《大日本佛教全书》137(东京:名著普及会,1987),页2270。

15　小野正敏:《房総の城館出土中世陶器の問題》,《千葉史学》18(1991),页72。

16　小野正敏:《城館出土の陶磁器が表現するもの》,收入石井进等编:《中世の城と考古学》(东京:新人物往来社,1991),页11。

17　龟井明德:《日本出土の明代青磁碗の変遷》,《鏡山猛先生古希記念文集》(1980),收入同氏:《日本貿易陶磁史の研究》(京都:同朋舍,1986),页298–338。

18　森田勉:《14～16世纪の白磁の分類と編年》,《貿易陶磁研究》2(1982),页47–54。

19　小野正敏:《出土陶磁よりみた15、16世纪における画期の素描》,*Museum* 416(1985),页20–28。

20　上田秀夫:《14～16世纪の青磁碗の分類について》,《貿易陶磁研究》2(1982),页55–70。

21　北野隆亮:《15、16世纪の貿易陶磁器》,《貿易陶磁研究》10(1990),页51–65。

世纪后半至十六世纪前半）、Ⅲ期（十六世纪前半至十六世纪后半）、Ⅳ期［十六世纪末至十七世纪初之庆长年间（1596～1615）］四期。就各期出土陶瓷的种类而言，Ⅰ期以青瓷和白瓷为主，后期始出现较多的青花瓷；Ⅱ期除青瓷外，青花瓷和白瓷的数量激增；Ⅲ期青瓷碗渐趋少，以青花碗、盘为主，并见有白瓷菊花盘等新器种；Ⅳ期以青花瓷为主，青瓷碗消失，出现了所谓的克拉克瓷和漳州窑器。

虽然考古出土情况已经显示，室町时代人们已经普遍使用中国陶瓷，其使用阶层除可由遗迹性质的观察予以厘清之外，文献记载往往更为具体和生动，并可与考古资料相互检证。本文所搜集到涉及阶级陶瓷器用之相关文献，可大致区分为农民、中下层民，以及寺院、大臣等几个阶层。以下略述其梗概。

（1）《东寺百合文书》记载：宝总二年（1450），农村平民百姓若狭国泉大夫，因事遭官方缉捕，没入充公的财产中，包括有牛、犁和"茶碗"。[22]

（2）同上《东寺百合文书》又载：文明十九年（1487），中下层民左卫门太郎因杀人罪嫌而被查封的财产中，有价值二十文的"茶碗"一件。[23]

（3）《大音文书》记载：一五五〇年前后主要从事渔捞，间参与和海贼作战的刀祢阶级大音氏的财产目录中的陶瓷，计有："茶碗皿大十""白茶埦皿小二十""染付小皿二十""染付なます皿二十""天目台付二""青皿十""すし口皿十"。[24]

（4）《泷合寺校割帐》记载：天文年间（1542），上层阶级泷合寺财产账目有："染付三束""白一束""小染付二束"。[25]

（5）三条西实枝（1511～1579）著《三内口诀》器之条载："木具。土器。面向之参会、会席、祝仪ハ必用之候……青磁。或白茶碗。大臣朝夕之器也、一切涂物不し用之（中略）、大臣规模此分二候"。[26]

上述记事中（1）、（2）所见茶碗很可能属中国制品，而（3）之"白茶埦

22　纲野善彦：《中世民衆生活の一側面》，收入《生産技術と物質文化》日本歴史民俗信仰論集2（东京：吉川弘文馆，1993），页336。
23　纲野善彦：同上注，页338-339。
24　纲野善彦：《北国の社会と日本海》，《海と列島文化》第一卷（1990），页21。
25　佐藤圭：《瀧谷寺校割帳と一乗谷出土遺物中世の家財道具について》，收入《北陸社会構造の史的研究》（1989），页4。
26　野场喜子：《中世の絵画作品にみる中国製陶磁器》，《貿易陶磁研究》15（1995），页116。

皿""染付小皿""青皿"则分别指白瓷、青花瓷和青瓷，此无疑属于中国制品，后者陶瓷种类基本符合遗迹出土标本。值得留意的是，此刀祢层的财产中还包括有"天目台付"，即附带可能是木漆托座的黑釉茶碗。（4）泷合寺院财产所见青花瓷和白瓷，也应是中国制品。此外，寺帐中亦见有属于酒器的"唐瓶一双"，佐藤圭认为此或即中国的青白瓷梅瓶。[27]（5）的性质与（1）—（4）不同，但透露出极为重要的讯息，即纵如大臣般高阶层人士于正式的宴会是使用木器和无釉的瓦器，而自中国输入的青瓷或白瓷只是非正式的日用器皿。

另一方面，个别保存、发掘状况良好的遗迹出土陶瓷亦可反映各阶层陶瓷的使用情形。关于这点，我们可以福井县的"一乘谷"为例予以说明，因为该遗迹的遗留状况和发掘工作的精细度都颇有可观之处。一乘谷是战国大名朝仓孝景于文明初年（1469）在越前建设的首都，毁于天正元年（1573）的战火，故遗迹出土遗物多属废弃品，颇能忠实反映当时生活景况。遗迹各使用空间单位大多能予以复原，不仅确认了寺院、医院漆木或铸造业等住居遗址或作坊遗迹，同时成功地复原了战国大名朝仓氏的宅邸，后者包括厨房和会所、主殿、庭园等各项设施。不同遗迹出土的陶瓷组合同中有异。即城市民、武士居宅或大名朝仓馆均出土了中国和日本国产瓷，但朝仓馆所出日本无釉瓦器则占有突出的比例，占同遗迹出土陶瓷九成以上。[28] 其次，市镇出土物中包含不少茶花香道具，如一九八七年第五十七次调查时，就确认了川合殿之武家居宅水井出土有所谓的吕宋壶、茶碾、黑釉碗等茶道具。值得注意的是，朝仓馆址更出土了属于宋代的定窑白瓷和十一至十二世纪的高丽青瓷。[29] 小野正敏认为，战国大名遗迹陶瓷的共通之处是出土有使用于"座敷饰"的青瓷花瓶、香炉、白瓷梅瓶和四系壶等，该类作为"威信财"的道具多属宋元时期的古物，表明战国时期的权贵努力追求镰仓时期的"唐物"，同时继承了"将军御成""式三献"等武家礼仪。[30] 该一看法和过去矢部

27　佐藤圭，同注（25），页4。
28　小野正敏：《战国城下町の考古学》（东京：讲谈社，1997），講談社選書メチエ108，页103-113。另外，有关无釉瓦器的性质，可参见吉冈康畅：《"カワラケ"小考》，《国立歴史民俗博物館研究報告》74（1997），页125-129。以及胁田晴子：《文献からみた中世の土器と食事》，《国立歴史民俗博物館研究報告》71（1997），页473-495；野场喜子：《大饗の食器》，《国立歴史民俗博物館研究報告》71（1997），页517-528。
29　小野正敏，同注（19），页27-28。
30　小野正敏：《战国期の権威と富を象徴する貿易陶磁器》，收入《貿易陶磁研究会関西大会資料集》（1998），页7。另，佐藤丰三：《御成紀》，收入《茶の湯の成立》，《茶道聚錦》2（东京：小学館，1984），页257-261。

良明将宋元时期输日的白瓷四系罐、水注、梅瓶戏称为"三神器",认为是武家文化的象征之说法有共通之处。[31]

二、足利将军府的陶瓷收藏与鉴赏

有关室町时代将军府对于中国文物的鉴赏与收藏,以《君台观左右帐记》的记载最为重要。该书有能阿弥和其孙相阿弥两系列版本,其中又以文明八年(1476)能阿弥笔(群书类从本)和永正八年(1511)相阿弥书(东北大学本)两种版本最常为学界所引用。[32] 内容主要是记载将军家藏中国画作以及书院装饰和茶道具,并给予等第品评。由于相阿弥曾增补能阿弥所著述的部分内容,故书中哪一部分确属能阿弥所撰?目前已不得考。[33] 同时其内容又和近年发现的永享九年(1437)能阿弥笔录之《室町殿行幸御饰书》多有重叠,后者系记录了将军威权达到最高峰之六代将军足利义教于御花园天皇行幸时,向天皇展示的陈设于室町殿(花御所)庭院南北会所的装饰鉴赏道具。[34] 以下所引用《君台观左右帐记》的记事,是以相阿弥笔(东北大学本)为基础,随处参照林左马卫的相关校勘记事。[35]

《君台观左右帐记》(以下简称《君台观》)"土物类"项不仅记载了足利将军家藏的各种陶瓷,于各部类陶瓷下方有时还明记了相阿弥以实际价钱来评比鉴赏等重要记事。所载陶瓷种类和价钱包括:(1)曜变(万匹)(图1)、(2)油滴(图2)(五千匹)、(3)建盏(三千匹)、(4)乌盏、(5)鳖盏(千匹)、(6)能皮盏、(7)灰被、(8)天目、(9)青磁茶碗、(10)白磁茶碗、(11)饶州碗、(12)琚瑶。有关上述各类陶瓷的具体面貌和可能的产地比定,日方学者已有许多的讨论,并且大都取得相当的共识。即(1)—(3)应是福建建窑系黑釉碗;(5)指

---

31 矢部良明:《日本陶磁の一万二千年》(东京:平凡社,1994),页213–214。
32 有关《君台观左右帐记》各版本的介绍,可参见谷晃:《〈君台観左右帳記〉の成立に関する一考察》,《野村美術館紀要》3(1994),页73–100。
33 永岛福太郎:《珠光の茶の湯と京衆》,收入《茶道聚錦》2(东京:小学馆,1984),页219。
34 佐藤丰三:《室町殿行幸御饰记》,收入《东山御物》(东京:根津美术馆,1976),页160–168。
35 林左马卫:(校注,《御座敷御かざりの事》,收入前引:《东山御物》,页169–197。另外,《君台観左右帳記》的版本、内容及其与《御饰记》的关系,可参见林左马卫:《〈君台観左右帳記〉と〈御飾記〉の伝记》,收入前引:《东山御物》,页146–159。

的是江西吉州窑蛋斑釉瓷;(9)是指官窑;(11)为江西白瓷或仿定白瓷;(4)和(7)或来自福建某地仿建窑窑场所生产。[36] 虽然《君台观》陶瓷作品的产地比定有的仅止于推测,但很明显的是被能、相两阿弥视为鉴赏收藏对象的陶瓷主要是由宋代中国南方窑场所生产,并且多属单色釉瓷。换言之,十五世纪足利将军家的鉴赏陶瓷是属于古董范畴,其产地主要来自中国,日本国产瓷则未成为鉴赏的对象。

如前所述,室町时代各遗迹出土了大量的中国青瓷、白瓷和青花瓷器,然而这些来自中国的贸易瓷虽曾在当时日本的日常生活中扮演着积极而重要的角色,就连农村平民或曾犯下杀人罪嫌的中下贫民都拥有可能来自中国的陶瓷器皿(《东寺百合文书》),[37] 但此时输入的贸易瓷并未受到将军府同朋众的青睐,未能成为上层武家鉴藏赏玩的对象。其次,《大音文书》记载十六世纪中期刀祢阶层的大音氏财产中有所谓的"天目"黑釉茶碗,[38] 而天目碗虽亦见于《君台观》,然而附记道:"つねのごとし、はかつきを上とする也,上には御用なき物にて候间,不及代候也",[39] 可知其时"天目"是与来自福建建阳所产的黑釉"建盏"不同的一种价位低、不入将军御用的一般黑釉碗。而最高档次的天目则是被称为"灰被"(はかつき)者(图3),从近年的中国考古发掘资料看来,日方所谓的灰被黑釉碗有一部是来自福建省南平市茶洋窑,[40] 推测是输往日本的意图仿制"建盏"的低价位用器。[41]

此外,就日本的考古资料看来,于十五世纪后期遗迹已见较多的青花瓷器,至十六世纪其数量更大幅增加,成为遗迹出土中国陶瓷的主要种类。而就文献记载而言,东城坊秀长日记《迎阳记》康历二年(1380)六月九日条曾记载足利义

---

36 相关的讨论或介绍文章甚多,但叙述的具体内容则大体相同。早期学者的代表性著作可参见今泉雄作:《君台观左帐记考证》,《国华》39(1892),页49-51;40(1893),页73-77。另外,近年赤沼多佳认为"乌盏"亦来自建窑,但其油滴等建盏的不同之处在于呈口沿外卷,口部以下斜直内收;内底心较窄的造型。赤沼文见:《天目再考》,收入东洋陶磁学会三十周年纪年《東洋陶磁史—その研究の現在》(东京:东洋陶磁学会,2002),页78-79。

37 纲野善彦,同注(22),页338-339。

38 纲野善彦,同注(24),页21。

39 《君台观左右帐记》(東北大学狩野文庫本);收入《茶道古典全集》2(京都:同朋舍,1956),页314。

40 福建省博物馆等(林忠干等):《福建南平宋元窑址调查简报》,《福建文博》1983年1期,页60,图4-1。

41 森本朝子:《博多遗迹群出土の天目》,收入茶道资料馆:《唐物天目》(京都:茶道资料馆,1994),页194-214。

满等贵胄赴二条良基邸第举行"花御会"时,众人所持花瓶中已包括有"茶垸染付"(ちやはんそめつけ),即青花瓷瓶。[42]永享九年(1437)《室町殿行幸御饤记》亦见属于青花瓷的"水覆""下水"和"茶垸"等少数几件作品,[43]然而上述文献记载虽足以说明元末明初青花瓷器确曾输入日本并成为贵族阶层使用的用具之一,但相较于《君台观》所反映之当时对于宋代黑釉盏等单色釉瓷的鉴赏,就显得微不足道,未能成为鉴赏陶瓷的主要对象。

三、从"唐物数奇"到"佗数奇"

数奇(数寄)一般是指如何掌握眼前所呈现风物的一种对应样式,[44]而前述《君台观》所见对于唐物(主要是指来自中国的物品)的绝对崇拜,可说是唐物数奇的具体体现。早在镰仓末期的知识人吉田兼好(1283~1350)的《徒然草》中曾对当时日本盲目地追逐中国物品提出批判;[45]这种唐物趣味至室町时代更是变本加厉,唐物甚至成为一种象征权威、身份的道具,如宽正六年(1465)《碧山日录》中所说"多储钱货珍器名画以傲人也",形成追求溢美物欲的狂热奢靡风潮。[46]另一方面,我们从文献所载饮茶用茶碗的种类变化不难发现,随着时代的推移,中国陶瓷茶碗不再是一枝独秀赏玩的对象,而其间的消长变化正是日本对中国陶瓷鉴赏变迁的具体写照。从绝对崇尚唐物华美的"唐物数奇"倾向,过渡至赏鉴日本国产信乐窑器(图4)或南蛮、高丽茶碗(图5)等粗相陶瓷之美的"佗数奇",是前引山上宗二(1544~1590)书于天正十四年(1586)一般称为《山上宗二记》的茶道传书。该书提道:"惣别茶碗之事,唐茶碗ハ舍リタル也,当世ハ高丽茶碗,今烧茶碗、濑户茶碗以下迄ナリ。"若结合前此数年之永禄七年(1564)真松斋春溪《分类草木人》之"当时の数ハ唐物ハイラヌ样に成

---

42 赤井达郎等编:《資料日本美術史》(京都:松柏社,1989),页159。另,矢部良明:《元時代の染付とその評価の顛末》,《古美術》67(1983),页94-95。

43 佐藤丰三,同注(34),页161、163、166。另,长谷部乐尔,同注(7),页134。

44 小田英作:《唐物数奇》,《茶道聚錦》2(东京:小学馆,1984),页130。

45 吉田兼好(李永炽译):《徒然草》(台北:合志文化事业股份有限公司,1988),页85-86。

46 《碧山日录》:"多储钱货珍器名畫以傲人也";《建武式目》:"近日号婆佐罗,专好过差、绫罗锦绣、精好银剑、风流服饰无不惊目,颇可谓物狂欤"。此转引自满冈忠成:《室町時代の舶載陶磁》,《陶磁》11卷2期(1939),页1。

タリ"的记载，反映出十六世纪后半日本茶道数奇者舍弃来自中国的茶碗，代之以高丽茶碗和日本国产的乐烧、濑户烧等作品，而此一茶道使用道具的变迁也成了部分学者论述其时茶道是以和样茶具为主流的依据之一。[47] 就《山上宗二记》所载陶瓷茶具而言，被《君台观》评为天下至宝的建窑曜变黑釉碗（同图1），成了"代かろき"价值平平与当时侘茶风格格不入的一般作品；同时见于《君台观》之等级低下的灰被茶碗（同图3），则被山上宗二视为最能体现冷、瘦、枯之侘茶风，即武野绍鸥（1504～1555）至千利休（1522～1591）以来茶道美感的名物道具。[48]

就文献记载看来，永正十三年（1516）金春禅凤著《禅凤杂谈》已提到作为茶道具的伊势、备前等日本瓷窑作品；[49] 现有的《茶会记》虽未能早于天文年间（1532—1555），但天文十八年（1549）《天王寺屋茶会记》之《津田宗达他会记》已见使用"伊势天目"和物茶碗。[50] 依据林屋晴三针对主要茶会记和日记类所见茶碗变迁统计资料，则天文二年（1533）至天正十二年（1584）间的一千二百六十四次茶会使用茶碗例中，唐物、和物茶碗比例为20：1；但到了天正十三年（1585）至庆长末年（1614），其比例则为4.7：1，[51] 说明日本和物茶碗或高丽茶碗于天正十年代前半急遽流行。[52] 然而，和物茶碗的大量使用或流行，是否即近年矢部良明大力鼓吹的日本价值体系产生了质的变化，造成十五世纪后半日本茶道世界既利用唐物，同时又创造出全然属于日本的美学观，[53] 以及同氏所主张的，天正十四年（1586）以后，日本的工艺品已挣脱出中国文物的绝对影响，同时奠立体现日本独特美学的和样化作品。[54]

虽然十六世纪后半天正年间，足利将军家等收藏之部分著名唐物茶具，因不符

47　林屋晴三：《茶陶の変遷—唐物数寄から侘数奇へ》，*Museum*，335（1980），页22。

48　满冈忠成：《陶器に現れた绍鸥の美意识》，收入《茶道》5，《茶人篇》（一）（大阪：创元社，1936），页154–155。

49　永岛福太郎，同注（33），页217。

50　竹内顺一：《和物茶碗の展开》，收入《茶道聚锦》11（东京：小学馆，1983），页145–146。

51　林屋晴三：《茶碗变迁资料》，《東京国立博物馆纪要》5（1970），页193–271，另：竹内顺一，同上注，页143–158参照。

52　竹内顺一，同注（50），页146，以及近年谷晃氏的详细统计，参见谷晃：《茶会记に见る中国陶磁の受容》，《野村美术馆研究纪要》5（1996），页38–42。

53　矢部良明：《天正十四年の変》，收入日本美术全集14：《城と茶室》桃山　建筑、工艺（东京：讲谈社，1992），页189–196。

54　矢部良明：《桃山工芸論》，收入日本美术全集14（东京：讲谈社，1992），页154–161。

侘茶理念而退出茶会舞台，但从现存的茶会记资料看来，直到桃山时代，中国的建盏和天目盏仍被持续地使用，[55] 如收录于《天王寺屋茶会记》之永禄九年（1566）至元龟三年（1572）之津田宗及茶会记，其主要的记述对象也是来自中国的绘画、茶壶、茶入和青瓷花瓶、香炉等作品，说明唐物道具仍然受到珍重的事实。[56] 晚至万治三年（1660）之《玩货名物记》，甚至平反了被山上宗二否定的唐物道具，重新赋予较高的评价。[57] 尽管目前学界对于《山上宗二记》的写作动机仍处于臆测的阶段，但很明显的是，该书内容明白显示了"双重构造"，其一是重视足利将军家以来具有古典美的名物道具，另一则是强调适合当世侘理念的具有粗相美的茶具。[58] 无论何者，受到山上宗二高度评价的名物之鉴赏要件，是由形（形态、大小）、比（尺寸、容量）、样子（整体形态、胎釉外观特征和效果等）所构成。[59] 其中，有关瓷釉的观察鉴赏方式，提供了理解当时赏鉴品评陶瓷的重要切入点，值得加以留意。

《山上宗二记》提到，著名歌师心敬（1406~1473）在观赏足利义政将军亲自命名为"舍子"的一件中国茶壶时，以枯桥覆霜来比拟该褐釉茶壶的釉面景致。此壶后归丰臣秀吉所有。山上宗二实见之后，亦心有戚戚地感到壶釉面所呈现出的枯桥如霜般的景色。[60] 矢部良明即认为此种体验冷枯的风情，乃是与世阿弥（1363~1443？）、心敬等人所倡导的冷、枯、冻、寂意境一脉相承，构成了日本特有的近世美学观。[61] 由于中国地区文献亦见部分有关瓷釉鉴赏的记事，因此，拟以中国文献为主，随处比较日本方面的相关记述，尝试厘清中日两区域瓷釉鉴赏观的异同。

四、中国和日本区域的瓷釉鉴赏

如前所述，十六世纪后半期日本的瓷釉鉴赏风情，可由《山上宗二记》的记

---

55 林屋晴三，同注（47），页21。
56 赤沼多佳：《〈山上宗二记〉にみる道具評価とその特質》，收入《山上宗二記研究二》（东京：三德庵，1994），页36。
57 竹内顺一：《〈山上宗二记〉記載の茶道具》，《山上宗二記研究一》（东京：三德庵，1993），页61。
58 此已由竹内顺一，同上注，页110；和赤沼多佳，同注（56），页36，所指出。
59 竹内顺一，同注（57），页101。
60 《山上宗二記》，同注（2），页56。
61 矢部良明：《冷、凍、寂、枯の美的評語を通して近世美学の定立を窺う》，《東京国立博物館紀要》25（1990），页63。

载窥见一斑。然而,中国又是如何赏鉴瓷釉呢?

首先,作为中国茶道祖师的陆羽(733~804)在其《茶经》中,曾以"类玉"、"类冰"和"类银"、"类雪"来品评、比拟唐代越窑青瓷和邢窑白瓷茶碗的瓷釉外观特征。[62] 晚唐诗人陆龟蒙(?~约881)《秘色越器诗》:"九秋风露越窑开,夺得千峰翠色来",[63] 杜甫(712~770)《又于韦处乞大邑瓷碗诗》:"君家白碗胜霜雪",[64] 同样也是以自然界中的"千峰翠色"、"霜雪"来形容青瓷和白瓷的美丽釉色。上述事例似乎显示其与前引日本室町时代中期著名歌师心敬或山上宗二,以枯桥覆霜来譬喻一件名为"舍子"的茶壶釉色鉴赏有着类似之处。特别是到了宋代,黄山谷(1045~1105)以"赤铜茗碗雨斑斑"来比拟建窑茶盏所施罩的油滴釉,[65] 更是对特定陶瓷作品瓷釉的具体赏析。值得留意的是,《君台观》即视釉色变幻多端的"曜变"建盏为天下之至宝,值钱万匹;建窑"油滴"黑釉盏次之,值钱五千匹,若以永正八年(1511)相阿弥撰《君台观》时米价一石约七百六十九文来计算,[66] 万匹(十万文)无疑是个庞大的数字。

另一方面,明初曹昭撰《格古要论》提到建窑"色黑而滋润,有黄兔毫斑、滴珠,大者真,但体极厚,俗甚,少见薄者",[67] 受到宋代文人以及室町将军家同朋众高度颂扬的建窑油滴、兔毫(图6)等瑰丽变幻的釉色,在曹昭看来似乎只是鉴别作品真伪的手段罢了。同样,《格古要论》说定窑釉"有泪痕者是真",[68] 也是将定窑白瓷经常可见的流釉痕迹当作判别真伪的要件,而非赏玩的对象。虽然,明代晚期张应文《清秘藏》或文震亨《长物志》注意到定窑釉有"泪痕者佳",[69] 说来算是对宋代鉴赏瓷釉景色之某种程度的继承,然而此种细心咀嚼陶瓷釉色景致变化的观看方式,在"本朝窑器,用白地青花,间装五色,为古今之

---

62 陆羽:《茶经》(台北:艺文,1967)。
63 陆龟蒙:《秘色越器诗》,收入景印文渊阁四库全书:《甫里集》卷12,册1083(台北:商务印书馆)。
64 杜甫:《又于韦处乞大邑瓷碗诗》,收入景印文渊阁四库全书:《集千家注杜工部诗集》卷7,册1068(台北:台湾商务印书馆)。
65 黄山谷"以小团龙及半挺赠无咎并诗,用前韵为戏",收入景印文渊阁四库全书:《山谷内集诗注》卷2(台北:台湾商务印书馆)。
66 百瀬今朝雄:《室町時代における米価表—東寺関係の場合》,《史学雑誌》66卷1期(1957),页65。
67 (明)曹昭:《格古要论》,收入王云五编:《夷门广牍》(台北:台湾商务印书馆),页49,《古窑器论·古定器》。
68 同上注,页48,《古窑器论·古定器》。
69 (明)张应文:《清秘藏》,收入黄宾虹等编:《美术丛书》(上海:神州国光社,1947),初集八辑,页198:《论窑器》;(明)文震亨:《长物志》,收入《美术丛书》,三集九辑,页226:《总论铜玉雕刻窑器》。

冠"的，[70] 晚明文人相对倾向于鉴赏陶瓷纹样、彩饰的浪潮之下，就显得微不足道，以至于隆庆六年（1572）田艺衡之《留青日札》会将建窑黑釉盏评为等级最低的作品。[71]

这样看来，中国唐宋时代对于瓷釉景色的赏玩风情，似乎并未受到明代鉴赏家多大的认同或继承，与此相对地，却于日本得到进一步的发展，特别是室町后期至桃山时代几乎是青出于蓝地对唐宋以来的瓷釉赏鉴发挥得淋漓尽致。以其时《道具拜见记》所载装盛抹茶的小茶罐（茶入）瓷釉鉴赏为例（图7），作为名物道具的小茶罐是以双重挂釉为重要的先决条件，釉面既要具备流釉痕（なだれ），同时讲究流釉先端部分（露先）应逐渐变细流淌至接近罐底，却又尚未流至罐底处。[72] 像这样的对流釉即泪痕的赏玩风情，极有可能是承袭了宋代的瓷釉鉴赏并予以夸张和形式化的结果。

日本对陶瓷釉景色的赏鉴，还可从不少茶道具的命名而轻易得知。[73] 尽管江户时代（1603～1868）的茶具命名原则颇为多样，有的以持有者或产地因缘来命名，也有依据季节或和歌、汉诗、俳句、禅语、能乐、狂言等来命名，但有许多则是根据作品之器形外观或釉色变化来给予适当的名称。[74] 由于部分作品仍传世至今，故有利于经由作品的实物观察而正确掌握命名的原委和其中的赏鉴风格。如《当代记》庆长十二年（1607）载现存的一件宋元时期黑褐釉四系壶，因器身有一道白色的釉彩，故名曰"白云"，[75] 而实物壶身斜向的泛白色调窑变烟熏宽带，的确予人有白云虹彩的想象（图8）。其次，南北朝近江守护大名佐佐木道誉秘藏的一件命名为"打昙大海"的中国制褐釉小茶罐（图9），也是因罐身波状的流釉痕而被比拟成怀纸地纹般的云彩（打昙），而"大海"则是因罐口沿宽广如无垠之海而得名。[76] 此外，依据《山上宗二记》的记载，原为织田信长（1534—1582）所藏，后烧毁于本能寺之变的名为"松岛"的褐釉茶叶壶，则是

---

70 （明）沈德符：《万历野获编》（北京：中华书局，1959），页653：卷2下，《瓷器》条。
71 （明）田艺衡：《留青日札》（上海：上海古籍出版社，1985），卷下，页1273。
72 竹内顺一，同注（57），页103-104。
73 赤沼多佳：《茶道具の由来と銘—室町、桃山時代の様相》，收入《茶の湯の名器—由来と銘》（京都：茶道资料馆，1988），页111。
74 岛村芳宏：《江戸時代における銘の展開—茶入・花入、茶碗、茶勺を中心に》，收入《茶の湯の名器—由来と銘》（京都：茶道资料馆，1988），页119-150。
75 德川义宣：《茶壺》（京都：淡交社，1982），图版6及页151-152的解说。
76 桑田忠亲：《名物茶道具の話》，收入《桑田忠親著作集》（东京：秋田书店，1980），卷8，211页。

因该壶壶肩上错落的瘤状肿块使人产生岛屿形象的联想,故据此而命名之。[77] 至于日本不少中世遗迹都曾出土之系耳之间饰波形阴刻线纹的宋元时期褐釉四系壶,则可依据日本天文十三年(1554)《茶具备讨集》所载:"远山肩以箆锐画连山之形也",得知该类肩饰帷幕式波状阴刻纹的四系壶在茶道数奇者之间被称为"远山"。[78]

日本的这种深入体验、冥想陶瓷装饰、器形,特别是釉色的鉴赏方式,亦体现在茶道茶会记的记录中。如博多富商神谷宗湛《宗湛日记》天正十五年(1587)正月三日条就明记现藏德川美术馆名为"松花"的褐釉壶是先挂化妆土而后施釉;[79] 天正十四年(1586)《山上宗二记》亦记载该壶原为村田珠光(1422〜1502)所藏,胎呈黑色调,器身有二瘤,底釉白中带红,明确地指出该壶系二次上釉。[80] 结合实物所见施釉情况,不得不惊讶桃山时代茶人的细腻观察力。约形成于十五世纪后半的茶道美学对于化烧窑时的瑕疵为赏鉴的对象、细心咀嚼陶瓷的胎釉风情,无疑是有着推波助澜的作用。如果再次回头考虑中国唐宋时代的陶瓷鉴赏,中日赏瓷颇有雷同之处。如唐皎然(约760年前后在世)《画上人集》以"素瓷雪色缥沫香"来譬喻洁净的白瓷;[81] 宋杨万里(1127〜1206)《朝天集》也用"松风鸣雪兔毫霜"来比拟建窑黑釉盏的釉面景色纹理。[82]

另一方面,宋代文人的这种讲究瓷釉"造作的自然"之鉴赏观也反映在日本禅僧的汉诗中。如《无涯仁浩禅诗语录》所见"青兔毫里雪花香"即是直接承袭了宋代人对于建窑兔毫黑釉茶盏的赏玩风情,[83] 而五山禅僧万里集九《啜鹧鸪碗》诗之"饶州茶碗鹧鸪纹",甚至有可能是参照黄山谷"建安瓷碗鹧鸪斑"诗句写作而成的。[84]

---

77 竹内顺一,同注(57),页107。
78 谢明良:《澎湖中屯屿发现的"清香"铭瓷片和清香壶》,《故宫文物月刊》12卷6期(1994),页25。
79 神谷宗湛:《宗湛日记》,收入千宗室主编:《茶道古典全集》卷6(京都:淡交社,1997),页164。
80 《山上宗二记》,同注(2),页55-56。
81 (唐)皎然:《画上人集》,《饮茶歌诮崔石使君》,收入四部丛刊初编,集部147,《皎然集》卷7(上海:商务)。
82 (宋)杨万里:《朝天集》,《以六一泉煮双井茶》,收入四部丛刊初编,集部64,《诚斋集》卷20(上海:商务)。
83 无涯仁浩(1294-1359)。此转引自满冈忠成:《日本人と陶器》(京都:大八洲出版株式会社,1945),页112。
84 万里集九:《梅花无尽藏》三の上,明应二年(1493)《啜鹧鸪碗》诗(玉村竹二编:《五山文学新集》卷6)可能系仿黄山谷诗写作而成一事,已由满冈忠成所指出。参见同氏,同注(83),页116。

无论如何，重要的是约形成于十三世纪镰仓末期至十四世纪南北朝时代的五山文学是以中国汉文化为最高的典范，室町时代五山禅宗僧侣同时也扮演着主宰文化的角色，既为室町幕府起草外交文书，日方朝廷且以禅僧为中介与明国进行外交往来。[85] 从《君台观》将具有瑰丽变幻釉色的建窑黑釉盏视为天下之至宝一事似可推测，室町将军府的同朋众在一定程度上是继承了五山文学的古典鉴赏传统，而中国的唐宋时代文化即为该一鉴赏传承的最高典范。也因此约略与室町时代平行的明代文物或明代文人的鉴赏观，并未成为将军府同朋众阿祢们参考、汲取的主要对象。

毫无疑问，十六世纪后半叶日本侘茶道具使用和物茶碗或导入来自朝鲜半岛的高丽茶碗，并针对室町时代传世的中国陶瓷予以再评估的新的鉴赏观，与武野绍鸥（1504~1555）、千利休（1522~1591）以来侘茶新的美学理念有关，同时也是对室町时代唐物万能之僵化现象的一种反动。然而，就瓷釉景色的鉴赏而言，侘茶的鉴赏理念则颇契合作为五山文学典范之中国区域唐宋时代的鉴赏观。因此，与其将之视为一种刻意地要和中国区域唐样相区别、抗衡的和样鉴赏方式，倒不如将之理解成在同一陶瓷文化圈中，个别区域于发展进程中对于文化圈陶瓷典范的再诠释，其跨越过室町前期渐呈教条、僵化的由五山僧侣中介而来的唐宋传承，而直接去面对、体验唐宋时代的瓷釉鉴赏风情。其结果是造成了在继承唐宋时代瓷釉鉴赏观的同时，进一步地又将体现"造作的自然"的瓷釉风情强调夸张到了极致，从而呈现出一种既和《君台观》有别，同时又和中国区域明代鉴赏方式大异其趣的具有特色的区域鉴赏观。

我认为，在考察室町后期至桃山时代日本区域的陶瓷鉴赏典范时，明代嘉靖四十年（1561）郑若曾《日本图纂》《倭好》所载以下的一段记述，很值得重视，即"磁器，择花样而用之，香炉以小竹节为尚，碗、碟以菊花棱为上，碗亦以葵花棱为上，制若非瓤，虽官窑不喜也"。[86] 从现今的考古发掘成果可知，日本不少十六世纪遗迹均曾出土造型呈竹节状的龙泉窑系青瓷小香炉（图10）。[87] 该式炉与

---

[85] 田中博美：《武家外交の成立と五山禅僧の役割》，收入田中健夫编：《日本前近代の国家と対外関係》（东京：吉川弘文館，1987），页43-70。

[86] 《日本图纂》、《倭好》。原文参见田中健夫：《"倭好"觉書—十六世紀の海外貿易品に関する一史料の注解》，收入同氏：《東アジアの通交圏と国際認識》（东京：吉川弘文館，1997），页172-174。

[87] 广岛县立历史博物馆编：《茶、花、香—中世にうまれた生活文化》（广岛：广岛县立历史博物馆友の会，1995），页9，图3，福冈市出土。

定、汝、官等宋代瓷窑常见的弦纹炉有共通之处；现藏德川美术馆名为"千鸟"的南宋至元代龙泉青瓷弦纹炉（图11），[88] 可视为明代该窑系所烧造之竹节式炉的祖型。依据松平不昧《古今名物类聚抄》可知"千鸟"铭炉原系武野绍鸥所有，后经丰臣秀吉（1536 — 1598）、德川家康（1542 — 1616）传世至今，是流传有绪的大名物，[89] 而十六世纪的竹节式炉即是承袭了类此之宋代弦纹炉造型发展而成的。换句话说，日本区域喜爱的竹节式香炉是继承宋代造型传统之具有古典性的器形。其次，《日本国纂》载倭人嗜好称为"葵花棱"花口碗盘一事更是透露出重要的讯息。众所周知，著名的"马蝗绊"的南宋龙泉窑青瓷碗，最显著的造型装饰特征，即是口沿切割成六花式口（图12）。依据享保十二年（1727）伊藤东涯《马蝗绊茶瓯记》的记载，该碗原持有人为平重盛（1138 — 1179），后归足利义政（1435 — 1490）所有。由于碗心周遭有裂璺，足利义政遂遣人将之携回明朝欲换取同式完好的作品，然其时中国已无烧造这类陶瓷，权宜之下施以补钉再度送回日本；天文二十三年（1554）《茶具备讨集》所记载的一件"锳茶碗，大璺故也"，锳即补钉，很可能指的也是该青瓷碗。[90] 无论如何，这件备受重视、充满浪漫传奇的南宋龙泉窑花口碗，似乎反映了室町时代对中国陶瓷的品位好尚，即对于花口造型的偏爱。不仅如此，被山上宗二评为天下第一，价值五千贯的松本茶碗，其造型是"ヨウヲ五ッキサシタル青磁ノ茶碗上に吹墨在リ"，即口沿切削成五花式的青瓷碗。[91] 其次，依据武野绍鸥笔录《往古道具直段付》所记与松本茶碗同列名为天下三大名碗的值钱三千贯之安井茶碗，其造型是"面ニヘラメ五ッ押入テ有"，[92] 也是属于五花式口茶碗。

值得留意的是，呈菊花、葵花等花式口沿造型的陶瓷碗盘器皿，于唐代以来各个时代均有制造，明代当然也不例外。不过，明代后期瓷窑碗盘类显然是以圆口无切棱者为大宗，比较少见具花口造型者。相对地，花式口沿则是唐宋时代各类材质碗盘类之极为常见的装饰手法之一。从目前中国区域的考古发掘资料可知，五花式口碗盘，是晚唐、五代至北宋早期流行的装饰技法，北宋晚期至南宋

---

88 根津美术馆：《大名物》（东京：根津美术馆，1974），图34。

89 筒井纮一：《名器がたどった歴史》（东京：主妇の友社，1984），页25-30。

90 奥田直荣：《東山御物》，收入《東山御物》（东京：根津美术馆，1976），页106-107，另同书图35。

91 《山上宗二记》，同注（2），页63。不过，亦有学者怀疑所谓松本茶碗或许属朝鲜陶瓷，此说参见谷晃：《茶会记に见る朝鲜陶磁の受容》，《野村美术馆纪要》4（1995），页45，注（24）。

92 满冈忠成，同注（46），页11。

则多呈六花式口。⁹³ 就此而言，作为山上宗二时代天下名碗的碗式，应该说是比较接近北宋晚期以前的样式。

此外，明崇祯十年（1637）宋应星《天工开物》载日本不惜以巨资收购可能是属于宋代官窑类型的碎器香炉，⁹⁴ 以及日本遣明副使著名禅僧策彦周良于嘉靖十九年（1540）渡明时购买宋代定窑白瓷一事，⁹⁵ 亦可反映十六世纪中期日本区域追逐宋代趣味的时代风尚。特别是策彦周良于明朝不止一次地购买"白菊皿"，⁹⁶ 目前已有许多资料可以证实，这种白菊皿应该是与博多上吴服町或岛根县广濑町等十六世纪遗迹出土的口沿呈菊瓣造型的白瓷小碟同类的作品（图13）。⁹⁷ 值得一提的是，该式碟不仅是宋代金银器、漆器常见的器形，同时也是南宋官窑的造型样式之一（图14）。⁹⁸ 此再次说明了日本的花口趣味之古典性格。

就日本的茶道发展史而言，流行于室町时代（1359～1573）前期北山和东山文化的书院茶，至室町后期已逐渐为讲究侘茶风的草庵茶所替代，"号唐样室餼集众催兴之宴"（《禅林小歌》），⁹⁹ 武家贵族书院茶以中国区域唐宋时期工艺美术品为装饰道具的风潮，也随着草庵茶的兴起和风行，中国文物不再是一枝独秀的赏玩对象。如室町后期著名茶师武野绍鸥所使用的茶具中，除了中国陶瓷之外，亦包括部分朝鲜半岛、东南亚和日本国产的信乐、备前等瓷窑作品。¹⁰⁰ 换言之，此时的文物鉴赏已从武家贵族崇尚华丽唐物的"唐物数奇"倾向，过渡至赏鉴信乐、高丽或来自中国福建地区杂窑的灰被茶碗等粗陶瓷美的"侘数奇"¹⁰¹ 了。桃山时代（1573—1614）十六世纪末期《山上宗二记》的茶具观即是集中反映了侘

93　矢部良明：《晚唐五代の陶磁にみる五輪花の流行》，*Museum* 300（1976），页21-33。

94　（明）宋应星：《天工开物》（香港：中华书局，1978），页199。

95　牧田谛亮编：《策彦入明记の研究・上》（京都：法藏社，1995），页155："嘉靖十九年十一月十一日"条。

96　同上注，页192，"嘉靖二十年四月二十六日"条；页193："同年五月二日及三日"条。

97　福冈市教育委员会：《都市計劃道路博多駅築港線關係埋藏文化財調查報告 I》，博多、福冈市埋藏文化財調查報告書第183集（福冈：福冈市教育委员会，1988），卷头图版3之5之124-128。

98　台北故宫博物院编：《故宫宋瓷图录・南宋官窑》（东京：学习研究社，1974），图58。

99　圣冏：《禅林小歌》，收入《续群书类从》19辑，《游戏部》，卷561，页1167。另据中尾万三考证其成书年代约在应永二十二年至二十七年（1415～1420）之间。参见中尾：《天目茶碗考》，《陶磁》8卷3期（1936），页10。

100　满冈忠成，同注（48），页151-165。

101　村井康彦：《茶の湯の成立と侘茶への胎動》，收入《茶道聚錦》2（东京：小学馆，1984），页49-59。

数奇的赏玩风情。

虽然，十三世纪镰仓时代末期至十四世纪南北朝时代的早期，五山文化或五山僧侣对于中国工艺品的鉴赏倾向，或曾给予室町时代"唐物万能"风潮一定程度的影响。不过，室町将军在赏玩来自中国区域唐物的同时，还刻意地将唐物作为展现威权的格式道具一事，则颇耐人寻味。[102] 而该一现象是否可能透露出室町前期绝对尊崇中国文物的深层原因，或者提供我们理解随着区域的变动而可能衍生出的文物鉴赏或价值观的变化等重要线索？值得略加探讨。

永享九年（1437）能阿弥《室町殿行幸御饰记》（以下简称《御饰记》），记录了六代将军足利义教（1429～1441）执政时室町殿（花御所）庭院南北会所中的装饰道具内容和陈设情况。如作为主体的南向会所之"西七间"悬挂有南宋玉涧的《八景图》；北向会所泉殿"赤漆之床间"置饶州"汤盏"等等，[103] 其陈设文物内容明显地反映出对于唐物的憧憬。值得一提的是，会所展出之道具乃是为了因应御花园天皇之行幸而设的。也可以说代表武家政权的将军似乎是拟借由此次天皇之行幸，向作为公家政权最高位的天皇展现夸耀其所拥有的大量唐物道具。

众所周知，自足利义满（1358～1408）就任第三代将军以来，公家和武家两政权的关系发生了急遽的变化，其时朝廷原本拥有的诸种权力大多逐渐转移至幕府，幕府将军在实质上已居于日本最高统治者的地位，应永九年（1402）中国明惠帝在国书中称义满为"日本国王源道义"也表明了该一事实。历来的日方学者对于实际上已是日本最高统治者的义满为何要以臣属之礼与明国建交有过许多的讨论。[104] 其中，又以佐藤进一的说法最常为学界所引用。佐藤进一认为义满篡夺王权的计划是经由与明国建交，获得日本国王之称号而得以完全地实现。同时，

---

102 龟井明德极力反对在未加详细论证之前，就贸然地将将军家持有的中国陶瓷视为展现威权之道具的做法［龟井：《贸易陶磁器研究の今日的课题》，收入前川要编：《中世综合资料学の提倡—中世考古学の现状と课题》（东京：新人物往来社，2003），页246-248］。我也认为近年日本学界动辄以所谓"威信财"来解读遗迹出土中国陶瓷的做法确实有过当之处，如小野正敏《威信财として贸易陶磁と场—战国期东国を例に》，收入同氏等编：《战国时代の考古学》（东京：高志书院，2003），页553-564，即为其中的代表。但是我们也不应矫枉过正。就将军家收藏的"唐物"而言，我认为应先将之区分为：（1）经由一般贸易途径或臣下进奉而获得；（2）明朝帝王的赏赐品。前者属异国珍奇土产品，后者则具有威权格式道具的象征意涵。

103 《室町殿行幸御饰记》，见同注（34），页160-168。

104 田中健夫：《中世对外关系史》（东京：东京大学出版会，1975），第二章，《册封关系の成立》，页53-94参照。

与明国的朝贡贸易也保证了义满在日本区域经济贸易方面的统治权力。[105] 近年，胁田晴子在考察足利幕府始终不颁行货币，而是由中国进口铜钱时也指出，义满虽贵为日本实质上的最高统治者，然而在名义上天皇才是至上的存在，将军既是由天皇所任命，故货币的发行权理应归于天皇所有，因此义满援用中国货币之举，其实是采取了与日本国王封号同样的策略。[106] 这样看来，将军家的唐物趣味及其所拥有的大量中国文物，就有可能是日本国王封号策略思维下的另一种展现的方式；不难想象，经由朝贡的形式，由中国皇帝赐予的中国文物是有着重要的象征功能。

事实上，《大明别幅并两国勘合》记载明成祖永乐四年（1406）曾颁赐予足利义满将军"黄铜镀金厢口足建盏一十个"，[107] 即十件口沿和底足镶嵌镀金金属扣边的建窑黑釉茶盏，而六代将军义教于永享九年（1437）后花园天皇行幸时，也在会所展示了"建盏"和"油滴"。其中，陈设于南向会所"茶汤棚"的建窑，还镶有银白色的金属扣边。[108] 尽管目前已难得知上述建盏当中，是否包括了部分永乐帝的颁赐品，不过，若将《御饰记》所载中国文物内容，与中国皇帝赠予日本国王的中国物品进行比较，未必不能勾勒一个概略的轮廓。如前引《大明别幅并两国勘合》载永乐元年（1403）成祖颁赐日本国王妃礼物中有红雕漆"八角盆"；永乐四年（1406）赏赐日本国王源道义的礼物除了"建窑"之外，另有"黄熟铜大菱花盆""黄熟铜小清面盆"和"朱红漆戗金彩妆衣架"等，[109] 而《御饰记》亦载录有堆红盆、剔花盆和"衣驾"（原注：唐赤漆雕物荔枝红绿。以下品名之后括弧均为原注）和"清面钵"（鍮石　菱花）；[110] 而后者之铜质菱花盆形制恰与成祖颁赐的"黄熟铜大菱花盆"完全一致。其次，相国寺瑞溪周凤（1391—1473）著《善邻国宝记》收录的宣德八年（1433）宣宗特赐日本国王和王妃的礼品中有："朱红漆戗金交椅""银茶瓶""镜袋""古铜点金斑花瓶""古

105　佐藤进一：《室町幕府論》，收入同氏：《日本中世史論集》（东京：岩波书店，1990），页115-164。
106　胁田晴子：《物価より見た日明貿易の性格》，收入宫川秀一编：《日本における国家と社会》（京都：思文馆，1992），页259-260。
107　《大明别幅并两国勘合》，收入汤谷稔编：《日明勘合贸易史料》（东京：国书刊行会，1983），页453。
108　《室町殿行幸御饰记》，同注（34），页160-168。
109　《大明别幅并两国勘合》，同注（107），页446-453。
110　《室町殿行幸御饰记》，同注（34），页160-168。

铜点金斑香炉"和"兔毫笔"等。[111] 与此相对应般,《御饰记》亦载录有"椅子"（朱漆）、"茶瓶"（大小二银一）、"镜袋"、"水瓶"（胡铜）、"香栌"（鍮石）以及"笔"等物品。[112]

值得一提的是，日本国王除了收受中国帝王颁赐的礼物之外，有时还以"奏讨"的方式，具体请求中国皇帝赏赉国王所需之物件。如同样收录于《善邻国宝记》之景泰五年（1454）正月初九日国书，即记载有八代将军足利义政向景帝奏讨并获准颁赐的"黄铜花龟鹤烛台"，[113] 参照《君台观》义政小河殿所装饰道具插图（图15），则该龟鹤铜烛台无疑就是陈设于小河殿东御殿对面桌上之鹤首顶端载承盘，鹤足踏于龟背上的象生烛台，其与花瓶和香炉共同构成了"三具足"装饰。[114] 而《御饰记》所见之"三具足"（龟鹤圆明），[115] 很有可能亦属该一形制的龟鹤形烛台。无论如何，从将军家的装饰道具与中国皇帝颁赐品内容有颇多重叠或雷同之处一事看来，室町将军家的崇尚唐物之风很可能又与明代的册封体制有关，而作为象征将军权力的中国区域工艺美术品也成为武家上层贵族追逐、赏玩的主要对象之一。从《君台观》或《御饰记》所载中国区域工艺美术品的所属时代看来，此时日本区域所憧憬的唐物有不少是属于唐宋元代的古物。除了明记有作者名号、年代的绘画作品之外，与前述龟鹤形烛台造型特征基本一致的仿汉代灯式铜烛台曾见于四川省简阳县东溪园艺场或江油县宋代窖藏出土品（图16）。[116] 至于屡次出现的"建窑"黑釉茶碗无疑亦属宋代文物。从万历《大明会典》载成祖赐日本国礼物中包括"古器、书画等物"，[117] 亦可窥知永乐皇帝对于此时日本区域嗜爱中国古物一事可能已有某种程度的理解，也因此才会出现这样的特殊赏赐品。另一方面，可能是由明朝帝王赏赉给日本国王的文物在安土桃山时已有部分

---

111 田中健夫编:《善邻国宝记》、《新订善邻国宝记》（东京：集英社，1995），页210–216。

112 《室町殿行幸御饰记》，同注（34），页160–168。

113 田中健夫编，同注（111），页232。

114 《小河御所并东山殿御饰记》，收入《东山御物》（东京：根津美术馆，1976），图44。

115 《室町殿行幸御饰记》，同注（34），页161。

116 四川省文物管理委员会（张才俊）:《四川简阳东溪园艺场元墓》，《文物》1987年2期，图版八之1。黄石林:《江油县发现宋代窖藏》，《四川文物》1987年2期，封底图11。附带一提，目前学界对该遗迹之年代和性质仍存在不同的意见，笔者是倾向其应属宋代窖藏，而非元代墓葬的看法，相关讨论可参见谢明良:《探索四川宋元器物窖藏》，收入《区域与网络——近千年来中国美术史研究国际学术研讨会论文集》（台北：台湾大学艺术史研究所，2001），页154–155。

117 万历《大明会典》，《给赐二》，"日本国永乐间赐国王冠服、纻丝、纱、罗、金银、古器、书画等物"。

流入民间。成书于天正十四年（1586）的《山上宗二记》曾记载堺之满田盛秀收藏有一件"コンネン殿"青瓷茶盏，[118] 而此一口沿切割成六花口的青瓷碗也就是见于《久政茶会记》天文十一年（1645）条之"坤宁殿茶碗"。[119] 应予留意的是，尽管当今学界主张"坤宁殿"是今日故宫博物院北侧殿名，原系明初增建的皇后居宅，后因火灾烧失再建而成，[120] 殊不知清代乾隆皇帝不仅提及内府所藏器底刻有"坤宁"的宋代官窑，并对此进行了考证。乾隆帝认为："按今之坤宁宫沿明之旧，而陶宗仪《辍耕录》记宋宫殿已有坤宁殿之名，此器中坤宁不知镌刻于何时矣"。[121] 无论如何，坤宁殿既为宫廷殿名，镌刻有坤宁字铭者极有可能亦属内廷文物。尽管我们已难证实《山上宗二记》所载之坤宁殿茶碗是明朝帝王赐予日本国王的赏赉品，不过英国大卫德基金会（Percival David Foundation）也收藏有一件一九二〇年代由大卫德爵士直接购自慈禧太后抵押给上海盐业银行的宋代建窑黑釉盏，盏底于烧成前刻"宝"字，烧成后另加刻"坤宁殿"和"和适"字铭（图17）。[122] 有趣的是，前引《大明别幅并两国勘合》即记载了明成祖永乐曾赐予足利义满将军建窑黑釉盏，因此不排除日本茶会所见"坤宁殿茶碗"，原本来自明代帝王的赠予。

另一方面，如果仔细观察部分宋元时期墓葬出土器物的组合情况，[123] 亦不难得知室町时代以来流行的"三具足""五具足"之装饰构思，很可能也是来自中国祭台的陈设摆置。而所谓"五具足"之于中央置香炉，两侧分别配以一对烛台和花瓶的陈列方式，亦即中国俗称的"五供养"，也可于著名的万历定陵[124] 或湖北武昌永乐二十二年（1424）楚昭王墓所见石供桌上的陈设器物得以窥见。[125]

118　山上宗二，同注（2），页63–64。

119　《久政茶会记》，收入《茶道古典全集》9（京都：淡交社，1997年版），页5。

120　Margaret Medley, *Illustrated Catalogue of Ting and Allied Wares* (University of London Percival David Foundation of Chinese Art School of Oriental and African Studies, 1980), pp. 36–37。

121　乾隆五十四年（1789），《咏官窑碟子二器》，收入台北故宫博物院：《清高宗御制诗文全集》（台北故宫博物院，1976）。

122　Rosemary Scott，ロズマリー・E・スコット，《パーシヴァル・デイヴィッド・コレクションの中国陶磁》，收入《中国陶磁の至宝　英国デイヴィッド・コレクション》（大阪：读卖新闻大阪本社，1998），页119。

123　金琦：《南京市郊区龙潭宋墓》，《考古》1963年9期，页344–345；大同市文物陈列馆等（解廷琦）：《山西省大同市元代冯道真、王青墓清理简报》，《文物》1962年10期，页34–43。

124　中国社会科学院考古研究所：《定陵》下册（北京：文物出版社，1990），图版214。

125　湖北省文物考古研究所等：《武昌龙泉山明代楚昭王墓发掘简报》，《文物》2003年2期，页9。

虽然，日本区域的唐物趣味和陶瓷鉴赏观至室町后期已有所变化，但就文化圈区域的观点而言，笔者碍难同意部分学者所主张，室町后期至桃山时代之于陶瓷的赏玩风情或理念，是一种要刻意和中国相区别、相抗衡的鉴赏观。侘茶道的开山宗师，奈良称名寺僧村田珠光（1423—1502）书予古市胤澄的茶道秘籍《心之师的一纸》(《心の文の一紙》或《心の文》)提道：茶道最重要的是要消弭和汉的区隔而将两者融合为一，因为茶道的真髓是在体验和物以及唐物茶具之美的基础上与心相结合的艺术，其绝非如部分茶道初学以为使用了备前等和物茶碗即能登堂入室，到达茶道的最高境界。[126] 以侘茶的系谱而言，武野绍鸥（1504—1555）是从珠光门人修习茶道，而侘茶集大成者千利休（1522—1591）是学自武野绍鸥，至于山上宗二（1544—1590）则是师承千利休并以千利休的衣钵传人自居。因此，《山上宗二记》所说"摒弃唐物"一事，也应该以珠光以来的侘茶精神脉络来予以理解。也就是说，山上宗二的该一主张可能只是意图矫正自室町前期以来对于唐物之盲目崇拜风潮。事实上，就在《山上宗二记》成书后翌年（1587），丰臣秀吉于大阪城举行的茶会所用茶具和装饰道具即是以唐物为主。[127] 因此，在山上宗二所处的时代之茶道精神亦如珠光一般，也是要先能鉴别并有所选择地使用具有侘趣味的茶道具，其重点并不在于区别和汉道具或强调日本"和样"与中国"唐样"的不同。

[本文是"行政院国家科学委员会"所补助《东亚艺术文化圈之交融与分化：十五、十六世纪中日艺术交流之研究》专题研究计划（NSC 88-2418-H-002-0027-S1）之部分成果，特此申谢。原载《台湾大学美术史研究集刊》第 17 期，2004]

126　熊仓功夫等编：《史料による茶の湯の歴史》（东京：主妇の友社，1994），页212-215。另可参见赤沼多佳：《"和漢のさかいまぎらかす"唐物数寄、和物数寄一考》，《日本の美学》9（1986），页87-93。

127　神谷宗湛，《宗湛日记》，同注（79），页158-166。

图1 曜变建盏
静嘉堂文库美术馆藏

图2 油滴建盏
大阪市立东洋陶磁美术馆藏

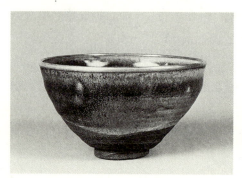

图3 灰被茶盏
永青文库藏

图4 道入"稻妻"铭黑乐茶碗
不审庵藏

图5 大井户茶碗（喜左衛门井户）孤篷庵藏

图6 兔毫建盏
京都国立博物馆藏

十五至十六世纪日本的中国陶瓷鉴赏与收藏　361

图7　"初花"铭茶入
　　　德川宗家藏

图8　"白云"铭茶壶
　　　柳营御物

图9　"打昙大海"铭茶入
　　　东山御物

图10　日本福岛县一乘谷遗迹出土明代香炉

图11 南宋—元"千鸟"铭龙泉窑青瓷弦纹炉
　　　德川美术馆藏

图12 南宋"马蝗绊"铭 龙泉窑青瓷花口碗
　　　东京国立博物馆藏

图13 明代白瓷菊瓣盘
　　　日本岛根县能义郡广濑町
　　　富田三太良墓出土

图14 南宋官窑菊瓣盘
　　　台北故宫博物院藏

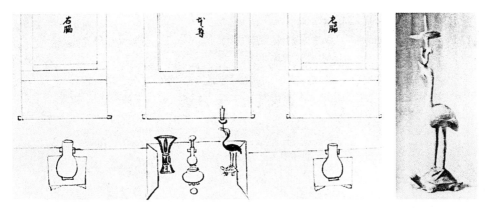

图 15 《小河殿所并东山殿御餝记》所见龟鹤烛台

图 16 铜龟鹤烛台
四川简阳县
出土

图 17-1 "坤宁殿"刻款宋代建盏
Percival David Foundation 藏

图 17-2 建盏内

关于陶瓷修补术

明末方以智在其《物理小识》中曾经提道:"姜汁涂磁杯干之,又涂极厚而止,火之,可使尽赤,而磁不爆碎"。[1] 类似这样的施加于陶瓷器上的强化保固措施在清代文献中是屡可见到,如乾隆朝唐秉钧《文房肆考图说》就记载:"凡用瓷器,不先制之,遇热汤水,无有不裂者。故新置碗盏盆碟,必须先以米泔水温温煮出,再以生姜汁及酱涂底下,入火煨顿,永可不裂。"[2] 姑且不论上述防患于未然的陶瓷器补强方案是否确实有效?由于陶瓷原本就不耐碰撞,破裂缺损在所难免,也因此亡羊补牢,陶瓷修补就成了人们常需面对的课题之一。我于陶瓷修护是个门外汉,但想试着抄录些零星史料,结合考古或传世遗物粗略地谈谈古人对于裂损陶瓷的几种修补方案。

除了江西南城万历三十一年(1603)益宣王朱翊钶墓出土的青花瓷盘,盘口沿于入窑烧造前业已破裂,经窑场陶工黏补,上釉后入窑烧成,[3] 属于俗称"在窑"的陶瓷修补例之外,清嘉庆年间蓝浦的《景德镇陶录》记录了所谓"磨茅埂店"的行业,其经营内容是:"挨陶户零估收聚,茅糙者磨之,缺损者补之",[4] 可知当时已有以修补陶瓷为职事的专业匠人。民间之外,清宫造办处也掌控网罗了不少具有同样技能的人才,他们的工作项目包括补釉、补胎或磨边镶扣等等。其相关记事多收录于北京第一历史档案馆藏清宫造办处档案。后者造办处各作成做活计清档,可从傅振伦等编《唐英瓷务年谱长编》,[5] 以及冯先铭先生生前辑录的部分条

---

1 (明)方以智:《物理小识》卷8(上海:上海古籍出版社,文渊阁《四库全书》本,子部173·杂家类),页921。
2 (清)唐秉钧:《文房肆考图说》卷3《制瓷不裂法》(北京:书目文献出版社,1996),页243—244。
3 江西省文物工作队(刘林等):《江西南城明益宣王朱翊钶夫妇合葬墓》,《文物》1982年8期,页20及图版五之7。
4 (清)蓝浦:《景德镇陶录》卷4,收入杨家骆编:《陶瓷谱录》上(台北:世界书局,1968),页112。
5 傅振伦等:《唐英瓷务年谱长编》,《景德镇陶瓷》1982年2期,无页数。

文中窥见一斑[6]。以下本文所将引述的造办处档案主要即是先参考了两氏的辑录，而后据此查阅台北故宫博物院新购入的原档微卷所得。

一、清宫补修陶瓷举例

（一）补釉

乾隆九年（1744）五月十一日："司库白世秀、副催统达子来说太监胡世杰、张玉交成窑天字盖罐二件（内一件釉水不全）。传旨：着将缺釉水的天字罐一件交唐英补釉，如补得好送来，如补不得不必补，仍旧送来。钦此。"（微卷83盒，页386）乾隆三十四年（1769）正月初六日："太监胡世杰交哥窑四方瓶一件（里外缺釉，系养心殿库贮，三等），均釉大碗一件（底上缺釉，无地方）。奉旨：着交九江关监督，将瓶碗上缺釉处，照样经火补釉，得时送来。"（微卷120盒，页427）首先应该指出的是，乾隆皇帝下令补修的作品均属前代的著名古陶瓷，釉彩种类包括单色釉瓷和彩瓷。其次，从前引乾隆三十四年记事得知，待修作品是送交景德镇官窑厂过火烧成的。不过，乾隆十三年（1748）五月二十三日："司库白世秀来说太监胡世杰交观窑三足炉一件。传旨：着郎世宁按破处找补颜色。钦此。"（微卷79盒，页578）由宫廷画家调色修补的作品是否曾经入窑过火烧成，目前不明。

（二）补胎

乾隆六年（1741）六月初三日："司库刘山久、白世秀来说太监高玉等交哥窑胆瓶一件（足破）。传旨：着将破足补蜡。钦此。"（微卷79盒，页458）这是一则以蜡补胎的珍贵记录。《西清笔记》曾提道："余一日见外进宋瓷碗，偶持之，觉着手处微软，匠人言此处系修补不可持，恐致脱。细视釉色青润无稍异，亦了无痕迹，工匠之巧如此。"[7]看来，后者之宋碗可能也是以蜡补胎，才会造成着手处有微软之感。

（三）磨边镶扣和接合

从清宫传世的大量遗物不难推测，口沿装镶金属边扣是清代宫廷为因应陶瓷

6　冯先铭：《中国古陶瓷文献集释》上册（台北：艺术家出版社，2000），页210-271。
7　（清）沈初：《西清笔记》卷2，收入《笔记小说大观》1编1册，页664。

修补磨边的最为惯用的手法之一。乾隆十九年（1754）正月十九日："员外郎白世秀将哥窑洗一件（口破，随木座），刷洗好持进，交太监胡世杰呈览。奉旨：将哥窑洗破口磨些，另镶铜烧古口。钦此。"（微卷97盒，页193）这里指的就是将破损的陶瓷口沿磨成齐平，而后装饰金属边扣。既可掩饰磨边后无釉的涩胎，同时亦具装饰效果，甚至可避免再度使用时因碰击而可能产生的伤璺。台北故宫博物院收藏的这类作品数量不少，以宋代汝窑纸槌瓶最广为人知。从内蒙古辽开泰七年（1018）陈国公主墓[8]或天津蓟县辽清宁四年（1058）独乐寺白塔上层塔室出土的伊朗制玻璃盘口纸槌瓶，[9]以及近年河南宝丰清凉寺发现的摹模自上述进口玻璃瓶式的汝窑青瓷盘口纸槌瓶之器形，[10]可以得知台北故宫博物院藏汝窑纸槌瓶原来亦带盘口。但因盘口缺损，故将长颈上部口沿整个切除磨齐，再于器颈口部镶扣（图1）。从造办处档案看来，"玉作"的匠人也曾担负装镶金属扣边的工作。其次，宋人洪迈《夷坚丁志》记载："徽宗尝以紫玻璃胆瓶十付小珰，使命匠范金托其里……见锡工扣陶器甚精，试以一授之曰：为我托里，工不复拟议，但约明旦来取，至则已毕。"[11]据此可以推测，至迟在宋代以来民间一直都存在着从事此类技艺的精湛工匠。另一方面，《续资治通鉴》诏云："非三品以上官及宗室戚里之家，毋得金扣器具，用银扣者，毋得涂金。"[12]但清宫的金属扣边多属铜合金，看不出有以质材原料作为区别等级的象征意涵。值得一提的是，口沿和器足装镶金属扣边之瓷器的外观视觉效果，正和作为南宋官窑特征之一的"紫口铁足"有共通之处。也就是说，宋代官窑部分作品所见"紫口铁足"有可能是有意识地模仿金属边扣的外观，而清宫磨边镶扣的陶瓷补修手法或者又有追求一器难求、备受珍重的宋代官窑外观特征的意图。[13]

在进行装镶边扣之前，将缺损的部位磨齐虽是必要的工序，但坼裂的残片若仍存在，并可斗合时，原则上是先将破片接合好，而后才磨边，以免暴殄天物，磨去过大的部位。乾隆五十五年（1790）十月二十四日："太监鄂鲁里交青花白

8　内蒙古自治区文物考古研究所等：《辽陈国公主墓》（北京：文物出版社，1993），彩版14之2。

9　天津市历史博物馆考古队等（纪烈敏）：《天津蓟县独乐寺塔》，《考古学报》1989年1期，图版二之5；另参见安家瑶：《试探中国近年出土的伊斯兰早期玻璃器》，《考古》1990年12期，页1116–1126。

10　河南省文物研究所等编：《汝窑的新发现》（北京：紫禁城出版社，1991），图58。

11　（宋）洪迈：《夷坚丁志》卷17《琉璃瓶》条。详参见爱宕松男：《宋代における瓷器行用の普及》，《史窗》39（1977），页12。

12　加藤繁：《唐宋时代之金银研究》（台北：新文丰出版社，1974），页59。

13　有关金属扣瓷器可参见谢明良：《金银扣瓷器及其有关问题》，《故宫文物月刊》38（1986），页79–85。

地磁奔巴壶一把（紫檀木座，春耦斋，壶嘴伤坏磕缺）。传旨：将伤坏处黏好，壶嘴边上磕缺处磨平，呈览。钦此。"（微卷151盒，页110）问题是，相对于今日经常使用环氧树脂、紫草茸或各种快速固化的黏合剂进行陶瓷接合，当时使用的原料是什么配方呢？关于这点，前引明末方以智《物理小识》中透露出相关的重要讯息，即"白芨石灰为末，用鸡子白调匀，碎处缚定待干。但不可见鸡汤，黏官窑以青竹烧沥合鸡卵青缚窑破处。汤内煮一二沸，放阴处三五日，其牢如钉，定窑则浓楮汁可粘。（中履曰：生面筋入石灰，久杵忽化水，可黏瓷器，但不可于水内久浸）"。[14] 长期居住在景德镇的著名法国传教士殷弘绪（d'Entrecolles，1664~1771）可能即是参照上述记载，并于雍正十二年（1734）书信将此一陶瓷修补术介绍到欧洲。殷弘绪写道："瓷器若非完全破损，亦即当破片尚可接合时，他们有一个秘方可以毫不起眼地将之完美黏结，并照常使用"。这个秘方就是："把从白芷（Pe-Ki）根部提炼出的胶，磨成极细的粉末，并掺以新鲜的蛋白"，然后将此黏着剂涂施于破片，以线缠绕固定，再煨以小火，便可大功告成。[15]《物理小识》的这条记载，很容易让人联想到宋人王青贩卖修补罂器的脂灰而致富的故事，《孙公谈圃》："青未遇时，贫甚。有人告曰：何不卖脂灰令人家补罂器。青如其言，家赀遂丰，是时京师无人卖此，今则多矣，盖自青始也。"[16] 虽然，宋人周密《志雅堂杂抄》则又认为"以好沥青末糁缝处，令溶液入缝内全满，更用火略烘涂开，永不渗漏，胜于油灰多矣"。无论如何，宋代以来民间似乎流传着各种修补毁损程度不一的陶瓷方式。比如说明代弘治十七年（1504）宋诩《宋氏燕闲部》就记载"黏窑器罂处，补石药黏之，又以白蜡熔化和定粉加减颜色饰之"，殷弘绪也提到为避免瓷器口沿部位容易剥釉的现象，景德镇的陶工们就以"定量的由竹炭捣成的灰，掺入瓷釉中予以补强。此时，釉呈灰白色。然后将业已干燥的瓷坯置于陶车即辘轳上，以笔蘸此一混合剂涂抹口沿，并伺机在口沿以及瓷坯整体施罩釉料。经烧成后，口沿部位果然洁白。由于欧洲缺乏竹子，因此可用柳木灰特别是蒟蒻灰来替代，因为其与竹子有相近之处"。[17]

---

14 （明）方以智，同注（1），页914。

15 d'Entrecolles，ダントルコール著（小林太市郎译注、佐藤雅彦补注）：《中国陶磁见闻录》，东洋文库363册（东京：平凡社，1979），页354–355。

16 （宋）刘延世编：《孙公谈圃》卷下，收入文渊阁《四库全书》第1037册，子部343，小说家类，页113。

17 d'Entrecolles，ダントルコール著，同注（15），页286–287。

其次，也对不同的瓷窑作品施以相异的黏着剂，如黏结定窑是用楮树汁；黏官窑则是用"鸡子清匀糁石灰濯清，另放以青竹烧取竹沥，将鸡子清与竹沥对停熬和成膏"。[18] 另外，前引《景德镇陶录》还提到一类俗称"过光器"的作品，"皆暗损未坏者，此诈伪之流贱市而涂固之，然沾热汤即破，只可盛干冷物"。[19] 看来也是涂抹于有璺陶瓷上的一种补强黏着剂。后者有时又被应用在瓷器作伪，如民国初年许之衡《饮流斋说瓷》就记载了以接合剂黏固碎片而后在接缝处施加釉上彩的情形，即"将光素破瓶用药黏紧，复于裂痕之处加画硬彩花绘于其上，此等作伪乃合真坯假彩及黏补而一之"。[20] 此外，对于珍贵的古陶瓷更采用了以同类古瓷片修缮而后补釉的技法，《文房肆考图说》载："诸名窑古瓷，如垆欠耳足，瓶损口棱，以旧补旧，加以釉药，一火烧成，与旧制无二，但补处浑然，得此更胜新者，若用吹釉之法补旧，补处更可无迹。"[21] 民国赵汝珍也提到当时有人将破碎名瓷底部换装于新器上的作伪伎俩。此时，为掩人耳目，多使用铁锈抹于底足之外，而后烧干铁锈，烫上一层川白蜡。赵氏认为，经此工序，所接之痕迹即不显露。[22]

二、铜丝焊接和铜钉接合术

著名传教士利玛窦（Matthew Ricci，1552～1610）在中国的见闻札记早已为人所知，其中也包括一则与本文息息相关的记载，即"最细的瓷器是用江西所产黏土制成，人们把它用船不仅运到中国各地，而且还运到欧洲最遥远的角落，在那里它们受到那些欣赏宴席上的风雅有甚于夸耀豪华的人们的珍爱。这种瓷器还可以耐受热食的热度而不破裂，而尤其令人惊异的是，如果破了，再用铜丝焊起来，就是盛汤水也不会漏"。[23] 事实上，以铜丝串接的陶瓷接合技术于中国之外的许多地区亦可见到。如阿拉伯哈伊马角（Ras al-Khaimah）朱尔法（Julfar）中世古城遗迹，出土的元代青花瓷片当中即见有对称的两孔一组的穿孔，推测是以铜

---

18 （清）蓝浦，同注（4），页194-195，引《墨娥小录》和《云谷卧余》。
19 （清）蓝浦，同注（4），页112。
20 许之衡：《饮流斋说瓷》，收入杨家骆编：《陶瓷谱录》下（台北：世界书局，1974），页285。
21 （清）唐秉钧，同注（2）《以旧补旧》条，页243，以及（清）蓝浦，同注（4），页183-184。
22 赵汝珍：《古玩指南全编》（北京：北京出版社，1992），页73。
23 利玛窦（Matthew Ricci）著、何高济等译：《利玛窦中国札记》（北京：中华书局，1983），页15。

丝穿孔紧缚接合时的修补痕迹。[24] 也就是说，是在裂缝两边的胎体上各穿一排小孔，再用铜丝把小孔串联起来。值得一提的是，该遗址所见陶瓷修补穿孔只见于来自泰国和中国的进口瓷器（图2），故报告者 Michéle Pirazzoli 认为此显示了当地居民对远东陶瓷的珍重。[25] 无独有偶，印度德里库特拉菲路沙哈宫遗址（Kotla Firugshah）发现的总数近七十件的十四世纪中期元代景德镇青花瓷中，也有几件带有同样的穿孔修补痕迹（图3）。[26] 不仅如此，著名的埃及福斯塔特（Fustat）遗址所见宋元时期陶瓷也有不少带穿孔修补痕迹的标本，其中一件北宋定窑系白瓷碗片穿孔内尚留有铜丝，而一件南宋龙泉窑青瓷钵推测则是曾以铁锔钉进行修护，[27] 另从斯里兰卡曼泰（Mantai）遗迹出土的九至十世纪中国陶瓷标本中亦有穿孔修补痕一事看来，[28] 考古遗址所见类似的陶瓷补修技法之年代要比利玛窦的记事早了六七百年。

相对于上述遗迹出土作品大多只能经由瓷片上的穿孔痕迹来推测瓷器的修补技法，内蒙古哈拉托克托（Touketuo）征集的一件元代青花花口大盘之盘身和器底则有形似订书针般的"∩"形金属锔钉（图4）。[29] 这种以两端屈曲的锔钉来接合陶瓷的技法对于许多年长者应该并不陌生，因为数十年前台湾台北街头仍然可以看到擅长此一"锔碗儿"技艺的匠人，沿路甚或挨家挨户地询问是否有待补修的陶瓷。回想起来，其情景实在很像《景德镇陶录》所提到的"磨茅埂店"。不过，早期台湾居民送修的陶瓷似乎多是大水缸或碗公之类的用器，反映了开发中的台湾居民生活是相对的简朴。另外，《文房肆考图说》等载："（瓷器）有茅路者，闻苏州虎邱有

24　佐佐木达夫：《十四世纪の染付と釉裏紅はどのように出土するか》，收入《楢崎彰一先生古希记念論文集》（京都：真阳社，1998），页 467-477。另可参见：John Hansman, *JULFĀR, AN ARABIANPORT, Its Settlement and Far Eastern Ceramic Trade from the 14th to the 18th centuries*, The Royal Asiatic Society of Great Britain and Ireland, London, 1985, p, 107, colour plate II -e。

25　毕梅雪（Michéle Pirazzoli）：《哈伊马角酋长国朱尔法古城遗址出土的14—16世纪远东陶瓷：断代与评估经济和文化状况的参考》，《法国汉学》4（1999），页 325-337。

26　Ellen S. Smart, Fourteem Century Chinese Porcelain From A Tughlog Palace In Delhi, *Transactions of the Oriental Ceramic Society*. vol.41, 1995～1977. pp.199-230.

27　桜井清彦等编：《エジプト・イスラム都市アル＝フスタート遺跡発掘調査 1978～1985 年》（东京：早稻田大学出版部，1992），页 284-285。

28　佐佐木达夫：《インド洋の中世陶磁貿易が語る生活》，《上智アジア学》11号（1993），页 104-105。

29　Adam Kessler, *Empires Beyond the Great wall*, Los Angeles, Natural History Museum of Los Angeles 1993, p.139，另外，该青花瓷盘外盘底铜钉图片可参见：John carswell, Kharakhoto and Recent Research in Inner Mongolia, *Oriental Art*, vol.XLV no.4 (1999～2000). p.25, pl.14。

能修者，名之曰紧"，[30] 有可能也是指铜钉补瓷。如果该一推测无误，则铜钉补瓷于当时又称之为"紧"。无论如何，我们从前引法国神父殷弘绪的书简中可以具体得知清初景德镇锔瓷匠人的作业工序，即"使用金刚钻将破碎的磁片予以接合，这在中国甚至成为一种职业，有专门从事瓷片修理复原的工匠。他们使用金刚钻就像是使用针般，于瓷器上钻几个小孔，再于小孔穿入极细的铜丝予以缝合。这样一来，瓷器就能照常使用，并且几乎看不出破裂的痕迹"。[31]

一旦提到以铜钉补瓷，许多人恐怕都会联想到现藏于东京国立博物馆的一件被命名为"马蝗绊"的南宋龙泉窑青瓷花口碗（图5）；朱舜水（1600～1682）《谈绮》说"马蝗绊"即"铗"，也就是铜钉。[32] 依据享保十二年（1727）伊藤东涯《马蝗绊茶瓯记》的记载，平重盛（1138～1179）因喜舍黄金予中国浙江育王山，育王山住持佛照禅师随后便以该青瓷碗作为回礼答谢平重盛，后归幕府将军足利义政（1435～1490）所有。但由于碗心周遭有裂璺，足利义政遂遣人携往明朝企图换取同式完好的作品，可惜当时中国已不再生产这类陶瓷，权宜之下，施以铜钉再度送回东瀛；日本天文十三年（1551）《茶具备讨集》曾记载一件"铗茶碗"，铗即铜钉，故一般都认为其指的也是该件青瓷碗。[33] 就如研究者所指出，龙泉窑作品当中类似"马蝗绊"青瓷碗般的梅子青厚釉之年代不能早过南宋中期，故佛照禅师于日本安元年间（1175～1177）赠予平重盛之该青瓷碗的传说并非史实。[34] 不过，前引《茶具备讨集》却也明示了十六世纪中期的日本茶道界，已将陶瓷修补之铜钉视为鉴赏的对象，而这件充满浪漫传奇色彩的龙泉窑"马蝗绊"青瓷碗即是在待修的器身钻孔，再施加金属铜钉。

三、中日两国的陶瓷修补和鉴赏观

从清宫造办处档案记载的补釉、补胎或磨边镶扣等陶瓷修补情况，不难得知

30　（清）唐秉钧，同注（2），页243；（清）蓝浦，同注（4），页184。
31　d'Entrecolles，ダントルコール著，同注（15），页270-289。
32　上海文献丛书编委会：《朱舜水谈绮》（上海：华东师范大学，1988），卷下，页387；以及京都大学文学部国语学国文学研究室编：《倭名颣聚抄》（京都：临川书店，1999），本文篇，页154。
33　奥田直荣：《东山御物》，收入《东山御物》（东京：根津美术馆，1976），页106-107。
34　今井敦著、苏哲译：《东传日本的青瓷茶碗"马蝗绊"》，《东方博物》3（1999），页32。

宫廷匠师奉旨施行的理想修补方案，是企图将缺损的陶瓷补修复原至完整无瑕的外观，在掩饰伤璺的同时亦勉力保存作品原有的面貌。清代帝王讲究器物之完整性一事，也反映在造办处屡次奉旨烧进业已佚失的前代陶瓷之器盖等配件，而雍正、乾隆朝著名督陶官唐英也经常持进配得瓷盖，供皇帝检阅、观览。[35] 在这样的一种由帝王主导的鉴赏观看方式之下，自然使得宫廷匠师摒弃颇具实用性的锔钉或铜丝焊接技艺。清代宫廷追求完美外观的陶瓷修补方案，正与近代考古学者以石膏泥补修出土陶器，刻意突显残缺部位，以免鱼目混珠的考量形成鲜明的对比。前者着重复原作品之原有外观以便赏鉴或收藏，后者则是如实地再现遗物的出土情况，具有学术求真和教育的功能。

另一方面，同样位于东亚的日本陶瓷补修方式及其外观所呈现的视觉效果，经常与清代帝王的考虑大相径庭。江户时期《莳绘师传》曾经提道：元和五年（1619）德川家康派遣漆工藤岩赴大阪城搜寻毁于战火的丰臣秀吉的宝藏，藤岩果然不辱使命地于废墟中寻得众多著名的抹茶罐残器，经以漆修补缺损后呈献家康，致使家康龙颜大悦，拍手叫绝。[36] 幸运的是，由藤重藤元、藤岩父子所修缮的丰臣秀吉旧藏抹茶罐至今仍传承于世，其中，德川家康下赐予藤岩的名为"松本茄子"的抹茶罐，经X光照射分析可知罐身系由残片以漆接合而成，由于口颈部位缺佚，故又截取他件陶瓷器的口沿予以修补安装（图6），经髹漆后器表呈现出瓷釉般光泽温润的质感（图7），可说是巧夺天工，令人叹为观止。[37] 在此应予留意的是，藤岩父子所采行的以旧补旧的修补方式正和明代万历十九年（1591）高濂所著《遵生八笺》或前引乾隆四十年（1775）《文房肆考图说》所载的修补名窑古瓷的方法完全一致。另外，虽然《莳绘师传》据此轶闻作为以漆补修陶器的始源，不过考古发掘早已证实以漆作为补修陶器原料的年代颇早。仅就中国陶瓷出土例而言，如日本九州福冈推定属观世音寺子院金光寺遗迹，即出土有以漆黏结修补的元代景德镇枢府釉碗（图8）；而同遗迹伴出的中国黑釉盏也曾经用漆接合

35　中国第一历史档案馆：《内务府造办处各作成做活计清档》乾隆十七年十月十三日条。微卷94盒，页230。

36　足立勇：《陶器の伝说插话》，收入：《陶器讲座》卷15（东京：雄山阁，1936），页20。

37　长谷川祥子：《唐物茄子茶入"付藻茄子""松本茄子"の伝来とすがた—透过X線撮影调查を行なって》，收入静嘉堂文库美术馆编：《伝えられた名宝　美の継承展》（东京：静嘉堂文库美术馆，2001），页70–72。

修缮。[38] 从中国方面的考古发掘资料看来，枢府瓷流行于十四世纪前期，前述金光寺遗迹枢府瓷出土层位之相对年代亦约于十四世纪前半期。目前虽乏足够的资料得以明确地说明此时日本地区是如何评鉴陶瓷修补后的外观，但从桃山时代著名茶人古田织部（1544～1615）曾主张带有缺损、曾经补修的茶碗要比完美的作品更能体现茶道意境，[39] 甚至刻意毁损完整器皿再予以修补接合的做法来看，陶瓷修补痕迹不仅可能已成为鉴赏的对象；同时也体现了当时经由作品的破坏与再修复、颠覆既有价值观进而创造新名物的所谓下克上的时代精神。[40] 传世的一件曾经丰臣秀吉（1536～1598）收藏的李朝茶碗，即毫不掩饰其修补粘接痕迹（图9），[41] 至如江户时代的一件黑乐茶碗既以漆补修破损处，甚至被命名为"破れ衣"（图10）；鹿苑寺传世，金阁寺凤林和尚（1592～1668）旧藏的龙泉窑碗，也是因碗壁有璺而以银镅钉加固，由于其形如龙，故碗铭"雨龙"。[42] 像是这样的刻意突显修补部位，同时赏鉴裂损修补痕迹之缺陷美，实与清代宫廷讲究不露痕迹的陶瓷修护考量大异其趣。此外，类似的以漆修补陶瓷实例，于近代朝鲜半岛陶瓷上亦经常可见。

补金也是日本和朝鲜半岛补修陶瓷时常见的手法之一。如日本久保惣纪念美术馆藏南宋龙泉窑盘口长颈凤耳青瓷瓶，[43] 以及韩国国立中央博物馆藏楼台人物纹高丽象嵌青瓷扁壶（图11），[44] 即于口沿缺损处以金修缮。但上述二例的修补年代还有待查证。另一方面，间可看到利用不同外观呈色效果的瓷片作为补胎之例，如织田信长之弟织田有乐（1547～1621）即以青花瓷片来修护一件室町时代濑户烧茶碗（图12），[45] 其茶褐釉和白地青花瓷片对比鲜明，相映成趣，别有一番风味。

38　九州历史资料馆：《大宰府史跡―昭和五十三年度発掘調査概報》（1979）。均参见森田勉：《"枢府磁"に関する二、三の資料》，收入《大宰府陶磁器研究》（福冈：森田勉遺稿集·追悼集刊行会，1995），页119-120。

39　筒井纮一：《名器がたどった歴史》（东京：主妇の友社，1984），页86-87。

40　熊仓功夫：《江户初期の茶の汤》，收入德川美术馆：《名物茶器―玩貨名物記と柳営御物》（德川美术馆等，1988），页145。

41　《香雪美术馆　館蔵名品図録》（神户：香雪美术馆，1996改订3版），页84，图40。

42　根津美术馆编：《茶の汤の器―根津青山收集》（东京：根津美术馆，1990），页39，图54。另外，"雨龙"铭龙泉窑青瓷碗参见小山富士夫监修：《茶碗》第1卷（东京：平凡社，1972）图36藤冈了一的解说。

43　座右宝刊行会编：《世界陶磁全集》12，宋（东京：小学馆，1977），页91，图82。

44　座右宝刊行会编：《世界陶磁全集》18，高丽（东京：小学馆，1978）图160。

45　永青文库等：《细川家伝来　幻の茶陶名品展》（东京：每日新闻社，1978），图18。另外，该茶碗是细川三斋（1563～1645年）遗物一事，见于《御家名物之大概》，详参见大河内定夫：《近世の大名茶の汤における染付について》，《金鲵叢书》9（1983），页469。

如前所述，清宫造办处屡次奉旨烧进清宫所藏原盖业已佚失之前朝陶瓷的器盖等配件，而清宫传世的这类作品于台北故宫博物院收藏不少，就其外观而言，清代所配器盖之造型、纹饰和釉色均着力仿制原器身所呈现出的样式作风，故不仅几可乱真，同时也与原器身取得和谐（图13）。[46] 反观日本则多利用和器身釉色相异的象牙盖或漆盖予以搭配。这种在看似不协调当中努力寻求和谐的考量态度，正蕴育了符合日本茶道趣味的创作契机。如细川家传世的一件龙泉窑青瓷就被搭配以青花镂空瓷盖（图14）。[47] 其次，经由镂空瓷盖的配置，则又将中国原来可能是作为花瓶或香座使用的作品，改变成了香炉或香熏，是贸易陶瓷研究课题当中，输入国改变原产国作品原有用途的一个实例。

其实，日本亦存在以金属镶扣陶瓷的技法。如《荫凉轩日录》明应二年（1493）八月十八日条："以藤左折昏遣昌子于银工五藤宅，建盏之金覆轮着付，晚来可出来"。[48] 文中的"金覆轮"即金属扣边。日本遣明副使著名禅僧策彦周良在他的《入明记》中也说：明代人所谓的"箱（镶）口"即日语的"覆轮"。[49] 不过，上述由银工五藤加工镶扣的中国建窑系黑釉盏，恐怕只是为了美观，这从元代至治三年（1323）原本拟航向日本但不幸遇难沉没的新安沉船中，发现有镶装金属扣边的建窑黑釉盏，亦可间接推测得知日本亦喜爱于陶瓷口沿镶金属扣边以为装饰。[50] 此外，从《骊州高达寺元宗大师惠真塔碑》碑文所见"金扣瓷钵"，[51] 不难得知朝鲜半岛至迟于十世纪中期已经掌握瓷器镶扣的技法。虽然日本传世的一件宋代建窑黑釉盏口沿曾以漆修补而后施加银扣边[52]，然而大量的传世遗物也表明，磨边镶扣的陶瓷修补手法并未成为日韩两国补修口沿缺损时的主要考虑方案。

另一方面，考古资料却也显示，日本也有以锔钉修护陶瓷之例。如十五世纪前半石川县普正寺遗迹所出元代青花梅瓶，或著名的一乘谷遗迹所见定窑和

46　台北故宫"中央博物院"共同理事会编：《故宫藏瓷》明青花瓷五嘉靖（香港：开发股份有限公司，1963），图14。

47　永青文库等，同注（45），图36。

48　佐藤丰三：《天目と茶》，收入德川美术馆等：《天目》（东京：德川美术馆等，1979），页238。

49　牧田谛亮编：《策彦入明记の研究》上（京都：法藏社，1955），页57。

50　文化公报部等：《新安海底遗物》（综合篇），(서울특별시：高丽书籍株式会社，1988），页468，图126。

51　野守健：《高丽陶磁の研究》（京都：清闲舍，1944），页132。

52　西田宏子：《百碗の周边その后》，收入根津美术馆编：《馆藏茶碗百撰》（东京：根津美术馆，1994），页103，及图版4。

龙泉窑即见有锔钉痕。[53] 后者一乘谷是战国大名朝仓孝景于文明初年（1469）在越前建立的首都，后毁于天正元年（1573）的战火。值得留意的是，在该遗址出土总数高达一百五十万片的陶瓷标本当中，只有四件标本留有锔钉补修痕迹，其年代分别是十二世纪的定窑白瓷碗和钵（图15），以及十四世纪的龙泉窑青瓷瓶和匜（图16）。[54] 定窑白瓷分别出土于大名所居住的朝仓馆和寺院遗迹；龙泉窑标示则是发现于收藏有不少古董的一位医生的居宅。小野正敏认为，当时人们经常以中国古陶瓷作为财富和威权的象征，因此相对于一般陶瓷破损时以漆黏合，对于珍贵的古物则刻意使用醒目的金属锔钉来修护，以便夸耀其不菲的价值。[55] 设若此推测无误，则其和清宫蓄意回避金属补钉的态度，就有很大的区别。

事实上，日本著名茶师千利休（1522～1591）就是一位擅长以锔钉补瓷的巧匠。山科道安于享保十二年（1727）所撰日记《槐记》曾经提到，千利休将一件铭为"千声"的业已裂损之龙泉窑青瓷瓶，施以锔钉补修。[56] 现藏静嘉堂文库美术馆的一件龙泉窑鱼龙耳盘口长颈青瓷瓶相传即为千利休旧藏品，其器身破损处系以漆接合，并以锔钉牢固（图17）。[57] 其次，千利休的弟子山上宗二（1544～1590）之《山上宗二记》记载东山殿（义政）旧藏的一件被评为天下无双的"三日月"茶壶，在传至室町幕府执事三好长庆一族三好实休手中时，因战乱于河内高屋城破裂成六块，经千利休修补后归予三好的家老。经修缮的茶壶一度以三千贯文的天价抵押给太子屋，后归织田信长（1534～1582）所有。[58] 该壶因毁失于本能寺之变而未能流传下来，故难以得知其确实的补修方式，但若参酌前引《槐记》的相关记事，不排除千利休或许同样是采用锔钉进行缀合修护的。

此外，千利休旧藏的一件长次郎作黑茶碗，因故破损为二，修护后也由利休次男少庵之长子千宗旦（1578～1658）命名为"鞘ヒキ"。[59] 上述记载再度说明

53　石川县埋藏文化财センター：《普正寺遗迹》（1984）。此参见小野正敏：《戦国城下町の考古学》（东京：讲谈社，1997），页109。

54　国立历史民俗博物馆编：《陶磁器の文化史》（千叶：历史民俗博物馆振兴会，1998），页126，图27。

55　小野正敏，同注（53），页107。

56　小山富士夫：《支那青磁史稿》，收入《小山富士夫著作集》上（东京：朝日新闻社，1977），页157-158。

57　静嘉堂文库美术馆编，同注（37），页36，图19。该青瓷盘口瓶被认为即山科道安《槐记》享保十二年（1727）三月十二日所记载之伊达政宗所持有，并由千利休将这件裂损后以锔钉修补的作品命名为砧。

58　桑田忠亲：《茶道炉边ばなし》，收入《桑田忠亲著作集》8（东京：秋田书店，1980），页287。

59　筒井紘一：《茶器一铭とその由来》，收入《茶の汤の名器》（京都：茶道资料馆，1988），页73-74。

了陶瓷的修补痕迹已和佗茶茶具的"景色"赏鉴观相结合,俨然成为鉴赏的对象了。从目前的资料来看,日本的锔钉补瓷术约出现于十六世纪,故不排除此一技法是由中国传入,然而日本方面除了着重其实用的补修功能之外,更赋予其鉴赏的内涵。尤有甚者,现藏京都北野天满宫的一件以锔钉修缮的元代龙泉窑青瓷长颈瓶,口沿缺损修理部位釉下另有"永乐"印铭(图18),可知是由活跃于十九世纪中后期京都陶工永乐和全所补修而成。[60] 看来,就连陶工也视锔钉修补术为展现身手的舞台,意图借此向世人传达自身的高明技艺。

值得留意的是,尽管清代宫廷因讲究作品的完美外观而摒弃以锔钉来修补陶瓷,然而明代文人却往往将以锔钉修补的陶瓷作为赏鉴的对象。如台北故宫博物院藏王问绘作于嘉靖三十七年(1558)的《煮茶图》,画面当中即见有以锔钉补修的盖罐,盖罐下方另摆设一件带座的碎器三足炉(图19)。[61] 碎器即开片釉瓷,被明代鉴赏家视为价值不菲的宋代官窑瓷器最为重要的外观特征之一,而文人画作也经常以开片釉瓷来寓意古瓷,或者借此来营造画中人物的高古情怀。[62] 因此,晚明文人不仅可能借由施加锔钉的陶瓷来寓意古物,同时也将锔钉视为鉴赏的对象了。就此而言,既然日本的锔钉补瓷技艺可能由中国传入,故不排除日本桃山时期茶人的锔钉赏鉴风格曾受到明代文人的影响。

四、中东地区的陶瓷修补和改装

谈及中日两国历史上的陶瓷修补,中东地区的情形同样值得留意,这是因为其修护、改装后的外观特征体现了该地区人们的审美好尚,提供了隐含于陶瓷修补术中的文化史比较素材。

除了波斯湾巴林岛(Bahrain)阿里(A'ali)遗址出土的九至十世纪伊斯兰陶器已见有穿孔修补痕迹之外,[63] 土耳其炮门宫殿博物馆(Topkapi Saray Museum)收藏的一批中国陶瓷的修护、改装情况,相对集中地反映出该地区的宫廷品位。

---

60 尾野善裕:《北野天満宮所蔵青磁貼花牡丹唐草文花瓶の朱漆銘と修理》,《学叢》21号(1999),页101-108。

61 台北故宫博物院编:《故宫书画图录》19(台北故宫博物院,2001),页207。

62 谢明良:《晚明时期的宋官窑鉴赏与"碎器"的流行》,收入《经济史、都市文化与物质文化》"中研院"第三届国际汉学会议论文集历史组(台北:"中研院",2002),页445。

63 佐佐木达夫,同注(28),页105。

从文献记载可知，炮门宫殿博物馆约竣工于一四六七年，中国陶瓷的收藏始见于一四九五年的文书，此后一五〇一年、一五一四年文书所载中国陶瓷藏品依次增多，故一般相信炮门宫殿博物馆所藏大量中国元明时期陶瓷，应是原本分散于奥斯曼土耳其各地的藏品逐渐聚积而成的。[64] 由宫廷收藏的中国陶瓷之修护例子甚多，常见的手法之一是将缺损部位磨平之后，装镶金属边扣。其做法虽和前述清宫磨边镶扣基本一致，但因边扣较宽且多于边扣装饰纹样甚或加镶宝石，故具有较强的装饰性（图20）。[65] 现藏英国维多利亚与艾伯特美术馆（Victoria & Albert Museum）的一件明代嘉靖时期的青花注壶，推测也是由当时中东地区的工匠以银质注流来补修已残损的瓷流（图21）。[66] 以金属边扣来遮盖、装饰陶瓷损伤部位，似乎是许多国家常用的补修手法，如同样收藏于维多利亚与艾伯特美术馆的明代早期青花罐，罐口沿加镶宝石的金属边扣是中国西藏匠人所为（图22）。[67]

炮门宫殿博物馆所藏中国陶瓷修补例，以一组件的元代龙泉窑高足钵最常为学界所提及。其是将一件青瓷敞口花瓶的口颈部位切割下来，而后上下镶边，并将之反扣成为喇叭形外敞的高足承台，承台上再置以镶扣的青瓷大碗（图23）。[68] 这样的做法与其说是利用残器的修护方式，其实更接近改装。事实上，我们有时并不容易判断炮门宫殿博物馆所藏部分中国陶瓷口沿或底足的金属边扣，是否确是因应缺损而做的修护措施，抑或工匠企图经由金属装镶工艺使得作品更适合宫廷贵族的使用或赏鉴。如一件明初景德镇白瓷注壶，整体造型看不出有明显的缺壁，但仍于口沿装镶饰宝石的金属扣边和器盖（图24）。[69] 此外，明初青花天球瓶也属改装的著名实例（图25）。[70] 其器身完整无缺，却于器腹镌孔并加装可开栓的出水注口，瓶口沿镶扣，扣上置吊钟形盖，盖下方一侧与瓶口相接处设可开阖

64　Margaret Medley（西田宏子译）：《インドおよび中近東向けの元代青花磁器》，收入座右宝刊行会编：《世界陶磁全集》13・辽金元（东京：小学馆，1981），页274。

65　Regina Krahl, *Chinese Ceramics in the Topkapi Saray Museum Istanbul*,I London, Sotheby's Publication. 1986, p.226. fig.225.

66　西田宏子等：《明末清初の民窯》中国の陶磁10（东京：平凡社，1997），图6。

67　William Bowyer Honey, *The Ceramic Art of China and Other Countries of The Far East*, London, Faber and Faber.1944, pl.86 (b).

68　Regina Krahl, 前引书，p.223. fig.210.

69　Regina Krahl, 前引书，II, p.524. fig.633.

70　Regina Krahl, 前引书，II, p.419. fig.615. 以及三杉隆敏：《世界の染付》2明初期（京都：同朋舍，1982），图版30和页215的解说。

的蝴蝶装置，另一侧则加装锁。由于器腹出水注口可自由开启，却又于瓶盖口加锁，构思特殊，故传说是宫廷贵族为防止图谋不轨之人投毒的防护设施。无论如何，中东地区的陶瓷修补或改装方案，具有鲜明的地域特色，格外偏重赏鉴金银器饰，并经常以其娴熟的金银细工对远东陶瓷进行适合自身品位的改装。另外，类似的改装实例亦屡见于欧洲收藏的中国瓷器，如霍布森（R. L. Hobson）就指出一件明代青花瓷高足杯，其杯口沿和杯足的银镶扣是由十六世纪三十年代的欧洲匠人装镶而成；[71] 而随着洛可可（Rococo）艺术的风行，不少流传于欧洲的中国陶瓷也被加工装镶了线条优美的把手等饰件，其中一组乾隆窑瓜棱瓶上的铜镀金把手和器座（图26），有可能是著名工艺家卡菲瑞里（Caffieri，1678～1755）的杰作之一。[72]

（原题《古文献所见陶瓷修补术》，载《美学美术史论集》第14辑，2002，日本成城大学）

后 记

本文发表之后，才得知台北故宫博物院藏钤印有"古希天子"，"乾隆御览之宝"印文的《燔功彰色》图册，当中的第二图"汝窑舟形笔洗"，口沿亦见金彩补修痕迹。虽然，目前还缺乏资料说明此一金彩修护是什么时候施加的？不过乾隆皇帝收藏品中亦包括金彩修补的古瓷值得注意。此外，该施加金彩补修的"汝窑舟形笔洗"宝物，现藏英国伦敦大学大卫德基金会，详参见余佩瑾：《品鉴之趣——十八世纪的陶瓷图册及其相关问题》，《故宫学术季刊》22卷2期（2004）。

（2005年3月23日记）

---

71 R. L. Hobson, *The Wares of the Ming Dynasty*, Charles E. Tuttle company. Vermont & Tokyo, Japan, 1962. p.66.

72 Jenyns, S. *Later Chinese Porcelain*, London, Faber and Faber, 1951, p.30.

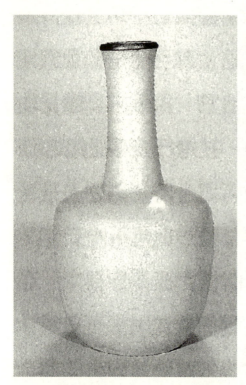

图 1-a　北宋汝窑纸槌瓶
　　　　台北故宫博物院藏

图 1-b　同图 1-a
　　　　口沿金属镶扣部位

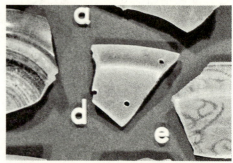

图 2　阿拉伯哈伊马角朱尔法（Julfar）遗址出土

图 3-a　印度德里库特拉菲路沙哈宫遗址
　　　　（Kotla Firugshah）出土元代青花瓷

图 3-b　同左
　　　　外底

图 4-a 内蒙古托克托出土元代青花瓷

图 4-b 同左 外底

图 5 南宋龙泉窑青瓷碗 铭"马蝗绊" 东京国立博物馆藏

图 6 "松本茄子" 抹茶罐之 X 光照射图

图 7 "松本茄子" 静嘉堂文库美术馆藏

图 8　九州福冈金光寺遗迹出土元代枢府窑

图 9　丰臣秀吉旧藏李朝茶碗　香雪美术馆藏　　图 10　江户黑乐烧茶碗　铭"破れ衣"

图 11　高丽象嵌青瓷扁壶　韩国国立中央博物馆藏　图 12　织田有乐旧藏濑户烧茶碗

图 13 台北故宫博物院藏明代青花罐,盖为清代所配

图 14 细川家传世配有青花瓷盖的龙泉窑青瓷

图 15 一乘谷遗迹出土的宋代定窑白瓷片

图 16 一乘谷遗迹出土的元代龙泉窑青瓷罐

图 17　传千利休旧藏南宋龙泉窑青瓷盘口瓶

图 18-a　龙泉青瓷长颈瓶　京都北野天满宫藏

图 18-b　同图 18-a　局部

图 19-a 王问《煮茶图》 台北故宫博物院藏　　　图 19-b 局部

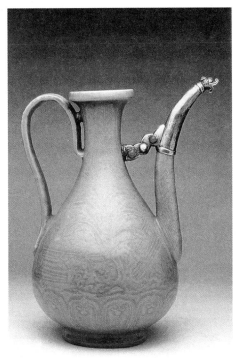 

图 20 明代龙泉窑执壶 土耳其炮门宫殿博物馆藏　　　图 21 明晚期青花执壶 维多利亚与艾伯特美术馆藏

图 22 明早期青花罐
　　　维多利亚与艾伯特美术馆藏

图 23 元代龙泉窑青瓷
　　　土耳其炮门宫殿博物馆藏

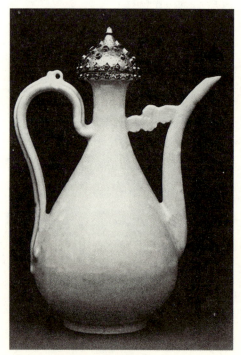

图 24 明早期白瓷执壶
　　　土耳其炮门宫殿博物馆藏

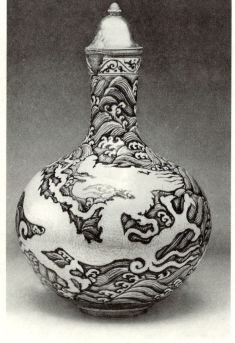

图 25-a 明早期青花天球瓶
　　　　土耳其炮门宫殿博物馆藏

关于陶瓷修补术 385

图 25-b　同图 25-a　侧面　　图 26　乾隆窑瓜棱瓶

晚明时期的宋官窑鉴赏与"碎器"的流行

从文献记载可知，明代对于宋代官窑有极高的评价，而作为宋代官窑最重要的外观特征之一的瓷釉开片，遂成为一种可与纹饰相比拟的鉴赏对象。在晚明时期的消费文化中，瓷釉的开片纹理俨然成为流行的图案记号，渗入社会各个阶层，甚至影响到日本工艺品的图样设计。

今日学界对宋官窑研究仍有许多难解的课题。依据文献记载，北宋曾于京师置官窑，南宋亦袭故京旧制，先后在修内司和郊坛下设窑烧造陶瓷器。然而，除了杭州乌龟山麓南宋郊坛官窑经考古发掘获得证实之外，对于所谓汴京官窑或南宋修内司官窑与传世作品的具体比对等诸多问题，目前仍是诸说纷纭，未有定论。

不过，缺乏近代考古专业知识的明代文人自有其赏玩、辨识宋代官窑的方式，并且形成一套颇具时代特色的宋官窑鉴赏观。明代文人酷爱宋官窑一事，可以从现存不少明代后期的文献记载中得知。如王世懋《窥天外乘》在谈及宋瓷时，就"以汝州为第一，而京师自置官窑次之"[1]；张应文《清秘藏》也说："论窑器必曰柴汝官哥定。"[2] 姑且不论排名的次序，宋代官窑总是在明人陶瓷鉴藏的行列之中。

宋人文集亦见若干有关官窑的记述，而以南宋叶寘《坦斋笔衡》和顾文荐《负暄杂录》的记载最为人们所熟知。两书均佚，但从元代陶宗仪《辍耕录》所转引的佚文得知，两书所载官窑内容大体相似。其中，《坦斋笔衡》提道：置窑于修内司，称为内窑的南宋官窑青瓷的外貌特征是"澄泥为范，极其精制，油

---

[1] 王世懋：《窥天外乘》，收入沈节甫辑：《纪录汇编》（《百部丛书集成》101，台北：艺文印书馆，1967），卷250，页10。

[2] 张应文：《清秘藏》，收入黄宾虹等编：《美术丛书》（上海：神州国光社，1947）初集八辑，卷上，《论窑器》，页197。

色莹彻"。[3] 虽然叶寘明确地指出官窑具有澄泥般精细的胎质和莹澈的青釉，但只需将之和明代文献的宋官窑记载略作比较，即可轻易得知明人对于宋官窑之观看方式，显然要比宋人更为细致。本文的目的，是尝试梳理明人对宋官窑鉴赏观的特点和变迁，进而结合传世的图像资料考察由此鉴赏观所衍生的"碎器"消费风尚。此外，文末亦将讨论日本工艺品对于"碎器"图像的接受和对应情况。

一、《格古要论》中的宋官窑

明初曹昭的《格古要论》载修内司官窑："土脉细润，色青带粉红，浓淡不一，有蟹爪纹、紫口、铁足，色好者与汝窑相类，有黑土者谓之乌泥窑，伪者皆龙泉所烧者，无纹路"。[4] 曹昭不但观察到南宋官窑偶可见到的青中略带粉红色调的精致釉色，也留意到官窑因胎中含铁较高，造成未上釉的底足呈黑褐色的"铁足"；又由于官窑口沿部位施釉较薄，故隐隐可见深色的胎骨，形成"紫口"。不仅如此，釉色浓淡不一的官窑青瓷釉表面有着近似蟹爪般长条形的稀疏开片纹（图1）；[5] 而龙泉窑的仿制品则无开片。

换言之，曹昭认为货真价实的修内司官窑与龙泉窑仿品之间的最大不同之处，在于后者釉不开片。这样的一种对陶瓷釉面的观看方式，也体现在同书《汝窑》的记述当中。在曹昭看来，部分釉面呈色较好的修内司窑作品和汝窑是颇为接近的，而汝窑的特征则是"淡青色，有蟹爪纹者真，无纹者尤好，土脉滋媚，薄甚"。[6] 这就清楚地说明瓷釉的开片与否，以及开片的纹理，既是当时藏家判别瓷窑产地的要件，同时也是评价同一瓷窑作品档次高低的依据之一。就《格古要论》所载各地古瓷窑作品而言，所谓的"董窑"是唯一一处被拿来与宋官窑作品进行外观全面比较的瓷窑，而董窑作品的特征是"淡青色，细纹多，亦有紫口、铁足，比官窑无红色，质粗而不细润，不逮官窑多矣，今亦少"。[7] 从字面上来看，虽然董窑远远不如官窑，似乎只要观察胎釉的精致度即可轻易地将两窑作品区别

---

3 叶寘：《坦斋笔衡》，收入陶宗仪：《辍耕录》（《文渊阁四库全书本》1040册），卷29，页13。
4 曹昭：《格古要论》，收入周履靖辑：《夷门广牍》（万历二十五年刻本，台北：台湾商务印书馆，1983）卷下，《古窑器论·官窑》，页47。
5 台北故宫博物院编：《故宫宋瓷圖錄》南宋官窯（东京：学习研究社，1974），图3。
6 曹昭，前引书，卷下，《古窑器论·汝窑》，页47。
7 曹昭，上引书，卷下，《古窑器论·董窑》，页47。

开来。不过，曹昭内心深处恐怕还是认为董窑是最接近真正官窑的作品，因为外观上呈紫口、铁足且青釉带开片的董窑，几乎完全具备了官窑的特征。明白此点，我们才能理解为何曹昭会在书中刻意地将"董窑"紧接地安排在"官窑"之后、"哥窑"之前。

《格古要论》初刊于明洪武二十年（1387），至天顺三年（1459）又由王佐进行了增补。王佐于后增的《吉州窑》一则中提到，宋代的吉州窑以书（舒）公烧者最佳，其小花瓶"有花，又有碎器，最佳"。[8] 所谓的"碎器"即开片瓷器，俨然成为一种可与彩饰纹样相比拟的独立鉴赏对象了。

二、晚明时期的宋官窑鉴赏

五代王仁裕在《开元天宝遗事》中提到一件称作"自暖杯"的青瓷时说："内库有一酒杯，青色，而有纹如乱丝，其薄如纸，于杯足上有镂金字，名曰自暖杯。上令取酒注之，温温然有气如沸汤，遂收于内藏。"[9] 则唐代内府收藏的这件具有奇异功能的薄胎青瓷杯，显然亦属开片瓷器，即碎器类。不过，唐宋时期文献所见陶瓷鉴赏记述，除了赏鉴如建窑黑釉盏上变幻的瑰丽釉调之外，多半是偏重于吟味作品之造型和实用性，或歌咏作品莹澈的釉色、温润似玉般的釉质，并未以釉面的开裂纹理作为鉴赏的对象。同样，《开元天宝遗事》的这一则有关碎器的早期史料，也只能视为对于陶瓷作品外观特征的一般性描述，其与前述《格古要论》之碎器鉴赏不可同日而语。

晚明时期有关宋官窑鉴赏的记载极多，部分内容虽亦承袭《格古要论》的说法，但已有所增添，足以窥知晚明文人宋官窑鉴赏观之一斑。万历二十三年（1595）张应文《清秘藏》说："官窑品格与哥窑大约相同，其色俱以粉青色为上，淡白色次之，油灰色最下。纹取冰裂、鳝血为上，梅花片、墨纹次之，细碎纹最下。必铁足为贵，紫口为良，第不同者。官窑质之隐纹亦如蟹爪，哥窑质之隐纹如鱼子。"[10] 类似的记载亦见于稍前数年之万历十九年（1591）高濂所著《遵生八笺》，或较晚之崇祯年间文震亨的《长物志》。显然，晚明文人的宋官窑观看

8　王佐：《新增格古要论》（北京：北京中国书店，1987）卷7，下册：《古窑器论·吉州窑》，页23-24。
9　王仁裕：《开元天宝遗事》（《文渊阁四库全书本》1035册），卷1，页846：《自暖杯》。
10　张应文，前引书，页197-198。

方式和赏鉴内容已较《格古要论》更为多样和繁琐。此时既亦视紫口、铁足和开片的青釉为宋官窑的重要特征，同时也以釉的开片纹理来区别官、哥两窑的不同。此外，更将官窑瓷釉上的各式开片予以命名和分类，并且分别给予等第品评，其中又以状似冰裂之多重开片纹的品格最高（图2）。[11] 毫无疑问，晚明虽承袭明初以开片作为鉴别宋代官窑真伪的手段之一，但更进一步地经由瓷釉开片的种类等级划分，将宋官窑的各类开片瓷釉纳入文人的鉴赏品评中。不仅如此，就如 Clunas 指出的，在晚明文人精心构造出的对于古物特殊审美以区别雅俗的鉴赏观中，宋代官窑也成了经常被论及的示范道具之一。换言之，在此雅俗鉴赏观中，贵重如官窑者，使用时亦需适得其所，否则不入文人清玩。[12] 如文震亨在其《长物志》中就认为花盆是以"白定、官、哥等窑为第一"，但同时又告诫说："惟陶印则断不可用，即官、哥、冬青等窑，皆非雅器也。"镇纸亦忌用官、哥等窑器，因其不够雅致，[13] 反映出晚明时期文人具有特色的文物鉴赏观和消费选择。

另一方面，早在元人孔齐《至正直纪》中已经指出："近日哥窑绝类古官窑。"[14] 明初《格古要论》也提到旧哥窑青瓷有紫口、铁足的特征，其中釉色精良者是和品格较官窑略逊一筹的董窑开片青瓷相类似。[15] 或许正是由于哥窑和官、董二窑颇为类似，曹昭遂于书中在"官窑"和"董窑"之后，刻意安插了"哥窑"。至于晚明文献中的哥窑不仅是与官窑同列名于所谓的五大名窑之中，也是最常被与官窑相提并论的瓷窑作品。

尚待解决的哥窑问题不少，但当今学界在处理哥窑时，往往都将之区分为传世哥窑和龙泉哥窑。前者是指传世器中的一类釉带大小纹片或细碎开片的薄浊失透青釉器，后者指的是浙江龙泉窑所烧制的黑胎开片青瓷。无论何者，釉带开片是哥窑最重要的特征之一。然而，明人是如何来掌握哥窑的具体外观特征呢？刊刻于嘉靖、隆庆年间之郎瑛《七修续稿》载："哥窑与龙泉窑，皆出处州龙泉县。南宋时，有章生一、生二弟兄，各主一窑，生一所陶者为哥窑，以兄故也，生二所陶者为龙泉，以地名也。其色皆青，浓淡不一；其足皆铁色，亦浓淡不一。旧

---

11 台北故宫博物院编，同注（5），图33。
12 Craig Clunas, *Superfluous Things* Urbana and Chicago, University of Illinois Press, 1991, p. 103.
13 文震亨：《长物志》，收入《美术丛书》三集九辑，卷2，页147-148：《盆玩》；卷7，页205：《镇纸》；卷7，页223：《印章》。
14 孔齐：《至正直记》，收入《粤雅堂丛书》63（《百部丛书集成》1019）卷4，页35-36：《窑器不足珍》。
15 曹昭，前引书，卷下，《古窑器论·哥窑》，页48。

闻紫足，今少见焉。惟土脉细薄，釉水纯粹者最贵，哥窑则多断文，号曰百圾破。"[16] 开片与否是哥窑有别于龙泉弟窑的不同之处，也是哥窑之所以成为明人鉴赏对象的主要原因。若结合前引《遵生八笺》《清秘藏》和《长物志》等晚明文献，则哥窑和官窑的区别主要也是在于前者釉面有着如鱼子般的细碎开片，其与后者呈现出的蟹爪状稀疏大裂纹有所不同。其次，《清秘藏》说宋代龙泉窑"妙者与官窑争艳，但少纹片"，[17] 从而可知，开片的有无又是识别、鉴赏两窑作品的关键之一。

这样看来，瓷器上的开片及其纹理外观，是晚明时期陶瓷鉴赏的特色。文震亨《长物志》提道："宣窑冰裂、鳝血纹者，与官、哥同。"[18] 这种宣德时期由景德镇所烧制的青釉开片瓷于台北故宫博物院的藏品中亦可见到（图3），[19] 然而其和所谓官窑或哥窑的雷同处，恐怕仅仅在于其亦属开片青瓷。参酌文献记载，我们似可做如下的推测，即碎器的赏鉴，究其渊源，其实是来自开片瓷釉正是一器难求之宋代官窑最为重要的外观特征之一；宋官窑鉴藏风气既丰富了明代人的鉴赏内容，晚明文人对于以官窑为主的宋代名窑作品开片现象之独到的观看方式或诠释，则引发了碎器的风行。

三、明末清初"碎器"之风与消费情况

宋应星在作于明崇祯十年（1637）的《天工开物》中提道："欲为碎器，利刀过后，日晒极热，入清水一蘸而起，烧出自成裂文"。[20] 这一制作碎器的工序记录，很能说明明晚期的碎器流风，反映了当时部分瓷窑作坊为迎合顾客的喜好而进行碎器生产。

晚明文献有关官、哥窑等碎器赏鉴的记录颇多，如《长物志》就记载文人

---

16 郎瑛：《七修续稿》，《二窑》，收入《中国学术名著》第六辑，《读书札记》第二集第十一册《七修类稿》下（台北：世界书局，1963），页833。
17 张应文，前引书，页198。
18 文震亨，前引书，卷7，页227：《总论铜玉雕刻窑器》。
19 台北故宫博物院编：《故宫明瓷圖録》洪武窯·永乐窯·宣德窯（东京：学习研究社，1977），图99。
20 宋应星：《天工开物》（北京：中华书局，1978）卷7，页199：《陶埏》。另外，长期居住在景德镇的著名法国神父殷弘绪（d'Entrecolles, 1664～1771）的书信集当中也提到"碎器"的制作。参见 d'Entrecolles, ダントルコール（小林太市郎译注），《中国陶瓷見聞録》（东京：平凡社，1979），页172。

书斋宜使用官、哥窑葵花洗、荷叶洗、瓮肚小口钵盂和呈方形或圆形的各式水注；插花时使用官、哥、定窑之胆式瓶或蓍草瓶亦佳；盆栽花器则以官、哥等窑作品为第一。[21] 文字记载之外，晚明绘画和版画亦见不少碎器图像资料，前者以陈洪绶的画作最常出现，碎器的器形种类包括盆栽花器、花瓶（图4）、杯、水盂、酒瓮和作为清玩陈设器的三足炉等。[22] 至于版画中的盆栽花盆、花瓶或文人雅集的陈列器也经常呈现出碎器的外观特征（图5），其内容种类颇为丰富。以瓶花而言，瓶中除了插有各种折枝花卉，也有内插置珊瑚或灵芝者（图6）。[23] 此外，前引《长物志》提到的蓍草瓶，据程大约刊刻于明万历年间的《程氏墨苑》所载图可知，[24] 所谓的蓍草瓶即琮式瓶，台北故宫博物院即收藏有此一瓶式的南宋官窑青瓷作品。[25] 嘉靖四十二年（1563），钱谷的《午日钟馗》图轴（图7），[26] 画鬼卒捧中插石榴、灵芝的碎器花瓶献呈钟馗，可见碎器在当时应属较为珍贵的器物；16世纪中后期，陈栝的《端阳景》图轴描绘了一碎器花瓶内插菖蒲、栀子、蜀葵等折枝花，并有"一时都聚古瓶中"自题诗句（图8），[27] 后者载明了碎器往往还被视为古物的象征。这从活动于成化至弘治年间（1465—1505年）的杜堇"玩古"图中亦见碎器香炉一事也可得知。[28] 显然，作为宋代官窑醒目特征的开片业已成为象征宋官窑或古瓷器的符号标志，故晚明画家也普遍地经由开片这一纯粹的物理形状来寓意古物，甚至期待能够据此收到与过去历史相作用的功能。[29] 这也就是晚明画作经常会以各种造型的碎器以为画面上装饰道具的主要原因之一。

---

21 文震亨，前引书，卷2，页147：《盆玩》；卷7，页203：《笔洗》；页203：《水中丞》；页204：《水注》；页212：《花瓶》。

22 翁万戈编著：《陈洪绶》（上海：上海人民美术出版社，1997），中卷，图8、25、73、82、85-88、95、112、115、131、138等图参见。

23 臧懋循编：《元曲选图》[万历四十四年（1616）刻本]，收入上海古籍出版社编：《中国古代版画丛刊二编》（上海：上海古籍出版社，1994）第七辑，页197："贤嫂嫂成合金贯锁"图；明·吴嘉谟集校：《孔圣家语图》[万历十七年（1589）刻本]，收入《中国古代版画丛刊二编》第三辑，页43："学琴师襄"图。

24 程大约编撰：《程氏墨苑》（万历间程氏滋兰堂刻彩色套印本），收入前引：《中国古代版画丛刊二编》第六辑，页752："蓍草瓶"图。

25 台北故宫博物院编，同注（5），图14。

26 台北故宫博物院编辑委员会：《故宫书画图录》八（台北故宫博物院，1991），页101-102。

27 同上注，页177-178。

28 台北故宫博物院编辑委员会：《故宫书画图录》六（台北故宫博物院，1991），页293。

29 Clunas亦曾对明代文人对于古物或被视为古物等作品的偏好有所描述。参见同氏，同注（12），页93-94。

另一方面，早在南宋时期已"为世所珍"的宋官窑瓷，[30] 到了明末仍然仅次于"世绝无之"的柴、汝二窑，而与哥窑、定窑等名窑瓷器并列的"当今第一珍品"。[31] 既然开片有着一器难求之宋官窑瓷等古文物的符号功能，致使不少手工业制造者竟以开片图像作为工艺品上的装饰图纹。同时，明末发达的商品经济和奢靡的社会风气，也推波助澜地将此图纹一举推向成大众消费的流行商品符号。换言之，开片图纹已从作为鉴别瓷窑产地、判定作品真伪或寓意古物等功能，逐渐成为一种跨越诸多质材、不再拘泥于陶瓷器类的时尚纹饰。同时，就陶瓷器上的表现方式而言，亦不限于利用胎釉的膨胀系数而制作出开片釉瓷，而是大量地经由彩绘技法精心地描绘出开片纹理。以开片为装饰图纹的明末清初手工艺作品数量极为庞大，工艺品的材质种类也颇为丰富，几乎达到无远弗界的程度。如万历间《程氏墨苑》中就出现了以开片纹理作为装饰图案的"苍水冰裂"墨（图9）；[32] 清康熙七年（1668）刘源《凌烟阁功臣图》、[33] 康熙二十九年（1690）金古良《无双谱》（图10）中出现的以冰裂纹为装饰底纹的纸样，[34] 或雍正年间十八世纪初《深柳读书堂美人图》（《胤禛妃行乐图》）所见冰裂纹理的书签（图11），[35] 均反映了开片纹是此时文人书笺流行的装饰图案之一。其次，晚明木制家具亦不乏碎器图像装饰，其中有以木条拼接成冰裂纹镂空的橱柜门扇（图12），[36] 也有以镶嵌技法嵌饰开片底纹和梅花的所谓冰梅纹（图13）。[37] 明崇祯四年（1631）计成《园冶》提到"文致减雅"有"上疏下密之妙"的冰裂式窗是风窗中之最宜者；亦有所谓冰裂墙，是以"乱青石版用油灰抿缝"砌成；至于山堂、水坡、台端、亭际亦适合以青石板或碎方砖错缝磨铺成"冰裂地"。[38] 事实上，安徽黟县清代民居的木造门楣

---

30 叶寘，同注（3），《坦斋笔衡》："置窑于修内司造青器，……油色莹彻，为世所珍。"
31 张谦德：《瓶花谱》："窑则柴、汝最贵，而世绝无之。官、哥、宣、定为当今第一珍品。"
32 程大约编撰，前引书，页336。
33 刘源：《凌烟阁功臣图》，收入郑振铎编：《中国古代版画丛刊》4（上海：上海古籍出版社，1988），页301–304。
34 金古良：《无双谱》，收入《中国古代版画丛刊》4，页412。
35 佚名：《胤禛妃行乐图》，收入故宫博物院编：《清代宫廷绘画》（北京：文物出版社，1992），图42。
36 Grace Wu Bruce, *Ming Furniture: Rare Examples from the 16th and 17th Centuries: Exhibition 14th–26th June 1999* London & Hong Kong: Grace Wu Bruce Co., 1999, p. 40 pl. 14.
37 Michael Knight, "Chinese Lacquered Wood Furniture: Two Examples from the Collection of Mimi and Raymond Hung," *Orientations* (January 1998), p. 22, fig. 1.
38 计成原著、陈植注释：《园冶注释》（台北：明文书局，1982），页123–124、页180–181、页189–190。

即是采用冰裂式（图14），[39]而传世的一件十七世纪中期铜胎珐琅案几几面开光中亦可见到冰裂屏风和冰裂墙（图15）。[40]这种刻意地将石板垒砌成冰裂状外墙，或于地面勾缝铺设大小相错的冰裂纹理，可说是现代庭园步道或花台等常见的错缝贴铺石板装饰的先驱，其设计意念即源自明代以来的瓷器开片鉴赏。

李渔（1611-1679？）在谈及文人书斋装潢时，有一则令人印象深刻的、教人制作冰裂纹壁纸的记录："先以酱色纸一层，糊壁作底，后用豆绿云母生笺，随手裂作零星小块，或方或扁，或短或长，或三角或四五角，但勿使圆，随手贴于酱色纸上，每缝一条，必露出酱色纸一线，务令大小错杂，斜正参差，则贴成之后，满房皆冰裂碎纹，有如哥窑美器。"而书斋经此冰裂壁纸贴饰，则可将"幽斋化为窑器，虽居室内，如在壶中"。[41]与李渔约略同时，烧制于明末天启（1621—1627）、崇祯（1628—1644）间的釉上五彩四方碟，也出现了这样的图像。碟心描绘坐于蒲团上的罗汉，碟内壁四周以红绿釉彩满饰错杂参差的冰裂碎纹，使得罗汉有如居于贴满冰裂碎纹壁纸的静室中（图16）。[42]

相对于宋官窑等开片釉瓷一般是由于胎釉的膨胀系数不同所造成，明初宣德时期的仿宋官窑瓷也是意图以开片釉来营造出宋官窑瓷釉的外观特征。然而，明末清初的陶瓷器则颇有以冰裂纹作为釉上彩绘装饰图纹。此一装饰企机，正意味着一种新兴时尚图纹的兴起。[43]其中，又以康熙年间，俗称为姜罐的外销瓷上的冰梅纹最具特色。其是以青料抹底，青底上勾勒出隐约可见的冰裂纹，与留白的折枝梅纹相互衬托，颇富装饰效果（图17）。[44]事实上，为了彰显玉骨冰魂、坚冷不拔的寒梅特性，冰裂的碎器花瓶就成了插置梅花的最佳道具（图18）。[45]约完成

39　罗启妍：《古承今袭——中国民间生活方式》（香港：雍明堂，1999），安徽黟县西递村民房前院。

40　Susanna Swoboda, *Chinese Cloisonné: The Pierce Uldry Collection*. New York: The Asia Society Galleries, 1989, pl. 174.

41　艾殊仁编：《李渔随笔全集》（成都：巴蜀书社，1997），页142。

42　斋藤菊太郎：《吴須赤絵—南京赤絵》陶磁大系45（东京：平凡社，1976），页114，图42。另外，类似构图的四曲碟可参见：Hin-Cheung Lovell, ed., *Transitional Wares and Their Forerunners*, Hong Kong: The Oriental Ceramic Society of Hong Kong, 1981, p.177, pl.151.

43　此类例子甚多，除前引五彩罗汉碟之外，另可参见：Soame Jenyns, *Later Chinese Porcelain*, London: Faber and Faber, 1951, pl.XIX-1。

44　佐藤雅彦等编：《東洋陶磁》12，メトロポリタン美術館（东京：讲谈社，1982），图115。

45　李毅华：《故宫珍藏康雍乾瓷器图录》（香港：两木出版社、北京：紫禁城出版社，1989），页56，图39。另外，对玉骨冰魂寒梅的描绘于南宋·马麟《层叠冰绡》图已见端倪，但此时尚未和冰裂的纹理相结合。马麟画作见：故宫博物院藏画集编辑委员会编：《中国历代绘画　故宫博物院藏画集Ⅲ》（北京：人民美术出版社，1982），图119。

于清顺治六年（1649）之陈洪绶《摘梅高士》图轴，画面上绘一高士手持折枝梅花，身后侍从则双手捧一碎器花瓶，也显示梅花与冰裂碎器之间的紧密关联（图19）。[46] 就目前的资料看来，所谓的冰梅纹是康熙年间流行的纹样之一，其既见于当时的陶瓷器上（图20），[47] 就连铜胎的掐丝珐琅器上也可见到这种装饰图纹；[48] 除冰梅纹之外，亦可见到于冰裂底纹加饰八宝或菊瓣花等纹饰的作品。[49] 归根究底，此亦来自明代以来的碎器风潮。影响所及，东北亚朝鲜半岛也经常以碎器作为室内装饰品，如18世纪后半金弘道自画像《布衣风流》图即于弹奏琵琶的人物旁置碎器瓶（图21）。[50] 此外，从一件清代中期西方人定制的木质书橱门扇之冰裂镂空图样亦不难推测，[51] 碎器纹饰同样博得欧美地区消费者的欢迎（图22）。

四、日本国的碎器鉴赏

明崇祯十年（1637）宋应星在《天工开物》论及碎器制作时，曾附记道："古碎器，日本国极珍重，真者不惜千金。古香炉碎器不知何代造，底有铁钉，其钉掩光色不锈。"[52] 文中所谓的"铁钉"，是宋官窑或传世哥窑等作品因多施罩满釉，故需以支钉支烧，由于胎中含铁分较高，烧成后露胎的支钉痕呈铁锈色。因此，价值千金的底足带铁钉支烧痕的古碎器，应是指宋官窑类的开片瓷器。

其实，早在嘉靖年间，日本国遣明副使、著名禅僧策彦周良即已表现出对于碎器的偏爱。现存的策彦遗文《策彦入明记》中，包括不少与陶瓷有关的记述，其中又以对碎器的记录最多，其器形包括各式杯、盘、碗和镇子、瓶、香炉等。[53] 从嘉靖

---

46 翁万戈：《陈洪绶》，图87：《摘梅高士图》轴，约1649年，天津市艺术博物馆藏。
47 佐藤雅彦等编：《世界陶磁全集·清》（京都：小学馆，1983），页169，图167。
48 陈夏生：《明清珐琅器展览图录》（台北故宫博物院，1999），页97，图26。
49 Susanna Swoboda，同注（40），pl. 132。The Museum of East Asian Art, *Inaugural Exhibition vol. 2, Chinese Metalwares and Decorative Arts*, Bath, England: The Museum of East Asian Art, 1993, p. 116, pl. 309.
50 菊竹淳一等编：《世界美術大全集·東洋編》11卷：朝鲜王朝（东京：小学馆，1999），页331，图241。
51 Jean Gordon Lee, *Philadelphians and the China Trade 1784-1844*, Philadelphia, PA: Philadelphia Museum of Art, 1984, p. 84, pl. 48.
52 （明）宋应星，前引书，页199。
53 牧田谛亮编：《策彦入明记の研究》上（京都：法藏社，1955），页78："嘉靖十八年八月十日"条、页89："嘉靖十八年九月二十三日"条、页92："嘉靖十八年十月朔旦"条、页152："嘉靖十九年十月七日"条、页155："嘉靖十九年十一月十二日"条、页157："嘉靖十九年十二月二日"条、页164："嘉靖十九年十二月二、六日"条、页193："嘉靖二十年五月二日"条等参见。

十八年（1539）十月朔旦条载"惠以杯，外白内碎器"的记文，结合同年五月二十九日策彦本人对"碎器"一词的注解"碎器，トハクワンニウノコトソ"，[54]可知策彦和尚也是将碎器理解为开片瓷器。不过，瓷釉带开片虽是宋官窑的特征之一，然并非所有碎器均属宋官窑，故策彦于同年八月十日只花费五分银子就购买到一件碎器香炉。[55]

八代将军足利义政（1435—1490）门下同朋众所撰《君台观左右帐记》，是理解将军家藏文物和其时鉴赏、品评的重要史料。该书有能阿弥和相阿弥祖孙两系列本，内容大同小异，而以永正八年（1511）日本东北大学藏相阿弥本最常为学界所征引。[56] 据林左马卫校勘之在《茶碗色色》之下列有"琯瑶"一项，并注记说明作品胎色紫、釉呈淡紫色调，带细开片。[57] 由于这种釉调泛紫的深色胎开片青瓷"琯瑶"，确实符合宋官窑类型青瓷的外观特征，故学界一般都同意该记载极有可能是对宋代官窑类型青瓷的客观描述。日文政十三年（1830）喜多村信节《嬉游笑览》就明白地指出："瓷器之'クワンニウ'即蟹爪纹。"《君台观》谓"琯瑶土紫色也……此原系官窑字音，后引申将开片称为'クワンニウ'。"[58] 据此看来，则"琯瑶"是"官窑"和现代日语仍沿用之意指瓷釉开片的"贯入"之混合造词。其次，室町时代（1392—1573）文献，有时又以"琯瑶"、"官用"或"罐窑"等语来称呼"琯窑"。[59]

这样看来，室町时代的宋官窑鉴赏，虽然和明代同样是以铁足和瓷釉开片等作为官窑的主要外观特征，但室町前期的日本鉴藏家似乎仍未掌握到多少和官窑

---

54 牧田谛亮编：《策彦入明记の研究・上》（京都：法藏社，1955），页78："嘉靖十八年八月十日"条、页89："嘉靖十八年九月二十三日"条、页92："嘉靖十八年十月朔旦条"、页152："嘉靖十九年十月七日"条、页155："嘉靖十九年十一月十二日"条、页157："嘉靖十九年十二月二日"条、页164："嘉靖十九年十二月二、六日"条、页193："嘉靖二十年五月二日"条等参见。另外，朱舜水（1600-1682），《朱氏舜水谈绮》（上海：华东师范大学出版社，1988），页382，也说"碎磁"即"クハンニウ"。

55 同上注，页78。此外 Craig Clunas 曾经引用张岱（1597-1679）：《陶庵梦忆》（台北：汉京文化事业有限公司，1984）卷6"仲叔古董"条之："（葆生叔）得白定炉、哥窑瓶、官窑酒匜，项墨林以五百金售之，辞曰：'留以殉葬'"，来说明晚期鉴赏用陶瓷的高昂价格，见同氏，*The Cost of Ceramics and the Cost of Collecting Ceramics in the Ming Period,* The Oriental Ceramic Society of Hong Kong, no.8 (1986-1988), p. 51。看来，策彦周良以五分银所购得之碎器香炉应非宋代官窑作品。

56 谷晃：《〈君台观左右帐记〉の成立に関する一考察》，《野村美术馆研究纪要》3（1994），页73-115。

57 林左马卫：《校注〈御座敷御かざりの事〉》，收入根津美术馆等编：《东山御物》（东京：根津美术馆，1976），页194。

58 喜多村信节：《嬉游笑览》（东京：成光馆，1930），卷二下《器用》，页315。

59 "琯瑶"见享德三年（1454年）《撮攘集》；"官用"见一条兼良［文明十三年殁（1481），年八十］：《尺素往来》；"罐窑"见天文十七年（1548）《运步色叶集》。另外，日正德二年（1712年）序《和汉三才図会》则称瓷釉开片俗云"华幽"。以上均参见满冈忠成：《日本人と陶器》（京都：大八洲出版社，1935），页109-110及页148。

有关的其他周边知识,故其对宋官窑的理解仍未超出明初《格古要论》所载的内容。其次,从《君台观左右帐记》的记述中还可得知,日本此时亦未将明代人视为陶瓷瑰宝的宋官窑予以最高的评价,似乎只是聊备一格地列记在饶州等茶碗之后。不过,从室町后期赴明的策彦周良屡次采购碎器一事看来,此时的日本鉴赏界很有可能受到明代晚期文人鉴藏观若干的启发,以至于会出现《天工开物》所提到的,不惜以千金巨资来购藏古碎器的现象。流风所及,日本部分瓷窑亦开始仿制碎器作品。如萩藩主毛利家御用之萩市松本窑就曾于十七世纪烧制白釉着色开片陶瓷(图23)。[60] 十七世纪末至十八世纪初期佐贺藩锅岛烧也以开片的壶罐作为釉上彩绘的装饰图纹(图24),[61] 而类似造型的碎器罐亦见于明万历间黄凤池编纂《唐诗画谱》版画插图(同图5),[62] 后者并辑入同氏等编之《八种画谱》中。[63] 众所周知,日本曾于宽文十二年(1672)和宝永七年(1710)两度翻刻《八种画谱》,而九州肥前窑所谓伊万里烧更早在宽永年间(1624～1643),已经采用画谱所收《唐诗五言画谱》以为瓷器彩绘装饰的粉本。[64] 伊万里烧不仅生产有以青花绘制而成的碎器图纹,并且出现了冰梅纹以及将菊花和碎器底纹组合而成的冰菊纹,两者构图方式均似康熙年间(1662～1722)流行的冰梅纹。从目前的考古发掘资料看来,伊万里烧青花冰菊纹于西松浦郡西有田町广濑向二号窑(1780～1810)、小樽二号窑(1780～1860)等窑场均有烧造(图25),[65] 至于年代稍早的藤津郡盐田町志田西山一号窑(1710～1750)所见这类图纹之宽瓣朵花则介于菊花和梅花之间,冰裂底纹的纹理表现亦相对写实,其与十八世纪后期的呈斜方格状业已形式化的冰裂纹样有所不同(图25)。[66] 另一方面,伊万里烧冰梅纹的出现时代相对较早,其早期实例见于九州陶磁文化馆藏制作于一六九〇至一七一〇年代之青花"云割梅花冰裂雪轮文轮花皿"。[67] 这就说明了伊万里烧的冰菊纹有可能是从冰梅纹转化而来,而冰菊纹的图

---

60 河野良辅:《萩・出云》,《日本陶磁大系》14(东京:平凡社,1989),页107。

61 今泉元佑:《鍋島》,《日本陶磁大系》21(东京:平凡社,1990),彩图24。

62 (明)黄凤池辑:《唐诗画谱》之皮日休"闲夜酒醒"图,收入前引:《中国古代版画丛刊二编》第七辑,页45。

63 大槻幹郎解说:《八種画譜》(京都:美术出版社+美乃美,1999)。

64 荒川正明:《肥前磁器と〈八種画譜〉—古九谷樣式における人物意匠の背景》,《出光美術館研究紀要》5(1999),页186。

65 九州近世陶磁学会:《九州陶磁の編年》(佐贺县:九州近世陶磁学会,2000),页100,图6及图38。

66 九州近世陶磁学会,前引书,页97,图21。

67 该作品承蒙大桥康二先生的教示。图收录于佐贺县九州陶磁文化馆《柴田コレクション展》Ⅱ,图569。

纹变迁也反映了十八世纪伊万里烧青花瓷上之花卉和冰裂底纹的表现，有随着时代的推移渐趋形式化的倾向。不过，伊万里烧的冰梅纹是否与中国的同类图纹有关？我们能否在早期伊万里烧瓷器上寻觅出相关的图纹？

相对于中国早在十六世纪的工艺品上已经出现冰梅纹，[68] 日方学者则一致主张由朵花和冰裂纹组成的图案出现于十八世纪初期，最早也不能早过元禄时期（1688～1703）。[69] 但我认为，现藏有田町教育委员会烧造于一六五〇至一六七〇年代的一件装饰有被日方学者视为纱绫纹之退化形式的由不规则格状底纹和朵花组成的图纹（图26），[70] 极有可能即冰裂纹。如前所述，明崇祯十年（1637）之《天工开物》已记录日本国极珍重古碎器，此一风潮甚至导致萩市松本窑起而仿制开片釉瓷。不仅如此，作为伊万里烧装饰图纹重要底本的《唐诗五言画谱》亦见碎器图像（同图5）。事实上，十七世纪伊万里烧的绘饰纹样除了采自明晚期图绘或青花瓷上的图案之外，也深受康熙时期（1662～1722）彩瓷的影响。[71] 因此，若联系故宫博物院藏康熙年间冰梅蝴蝶纹五彩梅瓶之梅花和冰裂底纹的构图布局（同图20），均和上引有田伊万里烧红绿彩杯所见图纹相似，我认为后者的图纹极有可能即冰梅纹。如果该一推测无误，则十七世纪末至十八世纪初伊万里烧的冰梅纹布局构思应可上溯至十七世纪中期或之后不久，而其祖型则来自清初流行的冰梅纹。而前述十八世纪前期志田西山一号窑所出标本（同图25）可说是介于冰梅纹和冰菊纹之间的过渡样式。至于十八世纪初期日本和服上的冰裂底纹和枫叶的组合装饰图纹（图27），[72] 则又是冰梅纹或冰菊纹的另一发展形式。换言之，被视为具有鲜明和风色彩的冰枫纹之祖型其实是来自中国明末以来的冰梅纹，[73] 而后者则又是晚明碎器风尚下的产物。

观察日本近世陶瓷的冰裂图像，还可发现一个有趣的发展变迁，即相对于伊

68　Michael Knight，同注（37），页30。

69　九州近世陶磁学会，前引书，页175。

70　笔者实见，本文采用图片是由坂井隆先生所拍摄。

71　矢部良明：《十七世纪の景德镇と伊万里—その作风の关连》，收入佐贺县立九州陶磁文化馆：《十七世纪の景德镇と伊万里》（佐贺县：佐贺县立九州陶磁文化馆，1982），页84-85。事实上，日本长崎市高岛秋帆屋敷迹或大坂住友铜吹所迹等遗迹亦曾出土清代冰梅纹图瓷器，后者之相对年代约于十七世纪后半至十八世纪初。参见松尾信裕：《大坂住友铜吹所迹》，《季刊考古学》75号（2001），页79，图25。另，铃木裕子：《清朝陶磁の国内の出土状况—组成を中心に》，《贸易陶磁研究》19（1999）：44，图1之7。

72　国立历史民俗博物馆：《陶磁器の文化史》（千叶县：国立历史民俗博物馆振兴会，1998），页193，引自正德五年（1715）刊《当风美女ひいなかた》之"冰玉红叶"图。

73　将日本工艺品所见冰梅纹视为具有特色的别出心裁之日本图样设计的例子似乎不少。如 E. H. Gombrich（杨思梁等译）：《秩序感》（浙江：浙江摄影出版社，1987），页104，图62即为一例。

万里烧部分瓷窑青花瓷上的冰裂纹于十八世纪末已趋形式化，但同窑系西松浦郡有田町樋口窑则于十九世纪生产颇具明末清初碎器冰裂纹理的写实作品（图28）。[74] 从樋口窑存在不少构图样式明显仿自明代后期景德镇青花瓷的标本，同时又曾烧造开片青瓷等情形推测，[75] 日本于十八世纪曾经再度兴起一股模仿中国古文物图像的风潮，而冰裂纹则是其仿制的对象之一。因此，与其说十九世纪樋口窑等窑场作品所见冰裂纹饰是同窑系前一时期同类图纹演进的结果，倒不如将之视为此时陶工直接模仿明末清初的图纹要来得恰当些。

日本陶瓷上的碎器冰裂纹饰，恐怕要以京都著名陶工尾形乾山（1663—1743）的作品表现得最为突出。就传世的乾山烧看来，其对于冰裂纹饰有着极大的兴趣，从乾山制作于元禄年间（1688—1704）自铭为"石垣皿"的委角四方盘盘内面有如贴纸般华丽效果的图纹（图29），[76] 和前引明末釉上五彩冰裂纹罗汉盘之冰裂地纹一致来看（同图16），[77] 乾山自称为石垣即石墙的构思，其实是来自明代碎器图纹的启示。[78] 不仅如此，乾山烧亦有以冰梅纹为装饰母题的作品传世（图30）。[79] 值得一提的是，乾山经常以乐烧的技法来制作釉下彩绘陶瓷，釉面多带开片，因此，就出现了如前引"石垣皿"般在人工绘饰的各个冰裂纹单位中显现出自然的开片肌理。同样，尽管传世的乾山烧有不少是仅于器胎上绘饰折枝梅花，但若结合釉面的开片现象，作品整体仍然可呈现出冰梅纹的视觉效果（图31）。[80] 我认为，生于洋溢着艺术气息富裕的吴服商家，同时又是琳派大家尾形光琳（1658—1716）之弟的乾山，极有可能是有意识地利用陶瓷釉面的自然开裂纹理来表现冰裂底纹，从而创造出结合人工和自然的独具韵味的冰梅纹。另外，由于乾山曾师事御室烧名工野野村仁清，而仁清的作品则有不少是于透明的

74　有田町史编纂委员会：《有田町史·古窑编》（佐贺县：有田町，1988），图版301之1。

75　有田町史编纂委员会，前引书，页395及图版296之5, 298之1.3。另外，该窑所烧制之开片釉瓷以现藏九州陶磁文化馆的青瓷小碟为例，笔者实见。

76　满冈忠成：《乾山》，《日本陶磁大系》24（东京：平凡社，1989），图45。

77　斋藤菊太郎，同注（42），页114，图42；Hin-cheung Lovell，同注（42），页177，图版151。

78　此点早已由斋藤菊太郎所指出。见斋藤，同注（42），页115。尽管如此，日本也有学者认为乾山"石垣皿"的构思乃是源自日本和服上的图案。如佐藤雅彦：《乾山·古清水》，《日本陶磁全集》28（东京：中央公论社，1975），页67，图48的解说。

79　佐藤雅彦，同上注，图53。

80　如出光美术馆藏乾山"色绘绘替角皿"，见《出光美术馆藏品图录·日本陶磁》（东京：出光美术馆，1990），图823右上。

开片釉上彩绘梅花的例子（图32），[81] 故亦不排除乾山的灵感或许是得自对于仁清陶艺作品的观察。

另一方面，日本的碎器鉴赏并未发展出如晚明文人般的独特观看方式，对于晚明文人极为强调的开片种类和具体的外观特征亦未表现出太大的兴趣。关于这一点，我们可由时代较晚之日正德四年（1714）《名物六帖》所记"百圾碎、裂纹、冰纹、冰裂、碎纹"得知，[82] 日方对于各类形式的开片仍是一知半解，未有确实的掌握。也就是说，对于日本而言，瓷釉的开片似乎已成为宋代官窑的唯一特征，而未深入考虑开片的具体分类及其外观形式。与此相应的是，日本的仿碎器作品如前引十七世纪萩市松本窑作品之造型既未见于宋代官窑青瓷，更施罩以白釉，透露出日本接受中国文物时的理解或对应的态度；晚至日宝历至文化年间（1751—1817）之后期锅岛烧的所谓仿宋官窑作品，也是选择在具有日本特色的器形上施加开片青瓷釉（图33）。[83] 明嘉靖四十年（1561）郑若曾《日本图纂·倭好》提道："磁器，择花样而用之，香炉以小竹节为尚，碗、碟以菊花棱为上，碗亦以葵花棱为上，制若非觚，虽官窑不喜也。"[84]《庄子·大宗师》："其觚而不坚也。"《释文》："觚，棱也。"明白地指出日人对中国瓷器器形规格的要求，即碗碟类若不具备菊瓣、葵花口沿等带棱角者，纵属官窑亦不喜爱。此一涉及官窑的鉴赏观，与晚明文人的看法大异其趣。截至目前，日本未曾出土宋代官窑青瓷作品，不过，九州博多上吴服町遗址则出土了属于十六世纪的中国制菊瓣盘（图34）和整体带细碎开片的仿官四方花式碟（图35），[85] 两者之多棱器形可证实《日本图纂》所记"倭好"品位基本可靠。从菊瓣盘器形既见于南宋官窑制品（图36），[86] 亦是宣德官窑模仿官哥窑碎器的器式之一（同图3）来看，十六世纪日本国"倭好"或可说是憧憬宋代官窑瓷的古典嗜好，至于日本出土之仿官釉开片四方瓷碟，

---

81 如石川县美术馆藏仁清"色绘梅图水指"，见满冈忠成编：《世界陶磁全集》6（东京：小学馆，1975），页33，图28。

82 小野贤一郎编：《陶器大辞典》II（东京：宝云社，1934），页189。

83 今泉元佑：《锅岛》，日本陶磁大系21（东京：平凡社，1990），页87，图5。

84 《日本图纂·倭好》原文参见田中健夫：《"倭好"觉书—十六世纪的海外贸易品に关する一史料の注解》，收入同氏：《東アジア通交圏と国際認識》（东京：吉川弘文馆，1997），页172–174。

85 福冈市教育委员会：《都市計画道路博多駅築港線関係埋蔵文化財調査報告I》，博多、福冈市埋藏文化财调查报告书第183集（福冈：福冈市教育委员会，1988），卷头图版3之5之124–128。另，川添昭二编：《東アジア国際都市—博多》よみがえる中世1（东京：平凡社，1988），页135，图下右参见。

86 台北故宫博物院编，同注（5），图58。

也极有可能即《策彦入明记》所提到的"四角碎器皿"一类的作品。策彦周良于嘉靖十九年（1540）曾以银二两五分买进五件这类四方碟；[87] 其单价要比其在同一年间购买的其他类型小瓷碟要高出十数倍，[88] 说明了日本对于碎器的高度兴趣，而此一碎器好尚则是受到明代碎器风潮的启发，同时也是宋代官窑鉴赏流风下的产物。

（原载《经济史、都市文化与物质文化》"中研院"第三届国际汉学会议论文集，台湾，2002；日译载于东京文化财研究所编《美术研究》389号，2006年6月）

后　记

本文发表之后，陆续得见不少与明代"碎器"风尚有关的资料。图像方面如现藏台北故宫博物院唐寅（1470～1523）的《斗茶图》轴（《故宫书画图录》7，1991）或沈周（1427～1509）的《画瓶中腊梅》轴（《故宫书画图录》6，1991）等作品。两幅画轴均见碎器，其中《画瓶中腊梅》是在带开裂纹片的细长颈瓶中插折枝腊梅数枝，并有"写古瓶折枝"跋语，据此可以再次确认沈周也是以碎器来寓意古物。文献资料方面，明清之际著名学者，曾避居日本二十余年的朱舜水，在提及坟茔围墙时认为，墙应以碎石两面密砌，中实以土，而"有力者用冰裂纹，力薄者随方砌密而已。冰裂纹用油灰做缝"（《朱舜水全集》，1991），则冰裂纹饰因施工讲究，故又成了区别贫富等级的标志。另一方面，清初孔尚任《享金簿》（《美术丛书》初集·7辑）还提到"倭漆印箱"上有铅饰口"梅花断纹"。从而可知，由日本输入中国的漆器当中，既有于器口沿部位装镶金属边扣者，有的甚至装饰有以冰裂纹为底，上饰梅花朵的所谓"冰梅纹"。

（2005年3月23日记）

---

[87]　牧田谛亮编，同注（53），页164。
[88]　牧田谛亮编，同注（53），页145。另外，有关策彦周良购买中国物品的价格换算可参见胁田晴子：《物价より见た日明贸易の性格》，收入宫川秀一编：《日本における国家と社会》（京都：思文阁，1992），页265-268。

图 1 南宋官窑青瓷贯耳壶

图 2 南宋官窑青瓷三足樽

图 3 明宣德仿哥窑菊瓣盘

图 4 陈洪绶《索句》图局部（约 1651）

图5 明万历《唐诗五言画谱》中的"闲夜酒醒"图

图6 明万历《孔圣家语图》中的"学琴师襄"图

图7 钱谷《午日钟馗》

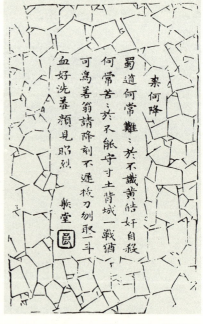

图8 晚明陈栝《端阳景》

图9 明万历《程氏墨苑》中的"苍水冰裂"墨

图10 清康熙《无双谱》中的冰裂纹纸

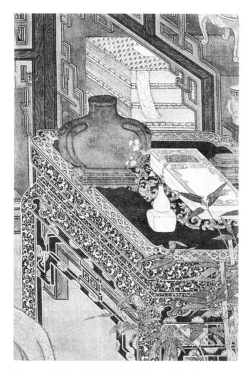 

图 11　清雍正《深柳读书堂美人图》局部　　图 12　晚明黄花梨木柜上的冰裂纹门扇

图 13　晚明木几上的冰梅纹　　图 14　安徽黟县清代民居所见冰裂纹门

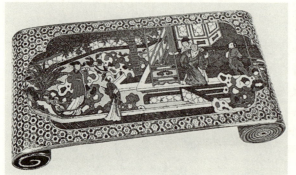

图 15　晚明铜胎珐琅案几

图 16　晚明釉上彩瓷碟

图 17　清康熙青花冰梅纹姜罐

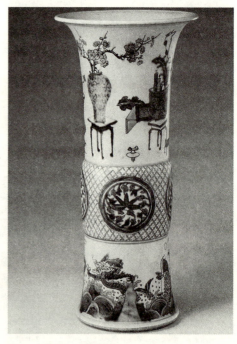

图 18　清康熙釉上彩瓷觚

图 19 陈洪绶《摘梅高士》
（约 1649）

图 20 清康熙釉上彩瓷梅瓶

图 21 十八世纪后期金弘道《布衣风流》

图 22 十八世纪后期的外销书橱

图23 17世纪萩烧白釉龙耳瓶

图24 17世纪末至18世纪初锅岛烧瓷盘

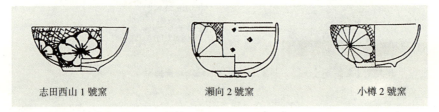

志田西山1號窯　　　　瀨向2號窯　　　　小樽2號窯

图25　有田烧青花冰菊纹碗　左：志田西山一号窑／中：广濑向二号窑／右：小樽二号窑

图26　十七世纪中后期有田烧

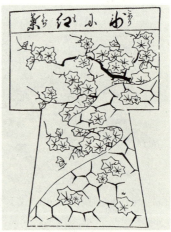

图27　十八世纪前期《当风美女ひいなかた》和服图样所见冰枫纹

图 28　十九世纪有田烧青花瓷的冰裂纹饰

图 29-1　乾山作冰裂纹彩瓷碟　　　　　图 29-2　瓷碟底部

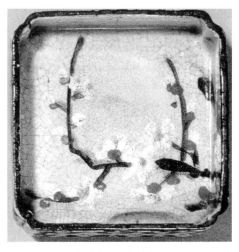

图 30　乾山作冰梅纹彩瓷盖置　　　　　图 31　乾山作折枝梅纹彩瓷碟

408　贸易陶瓷与文化史

图 32　野村仁清作梅树纹彩瓷水指

图 33　后期锅岛烧青瓷扇贝三足钵

图 34　晚明菊瓣盘，日本九州地区出土

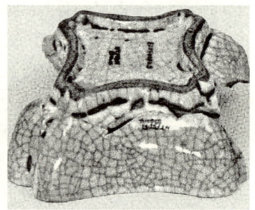

图 35　晚明仿官四方碟，日本九州地区出土

图 36　南宋官窑菊瓣盘

希腊美术的东渐
——从河北献县唐墓出土陶武士俑谈起

一九九〇年五月号《文物》志上刊载了一九八〇年代河北献县东樊村发现一座唐代砖室墓的发掘报告。[1] 该墓系由墓道、甬道、墓门和平面呈圆形的墓室所构成；墓虽曾遭严重破坏，但仍余存五十余件以陶俑为主的陶制品。其中，包括一件头戴尖形盔，身着铠甲，足踏小鬼，通高六十四厘米的天王俑，以及另一件尺寸大体相近的着甲武士俑。两件作品分别置于墓门左右，不过武士俑"头戴虎形兜鍪，虎面狰狞，张口露齿。从虎口中露出武士面部，高鼻大口，横眉立目。身披铠甲，两肩披膊作虎头形，腹部制成一女子面部，细眉弯曲，眉间有痣，圆鼻厚唇，双颊丰满"，其服饰与同墓所出足踏小鬼的所谓天王俑不同。参照报告书所揭示的图版（图1），撰述者的以上描述可说是颇为贴切的。

就唐代墓葬陶俑的组合情况及其陈设位置而言，经常是以两件俗称武士或天王的武装陶俑，配以一对文官俑和另一组头部分别呈人面、兽面的所谓镇墓兽，井然有序地排列于甬道近墓室入口处的两侧，故献县唐墓所出武士和天王俑，基本上只是再次反映唐代墓葬陶俑种类和陈设方式中的一个普遍现象，并不足为奇；其与洛阳、西安唐代两京地区大量出土的武士、天王俑均是扮演着镇墓、辟邪的角色。然而，唐墓所见该类陶俑虽均着铠甲、戴兜鍪，但是如献县唐墓武士俑般，于腹甲上饰人面，且戴着虎头形帽的作品极罕见。有趣的是，上述两种装饰图像既见于中国古代工艺品或文献记载，同时又与希腊神话英雄传说或神怪造型有相近之处。因此，它们是否源自中国既有的古典传承，抑或曾受希腊美术的影响？就这点而言，献县唐墓武士俑所见装饰图像及其所蕴含的文化史课题无疑是值得重视的。以笔者目前的能力，距离该一课题的解决还颇遥远，但作为问题

---

[1] 王敏之等：《河北献县唐墓清理简报》，《文物》1990年5期，页28–33转页53。

的提出，在此仅将个人所掌握的少数相关资料略予披沥，勉成札记一稿。

一、中国所见戴兽帽武士

目前所知戴虎头形兽帽的武士，多见于唐墓出土的陶俑。除了前述献县唐墓作品另于武士腹甲上饰人面图像，其余作品上腹圆护部位均未见人面形饰。经正式发表的出土该类戴兽帽陶武士俑的墓葬计有河北献县墓、南和县垂拱四年（688）郭祥夫妇墓、[2] 南和县东贾郭唐墓、[3] 定县南关墓、[4] 元氏县大孔村墓、[5] 天津军粮城刘家台子墓、[6] 以及河南安阳上元二年（675）杨偘夫妇墓[7] 和山西长治北石槽三号墓等唐墓[8]（图2）。其次，八世纪初期陕西懿德太子李重润墓也曾出土着甲"虎头风帽男立俑"，[9] 可惜报告书未刊载图版，详情不明。此外，现藏北京首都博物馆的一件戴兽帽按剑武俑，[10] 整体造型特征与河北南和东贾郭唐墓同式俑极为类似，推测前者原亦来自河北地区。

上述作品均属无釉低温陶，部分作品加饰彩绘。从造型上可大致地区分成按剑和无剑叉腰二式，无论带剑与否，足下均不踏兽。不过，河南省博物馆收藏的一件传洛阳出土的八世纪前半三彩俑，既戴同式兽帽，又于足下踏牛，属所谓的天王俑（图3）。[11] 从而得知，唐代戴兽帽俑还包括少数釉陶天王俑。上述出土例表明，尽管唐代两京地区发掘出土的武士、天王俑为数众多，但戴该类兽帽者极少见。相对地，于今河北地区唐墓则经常可见，其流行区域似乎集中于河北中南部、河南北部安阳一带和山西东南部地区。就唐代的交通而言，潞州（山西长治）经穴径可达相州（河南安阳），亦可利用太行八陉之一滏口壶关道经涉县抵河北磁县、邢台等地，安阳与幽州（北京）也有道路连接，顺畅的交通可能为陶

2　辛明伟等：《河北南和唐代郭祥墓》，《文物》1993年6期，页22，图3。
3　李振奇等：《河北南和东贾郭唐墓》，《文物》1993年6期，页29，图3。
4　信立祥：《定县南关唐墓发掘简报》，《文物资料丛刊》6期（1982），页114，图14。
5　河北省博物馆等：《河北省出土文物选集》（北京：文物出版社，1980），图328。
6　天津市文化局考古发掘队（云希正）：《天津军粮城发现的唐代墓葬》，《考古》1963年3期，图版八之8。
7　安阳市博物馆：《唐杨偘墓清理简报》，《文物资料丛刊》6期（1982），图版五之1、3。
8　山西省文物管理委员会（沈振中）：《山西长治北石槽唐墓》，《考古》1962年2期，图版八之2。
9　陕西省博物馆、乾县文教局唐墓发掘组：《唐懿德太子发掘简报》，《文物》1972年7期，页30。
10　李知宴：《唐三彩》《中國陶磁全集》7（京都：上海人民美术出版社＋美乃美，1983），图3。
11　李知宴，同上注，图82。

俑样式的传播提供便捷的途径，进而形成具有类似内容、作风的明器文化圈，[12]而戴兽帽武士俑的出土分布正是在此一明器文化圈的范围之内。

另一方面，除了墓葬武士、天王俑之外，于佛教艺术中也可见到不少类似的图像。如河南巩县石窟第四窟中心柱基坛北面北魏雕凿的"狮神王"虽不着铠甲，然头戴兽帽；[13]甘肃麦积山石窟第四窟北周天龙八部造像，则有着甲戴兽帽的佛国护法神。[14]此外，中亚发现的唐代绢画[15]（图4）或敦煌出土的唐龙纪二年（890）、[16]后晋开运四年（947）铭毗沙门天画像中也见有半裸上身的戴兽帽人物像[17]（图5）；后者手握宝鼠（Mongoose），应是毗沙门天的眷属乾闼婆。日本文治年间（1185—1190）成稿的《觉禅钞》在叙及曼荼罗图时，说旃檀乾闼婆鬼神王穿甲胄、持如意珠、三古和鬼头，头戴"狮子冠"，[18]可知狮子头帽是乾闼婆的配备之一。问题是，唐墓所见戴兽帽武士俑是否与乾闼婆有关？或只是中国古典传承人物、神祇随着时代变迁演化的结果？抑或曾受希腊美术的影响？

《周礼·夏官》记载：大傩逐疫时的大头目方相氏乃是蒙着熊皮，黄金四目，玄衣朱裳，执戈扬盾，率领部众进行驱邪活动。历来的学者对所谓黄金四目的解释，或各时代方相氏图像的确认和比定，见解分歧，至今未有圆满的共识。在聚讼纷纭的各家说法当中，有认为战国早期曾侯乙墓漆内棺左右侧板上方四尊持戈像，眼睛两侧另绘有圆形大目，应是头戴熊首假面的方相氏（图6）。[19]而早在一九三〇年代，姚鉴就引用了南朝梁·宗懔《荆楚岁时记》所载，"十二月八日，为腊日。谚言，腊鼓鸣，春草生，村人并击细腰鼓，戴胡头，及作金刚力士，以逐疫"，主张文中的"细腰鼓"即《续汉书·礼仪志》由方相氏带领的少年所执"大鼗"，而"胡（狐）头"亦是大傩时十二名装扮成兽形的"十二兽舞"之遗意。不仅如此，前引《荆楚岁时记》所见职掌逐疫的金刚力士，乃是由方相氏演变而来。也就是说，以方相氏为首的大傩逐疫至六朝时期，因受佛教影响而与四大天王和仁王结合

12　谢明良：《山西唐墓出土陶磁をめぐる諸問題》，收入《上原和博士古希記念美術史論集》（东京：中央公论美术出版社，1995），页218-262。

13　常青：《北朝石窟神王雕刻述略》，《考古》1994年12期，页1133，图15左。

14　天水麦积山石窟艺术研究所编：《麦积山石窟》（东京：平凡社，1987），图229。

15　Roderick Whitfield. The Art of Central Asia, 1, Tokyo: Kodansha, 1982, Fig. 111.

16　松本荣一：《敦煌画の研究》（东京：东方文化学院东京研究所，1937），附图122A。

17　松本荣一，同上注，附图120b。

18　小林太市郎：《童子経法及び童子経曼荼羅》，《密教研究》84期（1943），页40。

19　祝建华等：《曾侯墓漆画初探》，《美术研究》1980年2期，页76-77。

为一，故唐墓出土被称为天王的着甲武士俑，其实源自古代的方相氏。[20] 虽然，姚鉴的上述说法并未引起广泛的重视，但随即由小林太市郎等东洋学者所继承。[21]

小林氏更进一步地演绎指出，佛教神话中的乾闼婆众乃隶属东方持国天王，而原本是阻扰人间生子、掠夺人子的恶神乾闼婆，后来摇身一变成为送子的善神。《童子经念诵法》载旃檀乾闼婆率众鬼誓言护卫童子一事，正是《续汉书·礼仪志》中方相氏率十二神兽逐疫的翻版，故方相氏既是见于《荆楚岁时记》职司逐疫之金刚力士的前身，后者又转型为旃檀乾闼婆，而大傩的思想也正和童子经法相契合。[22] 其次，由于率领十二神兽于大丧时进入墓圹逐疫的方相氏，是由"狂夫四人"所装扮，伊藤清司据此推测其或与"当圹""当野""祖明""地轴"等唐代明器制中的四神有关。[23] 依据王去非的说法，所谓的"当圹""当野"即唐墓中的天王或武士俑，而"祖明""地轴"则是两件一般分别为人面、兽面呈蹲坐状的唐墓镇墓兽。[24] 尽管上述论述或因成文年代较早而未涉及戴兽帽武士俑，不过如果我们沿袭该一思路予以推演，或许可以得出结论认为，唐墓武士俑上的兽冠有可能即方相氏掌蒙熊皮之遗意？

姑且不论唐制"当圹""当野"即古代方相的说法仍存在诸多难以厘清的疑点，[25] 就目前的考古资料看来，以两件成组的陶武士俑陪葬入圹，至迟于六世纪北魏晚期已渐成制度，但未见戴兽帽者。[26] 相对地，戴兽帽武士俑则是唐代特定区域间流行的产物。因此，有必要参照其他类似的图像资料进行考察。

二、兜跋毗沙门天像所受希腊美术影响的启示

虽然唐墓出土的天王、武士俑，有可能即当时文献所记载的"当圹""当

---

20 姚鉴：《営城子古墳の壁画について》，《考古学雑誌》29卷6期（1939），页32-33。
21 小林太市郎：《漢唐古俗と明器土偶》（京都：一条书房，1947），页186-187。
22 小林太市郎，同注（18），页14-17。
23 伊藤清司：《古代中国の祭儀と假装》，《史学》30卷1期（1957），页117。
24 王去非：《四神、高髻、巾子》，《考古通讯》1956年5期，页50-52。
25 如徐苹芳就从《大汉原陵秘葬经》的有关记载，反驳"当圹""当野"即"方相氏"的说法。参见同氏：《唐宋墓葬中的明器神煞与墓仪制度——读〈大汉原陵秘葬经〉札记》，《考古》1963年2期，页90-91。
26 如陕西北魏正光元年（520）邵真墓［陕西省文物管理委员会（邹景璧）：《西安任家口M229号北魏墓清理简报》，《文物参考资料》1955年12期，页63图1］；河南北魏正光五年（524）侯掌墓［洛阳市文物工作队（赵春青）：《洛阳孟津晋墓、北魏墓发掘简报》，《文物》1991年8期，页58图29］等。

野",但目前学界仍习惯将该类武装俑径呼为天王俑,或者以足下是否踏兽这一造型特征来区别天王或武士。其主要的原因恐怕是,唐墓天王或武士俑与同时期或前后时期中国佛教石窟和壁画中的天王像,于造型和服饰等方面均极类似,并且同具护卫功能。唐代戴兽帽者除了前述天王、武士俑和毗沙门天的眷属乾闼婆,还见于吐鲁番出土,从面部像容推测极可能是毗沙门天等天部绢画像(图7)。[27]

众所周知,毗沙门天是梵语(Vaiśravana)的汉译名,是由四大天王之一护卫北方的多闻天独立出来的神祇。其造像特征除了身着铠甲具武人形姿之外,有的还戴着装饰华丽的宝冠,下身双足另有地天承托,[28]后者又被称为兜跋毗沙门天,以便区别一般的武装毗沙门天像。所谓兜跋毗沙门天之"兜跋"语源不明,有服制说(斗袯、斗篷)、外国人名、神名、国名说、吐蕃说(西藏)、梵语起源说(塔婆等)或中国固有语汇说等各种说法,[29]但以斯坦因(R. A. Stein)所主张,来自意指和阗地区之土耳其语"Tubbat"的看法较为一般所接受。[30]无论如何,作为毗沙门天特征之一的华丽头冠,有的在冠面饰鸟,也有于冠顶立一鸟,而饰冠的鸟有的带有双翼,鸟翼甚至被夸大地表现搭在造像两肩有如背光。以往的学者多认为这种饰张翅鸟的宝冠并非中国固有的冠式,如松本荣一就将该式冠与萨珊系的王冠相比拟;[31]孙机虽然主张唐代武官所戴将鹖鸟全形饰于冠上的冠式是来自汉代鸡冠的传统,但也承认唐代鹖冠在两侧包叶另饰鸟翼的做法是受到萨珊式翼冠的影响,而自萨珊式翼冠到唐代鹖冠之间的传播过程则以佛教艺术为中介,并且有可能是直接取自流行西域的毗沙门天之带翼宝冠。[32]

近年,田边胜美进一步指出,兜跋毗沙门天像是直接起源于犍陀罗佛教雕刻"出家逾城图"中之具伊朗样貌的毗沙门天像,作为其特征的头部羽翼装饰(冠)是源自伊朗系的Pharro神,但所着铠甲和武器(弓矢)则是来自佛典所载印度系的夜叉。换言之,诞生于犍陀罗的兜跋毗沙门天像,其实是印度、伊朗二文化融

---

27 东京国立博物馆编:《シルクロード大美術展》(东京:读卖新闻社,1996),页163,图181。
28 兜跋毗沙门天的像容特征,可参见松本文三郎:《兜跋毘沙門考》,《東方学報》京都10册1分(1939),页2-3。及松本荣一,同注(16)。
29 猪川和子:《地天に支えられた毘沙門天雕像—兜跋毘沙門天像についての一考察》,《美術研究》229期(1964),页12。
30 宫治昭:《兜跋毘沙門の成立をめぐって—対立と交流による図像の成立》,收入《東洋美術史における西と東—対立と交流》(神户:国际交流美术史研究会,1992),页62。
31 松本荣一,同注(16),图像篇,页434。
32 孙机:《中国古舆服论丛》(北京:文物出版社,1993),页140-142。

合而成的结果。至于Pharro神之图像更可溯源至希腊的赫耳墨斯（Hermes）和罗马之墨耳枯里乌斯（Mercurius）。³³ 赫耳墨斯为宙斯之子，手持传令杖，足或登带翼靴，头或饰对翼，也有头足均饰双翼者；而罗马之墨耳枯里乌斯神则持握带翼传令杖。虽然，贵霜Pharro神因借用了伊朗系或犍陀罗佛教美术的要素，使得其像容特征或持物内容与赫耳墨斯、墨耳枯里乌斯不同，但有意识地在赫耳墨斯之众多职司当中选择了与自身职司、神话有密切关联的头翼造型要素以为装饰。因此，兜跋毗沙门天像头冠上的对翼之造型虽与赫耳墨斯、墨耳枯里乌斯的翼饰不同，但溯本追源，后者无疑是前者的源头。就在此一由西向东的图像传播过程中，贵霜的Pharro神则扮演了重要的角色，犍陀罗美术中的兜跋毗沙门天像即是以Pharro神为原型进行再创造，同时又借用了袄教神祇的某些要素，而后传至西域南道和阗或西北之大夏（Bactria），并传入中国和日本。³⁴

如果上述学者的考察无误，那么唐代陶俑所见同类冠式，如陕西西安唐景龙三年（709）独孤思敬夫妇墓所出土，³⁵ 头戴鹖冠并于冠两侧包叶另饰鸟翼的三彩文官俑之冠饰（图8），应是受到兜跋毗沙门天像翼冠的影响。其次，西安韩森寨天宝四年（745）雷君妻宋氏墓等出土的头戴张翼鸟形冠的彩绘天王俑（图9），³⁶ 也有可能是受到外来冠式的启示，而兜跋毗沙门天的带翼冠式，则可溯源犍陀罗，甚至希腊或罗马。

从文献记载可以推测，毗沙门天在中国被作为独立的崇祀对象约于唐玄宗时代（712—756）前后，而饰有带翼鸟冠的唐代陶俑亦流行于此一时期。不仅如此，从唐玄宗勒诸道节度所在州府于城西北置毗沙门天像，或唐段成式《酉阳杂俎》所载时人因背上有毗沙门天图像刺青致力大无穷，³⁷ 不难想象具有护卫城邦等武力功能的毗沙门天，与职司墓葬守御的天王陶俑在性质上颇有类似之处，此或致使唐代陶工制作墓葬陶俑时兴起了仿效毗沙门天像容特征的意图。另一方面，唐代天王、武士俑头帽兜鍪上装饰内容颇为多样，包括本文所拟考察的兽头

33　田边胜美：《兜跋毘沙門天像の起源》，《古代オリエント博物館紀要》8期（1992），页95-145。

34　田边胜美：《ギリシア美術の日本佛教美術に对する影響—ヘルメース神像と（兜跋）毘沙門天像の羽翼冠の比較》，《東洋文化》75期（1995），页43-78。

35　中国社会科学院考古研究所：《唐长安城郊隋唐墓》（北京：文物出版社，1980），图版64。

36　陕西省文物管理委员会编：《陕西省出土俑选集》（北京：文物出版社，1958），图版84。

37　宫崎市定：《毘沙門天信仰の東漸について》，收入《中國文明論集》（东京：岩波书店，1995），页182、187。

形帽。如果说，兜跋毗沙门天的像容特征影响了唐墓陶俑甚至当时朝廷服饰，那么作为毗沙门天眷属，头戴"狮子冠"的乾闼婆，其冠式也有可能随之影响到戴兽形头帽的武士或天王俑。不过，以上不厌其烦地记述兜跋毗沙门天像带翼头冠的来龙去脉，其主要的目的，无非是想指出唐代陶俑确曾受到希腊图像要素的影响。在此一认知的基础之上，就不能不考虑希腊神话中也存在有戴类似形态兽头帽的英雄人物，及其与唐代兽帽武士俑之间可能的关联。

三、英雄赫拉克勒斯和女妖戈耳工

赫拉克勒斯（Heracles）是希腊神话中最著名的英雄，是宙斯趁着安比特里翁（Amphitryon）离家远征时，化身为安比特里翁而与美丽的阿尔克美妮（Alkamenes）所生之子。曾成就十一项功业，其第一项功业即是在"尼梅亚森林"与凶猛的巨狮展开一场天昏地暗的决斗，击毙狮子之后，将剥下的狮皮缠披身上。手持棍棒，以狮头为帽，就成了赫拉克勒斯最具特征的标志之一。头戴狮头的赫拉克勒斯像，于公元前六至前五世纪希腊彩绘陶瓶上屡见不鲜（图10），[38] 在波利尼亚发现的前四至前三世纪马具，或南俄斯基泰古坟出土物中也可见到戴狮头的赫拉克勒斯像，[39] 所戴狮头造型则与唐代武士或天王俑的兽头形帽颇为接近。

尽管赫拉克勒斯和唐墓武士俑均具有武力震慑的象征，且两者所戴兽帽于外观上又有共通之处，但由于彼此之间时空相隔甚远，因此虽然前述犍陀罗佛教雕刻"出家逾城"或佛传图中之执金刚神，被表现成赫拉克勒斯般裸身持棍棒状；[40] 同犍陀罗出土的二至三世纪时期执金刚彩绘泥塑像更戴有狮头帽（图11），后者之狮帽被认为仿自赫拉克勒斯的后裔亚历山大大帝，[41] 可惜仍无法说明唐俑兽帽是否与之有关？

另一方面，希腊神话中与赫拉克勒斯息息相关的女神雅典娜则经常以女妖美杜莎（Medusa）头像作为装饰（图12、15）。[42] 值得一提的是，前述河北献县唐墓

38　友部直编：《世界陶磁全集》22（东京：小学馆，1986），页141，图120。
39　古代オリエント博物馆等：《トラキア黄金展》（东京：旭通信社，1994），页66，图92。
40　田边胜美，同注（33），页108。
41　东京国立博物馆编，同注（27），页158，图173。
42　友部直编：《世界美术大全集》3（东京：小学馆，1985），图313。

出土的戴兽帽武士俑，其兽帽样式既与赫拉克勒斯的狮帽相近，武士俑上腹所见女子头像也和女妖戈耳工姊妹中的幺妹美杜莎头像有共通之处（同图1）。

赫拉克勒斯和女妖戈耳工同时出现于一件工艺品之例，还见于希腊雅典出土的公元前六世纪，署名由画家涅托司（Nettos）绘饰的于赤褐胎上加彩的所谓"黑绘式"陶器（图13）。该彩绘盘口双把壶通高达一百二十余厘米，本是作为小儿瓮棺之用，壶颈部位绘赫拉克勒斯与人马兽尼索斯（Nisus）格斗图，下方壶肩腹处则画有寓意佩耳修斯（Perseus）攘除戈耳工的图像，但因画家有意强调具有护卫遗体功能的女妖戈耳工，故将佩耳修斯予以省略。[43]

戈耳工女妖三个姊妹是希腊神话中著名的女妖，其中又以幺妹美杜莎最为人们所熟知。佩耳修斯既是战胜戈耳工的英雄，也是赫拉克勒斯的曾祖父。佩耳修斯曾受命取美杜莎的首级，但任何人一旦与美杜莎直接照面将会化为石头，故利用雅典娜所赐铜盾的反光确认目标一击成功，并将割下的美杜莎首级献给雅典娜，雅典娜则又将之装饰在自己的盾牌之上，此后女妖美杜莎的头像就成了最具威慑效果的辟邪护符。美杜莎头像延续时代极长，出现于各种工艺美术品，又有多种变形，但通常呈张口吐舌，以蛇为发。[44]其作为一种辟邪护符，既被饰于盾牌之上，于庞贝出土的公元前一世纪"亚历山大大帝与大流士之战"马赛克拼嵌画中亚历山大大帝胸前铠甲之上亦可见到该类图像（图14）。[45]从公元前五世纪雅典娜胸前所饰美杜莎头像诸例（图15、16），[46]可以确知亚历山大大帝胸前铠甲上的头像即美杜莎头像。这类图像不仅见于希腊、意大利等地，也见于南俄草原塞西安游牧民的工艺品上，而与中国邻近的阿尔泰山地区则为其频繁的活动地域之一事实上，伯希和（Pelliot. P.）即曾在新疆的库车（Kucha）发现六至七世纪时期蛇发已简化成联珠纹的陶制戈耳工头部残件（图17）。[47]虽然笔者目前并无能力详细追究库车发现的美杜莎头像之形成背景及其由西向东的具体传播路线，但若参照前引亚历山大大帝胸前所饰图像，似可推测同样于库车出土的六世纪时期泥塑

43　友部直编：《世界美术大全集》3（东京：小学馆，1997），页144，图108；及页384水田彻的解说。

44　有关美杜莎头像的各种造型，可参见山本忠尚：《舌出し獣面考》，《奈良国立文化财研究所学报》第35册，研究論集V（1979），页103–120。

45　水田彻编：《世界美术大全集》4（东京：小学馆，1995），页259，图217。

46　友部直编，同注（43），页309图245；《奈良国立文化财研究所学报》同注（44），页114，图15。

47　ジャック・ジェス编：《西域美術：ギメ美術館ペリオ・コレクション》II（东京：讲谈社，1995），Fig. 136。

武士胸前两侧所饰联珠纹头像应即美杜莎像（图18）。[48]

无独有偶，中国境内似乎也是在六世纪后半开始出现该类图像，其中又以陕西三原县隋开皇二年（582）李和墓石棺盖上的图像最值得留意（图19）。[49] 李和棺盖系以减地平钑的技法于画面左右刻两相对称的四个人物像，左右两组人物之间和棺盖四周饰满内夹兽首的联珠纹饰，棺盖四周联珠纹内的兽首包括了野猪头，以及与美杜莎极为相近的人面头像。另从人物之间并排的两列共计三十八个联珠纹内均饰有该类人面头像一事看来，其于墓棺装饰中似占有特殊的地位。众所周知，这种以大颗粒连缀而成的联珠纹非中国传统图案，而是受到萨珊王朝的影响，特别是联珠纹内置野猪头的装饰作风既见于萨珊波斯锦，于吐鲁番等发现的唐代织物上亦可见到。[50] 而李和墓棺由联珠纹所环绕的人面像亦见于大英博物馆藏隋代白瓷仿西方来通式（Rhyton）狮首杯（图20），[51] 或香港徐氏艺术馆所藏隋代绿釉长颈壶壶肩腹处贴饰（图21）。[52] 上述诸例人面虽不吐舌，但整体造型特征既与伯希和于库车发现的美杜莎头像一致（同图17），也和埃及福斯塔特（Fustat）出土伊斯兰彩绘釉陶器上的人面纹有共通之处（图22）。如前所述，蛇发、吐舌经常是美杜莎头像的特征之一（图23、24），但在美杜莎头像的诸多造型当中，则存在一类被称为"美女型"的不吐舌头像（图25）。[53] 结合前引作为瓮棺的大型陶瓶上之美杜莎头像乃是用来保护死者遗体（同图13）；卢浮宫美术馆收藏的一件公元前六世纪时期希腊彩绘陶瓶，瓶身所绘死者遗体前方既装饰有美杜莎头像护符（图26），[54] 大英博物馆藏意大利公元前三至前二世纪埃特鲁斯坎人屋形石棺上亦见类似头像（图27）。因此，有理由认为李和墓棺盖上的联珠人面像有可能即美杜莎头像的变形，也就是说李和墓棺盖上的装饰或是以美杜莎头像作为护卫死者护符之西方古典民俗传承的孑遗。

48　东京国立博物馆等编：《シルクロードの遺産》（东京：日本经济新闻社，1985），图106。

49　陕西省文物管理委员会（王玉清）：《陕西省三原县双盛村隋李和墓清理简报》，《文物》1966年1期，页37，图39。

50　Meister. M. W., "The Pearl Roundel in Chinese Textile Design" *Ars Orientalis*. 1970. Vol. Ⅷ , pp. 255–267.

51　ロレンス・スミス编：《東洋陶磁》5，大英博物馆（东京：讲谈社，1980），彩图14。以往著述虽多将该作品的年代定为唐代，但就如孙机所指出，无论从其造型或器身其他贴花装饰看来，其时代不晚于隋代。参见同氏：《论西安何家村出土的玛瑙兽首杯》，《文物》1991年6期，页87。

52　徐氏艺术馆：《陶瓷编》Ⅰ（香港：徐氏艺术馆，1993），图63。

53　Jean Clair, *MÉOUSE, Éditions* Gallimard, 1989, fig. 28.

54　友部直编，同注（43），页214，图174。

另一方面，我们亦可经由库车出土的六世纪泥塑武士胸前所饰美杜莎头像的装饰部位和造型特征（同图18），推测敦煌发现现藏大英博物馆的后晋开运四年（947）兜跋毗沙门天像，其胸前铠甲圆护部位上的人面像极有可能就是美杜莎头像（同图5）。其次，敦煌榆林窟第十五窟前室东壁或第二十五窟前室东壁北侧之中唐时期北方天王壁画像，其胸甲和护脐圆护所见人面像也应属同类图像（图28、29）。[55] 如果该一推测无误，则同样具有武士性质的河北献县唐墓武士俑上腹所见人面像就有可能即美杜莎头像（图1）。过去，蔂信佑尔曾经指出，于胸甲和护脐圆护饰人面像是兜跋毗沙门天像的特征之一，故将前引榆林窟北方天王像列入兜跋毗沙门天系列之中。[56] 虽然蔂信氏并未出示任何支持其说法的依据，但可确认的是，同样于上腹部位饰人面像的河北献县唐墓武士俑，与佛教北方天王的装饰要素一脉相承，并且可能和所谓的兜跋毗沙门天的像容有关。

此外，河南巩县北宋太宗元德李后陵石墓门西扉刻饰之武士，铠甲胸前圆护上的报告书所谓童面（图30），[57] 或山西永乐宫前檐西段白虎君画像铠甲上的同类图像（图31）[58] 之装饰要素亦可溯源自唐代的毗沙门天像，而后者的图像疑即美杜莎头像的变形。不仅如此，地理位置距离河北献县唐墓不远的河北定县北宋至道元年（995）净众院塔基地宫出土的大理石舍利塔，塔檐下方雕刻的报告书所称的"四面佛头像"（图32），[59] 脸部造型特征与献县武士俑上的人面头像基本一致，推测亦属同类图像。这样看来，献县唐墓武士俑上的人面像既可丰富、补足该一图像在唐代的流布情况，经由与佛教北方天王同类图像的比较，更可为唐代墓葬武士俑的装饰来源或身份比定提供重要的讯息。若结合唐代武士俑所戴兽帽或是受到渊源于赫拉克勒斯狮头帽的影响，似不能排除唐墓陶俑所见上述装饰图像乃是希腊文化东渐下的产物。

总结以上叙述，有理由认为：集中出土于河北中南部、河南北部、山西东南部地区唐代戴兽帽武士俑之兽帽装饰，以及隋代李和棺盖、献县唐墓武士俑或敦煌发现的兜跋毗沙门天像上的人面图像，有可能与希腊神话中之赫拉克勒斯的狮

---

[55] 敦煌研究院编：《中国石窟安西榆林窟》（东京：平凡社，1990），图版8、42。

[56] 蔂信佑尔：《敦煌の四天王图像》，《东京国立博物馆纪要》27（1992），页49。

[57] 河南省文物研究所等（孙新民等）：《宋太宗元德李后陵发掘报告》，《华夏考古》1988年3期，页26，图7之2。

[58] 台湾大学艺术史研究所藏图片。

[59] 刘福珍：《净众院塔基地宫出土的两件舍利塔》，《文物春秋》1996年4期，页89，图2、3。

头帽和女妖美杜莎头像有关。笔者深知，唯有解明作为比较对象两者之间的文化交流史，才有资格谈论所谓"比较美术"，及其蕴含于图像背后的文化史意义。就此而言，本文所采行的做法仅止于图像外观的粗浅比较，未能提出足以令人信服的依据。不过，从东西方类似图像的比较，似可推测中国工艺品上所见"美杜莎头像"，极有可能被时人视为一种与中国传统兽面纹或铺首性质相近的图像而予以采用，并融入中国兽面、饕餮纹系统之中，且为后者所消化。因此，纵使立足于纯粹中国的观点，以中国历代兽面纹为主轴进行编年考察，可能得出与本文完全不同的结论，甚至可淡化本文所欲强调指出的外来影响，但这样的做法依然无法明确地说明中国传统兽面纹饰（图33），[60] 到底是以什么样的方式而发展至与西方美杜莎头像极为类似的联珠人面图像？虽然本文或许容易招致过度附会中国文化西来说之讥评，但作为问题的提出，望读者不吝批评指正。

（原载《故宫文物月刊》15卷7期，1997）

---

60 旧金山亚洲美术馆藏六世纪中期石床雕刻。图引自林巳奈夫：《獸環、鋪首の若干をめぐって》，《東方学報》京都57册（1985），页22，图56。

图 1　河北献县唐墓陶武士俑　　图 2　山西长治唐墓陶武士俑　　图 3　河南省博物馆藏唐三彩天王俑

  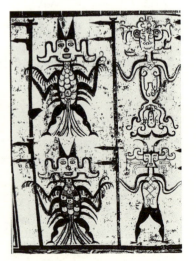

图 4　中亚发现唐代毗沙门天与乾闼婆绢画　　图 5　后晋开运四年兜跋毗沙门天画像　　图 6　湖北曾侯乙墓漆棺画

希腊美术的东渐 421

图 7　吐鲁番出土天部绢画

图 8　陕西唐景龙三年独孤思敬
　　　夫妇墓出土三彩文官俑

图 9　陕西唐天宝四年雷君妻
　　　宋氏墓出土陶天王俑

图 10　希腊彩绘陶瓶上的赫拉克勒斯像
　　　　公元前六至前五世纪

422　贸易陶瓷与文化史

图 11　犍陀罗出土执金刚彩绘泥塑像
　　　　二至三世纪

图 12　以美杜莎头像作为装
　　　　饰的女神雅典娜

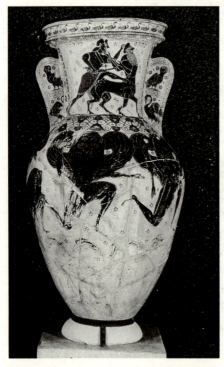

图 13　画家涅托司绘饰的
　　　　戈耳工女妖图
　　　　公元前六世纪

希腊美术的东渐 423

图 14 "亚历山大大帝与大流士之战" 马赛克拼嵌画 公元前一世纪

图 15 雅典娜胸前的美杜莎头像 公元前五世纪

图 16 雅典娜胸前的美杜莎头像 公元前五世纪

图 17 库车发现的陶戈耳工头像 六至七世纪

图 18 库车出土的泥塑武士像 六世纪

图 19 陕西隋开皇二年李和墓棺盖拓片

图 20 大英博物馆藏隋代来通式白瓷杯

图 21 徐氏艺术馆藏隋代绿釉长颈壶

希腊美术的东渐　425

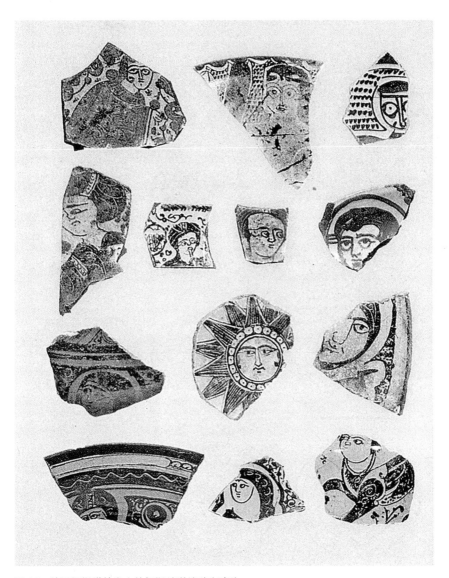

图 22　埃及福斯塔特出土的伊斯兰彩绘釉陶残片

图23 美杜莎头像线绘图

希腊美术的东渐 427

图 24　美杜莎头像线绘图

图 25 "美女型"美杜莎头像
　　　　一至二世纪

图 26 卢浮宫美术馆藏希腊彩绘陶瓶
　　　　公元前六世纪　局部

图 27 大英博物馆藏屋形石棺棺盖部分
　　　　公元前三至前二世纪

图 28 敦煌榆林窟第十五窟
　　　　天王画像

希腊美术的东渐 429

图 29 敦煌榆林窟第二十五窟天王画像

图 30 河南巩县北宋太宗元德李后陵墓门武士

图 31 山西永乐宫白虎君画像

图 32 河北定县北宋至道元年净众院塔基地宫舍利塔

图 33　旧金山亚洲美术馆藏北朝石床雕刻　　图 34　唐三彩武士俑
　　　　　　　　　　　　　　　　　　　　　　　　西安出土

附　记

　　本文发表之后，陆续得见不少戴兽帽唐俑资料，除了河北安国市唐墓（《文物春秋》2001年3期）、河南巩义芝田唐墓（《巩义芝田晋唐墓》，科学出版社，2003）之外，陕西富平县节愍太子墓（《唐节愍太子墓发掘简报》，科学出版社，2004）和陕西西安（《三秦瑰宝——陕西新发现文物精华》，陕西人民出版社，2001）等关中地区唐墓亦见同式兽帽陶俑。后者西安出土的大型三彩武士俑兽帽垂下的兽足系结成所谓赫拉克勒斯结搭于武士前胸（图34），与犍陀罗出土的执金刚彩绘泥塑像兽帽极为类似（同图11）。

　　其次，香港文化博物馆收藏的一对陶骑马俑，虽非考古出土遗物，但其时代可能早到唐代，也应予留意（《汉唐陶瓷艺术》，临时区域市政局，1998）。但是，新增资料仍旧无法扩大本文的格局。就此而言，我应向读者大力推荐近年邢义田教授的《赫拉克利斯（Heracles）在东方》一文（收入《中外关系史·新史料与新问题》，科学出版社，2004）。虽然，将英雄赫拉克勒斯与唐代戴兽帽陶俑进行比附的论点，或许是由我所率先提出，但是邢文无论在深度或广度上都超过我许多，值得一读。

　　另外，承蒙田边胜美教授教示，拙文引用的一件江上波夫收藏品［原图12，引自森住和弘编：《江上波夫コレクション　シルクロード西域文物展》（东京：泛亚细亚文化交流センター，1994）］，作品的真伪颇有争议，此次收入文集时已予以替换，请读者见谅，并向田边教授致谢。

（2004年12月4日记）